KB058864

더 스트롱맨

민주주의를 위협하는
지도자들의 시대

THE AGE
OF

GIDEON RACHMAN

더 스트롱맨

기디언 래크먼 지음 | 최이현 옮김

THE
STRONGMAN

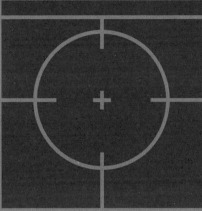

시공사

잭 래크먼Jack Rachman(1934~2021년)을 그리며

| 차례 |

2018년 봄, 백악관은 도널드 트럼프Donald Trump 대통령과 김정은 북한 국무위원장의 정상회담을 준비 중이었다. 내가 백악관 행정동에서 트럼프 대통령의 보좌관 중 하나를 만났을 때, 그는 겸연쩍은 미소를 지으며 이렇게 말했다. "대통령께서는 권위적인 지도자들과 대면 회담하기를 좋아하십니다."

독재자들에게 호감을 보이는 대통령이라니 고위 참모들조차도 분명 몹시 당혹스러웠을 것이다. 아무도 입 밖으로 내지는 않았지만, 세계 민주주의의 본고장에 독재 방식을 도입한 사람은 바로 트럼프라는 생각이 백악관 이곳저곳을 떠돌고 있었다. 거친 화법, 열병식 갈망, 이익 충돌에는 관대하면서 언론의 비판 의견은 참지 못하는 태도 등은 모두 '스트롱맨strongman'의 전형적인 특징이다. 최근까지만 해도 이런 스타일은 서구의 성숙한 민주주의 사회에서는 낯선 모습이었다.

그러나 트럼프는 시대를 잘 타고났다. 2000년 이후 세계 정치의 핵심 특징은 강력한 지도자의 등장이다. 모스크바, 베이징, 델리, 앙카라, 부다페스트, 바르샤바, 마닐라, 리야드, 브라질리아 등 다양한 지역에서 자칭 '스트롱맨'(지금까지는 모두 남성)이 권력을 장악하고 있다.

전형적으로 이런 지도자들은 민족주의자이자 문화적 보수주의자이며 자신과 의견이 다른 사람, 소수자, 외국인의 이익에 거의 무관심하다. 국내에서는 세계화를 지지하는 엘리트 집단에 맞서 보통 사람을 대변한다고 주장한다. 국제사회에서는 민족의 화신을 자처한다. 그들은 가는 곳마다 개인숭배를 부추긴다. 스트롱맨 정치는 폭력적인 수사rhetoric를 좋아한다. 2022년 2월 24일에 러시아가 우크라이나를 침공하면서 그런 수사가 현실이 됐으며, 이 전쟁은 1945년 이후 유럽 최대 지상전이 됐다.

'스트롱맨 시대'는 2000년에 러시아에서 블라디미르 푸틴Vladimir Putin이 권좌에 오르면서 시작됐다. 이것은 앞으로도 수십 년에 걸쳐 세계 정치의 핵심 주제가 될 것이다. 미국에서 트럼프는 여전히 정치에 큰 영향력을 행사하고 있으며, 2024년 대선에 출마할 듯하다. 21세기에 초강대국으로 부상한 두 나라, 중국과 인도 모두 스트롱맨이 장악했다. 비록 두 나라의 정치체제는 상당히 다르지만, 시진핑Xi Jinping 주석과 나렌드라 모디Narendra Modi 총리 모두 민족주의를 표방하고, 수사법을 사용해서 힘의 논리를 설파하며, 자유주의를 적대시하면서 개인화된 통치 방식으로 국가를 이끌고 있다. 유럽연합의 동쪽에 자리한 두 강국, 러시아와 튀르키예도 스트롱맨이 지배한다. 푸틴 대통령과 레제프 타이이프 에르도안Recep Tayyip Erdoğan 대통령은 20년 넘게 집권하고 있다. 스트롱맨 통치 방식은 빅토르 오르반Viktor Orbán 헝가리 총리와 야로스와프 카친스키Jarosław Kaczyński 폴란드 총리를 통해 유럽 내부로도 침투했다. 심지어 보리스 존슨Boris Johnson 전 영국 총리조차도 법치와 외교정책, 당내 반대파에 대한 태도에서 스트롱맨 스타일을 보였다. 현재 중남미 대륙의 두 강국, 브라질과 멕시코는 각각 자이르 보우소나루Jair Bolsonaro 대통령과 (암로Amlo라는 약칭으로 유명한) 안드레스 마누엘 로페스 오브라도르Andrés Manuel López Obrador 대통령이 이끌고 있다. 보우소나루는 극우 성향의 정치인이고, 암로는 좌파 성향의 포퓰리스트populist(엘리트와 전문가 집단을 무시하고 평범한 사람들의 지혜와 본능을 숭배하는 정치가)다. 그러나 두 지도자 모두 전형적인 스트롱맨으로, 개인숭배를 부추기고 국가기관을 불신하도록 조장한다.

이런 국제 정세는 이 책의 핵심 주제를 명확히 드러낸다. 즉, 스트롱맨의 지배는 독재 체제에만 국한된 현상이 아니다. 선거를 통해 지도자를 뽑는 현대 민주국가에서도 흔하게 나타난다. 물론 트럼프 같은 민주국가의 스트롱맨은 시진핑이나 푸틴과 달리 제도적 제약을 받는다. 그러나 트럼프, 로드리고 두테르테Rodrigo Duterte, 보우소나루 같은 사람들의 내면은 당황스러울 정도로 독재 정권의 스트롱맨들과 유사하다.

스트롱맨 지도자의 부상은 세계 정치를 근본적으로 바꾸고 있다. 지금 우리는 1930년대부터 지속적으로 자유민주주의 가치가 공격받는 세상에 살고 있다. 그런데 사실 정치적 자유는 제2차 세계대전의 폐허 속에서도 거의 60년간 꾸준히 여러 나라로 확산되고 있었다. 진보 과정은 불안정했고 민주주의에 대한 정의도 불명확했지만, 전반적인 방향은 분명했다. 1945년에 전 세계에서 민주국가는 고작 12개뿐이었다. 2002년에는 그 수가 92개까지 늘어, 사상 처음으로 민주국가의 수가 독재국가의 수를 앞질렀다.[1]

그 이후로도 줄곧 공식적으로 민주국가의 수가 독재국가보다 많았다. 그러다 서서히 세계 민주주의가 약화되기 시작했다. 매년 전 세계의 정치적 자유에 관한 보고서를 발표하는 국제 인권 단체 프리덤 하우스Freedom House는 2020년에 세계 자유가 15년 연속 퇴보하고 있다고 지적했다. 냉전이 종식되면서 정치적·시민적 자유가 급증했다가, 2005년부터 상황이 달라지기 시작했다. 그때부터 해마다 정치적·시민적 자유가 증가하는 나라보다 감소하는 나라의 수가 많아지고 있다. 프리덤 하우스도 지적했듯이, "오랫동안 민주주의가 심각하게 후퇴하고 있다."[2] 그리고 그 과정의 핵심에 스트롱맨의 부상이 있다. 왜냐하면 스트롱맨은 법과 제도보다 자신의 본능을 앞세워 통치하기 때문이다.

오늘날의 스트롱맨 지도자는 1930년대 독재자들과는 사뭇 다른 국제정치 환경에서 통치하고 있다. 핵 시대에 강대국들은 쉽게 전쟁을 일으키지 못했다. 그런데 이제 그것은 당연한 사실이 아니다. 푸틴의 우크라이나 침공은 서방 동맹국들이 우크라이나에 첨단 무기를 지원하면서 순식간에 러시아와 북대서양조약기구North Atlantic Treaty Organization, NATO(이하 나토)의 대리전이 됐다. 우크라이나에 무기 지원을 승인한 미국과 유럽은 그 조치가 러시아와의 직접 충돌로 이어질 위험을 잘 알고 있다.

시진핑이 통치하는 중국과 미국의 전쟁 위험도 증가하고 있다. 2022년 8월, 중국군은 1990년대 중반 이후 가장 위협적인 군사훈련을 대만 주변에서 실시했는데, 이는 낸시 펠로시Nancy Pelosi 미 연방하원 의장이 자치 섬인 대만을 방문하는 것에 대한 항의 표시였다.

중국이 대만을 공격할 경우 세계경제는 큰 혼란에 빠질 것인데, 그 이유는 전 세계 반도체의 약 90퍼센트가 대만 업체인 타이완 반도체 제조 회사Taiwan Semiconductor Manufacturing Company Limited, TSMC에서 만들어지기 때문이다. 세계화는 스트롱맨의 의사 결정 환경을 형성한다. 또한 새로 제정된 국제법들은 각국 지도자에게 기대하는 행동 방식을 규정한다. 그러나 21세기 과학기술은 스트롱맨에게 대중과 직접 소통하고 사회를 통제할 수 있는 수단, 특히 시민의 행동과 활동을 감시할 수 있는 위험한 도구도 제공했다. 스트롱맨은 이런 도구들을 활용해서, 21세기 세계 정치의 방향을 권위주의로 쉽게 전환할 수 있었다.

미국의 조 바이든Joe Biden은 대통령에 취임하면서 전 세계 민주주의 강화를 핵심 목표로 삼았다. 그러나 그는 '스트롱맨 시대'의 한가운데에서 권력을 잡았다. 지금 세계정세는 포퓰리스트와 권위적 지도자들이 좌우한다. 이들은 민족주의, 문화 갈등, 영토 분쟁 등이 재유행하는 흐름을 활용하고 있으며, 이런 흐름은 너무나 강력해서 바이든이 자유주의 가치와 미국의 리더십을 재천명한다 해도 되돌리기 어렵다.

심지어 미국조차 바이든의 승리에도 불구하고 스트롱맨 정치와 완전히 절연하지 못했다. 트럼프는 2024년 대선 출마 가능성이 선거 직후 바로 언급될 정도로 2020년 대선에서 선전했다. 비록 지금은 트럼프가 일선 정치에서 물러났지만, 향후 공화당 후보들은 트럼프가 만든 정치 공식을 받아들일 가능성이 높다.

중국의 민족주의자들은 흔히 바이든을 늙고 나약한 지도자이자, 회복할 수 없을 정도로 쇠퇴하고 있는 미국의 통치자로 묘사한다. 그러면서 중국은 강력하고 단호한 지도자가 이끄는, 부활한 강대국으로 그린다. 어쩌면 새로운 세계 질서에서는 중국의 국가 주석이 주로 미국 대통령에게 주어졌던 칭호('세계에서 가장 강력한 인물')에 이의를 제기할지도 모르겠다.

바이든 대통령의 핵심 난제는 국내외에서 자유민주주의의 지속력을 증명하는 일이 될 것이다. 만약 증명에 실패한다면, 바이든 정부는 '스트롱맨 시대'에 그저 막간을 채운 정부에 머물고 말 것이다.

정치적 자유주의자들은 스트롱맨 정치와의 싸움에서 승리하고 싶다면, 무엇을 상대로 싸우는가를 제대로 이해해야 한다. 이 책은 '스트롱맨 시대'에 관한 다음 세 가지 핵심 질문에 답을 찾으려고 시도한다. 스트롱맨 정치 현상은 언제 자리를 잡았는가? 그 주된 특징은 무엇인가? 왜 그런 현상이 일어났는가?

1999년 12월 31일 러시아에서 푸틴이 권력을 잡았다. 새로운 독재자 지망생들이 그의 민족주의 성향, 대담성, 폭력 사용 의지, '정치적 올바름political correctness(인종, 성별, 종교, 성적 지향 등 소수자에 대한 편견을 드러내는 표현을 지양하자는 주장-옮긴이)'을 경멸하는 태도 등을 숭배함으로써, 푸틴은 상징적이면서 심지어 영감을 주는 인물이 됐다.

그러나 집권 초 푸틴은 기존 세계 질서에서 신뢰할 만한 협력자로 보이고 싶었다. 2000년 6월에 빌 클린턴Bill Clinton이 러시아의 크렘린에서 푸틴을 만났을 때, 그는 푸틴을 가리켜 "자유와 다원주의, 법치주의를 수호하면서, 러시아를 강하고 번영하는 나라로 만들 능력이 충분한" 사람이라고 선언했다.[3] 2001년에 푸틴을 처음 만난 조지 부시 George W. Bush 대통령은 그에게서 받은 인상을 이렇게 표현했다. "우리는 대단히 유익한 대화를 나눴다. 그가 어떤 사람인지 알겠다."

실질적으로 푸틴이 미국 주도의 세계 질서를 거스르는 적으로 등장한 때는 2007년 뮌헨에서 미국을 비방하는 연설을 했던 순간이다. 그 이듬해인 2008년에 러시아는 이웃 나라인 조지아를 군사 공격했다. 그때부터 지금까지 푸틴의 과장되고 공격적인 정치 스타일은 같은 시대의 다른 주요국 지도자들, 즉 버락 오바마Barack Obama 미국 대통령, 앙겔라 메르켈Angela Merkel 독일 총리, 후진타오Hu Jintao 중국 주석의 신중한 실용주의와 대비되어 비정상적으로 보였다. 메르켈은 푸틴을 가리켜 19세기 방법으로 21세기 문제를 해결하려는 지도자라고 일축했다.[4] 그러나 푸틴은 시대착오적이라기보다 다가올 시대를 미리 알려준 사람이었다. 21세기가 밝아오는 시점에 그가 권력을 잡았다는 사실은 상징적이다.

러시아에서 푸틴이 집권한 지 3년이 지난 2003년에, 에르도안은 튀르키예의 총리가 됐다. 푸틴처럼 에르도안도 스트롱맨의 면모를 드러내기까지 시간이 걸렸다. 그도 처음에는 자유주의 개혁가로 서구에서 널리 환영받았으나 20여 년간 집권하는 동안 점점 권위적인 통치자가 되어갔다. 언론인과 정적을 감옥에 보냈고 군 고위직과 법관, 공무원 등을 숙청했으며 앙카라에 화려한 궁을 지었고 과대망상적인 음모론을 믿었다.

러시아와 튀르키예 모두 G20('Group of 20'의 약칭으로, 세계 주요 20 개국을 회원으로 하는 국제기구-옮긴이) 회원국에 걸맞은 경제 규모를 갖춘 큰 나라들이다. 그러나 그들은 더 이상 초강대국이 아니다. 그러므로 실질적으로 '스트롱맨 시대'가 전 세계적 현상으로 자리 잡은 순간을 정확히 꼽자면, 아마도 중국에서 시진핑이 총서기로 집권한 2012년이 될 것이다.

1976년에 마오쩌둥Mao Zedong이 사망하고 수십 년간, 중국공산당은 조심스럽게 집단 지도 체제를 유지했었다. 오늘날 중국은 마오쩌둥이 통치하던 때와 비교가 되지 않을 정도로 훨씬 부유하고 세련된 나라가 됐는데도, 시진핑 주석은 젊은 시절에 경험했던 마오쩌둥의 방식을 그리워하고 있음이 분명하다. 그의 지시에 따라, 공산당 선전부는 '시다다Xi dada(시 아저씨)'를 위한 개인숭배 작업에 착수했다. 중국에서 스트롱맨 통치 체제는 2018년에 주석 임기 제한 규정이 철폐되면서 (이에 따라 시진핑은 종신 집권이 가능해졌다) 더욱 견고해졌다.

아시아의 또 다른 강대국 인도는 힌두 민족주의자로서 인도인민당Bharatiya Janata Party, BJP을 이끌고 있는 모디가 총리에 오른 2014년부터 중국과 비슷한 경로를 따르고 있다. 모디는 야당 지도자 시절이던 2002년에 자신의 고향인 구자라트에서 일어난 무슬림 집단 학살에 관여했다는 이유로 미국 입국이 금지될 정도로 논쟁적인 인물이다. 총리가 된 후에는 국내외에서 국가를 위협하는 적들에 맞설 인물로 자리매김했다. 2019년에는 파키스탄 내 테러 집단의 근거지로 추정되는 곳을 공습하겠다는 의지를 밝혔고, 이것이 수많은 인도인을 열광시킴으로써 재선 성공의 발판을 마련했다. 당시 모디는 이렇게 장담했다. "여러분이 '연꽃무늬(인도인민당의 상징)'에 투표하면, 그것은 기계의 버튼을 누르는 행위가 아니라 테러리스트의 가슴을 겨냥해 방아쇠를 당기는 행위입니다."

2015년에 스트롱맨 통치 방식은 자유민주주의 국가들의 모임인 유럽연합 내에서 중요한 돌파구를 마련했다. 그해에, 점점 독재자가 되어가던 오르반 헝가리 총리는 중동 난민과 이민자의 유입을 막는 운동을 주도함으로써 우파 포퓰리스트 집단의 영웅이 됐다. 역시 같은 해에 폴란드에서도 좌우를 가리지 않는 포퓰리즘 정당이자 카친스키가 대표로 있던 정당인 법과정의당Law and Justice Party, PiS이 대선과 총선에서 모두 승리했다.

유럽의 이민 위기는 2016년 6월에 영국에서 브렉시트Brexit(영국 Britain과 탈퇴Exit의 합성어로, 영국의 유럽연합 탈퇴를 의미하는 용어-옮긴이) 찬반 투표가 실시된 배경이기도 했다. 보리스 존슨이 주도했던 브렉시트 운동은 무슬림 이민자에 대한 두려움을 이용했는데, 튀르키예가 유럽연합에 가입할 준비를 하고 있고 그렇게 되면 수많은 이민자가 영국으로 들어올 것이라고 거짓 주장을 펼쳤다. 그들이 외친 "통제권을 되찾자Take Back Control"라는 선거 구호는 강력한 효과를 발휘했고, 뜻밖에도 브렉시트 찬성안이 가결됐다. 2016년에 트럼프 선거 본부의 최고 책임자였던 스티브 배넌Steve Bannon은 훗날, 영국 국민이 브렉시트에 찬성했을 때 트럼프의 당선을 예감했다고 주장했다.

그러므로 트럼프가 2016년 11월에 백악관에 입성한 사건은 (어떤 면에서 보면) 사실상 이미 확립된 세계적 추세의 일부였을 뿐이다. 그러나 미국이 가진 특별한 경제적·문화적 힘을 고려할 때, 트럼프의 부상은 스트롱맨 통치 방식을 강화하고 정당화함으로써 세계정세를 바꾸고 모방자들을 양산하리라는 사실을 의미했다.

2017년 5월, 트럼프는 대통령으로서 첫 해외 방문지를 사우디아라비아로 정했다. 같은 해에, 아랍 세계에서 가장 부유하고 강력한 나라 사우디아라비아에서는 무함마드 빈 살만Mohammed bin Salman 왕세자가 실질적 지도자가 됐다. 이 새로운 지도자는 비밀스럽고 내향적인 사우디아라비아의 다른 왕족들과 달리 신속하게 국제적 인지도를 쌓았다. "MBS"라는 별칭으로 흔히 불리는 빈 살만을 일부 서방국가에서는 사우디아라비아에 필요한 권위적 개혁가라고 환영하기도 했으나, 반체제 언론인이었던 자말 카슈끄지Jamāl Khāshuqjī를 살해하고 그 시신을 절단한 사건은 서구의 빈 살만 지지자들을 충격에 빠뜨렸다. G20 정상회담에서 푸틴이 웃으면서 빈 살만을 포옹하는 장면은 법을 무시하고 처벌이 면제되는 '스트롱맨 시대'의 특징을 압축해서 보여주는 듯했다.

중남미 최대국인 브라질은 2018년에 보우소나루가 대통령에 당선되면서 스트롱맨 정치의 덫에 빠졌다. "열대지방의 트럼프Trump of the tropics"라 불리는 보우소나루는 우파 진영의 변방에서 무명인 채로 경력을 쌓은 후에, 트럼프주의Trumpism의 핵심 내용과 표어를 채택해서 대선에 승리했다. 정치적 올바름, 글로벌리즘globalism(국가 단위를 넘어 세계를 하나의 통합체로 만들려는 생각이나 운동-옮긴이), 가짜 뉴스 매체, 환경 단체 등은 비난하고 총기 소유자, 복음주의자, 농장주, 이스라엘의 이익은 옹호하는 표어였다.

2018년에 아프리카에서는 확산되던 스트롱맨 정치가 잠시 휴식기를 맞이한 듯했다. 아프리카에서 두 번째로 인구가 많은 나라인 에 티오피아의 새 지도자 아비 아머드Abiy Ahmed는 정치범들을 석방하고 에리트레아와의 오랜 전쟁을 끝냄으로써 국제적으로 주목받았다. 그 는 2019년에 노벨 평화상을 받았다. 그러나 그 이듬해에 티그라이 지 역에서 반란군을 무력으로 진압했고, 그 과정에서 수천 명이 사망함으 로써 전범 혐의를 받게 됐다. 아머드의 태도 표변은 가장 최근에 자유 주의 개혁가로 서구에서 환영받은 지도자도 결국은 권위적인 스트롱 맨으로 변할 수 있다는 두려움을 자아냈다.

　이런 식으로 서구 평론가들이 스트롱맨 지도자를 처음에 자유주 의 개혁가로 오인하는 일은 하나의 패턴이다. 튀르키예에서 에르도안 이 처음 권력을 잡았을 때, 〈뉴욕 타임스New York Times〉는 그를 "민주적 다원주의democratic pluralism를 지지하는 이슬람 정치인"으로 묘사했다.'⁵ 이와 비슷하게, 니컬러스 크리스토프Nicholas Kristof 〈뉴욕 타임스〉 칼럼 니스트는 2013년에 시진핑이 "다시 경제개혁에 박차를 가하고 어쩌면 정치적 긴장도 완화할 수 있을 것"이라고 예측했다. 그는 시진핑이 집 권하는 동안 "마오쩌둥의 시신을 톈안먼 광장Tiananmen Square 밖으로 내 올 수 있을 것"이라는 희망도 드러냈다.'⁶ 2년 후에, 〈뉴욕 타임스〉의 또 다른 영향력 있는 칼럼니스트 토머스 프리드먼Thomas Friedman은 빈 살만을 "사우디아라비아의 통치 체제를 전환시키는 임무에서" 개혁 돌 풍을 일으킬 사람으로 그렸다.'⁷ 2017년에 빈 살만의 인권침해 행위와 관련해서 불만이 고조되고 있었을 때, 프리드먼은 그런 비판적인 시 각을 거부하며 "여기에서 완벽함은 고려 대상이 아니다. 누군가는 이 과업, 즉 사우디아라비아를 21세기에 맞추는 일을 해야만 했다"고 썼

다.[8]

또한 2014년에 모디가 권좌에 올랐을 때 영국의 어느 칼럼니스트는 "인도는 정신적 충격이 필요하고 모디는 인도가 감수할 가치가 있는 위험이다"라는 글을 써서 그의 집권을 환영했다. 누가 이런 칼럼을 썼냐고? 바로 나다. 보잘것없던 차이(인도식 밀크 티) 판매원에서 한 국가의 지도자가 된 모디 총리의 출세를 보고 나는 "짜릿하다"고 썼다.[9] 오늘날처럼 시민의 권리에 무관심한 모디 총리를 봤다면, 나는 아마 다른 단어를 선택했을 것이다.

과거 순진했던 예측과 부질없던 희망들을 되돌아보니, 서구 평론가들이 반복해서 오판하는 이유를 생각해보면 흥미로울 것 같았다. 돌이켜 생각해보면, 그런 오판은 냉전 '승리'에서 비롯된 정치적·경제적 자유주의가 가진 힘에 대한 과신과 소망적 사고wishful thinking(자신이 바라는 대로 현상을 바라보고 해석하는 것-옮긴이)의 혼합물인 것 같다. 결과적으로 서구의 여론 형성가들은 전 세계가 반자유주의로 흐르고 있다는 사실을 뒤늦게 파악했다. 그러나 푸틴이 권력의 맛을 느낀 지 30년이 다 되어가는 2020년에는, 무슨 일이 일어나고 있는지 쉽게 파악됐다. 언론 자유, 사법부 독립, 소수자 인권 보호 같은 자유주의 가치들이 전 세계에서 공격을 받고 있었다.[10]

이런 암울한 추세는 다음 두 질문으로 이어진다. 스트롱맨 정치란 무엇이며, 그것이 유행하는 이유는 무엇일까?

지금 우리가 '스트롱맨 시대'에 살고 있다는 주장에 대해서 당연히 이견도 나올 수 있다. 가령, 트럼프나 모디처럼 민주적 선거로 당선된 지도자를 시진핑이나 빈 살만같이 선거를 거치지 않은 독재자와 비교하는 것이 적절한가?

그 문제는 균형 잡힌 시각으로 신중하게 다뤄야겠지만, 나는 그런 비교가 타당할 뿐만 아니라 중요하기도 하다고 생각한다. 이 책에서 다룬 스트롱맨 지도자들은 하나의 연속체를 이룬다. 한쪽 끝에는 중국과 사우디아라비아처럼 무소불위의 독재자가 있다. 그리고 중간에는 푸틴과 에르도안 같은 지도자가 있다. 이들은 제한적이나마 자유를 누리는 언론과 선거제도 같은 민주적 장치의 제약을 받는다. 그러나 정적을 감옥에 가두고 장기 집권도 할 수 있는 사람들이다. 그리고 다른 쪽 끝에는 민주 사회에서 활동하지만 민주주의 규범을 무시하고 그것을 파괴하려는 의도를 가진 듯한 정치인들이 있다. 트럼프, 오르반, 모디, 보우소나루가 여기에 속한다.

그러나 이 책의 목적은 전 세계 독재자들을 소개하는 안내서를 제공하는 것이 아니다. 여기에서는 트럼프와 베냐민 네타냐후Benjamin Netanyahu는 다루지만, 김정은을 포함해서 알렉산더 루카셴코Alexander Lukashenko 벨라루스 대통령과 훈 센Hun Sen 캄보디아 총리 같은 폭군은 배제했다. 이 책은 새로운 유형의 민족주의적 포퓰리스트 지도자들의 부상을 설명하고 있는데, 이들은 자유주의를 경멸하고 새로운 권위주의 통치 방식을 수용한 사람들이다. 21세기가 시작된 때부터, 스트롱맨 현상은 미국, 중국, 러시아, 인도, 유럽연합, 중남미 대륙 등 거의 전 세계 강대국들을 장악했다. 그와 달리 훈 센과 루카셴코는 작은 국가들을 통치하고 있으며, 둘 다 1990년대부터 계속 집권하고 있다. 그리고 북한은 1948년부터 김 씨 왕조가 통치하고 있다. 이 세 지도자 모두 스트롱맨의 특징을 가지고 있으나, 지난 20여 년간 세계 정치를 바꾸는 데는 별 영향을 미치지 못했다.

일부 영국 독자는 스트롱맨 지도자의 명부에 존슨 전 총리가 포함된 것이 못마땅할지도 모르겠다. 존슨과 브렉시트 지지자들은 이것을 부당한 비방으로 여길 것이다. 그러나 2019년에 마침내 존슨이 총리가 되고 싶었던 열망을 성취했을 때, 그는 스스로 스트롱맨, 즉 브렉시트를 완수하기 위해 수단과 방법을 가리지 않는 거친 사람처럼 행동했다. 존슨은 평의원 시절에, 유럽연합을 대하는 방법과 관련해서 트럼프의 외교정책을 인용했었다. 총리가 되고 나서는 전임자인 테리사 메이Theresa May가 피했던 조치들을 감행했는데, 가령 자기 당의 고위직을 해임하고 의회를 정회했다. 그러나 이 정회 조치는 즉시 위법 판결을 받았다. 트럼프는 존슨을 "영국의 트럼프Britain Trump"로 부르며 친분을 과시했으며, 바이든도 존슨을 트럼프와 "신체적·정서적으로 유사한 복제 인간"이라 불렀다.ᐧ11 존슨이 강력 지지했던 브렉시트는 자유주의가 전 세계로 확대되는 것에 반발하는 중요한 사건이었다.

민주적으로 선출된 스트롱맨을 걱정하는 한 가지 이유는 그들의 행동과 수사적 발언이 독재자의 행동 및 말과 상당히 겹치기 때문이다. 충격적이게도 트럼프의 위험성에 대한 최초 경고자는 실제 독재 체제를 경험했던 사람들이다. 특히, 러시아에서 망명한 가리 카스파로프Garry Kasparov와 마샤 게센Masha Gessen은 트럼프의 행동이 푸틴을 연상시킨다고 확신했다.*ᐧ12 그러나 민주주의 세계에서 미국이 유일한 일탈 사례는 아니었다. 제도, 법률, 정당 등 민주주의의 요건을 갖춘 다른 체제에서도 모디, 보우소나루, 두테르테 같은 스트롱맨이 출현하기 시작했다.

　이미 독재 체제를 갖춘 나라들도 스트롱맨 통치 체제로 전환되고 있다. 중국과 사우디아라비아는 민주국가가 전혀 아니지만, 그래도 시진핑과 빈 살만이 집권하기 전에는 각각 공산당과 사우디아라비아 왕가가 나라를 집단 통치했었다. 그러나 최근에는 두 나라 모두 국정 운영 방식이 개인화personalized되고 있다.

　이와 같이 개인화된 정치가 전 세계로 확대됨에 따라, 권위주의 세계와 민주주의 세계 사이의 경계가 모호해졌다. 전통적으로 미국 대통령들은 (미국 주도의) '자유세계'와 비민주국가들을 확실히 구분했었다. 그러나 트럼프는 그 차이를 무시했다. 2015년에 (자신이 칭찬해왔던) 푸틴이 언론인과 정적 들을 살해했다는 이야기를 들었을 때, 트럼프는 이렇게 반응했다. "우리 나라에서도 살인이 많이 일어나지 않나."•[13] 대통령이 되고 나서 언젠가 그는 밥 우드워드Bob Woodward에게 이렇게 말했다. "나는 에르도안과 사이가 매우 좋다. […] 나는 상대가 거칠고 비열한 사람일수록 그들과 더 잘 지낸다."

　트럼프는 자유 사회의 필수 요소로 언론의 자유를 옹호하기보다, '가짜 뉴스 매체'를 비난하는 데 많은 시간을 보냈다. 미국의 독립된 사법부와 자유선거 제도를 찬미하기보다 자신에게 불리한 판결을 내린 판사들을 편견이 있다며 비난했다. 그리고 2020년 대선이 부정선거라고 주장하며, 결과에 승복하지 않았다. 이런 트럼프의 행동과 언

＊　이와 달리, 냉전 시대를 경험한 소련의 반체제 인사들은 소련과 미국에서 유사점이 발견된다고 주장했던 서구 자유주의자들을 대체로 무시했다.

어를 그대로 채택한 다른 민주국가의 지도자들도 있었다. 이스라엘의 네타냐후와 브라질의 보우소나루 모두 '가짜 뉴스'와 자신들에게 불리한 '딥 스테이트deep state(정부 안에서 실체를 드러내지 않고 영향력을 행사하는 집단-옮긴이)'에 대해 불평했다. 2021년에 권좌에서 내려온 네타냐후는 트럼프처럼, 자신이 "민주주의 역사에서 [···] 최악의 부정선거"의 희생자가 됐다고 주장했다.

이런 식으로 민주적 지도자와 권위적 지도자의 경계를 흐리는 것은 수십 년간 독재자들의 핵심 목표였다. 푸틴 집권 초기에, 나는 크렘린에서 푸틴의 대변인인 드미트리 페스코프Dmitry Peskov를 만났었다. 그의 컴퓨터에서는 "전쟁은 평화다", "자유는 노예다"처럼 조지 오웰George Orwell의 《1984》에서 인용해온 문장들이 화면 보호기로 설정돼 반복적으로 나오고 있었다. 내가 페스코프에게 최근 푸틴의 탄압 행위들에 관해 묻자, 그는 웃으며 "우리 체제는 불완전해요"라고 답했다. 트럼프의 화법은 러시아와 중국의 오랜 입장을 확인해주는 듯했다. 그가 즐겨 하는 말들은 이렇다. "우리도 거짓말을 한다." "우리도 사람을 죽인다." "우리 언론은 가짜다." "우리 선거는 조작됐다." "우리 사법부는 부정직하다." 중국 역사학자 라나 미터Rana Mitter는 이렇게 말했다. "반자유주의 담론이 중국에 유용한 이유는 그것을 권위국가와 민주국가 사이에 근본적인 차이가 없다는, [···] 즉 종류가 다른 것이 아니라 정도의 차이가 있는 것이라는 주장의 근거로 제시할 수 있기 때문이다."[14]

이 책에서 다룬 스트롱맨 지도자들이 '똑같은' 모습은 아니다. 그러나 그들은 서로 비슷하다. 그리고 그런 유사성은 중요하고 교훈적이다. 스트롱맨 통치 방식에는 네 가지 공통점이 있는데, 개인숭배 조장과 법치주의 무시, 엘리트가 아닌 진짜 국민을 대변한다고 주장(다른 말로 포퓰리즘), 공포 및 민족주의 정치다.

스트롱맨 지도자들은 자신이 나라에 없어서는 안 될 존재로 여겨지기를 바란다. 그들의 목표는 오직 자신만 나라를 구할 수 있다고 사람들에게 이해시키는 것이다. 트럼프는 "오직 나만 그 문제를 해결할 수 있다"고 미국 국민에게 말했다. 국가와 지도자의 경계를 허물면, 스트롱맨을 다른 평범한 사람으로 대체하는 일은 위험하거나 상상도 할 수 없는 일이 된다. 이상적인 상황은 스트롱맨이 힘뿐만 아니라 도덕성과 지성으로도 존경받는 것이다.

다시 한번 말하지만, 개인숭배는 권위국가와 민주국가 모두에서 나타난다. 중국에서 시진핑은 마오쩌둥 통치 때 마지막으로 목격됐던 개인숭배 체제로 회귀하는 데 큰 진전을 이뤘다. 그는 '시진핑 사상'을 중국공산당 헌법에 넣었는데, 이것은 그동안 마오쩌둥에게만 주어진 특혜였다. 또한 주석 임기 제한 규정을 철폐함에 따라, 시진핑은 종신 집권이 가능해졌다. 심지어 내가 2020년에 상하이에서 본 벽화에는 머리에서 광선이 나오고 있는 시진핑의 얼굴이 그려져 있었다.

이런 우상화를 강요하는 체제는 대개 독재 정권이다. 그러나 개인숭배 현상은 반#민주국가와 민주국가에서도 나타난다. 인도인민당의 선거운동은 모디와 그가 가진 지혜와 힘, 도덕성을 부각했다. 인도의 저명한 역사가 라마찬드라 구하Ramachandra Guha는 이렇게 말했다. "2014년 5월부터 모든 프로그램과 광고, 포스터에 총리의 얼굴을 넣

는 작업에 막대한 국가 자원이 소요됐다. 모디가 인도고, 인도가 모디다."•15

러시아와 튀르키예에서 푸틴과 에르도안도 자신들이 평범한 국민과 특별한 관계라고 홍보했다. 두 나라 모두 헌법 개정을 통해 장기 집권이(잠재적으로 종신 집권까지) 가능해졌다. 그밖에 일본의 아베 신조Abe Shinzo와 이스라엘의 네타냐후 같은 민족주의자들은 최장수 총리라는 기록을 세웠다. 트럼프는 대통령 임기를 8년에서 더 늘리고 싶다는 '농담'으로 반대파를 당황하게 만들곤 했다. 공화당이 개인숭배에 굴복했다는 사실은 2020년에 드러났는데, 당시 공화당은 이 단순한 문장으로 대선 공약을 갈음했다. "공화당은 대통령의 미국 우선주의 정책을 적극 지지하고 있으며, 앞으로도 계속 그럴 것이다."

개인숭배를 강요하는 나라들의 또 다른 공통점은 스트롱맨의 사익과 국익을 결합한다는 것이다. 이런 나라들에서는 지도자가 자신의 가족을 정부 요직에 앉히는 일이 대단히 흔하다. 에르도안은 사위인 베라트 알바이라크Berat Albayrak와 사이가 틀어지기 전에, 그를 재무 장관에 임명했었다. 트럼프는 사위인 재러드 쿠슈너Jared Kushner에게 외교와 국내 정치 분야에서 핵심 역할을 맡겼다. 브라질의 보우소나루는 세 아들 플라비오Flavio, 에두아르도Eduardo, 카를로스Carlos를 자신의 대리자와 대변인으로 삼았고, 그중 에두아르도는 주미 브라질 대사로 지명했다. 필리핀의 두테르테는 딸인 사라Sara를 자신을 대체할 대통령 후보로 삼고 싶어 했다. 그러나 사라는 과거 필리핀 독재자였던 페르디난드 마르코스Ferdinand Marcos의 아들, 봉봉 마르코스Bongbong Marcos를 대선 후보로 올리고 자신은 부통령 후보로 출마해서 당선됐다. 영국의 존슨은 자신의 동생인 조Jo를 처음에는 장관으로 임명했고, 그다음에는 상원 의원으로 추천했다.

전형적으로 스트롱맨 지도자들은 자신이 할 일을 법과 제도가 방해하고 있다고 생각한다. 반복해서 말하지만, 이는 권위국가와 민주국가에서 모두 나타나는 특징이다. 물론, 정치 환경에 따라 스트롱맨의 대응 방식은 달라지지만 말이다. 시진핑이 집권하기 전부터, 중국의 자유주의 사상가들은 공산당으로부터 사법부를 독립시키라고 압박했다. 시진핑은 그 제안을 거절했으며, 자신이 이끄는 공산당의 우월한 지위를 재천명하기 위해 "우리는 서구의 '입헌주의', '권력분립' 혹은 '사법부 독립'이라는 제도를 결코 따르면 안 된다"고 주장했다.[16]

서구의 새로운 스트롱맨들은 대개 사법부 독립 문제를 첫 번째 표적으로 삼는다. 헝가리의 오르반과 폴란드의 카친스키가 초창기에 취한 조치 중 하나는 사법부를 통제하기 위해 각종 법률을 개정하는 것이었다. 영국에서는 대법원이 브렉시트와 관련된 중요 이슈들에 대해 정부에 불리한 판결을 내리자, 존슨 총리를 지지하던 〈데일리 메일Daily Mail〉은 판사들을 "국민의 적들Enemies of the People"이라고 매도했다. 트럼프는 "누군가 미국 대통령이 됐다면, 그의 권한은 절대적이다"라고 주장했다.[17]

스트롱맨 지도자에게 법은 지켜야 할 대상이 아니다. 반대파를 탄압할 때 사용하는 정치 무기다. 이 내용을 가장 잘 표현한 것은 스탈린 시대에 비밀경찰 수장이었던 라브렌티 베리야Lavrenti Beria의 발언이다. "누군지 알려주면, 내가 그 사람의 범죄를 찾아내겠다." 정적을 감옥에 보내는 일은 일반적인 관행이다. 러시아가 독재 체제로 기울었음을 보여주는 초기 증거는 푸틴이 미하일 호도르콥스키Mikhail Khodorkovsky라는 성가신 올리가르히oligarch(러시아의 신흥 재벌과 관료 - 옮긴이)를 재판에 회부한 다음 2005년에 감옥으로 보낸 사건이었다. 이런 관행은 계속 이어져, 최근인 2021년에는 반대파 지도자인 알렉세이 나발니Alexei Navalny를 투옥했다. 시진핑은 집권 직후 반부패 운동을 벌여서 100만 명이 넘는 사람들을 체포하고 투옥했다. 또한 홍콩의 민주화 운동 지도자들도 감옥으로 보냈다. 필리핀에서는 두테르테와 척살대의 관계를 조사했던 레일라 드 리마Leila de Lima 상원 의원이 조작된 마약 혐의로 체포되어 투옥됐다. 사우디아라비아에서 빈 살만은 반부패 조치를 이용해서, 수많은 엘리트 계층을 (사우디아라비아 방식으로) 리츠칼튼 호텔에 감금한 다음 위협해서 그들의 재산 일부를 강제로 양도하게 했다. 트럼프는 이런 독단적인 권력을 갈망했으나 행사할 수 없었다. 2016년 대선에서 그와 그의 대리자들은 힐러리 클린턴Hillary Clinton을 겨냥해서 "그녀를 가둬라Lock her up"라는 구호를 외쳤다.

장기 집권은 스트롱맨 지도자에게 사법부를 측근으로 채울 기회를 부여하는데, 트럼프도 그 방법을 시도한 적이 있다. 필리핀의 두테르테도 대법원을 측근으로 채웠다. 또한 2016년에 튀르키예에서는 에르도안이 계엄령을 선포한 후에 4,000명이 넘는 판사와 검사를 숙청했다.

사법부는 스트롱맨 지도자에게 핵심 통제 대상이다. 그러나 그들 대부분은 자신의 권력을 견제하거나 자신의 의견에 이의를 제기하는 모든 독립기관을 못 견딘다. 언론은 자주 표적이 된다. 정보기관이나 중앙은행 같은 국가기관도 마찬가지다. 2019년에 권좌에 오른 지 몇 개월 만에, 멕시코의 암로는 규제 당국의 수장들을 다수 교체했다.

사법부 탄압부터 선거 민주주의 자체에 이의를 제기하는 단계까지는 그리 오랜 시간이 걸리지 않는다. 트럼프의 반민주적 정치 성향은 그가 2020년 대선 결과를 뒤집으려 했을 때 명확히 드러났다. 스트롱맨의 정치 논리는 암묵적으로 민주주의를 거부한다. 언젠가 에르도안은 이런 말을 했다. "민주주의는 트램과 같다. 목적지에 도착할 때까지는 그 안에 타고 있어야 한다."•18

스트롱맨 지도자는 국가기관을 멸시하지만, '국민'은 사랑한다. 전형적으로 그들은 보통 사람들을 직관적으로 이해하고 그들에게 공감할 수 있다고 주장한다. 바로 그런 이유로 스트롱맨 현상은 포퓰리즘과 밀접하다.

결국 포퓰리즘은 "단순주의simplism"로 불리는 정치적 논쟁 방식과 긴밀하게 연결된다.•19 이것은 사악한 세력의 방해로 복잡해진 문제들에 간단한 해결책이 있다고 생각하는 방식이다. 이따금 어떤 해결책은 너무나 간단해서 단 두 단어("브렉시트 완수Get Brexit Done" 또는 "장벽을 세우라Build the Wall")로 요약되기도 한다. 복잡한 문제에 대한 단순한 답은 명확해 보이기 때문에, 이런 해법을 방해하는 사람들은 어리석거나 악한 사람으로 간주되는 경우가 많다. 그리고 이런 간단한 해법이 난관에 봉착하면, 스트롱맨은 국민의 의지가 반드시 실현될 수 있도록 법적 장벽을 무너뜨리겠다고 약속한다.

흔히 스트롱맨은 사법기관과 국가기관이 단순히 목표 달성에 불필요한 장애물이기만 한 것은 아니라고 주장한다. 그들은 보이지 않는 곳에서 활동하는 엘리트 집단이 의도적으로 난해한 법적 수단을 동원한다고 생각한다. 그러므로 이런 장애물을 부수고, 존슨이 언젠가 "나라를 실제로 통치하는 사람들"이라고 부른 '딥 스테이트'의 음모를 좌절시키기 위해서는 스트롱맨이 필요하다고 주장한다. 존슨은 영국의 딥 스테이트가 브렉시트를 방해하려고 음모를 꾸민다고 생각했다.[20] 딥 스테이트라는 용어는 트럼프가 채택하기 전에 이미 수십 년간 튀르키예에서 자주 사용됐으며, 지금은 보우소나루나 네타냐후 등도 즐겨 쓴다.

　보이지 않는 곳에서 국가 전복 음모를 꾸민다고 의심받는 외국인들은 스트롱맨이 좋아하는 또 다른 표적이다. 중국 언론은 국가 분열을 꾀하는 서구의 음모를 경계하라고 국민에게 자주 경고한다. 중국 밖 스트롱맨들은 평범한 사람들이 아닌 글로벌리스트 엘리트 집단을 위해 일하는 조종자를 비난하기 위해 같은 부기맨bogeyman(귀신이나 도깨비 같은 공포를 형상화한 것-옮긴이)을 선택했다. 곧 보게 되겠지만, 금융가 조지 소로스George Soros는 푸틴, 트럼프, 에르도안, 오르반, 보우소나루 등에게 맹비난을 받고 있는 인물이다. 그런데 글로벌리스트 엘리트가 아닌 평범한 사람들을 위해 싸운다는 그들의 주장은 막대한 부 축적과 너무나 쉽게 결합된다. 포퓰리스트 스트롱맨들(푸틴, 오르반, 에르도안 등)은 자신의 정치권력을 이용해서 자신과 가족은 물론 친구들까지 부자로 만들어줬다.

　또한 스트롱맨은 가족, 성차별, 성적 취향 등과 관련된 이슈에서 주로 전통적인 가치관을 지지한다. 푸틴은 '동성애 선전gay propaganda' 금지법을 제정하고, 동성 결혼을 금하는 헌법 개정안을 통과시켰다. 시진핑은 '여자 같은' 남자들이 텔레비전에 출연하지 못하게 했다. 일반적으로 스트롱맨은 자유주의 정치인들이 주장하는 '정치적 올바름'을 조롱하는데, 그런 정치인들은 메르켈 독일 총리나 저신다 아던Jacinda Ardern 뉴질랜드 총리처럼 여성인 경우가 많다.

스트롱맨들의 정치적 기반은 놀랄 정도로 서로 비슷하다. 국내에서 그들은 도시 엘리트를 비판하고, 소도시와 농촌 거주자들에게 지지를 호소한다. 트럼프는 2016년과 2020년 대선 모두 대도시에서 거의 패했다. 또한 그는 유권자의 교육 수준에 따라 득표율이 달랐는데, 대졸 유권자층에서는 표를 많이 받지 못했지만, 대학을 나오지 않은 백인 남성층에서는 거의 80퍼센트를 득표했다. 그가 2016년에 "나는 교육을 많이 못 받은 사람들을 좋아한다"고 발언한 사실이 별로 놀랍지 않은 이유다.

미국 밖에서도 그런 투표 성향이 나타난다. 영국에서는 학교 중퇴자의 73퍼센트가 유럽연합 탈퇴에 투표했다. 반면, 대학원 졸업자의 75퍼센트는 유럽연합 잔류를 택했다. 필리핀의 두테르테는 '마닐라 제국Imperial Manila'과 자유주의 엘리트에 반대하는 선거운동을 벌였다. 2017년 프랑스 대선에서 에마뉘엘 마크롱Emmanuel Macron은 파리 중심부에서 완승을 거뒀고, 포퓰리스트들은 나라 곳곳의 '뒤처진left-behind' 지역에서 지지를 얻었다. 헝가리와 폴란드의 경우 권위주의 체제로 전환되는 과정에서 수도인 부다페스트와 바르샤바에서 대규모 반정부 시위가 일어났으나, 소도시와 농촌 거주자들은 여전히 오르반과 카친스키를 지지했다.

이런 공통된 투표 양상을 고려할 때, 도시에 사는 자유주의자들은 사람들이 포퓰리즘 정치와 스트롱맨 통치 방식을 지지하는 이유가 교육 수준이나 심지어 지적 수준이 낮기 때문이라고 결론 내리기 십상이다. 그러나 서구의 '교육 수준이 낮은 사람들'은 최근 몇십 년간 임금 정체와 생활수준 하락을 경험했을 것이다. 이런 상황에서 반체제 후보는 대단히 유혹적인 선택지다. 거기에 만약 스트롱맨이 과거 좋았던 시절로 시간을 돌리고 미국(혹은 러시아나 영국)을 '다시 위대하게' 만들겠다고 약속한다면, 그 유혹은 더욱 강렬해진다. 이것이 바로 스트롱맨 정치의 마지막 특징인 향수를 자극하는 민족주의다.

거의 모든 스트롱맨 지도자가 트럼프의 유명한 약속들을 국가별 상황에 맞게 변형해서 사용한다. 시진핑이 말한 '중화 민족의 대부흥'은 본질적으로 중국을 다시 위대하게 만들겠다는("당연히 누려야 할 중화中華"로서의 위상을 회복하겠다는) 약속이다. 위대한 국가로 다시 돌아갈 수 있다고 주장하는 사람이 중국과 미국의 지도자들만은 아니다. 푸틴은 소련 붕괴를 대재앙으로 규정하고, 강대국 지위 회복을 재임 중 핵심 목표로 삼았다. 아베는 생전에 자신에게 영감을 준 시기로 19세기 '메이지 유신'을 거론했는데, 그 시절 일본은 아시아의 최강국이었다. 모디는 민족주의 운동을 이끌며, 영국 식민지 시대와 무굴제국 통치기 이전의 영광스럽고 간혹 신화적이기도 했던 과거를 자랑스러워하는 힌두교 사람들에게 호소한다. 오르반은 제1차 세계대전이 끝나고 헝가리가 잃은 영토를 언젠가는 회복하겠다는 계획을 넌지시 내비쳤다. 에르도안은 1920년대 초에 무너진 오스만제국의 영광에서 영감을 얻는다. 그리고 존슨의 '글로벌 브리튼Global Britain' 전략은 영국이 그저 28개 유럽연합 회원국 중 하나가 아니라 세계 최강국이었던 시절에 대한 향수를 불러일으켰다.

이렇게 향수를 자극하는 민족주의에 호소하는 모습은 주목할 만하다. 그리고 이것은 다소 새롭기도 하다. 최근까지 영국과 미국에서는 진취적인 정치인들이 크게 성공했다. 빌 클린턴은 "21세기로 가는 다리"를 놓겠다고 선언했다. 그리고 데이비드 캐머런David Cameron은 현대 영국에 어울리는, 현대화 추진자moderniser로서 스스로 자리매김했다. 심지어 중국과 러시아조차 각각 시진핑과 푸틴이 통치하기 전에는, 과거 영광을 되돌아보거나 과거 오욕을 곱씹는 대신 새로운 미래를 구축하는 데 더 많은 관심을 두는 듯했다.

스트롱맨 현상을 이해하려면, 현대 정치의 어떤 면이 스트롱맨의 등장 배경이 됐는가를 좀 더 자세히 들여다볼 필요가 있다.

세계사에서 자유민주주의가 우월하고 확고한 지위를 누렸던 기간은 짧았던 것 같다. 1989년 베를린 장벽 붕괴 후, 전 세계에서는 중요한 정치적·경제적 문제들이 해결된 듯했다. 경제적 해법은 자유 시장이었고, 정치적 해법은 민주주의였다. 지정학적으로 유일한 초강대국은 미국이었다. 그리고 사회적 해법은 당연히 여성과 소수자의 권리 확대였다. 독일의 지식인이자 외교관인 토마스 바거Thomas Bagger의 말처럼, 중요한 문제들이 전부 해결됐으므로 정부는 "불가피한 일을 처리"하는 곳으로 축소됐다.[21]

그러나 적수가 없던 자유주의는 그 우위를 20년도 채 유지하지 못했다. 2007년에 푸틴은 자유주의적 국제주의liberal internationalism를 뒷받침하던 정치적·전략적 신념을 공개적으로 거부하기 시작했다. 2008년 금융 및 경제 위기가 자유주의 합의의 토대였던 경제적 가정들을 무너뜨렸다. 좌파와 우파 모두에서 '신자유주의neoliberalism'라는 용어가 지배적인 경제 모델의 월권행위와 오류 들을 비판하는 말로 사용되기 시작했다.

2008년 금융 위기도 이라크 전쟁과 중국의 급부상과 맞물려, 서구의 지배가 계속되리라는 생각에 균열을 일으켰다. 2012년에 중국에서 시진핑이 권력을 잡았을 때, 서구의 지정학적 우위가 더 이상 당연하지 않다는 사실이 분명해졌다. 자유민주주의가 평화에 이르는 최적 경로라는 생각도 '문화 전쟁'이 격렬해지는 가운데 서구 사회의 분열이 확대되자 도전을 받게 됐다.

이 책에서 다룬 스트롱맨들은 여러 면에서, 1989년부터 우위를 누렸던 자유주의에 반기를 든다. 그들의 성공은 자유주의가 위기에 빠졌다는 증거다. 그 위기는 다면적이나 크게 경제, 사회, 기술, 지정학 네 가지로 분류할 수 있다.

2017년 홍콩의 한 강연장에서, 배넌은 트럼프의 부상과 반세계화를 주제로 의견을 발표했다. 그것은 모순으로 가득 찬 행사였다. 당시 그는 글로벌리즘을 맹비난했지만, 골드만삭스Goldman Sachs 출신 은행가로서 배넌 자신도 글로벌리즘의 수혜자였다. 또한 그가 두둑한 돈을 받고 강연하던 그 자리에는 아시아권 은행가들이 청중으로 있었는데, 그들의 생계는 배넌이 해체하고 싶었던 미·중 경제협력에 달려 있었다.

배넌은 서구 정치계에서 극우 진영에 속하는 사람이다. 그러나 그의 연설을 들으면서 나는 그의 분석 내용이 좌파의 견해와 상당히 많이 겹친다는 사실을 깨달았다. 그는 브렉시트와 트럼프 당선을 이끌었던 포퓰리즘 반란의 뿌리가 2008년 금융 위기에 있다고 주장했다. 즉, 금융 위기를 일으킨 은행가들이 제대로 처벌받지 않았기에 (더불어 금융 위기로 평범한 사람들의 생활수준이 나아지지 못했기에) 반발이 일어날 수밖에 없었다고 판단했다. 배넌은 포퓰리즘이 좌파와 우파로 나뉜다고 주장했다. 가령, 트럼프와 나이절 패라지Nigel Farage는 각각 미국과 영국의 우파 포퓰리스트를 대표했고, 버니 샌더스Bernie Sanders와 제러미 코빈Jeremy Corbyn은 좌파 포퓰리스트 정당의 대표였다. 그런데 적어도 서구에서 정치적 돌파구를 마련한 쪽은 우파였다.

미국과 유럽의 포퓰리스트들은 프랑스 북부, 미국의 러스트 벨트 Rust Belt(디트로이트, 펜실베이니아 등 과거 제조업이 크게 발달했던 미국 중서부와 북동부 일부 지역-옮긴이), 독일 동부와 영국의 침체된 해안 도시 등 실업률이 높은 '뒤처진' 지역들에서 득세했다. 그러나 서구 유럽과 미국에서만 그런 상황이 전개됐던 것은 아니다. 영국 북동부 지역 출신으로, 트럼프 정부에서 러시아 전문가로 활약했던 피오나 힐Fiona Hill은 러시아에서 푸틴의 부상을 도운 요인이 영국의 브렉시트와 미국의 트럼프가 지지를 얻게 된 배경과 비슷하다고 생각했다. 나라 전체가 의존했던 전통 산업이 붕괴되자, 사람들은 과거의 번영과 안정을 되찾아주겠다고 약속한 지도자를 갈망하게 됐다.'²² 훗날 힐은 이렇게 썼다. "푸틴과 트럼프는 같은 불만을 가진 지지층(연령이 높고 교육 수준이 낮은 남성들)을 공유했다."'²³ 서구에서 경제 붕괴가 포퓰리스트 스트롱맨에 대한 관심을 높였다는 사실은 이해할 수 있지만, 그것이 완벽한 설명은 되지 못한다. 예를 들어, 최근 생활수준이 급상승한 아시아에서 포퓰리스트 스트롱맨이 부상하는 현상은 어떻게 설명하겠는가?

중국과 인도에서도 경제가 중요했다. 지난 40년간 중국은 국부가 크게 증가했으나, 경제구조가 변하면서 승자뿐만 아니라 패자도 생겨 났다. 1990년대에 적자를 내고 있던 수많은 중국 국영기업이 파산했고, 그에 따라 3,000만 명이 일자리를 잃었다. 산업 노동자로서 엘리트 집단의 일부였던 남성들이 사회에서 설 자리를 잃었다.[24] 그래서 중국에서도 러시아, 영국, 미국과 마찬가지로 연령이 높고 교육 수준이 낮은 노동자들이 좋았던 옛 시절을 되찾아주겠다고 약속한 스트롱맨에 끌렸다.

중국과 인도에서는 급격한 세계화로 인한 혼란(인구와 산업의 대규모 이동)이 안정적이고 동질적인 국가 중심의 시절로 돌아가고 싶다는 향수를 자극했다. 그에 더해, 대부분의 개발도상국에서는 만연한 부패로 세계화의 이익이 주로 관련 엘리트에게 돌아갔다는 주장이 힘을 받으면서, 그 사기꾼들을 잡아 가둘 수 있는 강력한 지도자를 요구하기에 이르렀다. 시진핑은 집권하자마자 반부패 조치를 핵심 국내 정책으로 삼았다. 이와 마찬가지로, 모디도 보잘것없는 집안에서 출세한 보통 사람이라는 이미지가 정치적 지지 기반의 핵심이었으며, 그 덕분에 그는 낙심한 중산층과 소도시 주민들에게 새로운 기회를 만들어주겠다고 약속할 수 있었다.

대다수의 비서구 스트롱맨은 비조직범죄와 고위층 부패를 해결하지 못한 나약한 정부로 인해 국민들이 느끼는 좌절감을 적극 이용했다. 필리핀의 두테르테와 브라질의 보우소나루 모두 도시의 높은 살인율을 두려워하던 사람들에게 지지를 받았다.[25] 보우소나루는 정·재계 고위층에 만연한 부패 스캔들을 폭로한 후 국민의 혐오감을 이용해서 권력을 잡았다.

전체 엘리트는 부패하고 이기적인 집단으로, 현 체제는 평범한 사람에게 불리하도록 '조작된' 것으로 규정함으로써, 포퓰리스트는 아웃사이더(평범한 사람들 편에 서서 사기꾼과 글로벌리스트 엘리트에 맞서는 스트롱맨)의 필요성이 생성되는 데 일조했다.

그러나 '스트롱맨 정치'에는 경제만 관련되는 것이 아니다. 스트롱맨 지도자에게 관심이 쏟아지는 때는 경제적 어려움이 이민, 범죄, 국력 약화와 같은 국경 문제와 연관되는 순간이다.

새로 등장한 스트롱맨들은 무엇보다 이민 문제를 중요하게 생각한다. 냉전 종식 후 시작된 자유주의 시대의 상징이 베를린장벽 붕괴라면, '스트롱맨 시대'는 새로운 벽(트럼프가 멕시코 국경에 짓겠다고 약속한 '크고 아름다운 장벽', 시리아 난민이 헝가리로 들어오는 것을 막기 위해 오르반이 건설한 벽, 이스라엘과 팔레스타인 영토를 구분하기 위해 네타냐후 정부가 건설한 벽)을 건설하라는 요구로 요약된다.

포퓰리스트 스트롱맨은 특정 이민 집단을 싫어한다. 실행되지는 못했지만 트럼프 대통령의 첫 번째 행정명령은 무슬림 전체 입국 금지였다. 실제로 서구와 아시아의 민족주의적 포퓰리즘에는 이슬람 공포증Islamophobia이 널리 퍼져 있다. 미국과 유럽의 극우 진영이 보기에, 무슬림 이민은 '유대 기독교' 문명의 생존을 위협한다.

소수 무슬림은 아시아의 스트롱맨 지도자들이 좋아하는 표적이기도 하다. 시진핑 정부는 신장 위구르 자치구의 위구르족이 분리주의와 테러리즘에 공감한다고 비난하면서, 그들을 '재교육'하겠다는 괴상하고 불길한 정책을 시행하고 있다. 100만 명이 넘는 위구르족 무슬림이 재교육 시설로 보내겠는데, 혹자는 이 시설이 제2차 세계대전 이후 최대 규모의 강제수용소라고 생각한다. 트럼프와 바이든 정부 모두 위구르족 탄압을 '집단 학살'로까지 규정했다.[26]

반무슬림 정서는 모디가 지지를 얻는 핵심 기반이면서, 논란이 심한 그의 정책들에 근거도 제공한다. 2019년에 모디는 무슬림이 다수인 두 주, 잠무와 카슈미르에 허용하던 헌법상 특별 지위를 박탈했고, 그에 이어 집단 검거, 통행금지, 인터넷 폐쇄 등을 명령했다. 또한 아삼주에 거주하던 수십만 명의 무슬림을 불법 이민자로 간주하고 그들을 추방하거나 투옥하겠다고 위협했다.

스트롱맨 지도자들은 지배적인 다수가 깊이 느끼는 '쫓겨날지 모른다는 두려움'을 자주 이용하며, 그 과정에서 나라의 문화와 경제가 막대한 손실을 입는다. 무슬림이 서구 사회를 장악하려 한다는 음모론은 프랑스의 르노 카뮈Renaud Camus 같은 작가들에 의해 널리 퍼졌는데, 카뮈가 쓴 《대전환Le Grand Remplacement》은 극우 진영이 좋아하는 책이다. 오르반은 대규모 이민이 헝가리 국민의 생존을 위협한다고 주장한다. 네타냐후는 이스라엘이 유대 국가임을 명문화한 법안을 추진했는데, 그 배경에는 아랍계 소수자가 인구통계학적 위협을 가하고 있다는 인식이 깔려 있었다.

2045년이 되면 미국에서 백인이 소수자가 될 것이라는 전망은 사회적·인종적 두려움을 부채질했고, 이것이 트럼프의 부상으로 이어졌다. 사회과학자들은 인종적·인구통계학적 변화에 대한 불안이 트럼프 지지에 대한 강한 예측 변수였다는 사실을 발견했다. 진지한 몇몇 논평자는 심지어 민주주의 자체가 인종 갈등과 집단 경쟁의 압박을 견딜 수 있는가를 질문한다. 2020년에 오바마는 이렇게 말했다. "미국은 거대한 다민족·다문화 민주주의 사회를 건설하는 최초 실험을 현실에서 하고 있다. 그런데 그런 민주주의 사회가 유지될 수 있을지 […] 아직은 모르겠다."[27]

브라질과 인도 같은 다민족·다문화 민주국가들이 제공하는 증거는 특히 비관적이다. 브라질의 2010년 인구조사 결과를 보면, 사상 처음으로 백인보다 흑인과 혼혈인의 수가 더 많았다. 브라질 극우 진영의 정치 담론은 미국의 트럼프 지지자들이 내세우는 주장들을 상기시킨다. 보우소나루의 지지자들도 좌파가 사회적 지출 혹은 뇌물 제공을 통해 소수민족의 표를 매수해서 불법으로 권력을 얻었다고 자주 주장했다.

다수자의 지위를 잃을지 모른다는 두려움은 전체 국민의 약 80퍼센트를 차지하는 인도 힌두인과는 무관한 이야기처럼 들린다. 그럼에도 모디가 이끄는 인도인민당의 지도부는 소위 '러브 지하드love jihad'에 반대하는 운동(무슬림 남성이 힌두 여성과 결혼해서 인도의 인종적 순수성을 훼손하려는 음모를 꾸민다는 주장)을 중단시키지 않았다. 인도인민당이 지배하는 다섯 주는 '러브 지하드'에 반대하는 법안을 제정했거나 도입 여부를 검토하고 있다.[28]

권위주의 체제는 인종 갈등을 해소해주지 못한다. 중국은 국민의 약 92퍼센트가 한족이다. 그러나 인종적·민족적 소수자를 향해 점증하는 편집증과 불관용은 시진핑 시대의 특징이 됐다. 공산당 간부로, 신장 위구르 자치구 탄압에 책임이 있는 천취안궈Chen Quanguo는 과거 티베트에서 강제 동화정책을 펴기도 했다.

낯선 집단(외국인, 이민자, 무슬림)에 대한 '강경 대응' 의지는 스트롱맨의 매력을 높인다. 그들이 남자다움을 과시할수록, 남성의 힘을 중시하고 페미니즘과 성소수자 인권을 무시하는 전통 사상을 가진 사람들에게 관심받을 확률이 높아진다. 사회적 관행이 급변하는 시대에(그리고 이는 서구에서만 일어나는 일이 아니다), 새로운 권위주의자들이 가진 강력한 무기들 중 그런 전통적인 사회적 가치는 과소평가됐다. 미국, 러시아, 브라질, 이탈리아, 인도 등에는 불만이 쌓인 남성들(과 전통을 중시하는 일부 여성들)로 구성된 대규모 집단이 있으며, 이들이 보수적인 스트롱맨에 열광하는 것 같다.[29]

성별에 따라 포퓰리스트 스트롱맨과 그와 경쟁하는 자유주의자들에 대한 지지도가 달라진다는 사실은 2016년 미국 대선에서 명확히 드러났다. 트럼프 선거운동 본부의 상당수는 트럼프가 여성의 '성기'를 움켜쥐었다고 자랑하는 녹음본이 공개됐을 때 자신들의 후보가 치명상을 입게 될까 봐 두려워했다. 그러나 그 논란은 트럼프의 승리를 막지 못했는데, 남성들이 힐러리 클린턴보다 트럼프를 훨씬 많이 지지했기 때문이었다. 2016년에는 여성 대통령이 탄생될지 모른다는 두려움이 '성기를 움켜쥔' 남자에 대한 혐오감보다 강했던 모양이다.

남자다움을 과시하는 언어와 태도는 미국이 아닌 다른 나라의 스트롱맨에게서도 두드러진다. 언젠가 두테르테는 선교사를 집단 강간하고 살해한 사건에 참여하지 못해서 아쉽다는 끔찍한 '농담'을 한 적이 있다. 브라질의 보우소나루는 길거리에서 남자끼리 키스하는 모습을 보게 되면 그들의 얼굴을 한 방 갈기겠다고 말했다. 이탈리아의 예비 스트롱맨, 마테오 살비니Matteo Salvini는 집회 현장에 있던 성적인 용도의 풍선 인형을 가리키며 반대파 여성 정치인과 닮았다고 말했다. 푸틴은 성소수자의 인권과 페미니즘을 특별히 거론하며 틈날 때마다 서구의 '정치적 올바름'이 어리석다고 매도함으로써, 러시아뿐만 아니라 서구 사회의 문화적 보수주의자들로부터 지지를 얻어내고 있다. 내가 푸틴주의 선동가 중 하나인 콘스탄틴 말로페예프Konstantin Malofeev에게 서구 자유주의의 본질을 무엇이라고 생각하는지 물었을 때, 그는 "국가 간 경계도 없고, 남녀 구분도 없는 것"이라고 답했다.'[30]

새로운 권위주의자들이 민족주의와 문화적 전통주의를 강조한다는 사실은 여러 면에서 그들이 과거 시절을 그리워하는 지도자라는 의미다. 그러나 스트롱맨은 한 가지 중요한 면에서 지금 시대와 잘 어울린다. 거의 모든 스트롱맨이 소셜 미디어를 능수능란하게 이용한다는 것이다. 이런 새로운 정치적 소통 수단은 스트롱맨 정치가 확산되는 데 도움을 줬다. 트럼프가 애용하는 매체는 트위터다. 그는 트위터를 통해 '가짜 뉴스 매체'를 우회해서 지지자들과 직접 소통했다. 스트롱맨과 그 추종자의 개인적인 소통 기회는 개인숭배를 확립하는 데 대단히 중요하며, 그러기에 트위터는 이상적인 매체였다. 브라질에서도 보우소나루의 트위터 팔로어들은 그들이 '전설'이라 부르는 남자에 매료됐다. 소셜 미디어 활용에 특히 능한 인도인민당 역시 페이스북과 트위터로 모디의 지지자들을 격려하고 그의 정적들을 위협한다.

페이스북과 트위터는 진실과 거짓을 구분해주던 전통 매체(뉴스)의 기능을 약화시키는 데 핵심 역할을 하고 있다. 2016년 대선에서 두테르테는 페이스북을 이용해서 자신에게 유리한 거짓말들을 널리 유포시켰다. 나중에 몇몇 페이스북 경영진은 필리핀을 "최초 감염자patient zero '라고 불렀다. 몇 달 후, 페이스북에 퍼진 트럼프 미담도 미국에서 스트롱맨이 부상하는 데 결정적인 기여를 했다. 전통 매체는 이야기의 진위를 따지지만, 페이스북은 이용자에게 '좋아요' 혹은 '싫어요'를 묻는다. 즉, 이성보다 감성과 충성도에 호소한다. 코로나19 대유행 기간에 영국에서 실시한 한 조사에 따르면, 소셜 미디어에서 대부분의 뉴스를 접하는 사람들은 음모론을 믿을 가능성이 훨씬 높았다. 정부가 고의적으로 코로나19 사망자 수를 부풀리고 있다고 믿는 사람들의 약 45퍼센트는 주로 페이스북을 통해 뉴스를 접하는 사람들이었다. 반면, 음모론을 믿지 않는 사람들은 불과 19퍼센트만 페이스북 뉴스를 이용했다.'31

인터넷 보급 초기에 자유주의 낙관론자들은 정보의 자유로운 이동이 독재자의 뉴스 검열을 어렵게 만들어서 궁극적으로 민주주의에 이로울 것이라고 생각했었다. 이는 어느 정도는 사실이다. 바로 이런 이유 때문에 중국 정부는 트위터, 유튜브, 페이스북을 차단했다. 러시아의 나발니는 푸틴과 그 측근에게 치명타가 될 수 있는, 그들의 부패 거래를 조사한 영상을 유튜브에서 공개했다. 그러나 소셜 미디어의 폭로 기능에 대한 낙관론은 실제로도 그런지 철저히 따져봐야 한다. 알고 보니 새로운 소셜 미디어는 스트롱맨에게 이상적이고 유리한 소통 수단이었다. 즉, 그들이 내건 표어나 근거 없는 주장들은 사람들의 감정에 호소하고, 언론 매체가 사실을 확인하기도 전에 팔로어들에 의해 신속하게 공유되기 때문이다.

최근 중국 정부의 인터넷 악용 실태는 정치적으로 대단히 불길하다. 현대사회의 필수품인 휴대전화와 인터넷을 이용해서 중국 정부는 오웰의 소설에서처럼 국민의 활동을 감시할 수 있다. 여행, 온라인 거래, 소셜 미디어에 올린 일상 등이 감시 대상이 된다. 체제 전복 활동을 한다고 의심받는 사람은 '사회 신용 점수social credit' 제도를 통해 불이익을 받게 된다. 즉 직장 내 승진이나 대출, 심지어 기차표 구입까지 모든 상황에서 기회를 잃을 위험에 처한다. 중국의 발전된 기술, 특히 인공지능 기술을 이용한 온라인 사회통제 시스템은 다른 나라 스트롱맨들의 관심을 끌 수 있으며, 중국에 우호적인 나라로 수출될 수도 있다.

스트롱맨 시대에는 지정학적으로도 극심한 변화가 일어났다. 2000년만 해도, 미국의 영향력은 타의 추종을 불허했다. 당시 중국의 경제 규모는 미국의 12퍼센트에 불과했다. 금융 위기 발생 후 3년이 흐른 2011년에는 50퍼센트였다. 그리고 코로나19가 덮치기 직전인 2020년에 중국 경제 규모는 미국의 3분의 2를 넘어섰다. 구매력으로만 보면, 실제로 2014년에 경제 규모가 가장 큰 나라는 중국이었다.

추상적인 수치 외에도, 현실에서 실질적 효과가 나타나고 있다. 지금 중국은 세계 최대 제조업 국가이자 수출국이며, 자동차와 스마트폰 분야에서는 최대 시장일 뿐만 아니라 온실가스 최대 배출국이다. 또한 현재 중국의 해군력은 미국보다 강하다. 중국의 부상과 미국의 상대적인 쇠퇴는 서구의 경제력과 정치적 영향력이 약해지고 부와 권력이 아시아로 이동해가는 큰 이야기의 일부다. 미국의 세계적 영향력이 급격히 약화되고 있다는 사실은 위대한 국가의 위상을 회복하고 싶다는 트럼프의 열망을 뒷받침했다.

중국과 인도 같은 신흥 아시아 강국들에서는 세계 권력의 이동이 서구 제국주의 시대에 쇠퇴한 국력과 자국의 위대한 문화를 되살리려는 야망을 자극했다. 아시아의 민족주의는 상승하는 기대감이 추동하는 반면, 서구의 민족주의는 좌절된 희망이 추동한다. 그러나 두 지역의 정치적 결과물은 깜짝 놀랄 정도로 비슷하다. 모두 조국을 '다시 위대하게' 만들라고 주문한다.

2008년 금융 위기 이후, 중국 지도자들은 서구 민주주의가 야기한 것으로 추정하는 경제적 혼란과 비교할 때, 중국식 권위주의 개발 모델이 훨씬 효과적이라고 확신하게 됐다. 실제로 중국의 경제적 성공은 중국 모델의 위상을 높였으며, 지난 10여 년간 특별히 아프리카에서 중국의 영향력이 급속도로 확대되는 데 기여했다. 자이르공화국(콩고민주공화국의 전 이름-옮긴이)의 모부투 세세 세코Mobutu Sese Seko나 짐바브웨의 로버트 무가베Robert Mugabe 같은 아프리카 독립국의 스트롱맨 다수가 남긴 끔찍한 기록들은 아프리카에서 권위주의에 대한 부정적인 인상을 남겼다. 그래서 냉전이 종식된 1990년대에 아프리카에서는 민주화 물결이 일었다. 그러나 최근에는 르완다의 폴 카가메Paul Kagame나 에티오피아의 멜레스 제나위Meles Zenawi 같은 지도자들이 이룬 경제적 성공에 힘입어 다시 아프리카에서 권위주의 모델이 인기를 얻고 있다.

트럼프가 집권한 4년 동안 미국의 '소프트 파워soft power(군사력이 아닌 문화나 예술로 상대방의 행동에 영향을 미치는 힘-옮긴이)'는 크게 약해졌다. 바이든 시대에 대단히 중요한 질문은 새 대통령이 자유민주주의 국가로서 미국의 명성을 회복할 수 있는가(그리고 그렇게 함으로써 스트롱맨 정치의 세계적 유행을 막을 수 있는가)다. 나는 이 책의 마지막에 있는 "마치며"에서 그 질문을 다룰 것이다. 그러나 상황의 전개 과정을 이해하려면, 처음으로 돌아가야 한다.

푸틴

| 독재자의 원형

2000

그날 푸틴은 짜증이 났거나 어쩌면 그냥 지루했는지도 모르겠다. 이 러시아 지도자는 스위스 다보스의 한 평범한 호텔 레스토랑에서 소수의 국제 기자들의 질문들을 끈기 있게 받아넘기는 중이었다. 그러다 질문 하나가 그의 심기를 건드렸던 모양이다. 푸틴은 불편한 질문을 던진 미국인 기자를 쏘아보더니, 통역관을 통해 천천히 말했다. "당신 질문에 곧 답을 하겠소. 하지만 그 전에 먼저 당신 손가락에 있는 그 특이한 반지에 대해 물어보고 싶은데." 그 순간 자리에 있던 모든 사람이 고개를 돌려 질문자를 바라봤다. "왜 그렇게 큰 보석을 끼고 있는 것이오?" 몇몇은 피식 웃었고, 모든 사람이 그의 반지를 자세히 살피기 시작하자 기자의 얼굴에 불안한 표정이 나타났다. 푸틴은 짐짓

동정하는 체하며 말을 이었다. "내 질문이 그렇게 불편하지는 않을 거요. 그런 반지를 끼고 온 걸 보면, 일부러 관심을 끌고 싶었던 것 아니요?" 사람들의 웃음소리가 커졌다. 이제 원래 질문은 잊혀버렸다. 이것은 주의 돌리기와 협박 기술이란 무엇인가를 가르쳐주는 일종의 마스터클래스였다.

때는 2009년으로, 이미 푸틴은 거의 10년간 권좌를 지키고 있는 상태였다. 당시 푸틴은 다보스 세계 경제 포럼에 참석 중이었고, 나는 이날 처음으로 러시아 지도자의 얼굴을 봤다. 목소리를 높이지 않고도 위협적인 분위기를 조성하는 푸틴의 능력은 놀라웠다. 그런데 웃고 있던 청중의 모습도 마찬가지였다. 체첸과 조지아에서 이미 확인된 푸틴 정권의 폭력성에도 불구하고, 서구의 여론 형성가들은 여전히 푸틴을 우스꽝스러운 악당 정도로 취급하고 있었다.

그로부터 10여 년이 지난 2022년, 러시아가 우크라이나를 침공하기 직전에 나는 다보스에서의 사건이 떠오르는 장면을 우연히 보게 됐다. 텔레비전으로 중계된 최측근 참모들과의 회의에서 푸틴은 대외정보국 국장인 세르게이 나리시킨Sergei Naryshkin을 짓궂게 놀렸는데, 푸틴은 그때 당황해서 우크라이나 침공의 구실을 제대로 대지 못하는 나리시킨을 말더듬이 바보처럼 보이게 했다. 사람들 앞에서 누군가에게 모욕을 주며 즐거워하는 푸틴의 모습을 다시 한번 확인할 수 있었다. 그러나 이번에는 아무도 웃지 않았다. 푸틴은 1945년 이후 유럽 최대 영토 전쟁을 벌일 참이었다. 러시아 군대가 국경을 넘은 지 수 주 만에 1,000만 명이 넘는 우크라이나인이 조국을 떠나야 했고, 수천 명의 군인과 민간인이 사망했으며, 항구도시 마리우폴은 폐허가 되어 수많은 희생자의 무덤으로 뒤덮였다.

수 개월간 서방의 정보기관들이 러시아의 전쟁 가능성을 경고했음에도, 러시아와 서구의 노련한 푸틴 전문가들은 그 정보를 믿지 않았다. 20년 이상 푸틴의 리더십을 관찰해온 사람들로서, 자신들이 푸틴을 잘 안다고 생각했다. 그가 무자비하고 폭력적이기는 하지만, 합리적이고 계산적이기도 해서 세계경제에 러시아를 편입시키는 과업에 여념이 없다고 믿었다. 그가 그런 무모한 도박을 감행하리라고는 거의 예상하지 못했다.

그러나 되돌아보면, 확실히 세계는 줄곧 푸틴을 오해하고 있었다. 그가 권력을 잡은 순간부터 서구 정치인들은 자신들이 보고 싶은 것만 보고 푸틴주의의 어두운 면은 경시했다.

사실 푸틴이 처음 지도자가 됐을 때, 그가 새로운 유형의 권위적 리더십을 창조할 것이라고 예상되기는커녕 그 자리를 제대로 유지할 수 있을지도 분명치 않았다. 1990년대 혼돈의 보리스 옐친Boris Yeltsin 시대가 막을 내리고, 푸틴이 최고 권력자의 자리에 오를 수 있었던 것은 과거 소련 국가 보안 위원회KGB(구소련 시대에 국내외 정보활동을 벌이던 첩보 조직으로 1991년에 해체됐다-옮긴이) 동료들 덕분이었다. 그러나 올리가르히도 푸틴을 지지했는데, 이들은 푸틴을 위험하지 않은 인물, 즉 유능한 행정가이자 기득권 세력을 위협하지 않을 '믿을 수 있는 사람'으로 여겼기 때문이다.

서방에서 볼 때도 푸틴은 그렇게 위험한 인물이 아니었다. 1999년 12월 31일에 옐친에게 권력을 이양받고 겨우 몇 시간 지나지 않았을 때, 크렘린에서 텔레비전으로 중계된 첫 연설에서 그는 "표현의 자유,

양심의 자유, 언론의 자유, 소유권 등 시민사회의 기본 가치들을 보호"
하겠다고 약속했다.'¹ 2000년 3월, 대통령 당선자 연설에서는 자랑스
럽게 이렇게 단언했다. "우리는 러시아가 현대 민주국가가 됐음을 증
명했습니다."·²

　　러시아 대선을 직접 관찰한 사람들은 전체 선거 과정을 국가가 세
심하게 관리했다고 주장했다. 푸틴은 선거운동에 직접 나서지는 않았
다. 그러나 러시아가 현대 자유민주주의 국가의 모습을 갖추고 있다
고 주장할 필요성을 그가 느꼈다는 사실은 여전히 중요했다. 그로부터
20년이 지난 지금 푸틴은 여전히 크렘린을 지키고 있지만, 완전히 다
른 노선을 택한 채 "자유주의 사상이 구식이 되어가고 있다"며 기쁘게
선언했다. 오늘날 그는 러시아가 서양에서 배울 점이 아무것도 없다고
주장한다. 자유주의자들은 "최근 수십 년간 그들 자신이 노력해온 것
처럼, 누구에게든지 아무것도 지시할 수 없다."·³

　　그런데 초창기 푸틴이 자유민주주의의 수사학을 이용하는 것의
편리함을 간파했었는지는 모르겠으나, 그가 대통령으로서 보여준 행
동들에는 이미 난폭하고 독재적인 면이 드러나 있었다. 집권 첫해부터
그는 모든 독립적인 권력 기구를 통제했고, 국가가 핵심 권력기관임을
강조했으며, 전쟁을 이용해서 자신의 지위를 강화했다. 이 모든 조치
들이 푸틴주의의 특징이 됐다. 체첸 전쟁이 확대되는 동안 푸틴은 러
시아의 이익을 지키고 국민을 테러로부터 보호하는 민족의 영웅으로
부상했다. 푸틴의 초기 조치 중에는 구소련 국가國歌의 부활이 포함돼
있었는데, 이에 자유주의자들은 질겁했다. 또한 그는 몇몇 올리가르
히를 공격했다. 푸틴의 첫 공격 대상이 독립 언론사 총수였던 블라디

미르 구신스키Vladimir Gusinsky와 보리스 베레좁스키Boris Berezovsky였다는 사실은 시사하는 바가 크다. 두 사람은 푸틴이 집권하고 1년도 지나지 않은 시점에 러시아를 떠났다. 대선에서 푸틴을 지지했던 베레좁스키는 2013년에 영국에서 의문사했다.[4]

언론의 자유를 보장하겠다는 집권 초 푸틴의 말은 공허한 약속이었음이 밝혀졌다. 러시아의 몇 안 되는 독립 방송사들은 순식간에 정부의 감시를 받게 됐다. 푸틴은 신속한 언론통제를 통해 전 세계 스트롱맨에게 통치를 위한 참고서를 마련해줬다.

푸틴의 권력 강화 속도는 그가 러시아 체제에서 부상한 속도와 일치한다. 국가 지도자가 되기 10년 전만 해도, 그는 동독 드레스덴에서 활동하는 KGB 요원으로 정보기관의 하급 관리에 불과했다. 그 직책은 화려한 자리도, 주목을 받는 자리도 아니었다. KGB가 동독의 주된 전초기지로 삼은 곳은 베를린이었고, 드레스덴은 지방 도시일 뿐이었다. 푸틴 전기를 쓴 캐서린 벨튼Catherine Belton은 푸틴이 다른 하급 요원들보다 좀 더 민감하고 사악한 임무를 맡았을지 모른다고 주장하며, 그가 서독에서 활동하던 테러 집단과 협력했다는 증거를 제시했다. 그랬다 하더라도, 푸틴은 동료들에게 특별히 강력한 인상을 준 인물은 아니었다. "그는 전혀 주목받으려 하지 않았다. 최전선에서 활약한 적도 없다. 늘 대단히 친절했다." 동독의 정보기관 슈타지Stasi 요원 하나는 푸틴을 그렇게 기억했다.[5]

1989년 드레스덴에서, 푸틴은 베를린장벽과 소련 제국의 붕괴를 가까이에서 봤다. 그의 회고록 중 널리 알려진 부분에서, 그는 주변 곳곳에서 공산당 통치 체제가 무너지는 모습을 보면서 절망감을 느꼈다고 회상했다. 그는 모스크바에 지시를 내려달라고 요청했다고 한다. "그러나 모스크바는 침묵했다." 그리고 푸틴과 같은 소련의 애국자들에게 최악의 상황이 다가오고 있었다. 1991년 크리스마스이브에 소련이 해체됐고, 그에 따라 크렘린 위에서 펄럭이던 낫과 망치 그림의 소련 국기는 삼색 러시아 국기로 대체됐다.

러시아의 수많은 전·현직 정보 요원들과 달리, 푸틴은 지배계급 출신이 아니었다. 그는 러시아 최대 도시이자 지금은 다시 상트페테르부르크로 불리는 레닌그라드의 작고 낡은 공동주택에서 자랐다. 푸틴의 가족은 나치가 900일간 레닌그라드를 포위했을 때 수십만 명의 주민이 굶어 죽거나 폭격으로 사망했던 비극적인 현장을 몸소 겪었다. 블라디미르라는 이름을 물려준 푸틴의 아버지는 독일군의 배후에서 싸웠던 비밀경찰과 연계된 특공대에서 복무했다. 푸틴의 형 빅토르 Viktor는 나치 포위전 때 5세 나이로 사망했다.[6]

1952년생 푸틴은 '대조국 전쟁Great Patriotic War'의 고통과 희생으로 만들어진 환경에서 자랐다. 그는 어릴 때부터 소련 체제에 강한 애착을 보였다. 10대 때는 진학 상담을 받기 위해 KGB 지부를 방문하기도 했는데, 아이러니하게도 그때 법학을 전공하면 좋겠다는 조언을 들었다. 1975년에 국립 레닌그라드 대학교 법학과를 졸업한 다음에는 곧바로 KGB에 들어갔다.

그가 청년 시절에 보여준 추진력과 자제력은 위협적으로 보이지 않는 능력과 더불어 1990년대 혼란기에 유용했다. 그는 소련 체제가 무너져가고 있던 1990년에 드레스덴에서 레닌그라드로 복귀했다. 그의 핵심 인맥은 법학 교수 출신의 아나톨리 숍차크Anatoly Sobchak였는데, 이 솝차크가 1991년에 상트페테르부르크에서 최초 민선 시장으로 당선된다. 푸틴은 솝차크 밑에서 부시장으로 일했고, 소련이 붕괴하기 몇 개월 전인 1991년 8월에 공식적으로 KGB를 떠났다. 그는 솝차크의 보좌관으로 일하면서 유능한 관리라는 명성을 얻었다. 그러나 다른 한편으로 도시 밖에서 불법 작전을 펴던 조직범죄 집단과도 연계됐던 것으로 보인다.*⁷ 1996년에 솝차크가 시장직에서 물러났을 때, 푸틴은 크렘린에서 일하기 위해 모스크바로 이주했다.

크렘린에서 푸틴이 처음 맡은 자리는 대통령 재산을 관리하는 부서의 하급 관리였다. 사실 크렘린의 자산 목록은 막대한 후원의 원천이었다. 이듬해에 그는 대통령 총무실 부실장이 됐고, 이내 권력의 정점을 향해 질주했다. 힐과 클리포드 개디Clifford Gaddy가 썼듯이, "2년 반도 되지 않아 […] 푸틴은 대통령 총무실 부실장에서 러시아 연방 보안국FSB 국장, 총리 그리고 대통령 권한대행까지 승승장구했다."*⁸ 새 밀레니엄이 도래하기 직전, 옐친은 대통령직에서 내려와 푸틴에게 권력을 이양했다.

푸틴이 놀라운 속도로 권력을 장악하자 당연하게도 각종 추측과 음모론이 따라왔다. 분명히 푸틴의 부상은 FSB의 전신인 KGB 시절 동료들 덕분이었는데, 이들은 국가권력을 재편하겠다는 푸틴의 결심과 1990년대에 국가 재산을 싼값에 사들여 막대한 부를 축적한 소수 올리가르히에 대한 푸틴의 분노를 공유했다. 그러나 한편으로 푸틴은 일부 부유층, 특히 옐친 가족에게는 그들의 이익을 보호해주겠다며 슬며시 안심시키기도 했다. 술고래로 유명한 옐친과 달리, 술을 전혀 마시지 않는 푸틴은 혼란기에 질서를 세워줄 유능한 행정가라는 인상을 줬다. 옐친의 사위이자 대통령 비서실장이었던 발렌틴 유마셰프Valentin Yumashev는 훗날 이렇게 회고했다. "그는 늘 훌륭하게 일했다. 그는 자기 의견을 정확하게 밝혔다."[9] 당시 푸틴은 과거 크렘린에서 러시아를 통치했던 표트르 대제Peter the Great나 이오시프 스탈린Joseph Stalin 같은 스트롱맨의 후계자가 되려는 야망을 조심스럽게 숨기고 있었다. 그래서 수시로 "나는 그저 관리자다", "나는 고용된 사람이다"라고 주장했다.[10]

그러나 푸틴 자신은 물론 러시아에서 그의 이미지를 만드는 사람들은 지도자의 모습을 스트롱맨으로 빚기 시작했다. 푸틴의 이미지를 관리하는 초기 공보 비서관들 중 하나였던 글렙 파블롭스키Gleb Pavlovsky는 나중에 러시아 대통령을 '빨리 배우는 사람'과 '유능한 행동가'로 묘사했다. 러시아 언론과 전 세계에 각인된 푸틴의 주된 이미지는 이런 것들이었다. 말을 타고 있는 푸틴, 유도를 연습하는 푸틴, 팔씨름을 하거나 시베리아 강가에서 웃옷을 벗은 채 산책하는 푸틴 등. 이런 이미지들은 수많은 지식인과 냉소주의자에게 조롱을 받았다. 그러나 크렘린에서 이미지를 만드는 사람들은 의도적으로 할리우드 방식을 흉내 냈다. 나중에 파블롭스키도 말했지만, 그들의 목적은 "푸틴이 할리우드 영화 속 영웅적 구세주 이미지에 딱 들어맞는 이상적인 인물"임을 확인시키는 것이었다.[11]

푸틴이 권력을 잡았을 때, 많은 러시아인이 스트롱맨 지도자를 맞을 준비가 되어 있었다. 소련 체제가 붕괴됐으므로 민주주의 시대가 도래하고 언론의 자유가 보장될 수 있었다. 그러나 위축된 경제가 붕괴하면서, 수많은 러시아인의 생활수준이 크게 떨어지고 개인의 안전마저 위협받게 됐다. 1999년에 러시아 남성의 기대 수명은 이전보다 4년이 단축되어 58세까지 떨어졌다. 유엔 보고서는 그 원인을 "자기파괴적 행동의 증가"로 파악했는데, 이것은 "빈곤율, 실업률, 재정 불안전성 증가"와 관련이 있었다.[*12] 이런 상황에서, 좋았던 시절로 시간을 되돌리겠다고 약속하는 강한 지도자는 대단히 매력적이었다.

대개 핵심 정치 과제와 조금이라도 연관되는 이미지를 가진 지도자는 권력 측면에서 유리하다. 공보 비서관들이 부각시킨 푸틴의 남성성은 국력을 회복하겠다는 푸틴 개인의 집착과 일치했다. 2004년에 푸틴은 소련 붕괴를 가리켜 "20세기 최대의 지정학적 재앙"이라는 유명한 발언을 했다. 돌이켜보면, 그 발언은 푸틴이 구소련에서 독립한 15개 국가의 전부 혹은 일부를 언젠가 다시 모스크바에서 직접 통치하는 단일 정치체제로 재구성하는 날을 꿈꾼다는 경고였던 셈이다. 그러나 2022년에 러시아가 우크라이나를 침공하기 직전까지 푸틴의 열렬한 지지자들조차도 그런 생각은 전혀 가능성 없다고 일축했다. 전소련 외무 장관 뱌체슬라프 몰로토프Vyacheslav Molotov의 손자이자 두마Duma(의회) 내 친親푸틴 의원인 뱌체슬라프 니코노프Vyacheslav Nikonov는 2014년에 이렇게 유감을 표명했다. "소련은 유리와 비슷합니다. 한번 깨지면, 다시 붙일 수가 없습니다."[*13]

푸틴의 영토 야망이 어느 정도인가는 의도적으로 모호하게 유지됐던 반면, 세계 최강국의 지위를 회복하겠다는 결심은 의심할 여지가 없었다. 2019년에 친푸틴 학자인 표도르 루카노프Fyodor Lukyanov가 말하기를, 푸틴은 권력을 잡았을 때 수백 년 만에 처음으로 러시아가 강대국의 지위를 영원히 잃을지 모른다고 생각했다.[*14] 1945년 이후 영국의 기득권층은 제국 쇠퇴 후 '쇠락한 나라 관리'를 자신들의 과업으로 여긴 반면, 푸틴은 강대국으로서 러시아의 위상을 회복하겠다고 결심했다.

이런 결심에 미국의 모욕과 배신에 대한 분노가 더해져서 푸틴의 노선은 서방과 대결하는 쪽으로 정해졌다. 2007년 뮌헨 안보회의Munich Security Conference에서 푸틴은 역사적인 연설을 했다. 뮌헨 안보회의는 서구의 군사 및 외교 정책 관련 엘리트들이 한자리에 모이는 대단히 중요한 회의다. 이때 푸틴의 연설을 들은 사람은 메르켈 독일 총리와 로버트 게이츠Robert Gates 미국 국방 장관, 그리고 이듬해에 미국 공화당 대통령 후보로 지명되는 존 매케인John McCain 상원 의원 등이었다.

푸틴의 연설은 서방에 대한 직접적인 도전이자 차가운 분노의 표현이었다. 그는 미국이 "국제 관계에서 거의 무제한으로 힘(군사력)을 과용"하고 있으며 "세계를 분쟁의 나락에 빠뜨렸다"고 비난했다. 2000년에는 현대 민주국가로 전환된 러시아를 자랑스러워했지만, 이제는 자유와 민주주의에 대한 서방의 담론이 위선적인 권력정치power politics(정치의 본질을 윤리적·이념적 계기가 아닌 권력의 획득, 유지, 확장 따위에서 찾는 정치-옮긴이)의 위장이라고 규탄했다. 이반 크라스테프Ivan Krastev와 스티븐 홈스Stephen Holmes라는 두 학자는 이렇게 썼다. "이곳 뮌헨에서 러시아는 냉전 종식이 공산주의에 대한 러시아 국민과 서구 민주주의의 공동 승리를 의미한다는 기념사를 더 이상 인정하는 척하지 않기로 했다."• 15

푸틴의 뮌헨 연설이 과거에 대한 분노성 비난만은 아니었다. 그것은 미래 진로를 표현한 발언이기도 했다. 푸틴은 미국 주도의 세계 질서에 맞서 싸우겠다는 의도를 서방에 알렸다. 그의 연설에는 앞으로 일어날 사건들이 다수 암시되어 있었다. 2008년 조지아 군사개입, 2014년 크림반도 합병, 2015년 시리아 파병, 그리고 마침내 2022년 우크라이나 침공까지.

우크라이나 침공 전 푸틴은 2007년 뮌헨 연설의 내용을 정교하게 다듬은 주장을 펼쳤다. 모스크바는 처음부터 서방이 러시아를 무너뜨리기로 결심했고, 위선적인 서방 지도자들은 스스로도 어긴 법과 규칙을 인용하며 끊임없이 러시아에 거짓말을 해왔다는 이야기를 열심히 반복했다.

러시아 안팎에서 푸틴을 비판하는 사람들은 그 주장을 이기적이고 터무니없다고 비난한다. 푸틴주의는 탐욕스러운 서방으로부터 러시아를 보호하는 것과 무관하다. 오히려 그것은 푸틴과 러시아의 엘리트 집단이 부를 축적하는 데 도움을 준 일종의 엽관제spoils system(집권당이나 집권자가 지지자들에게 관직 임명 같은 혜택을 주는 정치적 관행-옮긴이)다. 푸틴은 정치에 관여하지 않는 대가로 올리가르히를 보호하고, 그 보답으로 올리가르히는 푸틴과 그의 측근들을 재정적으로 지원한다.

이런 측면에서 보면, 푸틴이 지겹도록 반복하는 민족주의는 단순히 상류층의 부패와 범죄에 대한 관심을 다른 곳으로 돌리려는 이기적인 수단에 불과하다. 언젠가 러시아인 자유주의자 하나가 이런 말을 했다. "러시아 정치는 냉장고와 텔레비전의 경쟁이다. 사람들은 냉장고를 열고 음식이 없다는 사실을 알게 된다. 그런 다음에는 텔레비전을 켜고 러시아 보호자로 나선 푸틴의 모습을 시청한다. 그러면서 자랑스러워한다."

그렇다면 위 두 이야기 중 어느 것이 사실일까? 푸틴은 분노에 찬 민족주의자인가 아니면 사리사욕에 눈먼 조종자인가? 두 이야기는 정반대처럼 보이지만, 둘 다 일말의 진실을 품고 있다.

서방을 비판하고 민족주의를 강조하는 주장의 뿌리는 1990년대까지 거슬러 올라간다. 크렘린의 주장에 따르면, 나토의 확장은 폴란드와 발트해 국가들을 포함한 구소련 국가들을 차지하기 위함이며, 이는 냉전 종식 이후 러시아와 맺은 약속과 정면으로 모순된다는 것이다. 또한 1998~1999년 코소보 전쟁에 나토가 개입한 일은 나토가 침략자라는 사실과 주권과 국경을 존중한다는 서방의 이야기가 위선에 불과하다는 사실을 입증하는 것으로, 크렘린으로서는 불만 목록이 늘어난 상황이다. 나토 개입이 세르비아의 인종 청소와 인권유린을 막기 위한 조처라는 서방의 대응에도 러시아는 안심하지 않았다. 실제로 자유주의 계열의 러시아 정치인 하나는 언젠가 이렇게 털어놓았다. "우리는 우리가 체첸공화국에서 인권유린을 자행했다는 사실을 알고 있다. 인권유린을 막기 위해 나토가 베오그라드에 폭탄을 투하했다면 모스크바에도 할 수 있지 않겠는가?"•16

코소보 전쟁은 9.11 테러 직후인 2003년에 미국과 동맹국들의 이라크 파병과 더불어 푸틴이 서방의 위선을 입증한 것이라며 격렬하게 비판하는 사건이다. 그가 보기에, 사담 후세인Saddam Hussein의 몰락 후 이라크에서 발생한 대규모 유혈 사태는 '민주주의와 자유'를 추구한다던 서방이 불안과 고통만 남긴 증거다. 만약 당신이 모스크바에 가서 체첸이나 시리아에서 러시아군이 저지른 만행을 언급하면, 누군가는 반드시 당신 앞에 이라크 전쟁 이야기를 꺼낼 것이다.

결정적으로 서구가 내세우는 민주주의가 푸틴 개인의 생존을 직접적으로 위협했다. 2004년과 2005년에 우크라이나와 조지아, 키르기스스탄을 포함한 여러 구소련 국가에서 "색깔 혁명colour revolutions"이라 불리는 민주주의 운동이 일어났다. 키이우 독립 광장에 모인 시위대가 우크라이나의 독재 정부를 무너뜨릴 수 있었다면, 러시아의 붉은 광장에서 같은 일이 일어나지 않도록 막기 위해서는 무엇이 필요할까? 수많은 러시아인은 색깔 혁명이 자발적 봉기라는 생각을 꾸며낸 이야기로 여겼다. '흑색 작전(정보기관이나 군대 등이 수행하는 비밀 작전-옮긴이)' 수행자로 경력을 쌓아왔던 푸틴은 특별히 미국 중앙정보국Central Intelligence Agency, CIA을 색깔 혁명의 배후 조종자로 보고 싶어 했다. 그는 색깔 혁명의 목표가 서방의 꼭두각시 정권을 세우는 것이라고 생각했다. 그리고 러시아가 그다음 목표일지 모른다고 믿었다. 이라크 전쟁과 색깔 혁명으로 받은 충격은 2007년에 뮌헨에서 푸틴이 한 연설의 기초를 마련했다. 그리고 크렘린의 예상처럼, 서방의 악행은 계속됐다. 푸틴은 2011년에 서방이 리비아의 독재자 무아마르 카다피Muammar Gaddafi를 무너뜨리는 데 개입하면서 러시아에는 그렇게 하지 않겠다고 기만적인 약속을 했다는 주장을 했다. 리비아 개입은 푸틴에게 특별히 뼈아픈 사건이었는데, 그 이유는 그 일이 2008년부터 2012년까지 4년간 자신의 측근인 드미트리 메드베데프Dmitry Medvedev에게 대통령 자리를 내주고 자신은 덜 중요한 총리를 맡고 있는 상황에서 일어났기 때문이다. 푸틴 지지자들에 따르면, 순진한 메드베데프가 서방에 속아 그들의 제한적 개입을 허용하는 유엔 결의안을 지지했고 그다음에는 예상대로 서방이 카다피 정권을 무너뜨리고 그를 살해하는 월권을 행사했다. 그들은 리비아 개입이 실제로는 인권 보호가 목적이었으나 리비아 내 반란이 격화되면서 개입 규모가 커졌다는 서방의 답을 들을 여유가 없다.

그런데 메드베데프가 순진했다는 주장은 푸틴에게 유용했다. 그 덕분에 푸틴이 러시아에서 꼭 필요한 지도자라는 인식이 확립됐기 때문이다. 푸틴이 직접 선택한 대리자라도 교활하고 무자비한 서방으로부터 러시아를 보호하지 못한다. 2011년에 푸틴은 대통령직에 복귀하겠다고 발표했는데, 그 전에 이미 대통령 임기를 6년 중임제로 연장해 둔 터였다. 드물기는 했지만 이 발표로 모스크바를 비롯한 몇몇 도시에서 대중 시위가 일어났고, 이것은 다시 서방이 자신의 권력을 약화시키려는 책략을 꾸민다는 푸틴의 두려움을 부채질했다. 나는 2012년 1월에 모스크바에서 시위대의 행진과 현수막을 목격했는데, 일부 현수막은 카다피의 운명을 언급하고 있었다. 푸틴이 불안해한 이유를 쉽게 알 수 있었다. 당시 푸틴은 힐러리 클린턴 미국 국무 장관이 러시아 시위대에 공개 지지를 표명했다는 사실에 크게 분노했는데, 그 분노가 2016년 대선에서 클린턴을 낙선시키겠다는 결심을 품게 했는지도 모르겠다.

푸틴은 재선에 성공했지만, 서방의 위협이 여전하다는 그의 두려움은 2014년에 우크라이나에서 일어난 사건들로 더욱 커졌다. 그는 우크라이나의 유럽연합 가입 신청을 심각하게 바라봤는데, 그 이유는 그것이 러시아의 가장 중요한 이웃 나라(한때 구소련 국가였던 나라)가 서방의 영향권에 들어가는 일이기 때문이었다. 결국 빅토르 야누코비치Viktor Yanukovych 우크라이나 대통령은 러시아의 압력을 받아 유럽연합 가입 신청을 철회했다. 그러나 이것이 키이우에서 또다시 대중 봉기를 자극했고, 야누코비치는 축출돼 망명하게 된다. 키이우에서 협력자를 잃게 된 이 사건은 크렘린 입장에서 보면 지정학적으로 중대한 차질이었다. 이에 푸틴은 무력으로 국경을 침범해서 극적으로 위기를 타개하는 대응책을 편다.

2014년 3월 러시아는 크림반도를 무력으로 합병했는데, 이 지역은 우크라이나에 속해 있지만 1954년까지 러시아 땅이었으므로 주민 대부분이 러시아어를 쓴다. 또한 우크라이나와의 협정을 통해, 러시아 흑해 함대가 주둔하고 있기도 했다. 서방 입장에서는 러시아가 우크라이나 동부를 무력으로 침공하고 그에 따라 크림반도를 합병한 사태는 명백한 국제법 위반이었다. 그러나 러시아는 크림반도 합병을 서방에 대한 승리라며 널리 환영했다. 이것은 러시아가 오래 기다려온 반격이었다. 자체 여론조사에서 푸틴의 지지율은 80퍼센트까지 치솟았다. 결과적으로 푸틴은 강력한 지도자가 통치하는 강한 국가 건설이라는 궁극적인 목표 달성에 좀 더 가까워졌다. 뱌체슬라프 볼로딘Vyacheslav Volodin 러시아 의회 대변인은 의기양양하게 말했다. "푸틴이 있는 곳에 러시아가 있다. 푸틴이 없다면 러시아도 없다."•17

푸틴 스스로도 총 한 발 쏘지 않고 크림반도를 점령했다는 사실을 자랑스러워했다. 2014년에 손쉽게 크림반도를 합병한 사례가 2022년에 그를 위험한 오판으로 이끌었는지 모른다. 우크라이나 침공 계획은 이번에도 우크라이나군이 실질적인 저항을 하지 않으리라는 계산에 기초한 것이었다.

크림반도 합병에 대한 서방의 미온적 대응도 어쩌면 푸틴의 오판을 부추겼을 것이다. 당시 서방의 주된 대응은 경제제재였는데, 이것은 러시아 경제에 별 영향을 주지 않았다. 서방의 경제제재는 2014년 7월에 말레이시아 항공 여객기 MH17이 우크라이나 상공에서 친러시아 반군이 쏜 미사일에 격추돼 탑승자 298명 전원이 사망했을 때 다소 강화됐다. 2018년에 영국 솔즈베리에서 세르게이 스크리팔Sergei Skripal 전 FSB 국장에 대한 암살 시도가 있은 후에는 외교관 추방 등의 제재가 추가됐다. 그러나 같은 해에 러시아는 월드컵을 개최했다. 푸틴은 모스크바에서 열린 결승전을 마크롱 프랑스 대통령과 콜린다 그라바르 키타로비치Kolinda Grabar-Kitarovic 크로아티아 대통령 등 두 유럽연합 회원국 정상과 함께 귀빈석에서 관람했다. 암살 시도와 합병만으로는 러시아 지도자를 국제사회에서 외톨이로 만들기에 충분하지 않았던 모양이다.

아마도 크림반도 합병 이후 서방 지도자들이 보여준 행동 속도는 서방이 러시아와 자신에게 적대적이면서 대응은 미온적이고 위선적이라는 푸틴의 생각을 확인시켜준 것 같았다.

푸틴과 그 지지자들이 서방의 위선에 비난을 퍼붓는 동안 러시아 안팎에서도 오랫동안 푸틴을 비판하는 사람들이 있었다. 이들은 불평등한 역사를 뒤집고 서구의 위선에 맞서 싸우는 용맹한 지도자의 모습은 푸틴의 진면목이 아니라고 주장했다. 오히려 그는 국제법을 반복해서 어기고 자신의 권력과 측근을 보호하기 위해 폭력을 사용하는 무자비한 독재자나 다름없다고 했다.

푸틴의 내러티브(인과관계로 이어지는 실제 또는 허구의 이야기-옮긴이)에 이용된 작은 거짓말들을 하나하나 짚다 보면 그의 내러티브가 새빨간 거짓말이라는 사실이 드러난다. 네덜란드의 상세 조사로 밝혀진 설득력 있는 증거에도 불구하고, 러시아 정부는 MH17 여객기 격추에 어떤 역할도 하지 않았다고 계속 부인했다. 또한 스크리팔 암살 시도나 2006년에 영국에서 일어난 알렉산드르 리트비넨코Alexander Litvinenko 전 러시아 요원의 독살에도 개입하지 않았다고 주장했다. 크림반도에 러시아 민병대와 선동 집단(일명 "작은 녹색 인간들little green men")이 존재한다는 사실도 처음에는 서방의 거짓 선전으로 일축하다 나중에 합병이 기정사실이 된 후에야 비로소 인정했다. 그러는 동안 국내 선거는 늘 그렇듯 조작되고 있었다. 2015년에 크렘린 인근 다리에서 총에 맞아 사망한 보리스 넴초프Boris Nemtsov를 포함해서, 많은 추종자를 거느린 푸틴의 정적들은 수시로 사라졌다.

몇몇 정적은 누명을 쓰고 투옥됐다. 1990년대에 독립 언론과 야당 활동에 자금을 대던 러시아 최대 부호 호도르콥스키는 2003년 10월에 시베리아에 있던 자신의 전용기 안에서 체포된 다음 재판을 받아 10년 형을 선고받았다. 푸틴의 정적 중 가장 유명하고 대담한 나발니는 여러 건의 근거 없는 혐의를 받아 13번이나 체포되고 투옥됐다.[17] 그리고 2020년 여름에는 시베리아에서 출발한 비행기 안에서 독극물 공격을 받아 의식불명 상태에 빠졌다. 그는 독일 병원에서 치료를 받고 회복된 후 다시 러시아로 돌아갔다. 그러나 러시아 공항에 도착하자 체포되어 다시 투옥됐다. 푸틴의 통합러시아당에 "사기꾼과 도둑의 정당"이라는 모욕적인 이름을 붙인 장본인이 바로 나발니였다. 그는 온라인 활동과 유튜브 영상을 통해 러시아 최고위층의 부패를 폭로했고, 많은 사람이 그의 영상을 시청했다. 이런 탐욕과 뇌물 혐의를 푸틴은 가장 위협적으로 여겼다. 2016년에 역외 금융 센터에서 유출된 문서들을 일컫는 '파나마 페이퍼스Panama Papers'에 따르면, 푸틴과 그의 최측근들이 20억 달러를 해외로 빼돌렸다고 한다.[19] 2021년에 나발니가 귀국길에 러시아 공항에서 체포되기 전 공개한 흑해 연안의 푸틴 궁전에 관한 영상은 소셜 미디어를 타고 며칠 만에 수백만 건의 조회 수를 기록했다. 노련한 크렘린의 언론 공작대도 한동안 말을 잃었다. 결국 푸틴의 어린 시절 친구이자 억만장자인 아르카디 로텐베르크 Arkady Rotenberg가 나서서 그 궁전이 자기 것이라고 주장했다.[20]

혹자는 푸틴이 '세계' 최고 부자라고 주장한다.[21] 그 주장의 진위(혹은 심지어 의미)가 무엇이든, 푸틴의 측근과 협력자 중 상당수가 대단한 부자라는 것은 의심할 여지가 없다. 영국 프로 축구 클럽 첼시 FC의 구단주인 로만 아브라모비치Roman Abramovich나 세계 최대 알루미늄 회사를 보유한 올레그 데리파스카Oleg Deripaska뿐만이 아니다. 푸틴의 대변인인 페스코프도 2015년에 자신의 결혼식에서 찍힌 사진을 보면 62만 달러짜리 시계를 차고 있다.

만약 푸틴이 진정한 민족주의자인 동시에 부패 정권의 앞잡이라면, 그 둘 사이의 연결 고리는 정치와 삶을 바라보는 그의 통렬하고 신랄한 냉소주의(그의 추종자들은 그것을 '사실주의realism'라고 부른다)일 것이다. 푸틴 진영은 서방이 러시아를 모욕하고 통제하고 싶어 하며, 민주주의와 인권 보호라는 그들의 주장은 위선이고 거짓말이라고 진심으로 믿고 있다. 그러므로 힘이 약한 러시아로서는 서방의 공격에 대응하기 위해 거짓말과 속임수를 이용할 수밖에 없다고 생각한다. 그런 의미에서 세계 문제에 대한 러시아의 공식 발언은 철저히 냉소적이면서 동시에 완벽하게 진심을 담아낸다. 러시아 정부는 자국의 행위와 세계에 관해 거짓말을 퍼뜨린다. 그러나 자신들의 거짓말이 서방의 거짓말과 공격에 저항하기 위한 광범위한 운동의 일환으로 정당화된다고 진심으로 믿는다.

이런 냉소주의와 진심은 관료들의 사적 행위를 바라보는 관점에도 섞여 있다. 한쪽에서는 푸틴과 그의 측근이 철저히 부패했다고 생각한다. 러시아 친구 하나가 이렇게 말했었다. "그들이 정말로 기분 나빠하는 순간은 누군가가 그들과 현금인출기 사이에 끼어들 때다." 러시아에 부패의 골이 깊은 것은 사실이지만, 그것이 푸틴과 그의 참모가 스스로 러시아를 나라 안팎에서 강하게 만들고 있다고 믿는 성실한 민족주의자가 아니라는 의미는 아니다. 그들은 러시아의 자산을 통제함으로써 그것이 외국인의 손에 넘어가지 않도록 막았다고 주장한다. 그리고 그에 대한 보상을 개인적으로 받긴 했지만, 그것이 세상 돌아가는 방식이라고 생각한다.

부패, 제재, 유가 변동 등과 관련된 각종 문제에도 불구하고, 우크라이나 전쟁 이전에 러시아는 1990년대보다 번영하고 안정된 곳이었다는 점은 사실이다. 2018년 월드컵은 러시아의 발전된 모습을 전 세계에 보여줄 수 있는 절호의 기회였다. 그때 나는 기자가 아닌 관광객으로서는 처음 러시아를 방문했는데, 모스크바 중심부와 상트페테르부르크 그리고 심지어 카잔 같은 지방 소도시조차도 풍요롭고 효율적으로 변한 모습에 진심으로 놀랐었다. 물론 당시 러시아는 가능한 한 좋은 인상을 주기 위해 엄청난 노력을 기울였다. 그러나 이것은 외국인의 눈을 속이기 위한 일종의 포툠킨 마을(겉만 화려하게 꾸민 가짜 마을

이라는 의미로, 18세기 러시아에서 낙후된 크림반도를 통치하던 포툠킨 총독이 예카테리나 2세의 환심을 사기 위해 눈가림용으로 가짜 마을을 조성한 사례에서 유래했다-옮긴이)은 아니었다. 모스크바와 상트페테르부르크를 잇는 급행열차, 깨끗한 고급 호텔, 북적이는 모스크바 카페들은 월드컵이 끝나고 1년 후에 러시아에 갔을 때도 여전히 남아 있었다.

정부 기관들도 제 기능을 하고 있었다. 국세청은 첨단 기술을 활용해 실시간 거래 정보를 수집해서 국제적 찬사를 받았다.•22 중앙은행은 경제제재에 맞춰 루블화를 적절하게 관리한다고 인정받았다.

월드컵 덕분에 푸틴은 주목을 받았다. 러시아와 사우디아라비아의 개막전에서 그는 빈 살만 사우디아라비아 지도자와 나란히 앉았다. 빈 살만은 푸틴을 모델로 삼고 그에게서 영감을 얻고 있는 새로운 스트롱맨이었으므로 그 둘이 나란히 앉아 있는 모습은 흥미로운 풍경이었다. 빈 살만의 영국인 참모 하나는 빈 살만이 푸틴에게 경외심을 품고 있다고 말했다. "빈 살만은 푸틴에게 매료됐다. 그를 존경하는 것 같다. 그의 행동을 좋아했다."•23 푸틴에 빠진 지도자가 빈 살만만 있는 것은 아니었다. 러시아 밖의 젊은 스트롱맨들과 문화적 보수주의자들 사이에서 푸틴은 영웅이자 닮고 싶은 인물이었다. 그의 숭배자들은 푸틴이 소련 붕괴로 체면을 잃은 나라를 물려받았다고 생각했다. 그는 교활함과 힘을 이용해서 강대국으로서의 지위를 회복했고, 심지어 구소련 붕괴 후 잃었던 영토의 일부도 되찾았다. 또한 힐러리 클린턴과 오바마 같은 독선적인 미국 자유주의자들을 성공적으로 물리침으로써 전 세계 민족주의자와 포퓰리스트에게 기쁨을 줬다. 2018년에 푸틴의 대변인인 페스코프가 "세계는 특별히 탁월하고 결단력 있는 지도자를 필요로 한다. […] 푸틴이 통치하는 러시아가 그 시작이었다"라고 말했을 때, 이것은 단순한 선전용 발언이 아니었다.

수년간 서구에서 푸틴 지지자의 수는 크게 늘었다. 트럼프 전 대통령의 측근이자 변호사인 루디 줄리아니Rudy Giuliani는 2014년에 푸틴이 크림반도를 합병한 것에 존경을 표하며, 이렇게 말했다. "그는 결심을 신속하게 이행한다. 그게 바로 지도자의 모습이다." 트럼프의 친구이자 브렉시트를 이끈 전 영국독립당UK Independence Party, UKIP 대표 패라지는 언젠가 푸틴을 가장 존경하는 세계 지도자로 부르며 이렇게 덧붙였다. "그가 시리아 문제를 해결하는 방식은 모두 탁월했다." 이탈리아의 극우 포퓰리즘 정당인 북부동맹Northern League 대표이자 부총리를 지낸 살비니는 푸틴 티셔츠를 입고 붉은광장에서 찍은 사진으로 푸틴에 대한 존경심을 과시했다. 최근 물러난 두테르테 필리핀 전 대통령은 "푸틴은 나의 영웅"이라고 말했다. 2022년에 러시아가 우크라이나를 침공하기 불과 며칠 전에, 트럼프는 우크라이나에 대한 위협을 "천재" 행동이라고 불렀다.

푸틴이 다른 많은 지도자에게 영감을 주고 롤 모델이 되는 방식은 지난 20년의 푸틴 집권기에 러시아가 세계 정치의 분위기를 어떻게 바꿔왔는가를 분명히 보여준다. 2012년 베이징에서 시진핑이 권좌에 오르기 전까지, 푸틴 스타일은 강대국 지도자들 사이에서 특이하고 변칙적인 사례로 보였다. 남성 우월적이고 권위적이며 개인숭배를 부추기는 태도는 후진타오 전 중국 주석, 메르켈 전 독일 총리, 오바마 전 미국 대통령과 같이 침착하고 절제된 정치 지도자들이 지배하는 기술 시대에 어울리지 않아 보였다. 그러나 2020년에는 남성 우월적이고 권위적인 푸틴의 스타일을 모방하거나 공유한 지도자들이 중국, 인도, 브라질, 튀르키예에서 권력을 잡았고, 서구에서는 푸틴 지지자들이 늘기 시작했다. 작가 앤 애플바움Anne Applebaum이 지적했듯이, 우크라이나 전쟁 전에는 푸틴의 러시아를 이상화한 형태가 "미국을 싫어하는 우파 독재자들의 관심을 끌었고, 현 체제를 신랄하게 비판하는 우파 지식인들"에게 영감을 줬다.•24

그다음에는 러시아 민족주의계가 '글로벌리즘'이나 '자유주의'에 대한 서구 반동주의자들의 비판 내용을 채택하고 확대했다. 2019년에 나는 모스크바에서 텁수룩한 수염이 특징인 억만장자 지식인 콘스탄틴 말로페예프를 만났는데, 당시 그는 유럽과 미국의 극우 진영과 크렘린을 연결하는 사절이 되기 전이었다. 글로벌리즘을 비판하고 국가와 전통적인 성 역할을 옹호하는 그의 발언 내용은 살비니나 패라지, 배넌에게서 쉽게 들을 수 있는 말이었다. 실제로 말로페예프는 프랑스에서 국민전선National Front을 창시한 장마리 르펜Jean-Maris Le Pen이 200만 유로를 대출받을 수 있게 도움을 줬고, 프랑스, 이탈리아, 오스트리아, 러시아 등의 극우 거물들의 모임을 후원했다.•25

또한 말로페예프는 러시아에서 군주제 회복 운동을 벌였고, 자신이 좋아하는 대단히 보수적이었던 황제 알렉산드르 3세Alexander III의 초상화를 내게 자랑했다. 그로부터 몇 달 뒤, 러시아 헌법이 개정되어 푸틴이 6년 임기의 대통령직을 두 번 더 맡을 수 있게 됐을 때, 당연히 그는 기뻐했다. 이로써 푸틴은 84세가 되는 2036년까지 크렘린에 머물 수 있게 됐고, 그럴 경우 스탈린보다 더 오랫동안 러시아를 통치한 지도자가 된다.

2022년에 푸틴은 말로페예프 같은 극단적인 민족주의자들의 꿈을 이뤄주기 위해 집권 이후 가장 위험하고 잔혹한 도박을 감행하는데, 그것은 바로 독립국으로서 우크라이나의 존재를 지우기 위한 대대적 침공이었다. 푸틴의 의도에 대한 경고음은 이미 2021년 7월부터 서방의 여러 수도에서 들리기 시작했는데, 당시 푸틴은 러시아와 우크라이나의 역사적 관계에 관한 장문의 글을 발표했고 거기에는 그가 깊이 간직해왔던 생각이 담겨 있었다. 글의 제목은 "러시아인과 우크라이나인의 역사적 통합에 관하여On the historical unity of Russians and Ukrainians"였다. 이 글에서 푸틴은 러시아인과 우크라이나인이 '하나의 민족'이라는 생각을 자세히 설명했다.

푸틴의 글은 폭력을 행사하다 쫓겨난 전남편의 편지처럼 읽혔다. 거기에는 우크라이나인을 영원히 사랑한다는 고백과 그 사랑을 보답받지 못하면 폭력도 불사하겠다는 위협이 뒤섞여 있었다. 우크라이나인을 러시아인과 피를 나눈 형제, 신나치주의자 등 다양한 모습으로 묘사했다.

푸틴은 러시아와 우크라이나의 연결 고리인 언어, 민족, 종교의 역사적 관계를 강조했다. 그리고 이런 관계가 수백 년까지 거슬러 올라가서 소련이 탄생하기 훨씬 전부터 이어져왔다고 주장했다. 실제로 그는 구소련 지도자들이 어리석게도 구소련 국가들에게 연방 탈퇴권을 부여함으로써, 러시아와 우크라이나 사이에 "대단히 위험한 시한폭탄"을 설치했다며 한탄했다. 그리고 "사실상, 러시아는 강탈당했다"며 분노했다.

푸틴은 우크라이나가 교활한 외국인들 때문에 길을 잃은 실패한 국가라고 주장했다. 그는 서방이 "위험한 지정학적 게임"을 벌이고 있으며, "반러시아 발판"으로 우크라이나를 이용하려 한다고 말했다. 이런 식으로 푸틴은 우크라이나 공격을 자기방어를 위한 필수 행위로 정당화했다.

2022년 2월 24일에 우크라이나를 침공하고 몇 주가 지났을 때 낙승을 기대했던 푸틴의 예상은 빗나갔다는 사실이 분명해졌다. 그러나 그는 상황이 좋지 않다는 사실도, 심지어 자국이 전쟁 중이라는 사실조차 공개적으로 인정하지 않았다. 크렘린은 우크라이나 개입이 '특수군사작전'에 불과하다고 주장했다.

우크라이나 침공 이후, 전 세계의 푸틴 지지자들은 침묵에 빠졌다. 적어도 한동안은 그랬다. 그러나 시간이 지나면서 푸틴이 '남반구 저개발국Global South'뿐만 아니라 유럽과 북미의 극우 진영과 국제 관계를 재건하는 데 성공하리라 확신하고 있다.

그러나 우크라이나 침공의 명백한 실패는 푸틴의 신비주의와 그가 대표하는 스트롱맨 모델을 훼손할 것이다. 또한 우크라이나 침공 이전에도 푸틴 모델에 문제가 있었다는 사실도 드러날 것이다. 국내에서 자신을 비판하는 사람들을 살해하거나 투옥했다는 사실은 그의 장기 집권이 대중의 지지에 근거한 것이 아니라 궁극적으로 억압의 결과임을 보여준다. 더구나 장기적으로 러시아의 미래는 여러 면에서 암울해 보인다. 인구수는 줄고 있고 노령화도 진행되고 있다. 영토는 광대하지만, 우크라이나 전쟁 이전에도 경제 규모는 이탈리아와 비슷한 수준이었다. 탄소 중립 시대에 위험하게도 러시아는 아직 석유와 가스에 의존한다.

2014년에 오바마가 러시아를 "지역 강국"에 불과하다고 일축했을 때 러시아는 격노했다.[26] 그러나 그것은 일말의 진실을 품고 있었으므로 정곡을 찌른 발언이기도 했다. 푸틴은 중국이 유라시아를 넘어 러시아가 탐내는 지역까지 영향력을 확대하는 상황에서도, 동양의 스트롱맨인 시진핑과 대결하지 않으려 조심하고 있었다. 그래서 처음에는 조지아에서 몸을 풀고 중동을 거친 다음, 마침내 우크라이나를 침공함으로써 강대국의 위상을 재확립하려 했다. 그러나 시리아 개입과 흑해 전쟁은 또 다른 스트롱맨과 잠재적 갈등을 유발했는데, 그 역시 과거 제국의 영광을 재건하고 싶어 하는 지도자였다. 바로 에르도안 튀르키예 대통령이다.

2

에르도안

| 자유주의 개혁가에서 권위적인 스트롱맨으로

Recep Tayyip Erdoğan

2003

튀르키예의 수도 앙카라 서쪽에서 에르도안을 위해 지어진 대통령궁이 모습을 드러낸다. 한때 삼림지대로 보호하던 지역의 언덕 위에 세워진 대통령궁은 미술관, 컨벤션 센터, 핵 벙커 그리고 1,000개가 넘는 방을 갖춘 거대한 건물이다. 전체 면적은 크렘린이나 베르사유궁전보다 넓다. 2014년 10월, 에르도안 대통령이 이 새 건물로 옮겼을 때 그의 과대망상증이 깊어졌다는 사실이 확인됐다. 10년이 넘는 집권기는 자신이 온건하고 가식 없는 지도자라는 그의 주장이 허위였음을 밝혀냈고, 옛 오스만제국의 술탄이 되고 싶은 그의 야망을 드러냈다.

　푸틴과 에르도안의 이력은 놀랄 정도로 비슷하다. 둘 다 21세기 초반에 권력을 잡았다. 에르도안은 2003년에 처음으로 총리가 됐다.* 두 지도자 모두 집권 초에는 민주적으로 통치할 준비가 된 개혁가로 서방에서 인식됐다. 그러다 점점 국가와 사회에 대한 통제력을 강화하는 한편, 국제 무대에서는 자국의 힘을 재천명했다. 또한 서방을 노골적으로 적대시하고 자유주의를 비판했다. 푸틴과 에르도안 모두 국내외에서 비슷한 각본에 따라 움직였다.

어떻게 보면, 튀르키예에서 스트롱맨의 부상이 놀랄 일은 아니다. 현대 튀르키예공화국의 초대 대통령은 카리스마 넘치는 지도자로 알려진 케말 아타튀르크Kemal Atatürk로, 그는 1938년에 사망하고 수십 년이 지난 지금도 여전히 숭배의 대상이다. 에르도안이 등장하기 전, 현대 튀르키예 역사는 쿠데타와 군부 통치로 점철됐다. 그럼에도 튀르키예는 '스트롱맨 시대'에 관한 이야기에서 중요한 역할을 한다. 9.11 테러가 일어난 후, 미국과 유럽연합은 중동과 이슬람 세계의 정치 문제에 몰두하기 시작한다. 서구의 여론 형성가들은 민주주의를 택한 이슬람 국가와 서방 세계를 화해시켜줄 '온건한' 무슬림 지도자를 찾았다. 그리고 에르도안이 적합한 인물처럼 보였다.

튀르키예는 이미 나토 회원국이었으며, 비록 에르도안이 튀르키예의 다른 세속주의 지도자들보다 훨씬 독실한 무슬림이었음에도, 그는 자본주의를 받아들이고 민주주의 정치 과정 속에서 부상한 인물이었다. 또한 튀르키예는 다른 이슬람 국가들에게 모범을 보일 수 있을 만큼 경제 규모도 크고 인구도 많은(8,000만 명 이상) 나라다. 2004년

---

* 당시는 튀르키예에서 총리가 가장 강력한 자리였다. 나중에 에르도안이 개헌을 통해 대통령의 권한을 대폭 강화했다.

에 미국의 영향력 있는 언론인 로버트 캐플런Robert Kaplan은 당시 분위기를 포착해서 이렇게 주장했다. "지금 에르도안의 온건하고 개혁적인 이슬람 국가가 21세기 정치·사회 현실과 […] 무슬림을 화해시킬 수 있는 유일한 희망을 제공한다."[1]

나는 2004년에 브뤼셀의 한 기자 간담회에서 에르도안을 처음 봤는데, 그 간담회는 튀르키예의 유럽연합 가입을 지원하기 위한 활동의 일환이었다. 유럽의회European Parliament의 안쪽 회의실에서 튀르키예가 '유럽연합 가입'국으로 적합한지를 묻는 외신 기자들의 질문에 성실히 답변하던 그의 모습은 민주 정치의 활발한 소통 문화를 불편해하지 않는 지도자라는 확신을 주는 듯했다. 유럽연합 가입에 반대하는 의견이 걱정되지 않느냐는 내 질문에, 그는 자유주의자들의 입맛에 맞게 잘 재단된 답을 내놓았다. "만약 유럽연합이 가치 공동체가 아닌 기독교 단체가 되기로 결정했다면, 지금 그렇다고 말해주세요."[2] 튀르키예의 가입 신청을 검토하는 유럽연합 집행위원회의 올리 렌Olli Rehn 위원장은 에르도안과 축구에 대한 애정을 공유하는 돈독한 사이라고 내게 말했다. 축구 사랑보다 더 유럽적인 것이 있겠는가!

당시 지정학적 상황에서 튀르키예의 유럽연합 가입 신청은 대단히 중요한 문제였다. 튀르키예가 유럽연합 회원국이 될 경우, 튀르키예 내부에서 이슬람주의와 군사 쿠데타의 이중 위협이 과거 속으로 영원히 사라질 것이라고 생각하는 사람이 많았다. 오토 실리Otto Schily 독일 내무 장관은 튀르키예가 유럽연합에 가입하면, 그것은 "이슬람과 서구 사회가 계몽주의의 토대 위에서 더불어 살아갈 수 있다는 가능성을 전 세계에 증명"하는 일이 될 것이라고 주장했다.[3] 한동안 이런 희망은 에르도안이라는 인물을 통해 구체화됐다.

　에르도안을 철석같이 믿은 사람이 유럽의 정치인과 워싱턴 기자들만은 아니었다. 오바마 미국 대통령은 첫 주요 외교 연설을 앙카라에서 했고, 집권 1기 내내 외국 지도자들 중에서 에르도안과 가장 많이 대화했다.[4] 이라크 전쟁 후에는 미국과 이슬람 사회의 관계를 재정립하는 것이 오바마의 주된 외교정책이었는데, 튀르키예 지도자는 그에 적합한 인물처럼 보였다.

　에르도안의 정치 이력과 총리로 지낸 임기 초반은 그가 민주주의와 근대성modernity을 이슬람 사회와 화해시켜줄 모델을 제시할 수 있다는 달콤한 기대를 품게 했다. 1954년에 이스탄불의 가난한 동네에서 선장의 아들로 태어난 에르도안은 10대에 이슬람주의 정당인 민족구원당Islamist National Salvation Party, MSP에 가입했다. 공장 노동자로 일하면서 세미프로 축구 선수로도 활동했으며, 이후 당직자로 일하다가 민족구원당 이스탄불 지부장이 됐다. 이와 같이 평당원 출신의 지도자로서 카리스마와 능력을 인정받은 그는 1994년에 이스탄불 시장으로 선출된다. 그러나 1998년에 튀르키예 헌법재판소는 정교분리 원칙에 어긋난다는 이유로 에르도안이 속한 복지당Welfare Party(민주구원당의 후신)을 해산시켰다. 같은 해에 에르도안은 종교적 증오를 부추기는 시를 암송했다는 죄목으로 이스탄불 시장직에서 파면된 다음 투옥됐다. 그 시에는 이런 구절이 있었다. "모스크mosque(이슬람교 사원-옮긴이)는 우리의 막사, 돔은 우리의 헬멧, 첨탑은 우리의 총검, 신도는 우리의 군사다."

세속주의 정권의 의도와 달리 4개월 반의 수감 생활은 에르도안의 정치생명을 끝내기는커녕, 오히려 그가 권력에 더욱 가까이 가도록 도왔다.[5] 이제 수많은 독실한 무슬림이 그를 국가도 입을 막지 못한 영웅으로 여겼다. 출소 후 에르도안은 이슬람주의를 표방하는 새로운 반체제 정당인 정의개발당(튀르키예어의 첫 자를 따서 AKP라 부른다)을 창당해서 2002년 총선에서 승리한다. 정치 활동 금지 기간이 종료된 후에는 보궐선거를 거쳐 의회에 입성했고 2003년에 총리가 됐다.

이때만 해도 튀르키예의 민주주의자들 중 상당수는 에르도안을 지지했는데, 그 이유는 그가 민주주의 가치를 훼손하려는 세력을 막아줄 것처럼 보였기 때문이다. 자유주의자들은 군부 통치에 반대하고 민주주의와 다원주의를 보호하겠다는 에르도안의 공언에 고무돼 있었다. 이 새로운 지도자는 "자기중심적 정치 시대는 끝났다"고 선언함으로써, 스트롱맨 정치에 반대하는 듯 보였다.[6] 또한 그의 초기 정책 중 일부는 그가 민주주의자이자 개혁가일 것이라는 기대를 실현해주는 듯했다. 에르도안 정부는 유럽연합 가입을 추진했을 뿐만 아니라, 소수자 권리 강화, 사법부 독립, 사형제 폐지 등과 관련된 법안을 통과시켰다.[7] 에르도안의 임기 초반에 튀르키예는 활발한 투자와 건설 호황을 맞는데, 이는 주로 유럽연합 가입에 대한 희망 덕분이었다. 경제 급성장은 유권자와 외국인 투자자 모두에게서 에르도안에 대한 신뢰도를 높였다.

몇몇 회의론자는 에르도안의 과거에 이미 그가 자유주의자가 아니라는 증거가 많았다고 주장했다. 1970년대에 청년 운동가로 활동하면서, 그는 〈메이슨-공산주의자-유대인Mason-Communist-Jew〉이라는 제목의 음모론적 연극에서 주연배우와 공동 감독을 맡고 각본의 일부를 쓰기도 했다.'8 이스탄불 시장이었던 1996년에는 "민주주의는 트램과 같다. 목적지에 도착할 때까지는 그것을 타고 있어야 한다. 그다음에 는 거기에서 내려야 한다"고 발언했다.'9 추정컨대, 여기에서 목적지 란 아타튀르크가 만든 헌법에 명시된 세속주의를 버리고, 다시 이슬람 주의 국가로 돌아가는 것이었다. 에르도안의 집권 초기 자유주의 정책 들이 이슬람주의자의 사회적 지위를 강화하는 데 도움이 됐다는 사실 도 주목할 점이었다. 서구 자유주의자들은 자유와 여성권을 강화할 목 적으로 대학 내 여성의 히잡 착용 금지 규정을 철폐하는 조처를 환영 했다.'10 같은 조처에 대해 이슬람주의자들은 종교의 자유를 확대한다 고 생각해서 지지를 보냈다.

시간이 흐르면서 에르도안은 권력을 강화하고 군부와 지속적으로 갈등하면서 점차 독재 본능을 전면에 드러내기 시작했다. 2007년에는 튀르키예 경찰이 쿠데타 음모의 증거를 발견했다고 주장했는데, 수십 명의 장군과 장교가 체포돼 재판을 받았다. 이때에도 일부 자유주의자 는 지지를 보냈다. 역사적으로 튀르키예에서 군부는 민주주의의 적이 었기 때문이다. 그러나 수많은 증거가 조작됐다며 우려를 표하는 사람 들도 있었다.

서구는 에르도안의 반민주적 성향을 천천히 깨닫기 시작했다. 2011년에 내가 튀르키예를 방문했을 때 내 친구와 정보원 들은 에르 도안의 어두운 면을 더는 무시하면 안 된다고 경고했다.* "에르도안의 결점에 눈감지 말라Don't Be Blind to Erdogan's Flaws"라는 (인정하건대, 소심한) 제목의 기사에서, 나는 에르도안이 카리스마를 갖춘 인기 많은 지도자임은 의심할 여지가 없다고 썼다. 당시 그는 세 번이나 연임에 성공했고, 반대파조차도 선거가 대체로 투명했다고 인정했기 때문이다. 그러나 나는 "지금 튀르키예 감옥에는 중국보다 훨씬 많은 언론인이 갇혀 있다"고도 지적했다. 또한 에르도안의 성향이 점점 독재자와 비슷해지고 있었다. 그가 2011년에 유엔 뉴욕 본부를 방문했을 때는 그의 경호원들과 유엔 보안 요원 사이에 싸움이 붙었다. 그리고 불길하게도 그는 대통령의 권한을 강화하기 위해 헌법을 개정한 다음, 총리에서 대통령으로 자리를 옮길 생각이라고 발표했다. 내가 기사에서도 언급했듯이, 그는 확실히 또 다른 집권 10년을 준비하고 있었으며, 이는 그가 만든 "푸틴에게 보내는 튀르키예의 답"이 될 것이다.[11]

국내 반발은 (평화적이든 폭력적이든) 에르도안의 편집증과 모든 반대파를 탄압하겠다는 결심만 강화하는 것 같았다. 2013년에 수많은 자유주의자와 세속주의자들이 게지 공원Gezi Park 시위에 참여하기 위해 거리로 나왔다. 처음에 이 시위는 에르도안이 이스탄불 중심부의 몇 안 되는 공원 중 하나에 과거 이슬람 군사 봉기의 근거지였던 오스만제국 시대 막사를 재건한다는 소식으로 촉발됐다. 에르도안은 게지 공원 바로 옆에 있는, 이스탄불을 상징하는 탁심 광장Taksim Square에 모스크를 짓겠다는 계획도 세웠다.

이 환경 운동은 소셜 미디어 덕분에 대규모 반정부 시위로 바뀌었고, 시위가 절정에 달했을 때는 100만 명이 이스탄불 거리로 몰려 나

---

*   나중에 내 정보원 몇몇은 투옥되거나 재판을 받거나 추방됐으므로, 그들의 실명은 언급하지 않겠다.

왔다. 탁심 광장에 모인 수많은 시위대 중에는 도시 자유주의자들의 무리도 있었는데, 그들은 뉴욕이나 런던 거리에서 흔히 볼 수 있는 모습이었다. 시위에 참가한 여성들은 (정의개발당 원로 정치인들의 아내와 달리) 거의 히잡을 쓰지 않았다. 이것은 일종의 튀르키예식 '문화 전쟁'이었다. 이 시위로 에르도안은 편집증에 사로잡히고 분노했다. 그는 시위대를 외세와 유대인 금융인인 소로스의 도구라고 비난했다.

그러나 이 편집증 환자에게는 진짜 적도 있었다. 최종적으로 게지 공원 시위는 흐지부지 마무리됐다. 그러나 2016년 8월에 에르도안에 반대하던 군부가 행동을 개시했다. 군부는 에르도안을 체포 혹은 어쩌면 암살하기 위해 그가 휴가를 보내고 있던 호텔로 쳐들어갔지만, 첩보를 입수한 에르도안은 한 시간 전에 호텔을 나간 상태였다. 전투기들이 의회 건물에 폭탄을 투하했을 때, 에르도안은 텔레비전에 나와 (페이스타임FaceTime을 이용해서) 폭도를 막기 위해 거리로 나서달라며 국민에게 호소했다. 24시간 후에 에르도안은 통제권을 되찾았다. 그러나 이 사건으로 약 250명이 사망했다. 에르도안 자신도 크게 동요했다.•12

군부 쿠데타 실패 후 에르도안은 국가 비상사태를 선포했고, 이것은 시민의 자유에 대한 대대적인 탄압으로 이어졌다. 그는 한때 자신의 협력자였으나 지금은 미국에서 활동하는 종교 지도자 펫홀라흐 귈렌Fethullah Gulen의 추종자들이 쿠데타를 일으켰다고 비난했다. 실제로 귈렌 지지자들이 에르도안을 제거하려는 음모에 깊이 관여했다는 증거가 있었다.•13 그 여파로 공무원 수만 명이 '귈레니스트Gulenists'로 몰려 체포됐고, 5만 명의 여권이 취소됐으며, 4,000명의 판사와 검사가 파면됐고, 100개가 넘는 언론사가 문을 닫았다.•14 이 숙청 바람은 귈레니스트 외에도, 독립적으로 활동하며 정부를 비판하던 사람들과 자유주의 계열의 비판가들까지 휩쓸었다.

　정부 탄압으로 투옥된 중요 인물 중 하나는 쿠르드족 정치인이자 야당의 핵심 인물인 셀라하틴 데미르타시Selahattin Demirtas였다. 데미르타시는 2015년 총선에서 역사적 성공을 거둔 정당의 대표인데, 당시 선거에서 그가 이끌던 인민민주당HDP은 2002년에 에르도안 집권 후 처음으로 여당인 정의개발당의 과반 의석을 저지했다. 인민민주당은 튀르키예에서 최초로 원내에 진출한 쿠르드계 정당이 됐다. 또한 데미르타시는 에르도안에 맞설 수 있는 논리 정연한 원칙주의자라는 평가를 받으면서 대중의 지지도 얻었다.

　그러나 쿠데타의 여파로 데미르타시는 특별히 쿠르드 분리주의 무장 단체인 쿠르드노동자당PKK의 테러를 지원했다는 혐의를 받아 체포됐다. 그는 외딴 감옥에 수감됐고, 여러 건의 테러 연계 혐의가 인정될 경우 최대 142년형을 받을지 모른다. 이 사건을 본 외국의 법률가들은 이해하지 못했다. 2020년에 유럽 인권 재판소European Court of Human Rights는 데미르타시를 즉시 석방하라고 촉구했고, 튀르키예 정부의 조처는 단순히 "그 이면에 정치적 목적을 숨기고 있다"고 결론 내렸다.·**15** 유럽 인권 재판소의 의견은 무시됐다. 에르도안은 스트롱맨이 좋아하는 도구 중 하나(위험한 적 감옥에 보내기)에 기댔다. 이것은 푸틴이 나발니와 호도르콥스키에게, 시진핑이 조슈아 윙Joshua Wong이나 아그네스 차우Agnes Chow, 지미 라이Jimmy Lai 등 홍콩 민주화 운동을 이끈 지도자들에게 사용했던 전략이었다.

　군부 쿠데타가 실패한 다음 해에 또다시 튀르키예를 방문해서 친

하게 지내던 학자와 언론인 들을 만났을 때, 나는 그들 사이에 두려움
이 퍼져 있음을 느꼈다. 모두에게 직장을 잃거나 체포되거나 망명한
지인이 있었다. 아직은 무사한 사람들 중 다수가 생계를 걱정하거나
누리던 자유를 잃을까 두려워했다. 세계적으로 존경받는 학자 하나가
내게 이렇게 말했다. "전에는 상상조차 할 수 없었던 일들이 지금은 매
일 일어나고 있습니다."

　　충격적이게도 그 말은 튀르키예 국경에서 멀리 떨어진 곳에서까
지 반향을 일으켰다. 나는 그와 비슷한 한탄을 델리, 베이징, 부다페스
트 등에 사는 자유주의 지식인들에게서도 들었다. 사실 2017년에는
워싱턴 D.C.와 뉴욕에서도 민주주의의 미래를 불신하고 두려워하는
이야기들을 들었다. 아이러니하게도 트럼프 대통령의 등장은 한때 미
국 내 전문가들이 에르도안에게 품었던 기대를 무너뜨렸다. 2004년에
그들은 에르도안이 "21세기 정치 현실(로버트 캐플런의 확신에 찬 표현)"
에 맞게 튀르키예를 자유민주주의 국가로 이끌 것이라고 생각했었다.
그런데 이제는 트럼프가 미국을 튀르키예처럼 만들고 있는 듯했다.

　　2017년 5월의 이스탄불을 보면, 튀르키예와 미국은 충격적일 정
도로 흡사했다. 트럼프와 에르도안 모두 조국을 다시 존경받는 나라,
무서운 나라로 만들겠다고 약속한 민족주의자였다. 둘 다 가족 경영
방식으로 나라를 통치했고 사위를 정부 요직에 앉혔다. 에르도안은 튀
르키예의 쿠슈너라 할 수 있는 사위 알바이라크를 차례로 에너지 장관
과 재무 장관에 임명했다. 에르도안과 트럼프 모두 소도시와 농촌에서
지지 기반을 마련했다. 둘 다 국내 관료들이 자신을 제거할 음모를 꾸
미고 있다고 비난했다. 실제로 적대적이고 이기적인 세력을 지칭하는

'딥 스테이트'는 트럼프가 미국에서 유행시킨 용어지만, 그것을 처음 만든 곳은 튀르키예였다.[16]

또한 트럼프와 에르도안 모두 정치적 지지를 강화하기 위해 극심한 사회 분열을 이용했다. 튀르키예의 독실한 무슬림들과 정의개발당은 에르도안을 자신들의 적인 세속주의 기득권 세력에 맞서 신앙과 국가를 지켜줄 사람으로 여겼으므로, 서서히 독재자가 되어가던 그를 받아들일 준비가 돼 있는 듯했다. 이와 비슷하게, 트럼프의 열혈 지지자들도 그를 자유로운 미국에 맞서 싸워줄 투사로 여긴 백인 복음주의자들이었다. 극심하게 분열된 사회에서는 국내 정적들을 물리치기 위해 시민의 자유 침해를 용인해달라고 추종자들을 설득하기가 쉬워진다.

트럼프와 에르도안이 언론과 사법부를 대했던 방법도 무서울 정도로 비슷하다. 2017년에 에르도안은 수많은 언론인을 체포하고 법관들을 파면했다. 그러나 트럼프는 '가짜 뉴스 매체'와 '소위 법관들'을 비난하는 데 제약을 받았다. 두 대통령의 교류 장면을 목격했던 몇몇 트럼프 보좌관들은 어떤 행동으로도 처벌받지 않는 에르도안을 트럼프가 부러워한 것 같다고 결론 내렸다.[17]

트럼프가 부러워했을 에르도안의 또 다른 능력은 아마도 장기 집권이었을 것이다. 2018년 3월에 에르도안은 튀르키예 사상 최장수 지도자(총리와 대통령 재임기를 모두 합해서 5,500일간 집권)가 됨으로써 건국의 아버지인 아타튀르크의 기록을 갈아치웠다. 그러나 에르도안은 단순히 아타튀르크보다 더 오래 집권했다는 기록을 남기고 싶었던 것이 아니다. 중요한 면에서 그는 세속주의를 강조했던 아타튀르크의 유산을 훼손하고 있었다. 그는 국가를 이슬람교와 다시 연계시킴으로써,

본질적으로 튀르키예공화국 재건을 추진하고 있었다. 새로운 튀르키예는 '케말주의Kemalist' 국가가 아닌, 에르도안의 생각대로 빚어질 터였다.

2020년에 상징적인 사건이 하나 일어났는데, 그것은 에르도안 정부가 아야 소피아Hagia Sophia를 모스크로 개조한 일이었다. 본래 이 건물은 536년에 유스티니아누스 황제Justinianus I가 성당으로 건축했으나, 1453년에 콘스탄티노플이 함락된 후 이슬람 사원이 됐다. 아타튀르크가 통치하던 1935년에 그 건물은 박물관으로 이용됐고, 2020년에는 이스탄불에서 가장 유명한 관광지가 됐다. 튀르키예의 무슬림에게, 아야 소피아를 이슬람 사원으로 복귀시키는 일은 숙원 사업이었다. 집권한 지 17년 만에 드디어 에르도안은 그 사업을 완수했다. 2020년 7월 24일, 아야 소피아에서 기도를 집전하면서 그는 이렇게 공표했다. "이것은 젊은 시절 우리의 위대한 꿈이었는데, 지금 그것을 이뤘습니다." 에르도안이 생각하기에 이것은 전 세계적으로 중요한 순간이었다. 그는 "아야 소피아 복원"이 "전 세계 무슬림의 뜻"이라고 주장했다.[18]

자신을 신앙의 수호자라고 주장하는 모습은 새로운 스트롱맨 지도자들 사이에서 대단히 흔하게 나타난다. 언젠가 푸틴은 호세 마누엘 바호주José Manuel Barroso 유럽연합 집행위원장에게 자신이 전 세계 기독교인 8억 명의 수호자라고 주장했다.[19] 모디 인도 총리는 힌두교를 자랑스럽게 여기는 민족주의자다. 실제로 에르도안이 아야 소피아 복원 사업을 주도한 지 불과 일주일 만에 모디는 아요디아Ayodhya에 새 힌두 사원의 초석을 놓았는데, 이곳은 1992년에 힌두교도 폭도들이 파괴한 모스크가 있던 지역이다. 에르도안처럼 모디에게도 이것은 숙원 사업이었다. 이 두 스트롱맨은 '문명의 충돌clash of civilisations'에서는 경쟁자(한쪽은 이슬람 수호자, 다른 한쪽은 힌두 민족주의자)였으나, 둘이 추구하는 문화·정치 사업은 대단히 흡사했다. 즉, 국가와 국민의 중심에 종교를 두고, 세속적 자유주의에 맞서 싸웠다.

종교적 단결은 특별히 국가가 경제적으로 어려울 때 유용한 전략이다. 아야 소피아에서 에르도안의 의기양양한 선언은 수년간의 경제 실정에 코로나19가 겹치면서 나라가 극심한 위기에 처한 상황에서 연출된 사건이었다. 에르도안은 경제를 잘 모르는 지도자였다. 가령, 그는 금리 인상이 물가 상승을 유발한다고 자주 주장했다. 코로나19로 인한 위기가 닥치기 전에도 튀르키예는 부채 위기에 처해 있었다. 경제가 수렁으로 더 깊이 빠져 들어가자, 에르도안은 사위인 알바이라크와 사이가 틀어졌고, 2020년 11월에 알바이라크를 재무 장관에서 해임했다. 그러나 물가는 계속 상승해서, 2022년에는 80퍼센트까지 치솟았다.

'문화 전쟁'은 국내 경제가 어려워졌을 때 스트롱맨 지도자가 국민의 주의를 돌리기 위해 사용하는 뻔한 전술이다. 또 다른 전술로는 애국심을 고취하기 위해 민족주의와 외국의 군사 도발을 이용하는 방식이 있다. 이 방법은 2014년에 푸틴이 크림반도를 합병했을 때 효과를 거뒀다. 쿠데타 세력이 붕괴한 후 튀르키예 경제가 곤란에 빠지자, 에르도안의 외교정책도 점점 공격적으로 변해갔다.

집권하는 동안 튀르키예가 유럽연합에 가입할 가능성이 점점 줄어들자, 오히려 에르도안은 국내외에서 스트롱맨 방식을 채택하기가 더 쉬워졌다. 공식적으로 튀르키예는 유럽연합 가입 신청을 철회하지 않았고, 유럽연합도 그 신청을 거부하지 않았다. 그러나 에르도안이 장기 집권하는 동안 튀르키예와 유럽연합은 서로 환멸을 느끼기 시작했다. 튀르키예가 점점 전제 국가가 되어갈수록, 유럽연합이 예비 회원국에게 요구하는 민주적 기준에서 점점 멀어졌다. 또한 일부 유럽연합 회원국은 에르도안을 깊이 불신하고 있는데, 가령 네덜란드와 독일은 자국 내 튀르키예인에게 에르도안이 직접 민족 정서를 자극해서 내정간섭을 하고 있다고 맹비난했다. 2017년에 네덜란드는 에르도안 정부의 장관들이 개헌 국민투표를 앞두고 개헌 지지 운동을 네덜란드 영토(네덜란드에는 약 40만 명의 튀르키예인이 살고 있다)에서 벌이지 못하도록 금지했다. 이에 에르도안은 네덜란드를 나치주의와 연결시키고 "파시스트"라고 불렀다.[20] 또한 에르도안은 이따금 그리스, 프랑스, 사이프러스, 독일 등의 정부를 향해 거친 수사를 동원해서 비난했다. 그가 기꺼이 유럽연합 회원국들을 맹비난하는 이유는 유럽연합으로부터 받는 압박이 점점 커지는 상황에서 국내 민족주의자들의 지지가 간절하기 때문이다. 그러는 동안 브뤼셀, 파리, 베를린은 더 이상 에르도안을 유럽연합 내에서 조국의 미래를 이끌 지도자로 보지 않게 됐다. 그 대신 그를 예측 불가하고 잠재적으로 위험한 독재자로 간주했다.

집권 초, 유럽연합 가입 논의가 여전히 진지하게 진행되고 있었을 때(그리고 워싱턴에서 에르도안을 자유주의 개혁가로 여기고 있었을 때) 에르도안의 외교정책은 회유정책이었다. 활동 과잉형 외무 장관이었던 아흐메트 다부토글루Ahmet Davutoglu는 "이웃과 갈등 없애기zero problems with the neighbours"라는 표어로 유명하다. 그러나 그가 현직에서 물러난 지 한참 지난 2020년에 튀르키예인들은 "갈등 없는 이웃은 없다zero neighbours without problems "가 새 정책이 됐다며 농담을 주고받곤 했다. 에르도안은 자신이 국익이라 생각하는 것을 지키기 위해서 점점 더 큰 위험을 감수하고 더 많은 무력을 사용했다. 푸틴처럼, 그도 국경 너머까지 국가의 영향력을 확대하고 싶었고, 어느 정도는 성공을 거뒀다. 그 덕분에 국내 위상도 높아졌다.

시리아 내 쿠르드 민병대와 미국의 동맹 및 시리아 내전은 쿠르드 분리주의에 대한 튀르키예의 두려움을 자극했다. 이에 에르도안은 2016년에 튀르키예군을 시리아에 투입했고, 실질적으로 점령하고 있던 주둔지를 완충지대로 삼았다. 또한 튀르키예는 국제사회가 승인한 리비아 정부에 군대와 군수품을 지원했는데, 그것이 리비아 내전에서 프랑스, 러시아, 걸프 국가들의 지원을 받던 반군에 대한 열세를 뒤집는 데 기여했다. 그뿐만 아니라 튀르키예는 영유권을 주장하던 동지중해에서 가스 탐사를 하던 그리스를 해군력으로 위협하기도 했다. 결정적으로 2020년에는 나고르노 카라바흐Nagorno-Karabakh를 두고 아제르바이잔과 아르메니아가 벌인 전쟁에 개입했다. 튀르키예가 제공한 군사 드론은 지리멸렬하던 전쟁에서 아제르바이잔이 승기를 잡게 했다. 2020년 12월, 에르도안은 아제르바이잔의 수도인 바쿠에서 열린 전승 기념 퍼레이드에 귀빈국 대표로 참석했다. 튀르키예와 아제르바이잔 국기들에 둘러싸여, 그는 이렇게 선언했다. "오늘은 승리의 날이자 우리 모두에게 자랑스러운 날입니다. 전체 튀르크 세계를 위하여."•21 다른 스트롱맨들(푸틴, 시진핑, 모디 등)과 마찬가지로, 에르도안도 자신의 조국이 하나의 국가일 뿐만 아니라 특정 문명과 문화를 대표한다고 생각했다.

이런 식의 군사적 모험은 에르도안이 이웃 나라의 스트롱맨들과 복잡하고 위험한 관계를 맺고 있다는 사실을 의미한다. 오랫동안 그는 바샤르 알 아사드Bashar al-Assad 시리아 대통령과 네타냐후 이스라엘 총리와 대치하고 있다. 또한 사우디아라비아는 에르도안이 자신의 숙적인 '무슬림 형제단Muslim Brotherhood'을 지원하고 있다고 강하게 의심하는 중이다. 그런 적대감은 상호적인 것이었으므로, 에르도안은 2018년에 주 이스탄불 사우디아라비아 영사관에서 언론인 카슈끄지가 암살된 사건과 관련한 동영상을 튀르키예 정보기관이 유출했을 때 기뻐했다.•22 또한 에르도안은 리비아 내전, 이슬람주의, 동지중해 분쟁 등과 관련해서 마크롱 프랑스 대통령과 여러 차례 충돌했다. 심지어 그는 프랑스 대통령이 정신적으로 불안정하다는 말까지 했다.

에르도안과 푸틴의 관계는 특히 복잡했다. 이따금 둘은 매우 친밀해 보였다. 에르도안은 2016년에 쿠데타가 일어났을 때 푸틴의 즉각적인 지원을 받고 고마워했다. 실제로 앙카라에서 떠돌던 소문에 의하면, 쿠데타가 일어났던 날 밤에 푸틴이 직접 에르도안에게 전화를 걸어 군사 지원을 약속했다고 한다. 푸틴도 러시아의 방공 시스템을 구매하도록 에르도안을 설득했는데, 이 사실이 알려지자 튀르키예가 속한 나토 동맹국들은 분노했다. 반면 시리아, 리비아, 나고르노 카라바흐 등의 지역에서는 튀르키예와 러시아의 이해관계가 충돌했다. 특히 튀르키예가 나고르노 카라바흐 분쟁에 개입한 것은 의외였는데, 그 이유는 한때 구소련의 영토였던 그 지역을 모스크바에서는 러시아의 뒷마당으로 간주하고 있었기 때문이다. 한 번 더 언급하지만, 튀르키예가 지원하는 이슬람 국가 아제르바이잔과 러시아와 친한 정교회 국가인 아르메니아의 전쟁은 종교적·문화적 성격을 띠고 있었다.

2015년에는 튀르키예가 시리아 국경에서 러시아 비행기를 격추시킨 사건이 일어났는데, 결국 에르도안은 그 사건을 사과했다(나중에 그는 사건에 연루된 튀르키예 조종사들이 반역자이자 귈레니스트였다고 주장했다). 2020년에는 34명의 튀르키예 군인이 러시아가 개입한 것으로 추정되는, 시리아 공군의 공습으로 사망했다. 그러나 다시 말하지만, 러시아와 튀르키예의 두 스트롱맨은 분쟁이 전면전으로 비화되지 않도록 조심했다.

에르도안과 푸틴의 관계는 우크라이나 전쟁으로 인해 위험하고 복잡해졌다. 튀르키예는 러시아를 비난하며, 러시아에 맞서 싸우는 우크라이나에 무장 드론을 지원했다. 그러나 튀르키예는 러시아에 대한 서구의 제재 조치에는 참여하지 않았으며, 개인적으로 에르도안은 쿠르드계 '테러리스트들'을 튀르키예로 인도하는 것을 거절했다는 이유로, 핀란드와 스웨덴의 나토 가입을 반대했다. 그와 동시에, 튀르키예는 잠재적 중재자를 자처하며 전쟁 당사국 사이에 하위급 회담을 주선하고 우크라이나 곡물이 흑해를 통해 수출되도록 협상을 도왔다.

우크라이나 전쟁은 에르도안에게 양날의 검과 같았다. 흑해 문지기라는 지정학적 위치와 나토 회원국이라는 신분은 에르도안의 국제적 영향력을 크게 높였다. 그러나 그 전쟁 때문에 이미 약해진 국가 경제가 더욱 어려워졌고, 튀르키예라는 나라도 주요 분쟁의 최전선이 됐다.

국제분쟁은 언제나 스트롱맨 통치자에게 위험 부담을 안긴다. 이상적인 방법은 열병식과 감동적인 연설 후 신속한 승리다. 그러나 군사적 모험은 실패할 가능성이 있다. 1982년에 아르헨티나가 포클랜드

를 침공한 사건은 레오폴도 갈티에리Leopoldo Galtieri 장군에 대한 선전
효과를 노린 것이었으나 전쟁에 패하면서 그가 이끌던 군부독재는 실
각했다. 그리고 갈등이 너무 길어지면 결국 정치적 지원은 고갈되기 마
련이다. 2020년이 됐을 때 튀르키예군은 이미 4년째 시리아에 주둔 중
이었고, 수백 명의 사상자가 발생했으나 확실한 출구는 없는 상태였다.

국내 탄압과 외국에 대한 개입 모두 에르도안이 국내에서 정치적
입지를 완벽하게 다지는 데는 부족했다. 그는 수많은 정적을 가두고
괴롭힐 수 있었으며 사법부와 언론, 기업에 대한 영향력도 커지고 있
었지만, 선거 민주주의를 무너뜨리지는 못했다.

일례로 2019년에, 에르도안의 정의개발당이 대통령의 세력 기반
인 이스탄불의 시장 선거에서 패하는 극적인 사건이 벌어졌다. 그로부
터 1년 후에, 에르도안도 트럼프처럼 패배를 인정하지 않았다. 그는 이
스탄불 선거가 부정선거였다고 비난했다. 그런데 에르도안은 트럼프
와 달리, 재선거를 요구할 수 있었다. 그러나 정의개발당은 또 패했고,
상대 후보였던 에크렘 이마모을루Ekrem Imamoglu는 첫 번째 선거 때보
다 더 큰 표차로 승리했다. 야당들은 당연히 환호했다. 2018년에 테러
혐의를 받아 많은 직원이 투옥됐던 〈줌후리예트Cumhuriyet〉 신문은 이
선거 결과에 대해 "1인 통치에 대한 심판"이라고 선언했다.•23 2019년
이스탄불 시장 선거는 에르도안이 잠재적으로 취약한 지도자이며, 튀
르키예가 민주주의와 권위주의 사이를 오가는 특이하고 불안한 혼합
체제라는 사실을 확실히 상기시켰다.

그러나 곧 보게 되겠지만, 필리핀부터 헝가리까지 많은 나라가
모두 상황이 비슷하다. 실제로 트럼프 시대에는 미국조차도 민주주의

의 안전장치를 잃을 위기를 맞았었다. 2020년 6월, 워싱턴에서 활동하던 튀르키예 정치학자 소너 카갑타이Soner Cagaptay는 "에르도안의 집권 10단계Erdogan's 10 steps to power"를 소개했는데, 그 내용 중 많은 부분이 미국의 상황과 비슷해 보였다. 그 단계는 이렇다. "'사악한 엘리트 집단'을 공격한다. 국가의 번영을 약속한다. '튀르키예를 다시 위대하게 만든다.' 가짜 뉴스를 만들어낸다. 반대파의 거짓말을 고발한다. 언론과 법원을 악마로 만든다. 적들을 테러리스트로 몬다. 적들의 자유를 억압한다. 헌법을 훼손하고 개정한다."•24 그리고 마지막 열 번째 단계는 왕관 그림으로 표현했다.

에르도안은 연약한 민주주의 체제가 스트롱맨 권위주의 체제로 전환되는 과정과 관련해서 하나의 모델을 제시했다. 튀르키예라는 나라의 규모와 중요성은 에르도안의 장기 집권 능력과 그의 거침없는 화법과 결합해서, 그를 국제적인 인물로 만들었다. 그는 이슬람과 자유주의가 화해할 수 있다는 안이한 희망을 꺾는 데 일조했다. 그리고 튀르키예를 유럽과 중동의 정치, 그리고 우크라이나 전쟁에서 큰 역할을 할 수 있는 나라로 만들었다.

튀르키예는 중요한 G20 회원국이지만, 강대국이 아니며 앞으로도 강대국이 되지는 못할 것이다. 스트롱맨 정치가 세계적 추세가 되려면, 모스크바와 이스탄불을 넘어 세계 최강국으로 부상하고 있는 나라에서 자리를 잡아야 한다. 그리고 바로 그런 일이 2012년 베이징에서 일어났다.

3

시진핑
| 중국과 개인숭배 회귀

Xi Jinping

2012

시진핑은 "강대국이 패권을 노리기 마련이라는 주장은 중국에 적용되지 않는다"고 선언했다. 그의 단호한 목소리는 논쟁을 허락지 않았다. 2013년 11월, 시진핑이 중국 지도자가 된 지 거의 1년쯤 지났을 때, 나는 베이징의 인민대회당에서 열린 간담회에 소수 외국인 중 하나로 초대받았다.

시진핑은 우리를 몇 분간 기다리게 한 후 방으로 성큼성큼 걸어 들어와 몇 사람과 악수한 다음 단체 사진을 찍기 위해 포즈를 취했다. 그가 편안한 의자에 앉자마자 "여러분이 보여준 성의에 깊이 감동받았습니다"라고 말하는 것으로 간담회가 시작됐다. 새로운 중국 지도자의 이 수사적 환영사는 몇 년 전 다보스에서 푸틴이 뿜어냈던 날카롭고 위협적인 모습과 현저히 대조를 이뤘다. 시진핑은 원고 없이 천천히 말했다. 그가 풍기는 침착하면서 권위적인 분위기는 웅장한 주변 환경에 힘입은 것이었다. 그가 앉은 자리의 뒷벽은 만리장성을 그린 거대한 벽화로 장식돼 있었다. 인민대회당 밖에는 베이징의 심장인 톈안먼 광장이 있었다. 그리고 그의 앞에는 영국의 고든 브라운Gordon Brown, 오스트레일리아의 케빈 러드Kevin Rudd 같은 외국 총리들, 에릭 슈미트Eric Schmidt 구글 회장을 비롯한 기업 총수들, 소수의 학자와 기자 등이 나란히 앉아서 그의 말을 경청하고 있었다.

짧은 연설이 끝나고 질문이 이어졌을 때, 시진핑은 가난을 뿌리 뽑고 중국을 "적절한 수준까지 번영한" 나라로 만드는 것이 자신의 계획이라고 설명했다. 그는 지속적인 도시화에 힘입어 중국 경제가 매년 7퍼센트로 계속 성장할 것이라고 자신 있게 예측했다. 그러나 침착하게 중국이 결코 힘으로 세계를 위협하지 않을 것이라고 약속했다. 모든 발언이 합리적인 기술 관료의 말처럼 든든하게 들렸다. 전임자였던 후진타오(종종 로봇처럼 원고를 읽었던 지도자)와 달리, 질문에 자연스럽게 답하던 그의 모습은 신선하게 느껴졌다.

이 간담회를 기획했던 독일 기업가 니콜라스 베르그루엔Nicolas Berggruen은 나중에 그날의 전반적인 인상을 요약했다. 그는 새로운 중국 주석이 1978년에 중국을 개방하고 경제를 자유화한 덩샤오핑Deng Xiaoping의 전통을 잇는다고 결론 내렸다. 베르그루엔과 네이션 가델스Nathan Gardels는 이렇게 썼다. "시대는 덜 혹독하고 더 평온해졌지만, 시진핑은 덩샤오핑의 진정한 제자다."•1

서구 평론가들 중에는 훨씬 낙관적으로 전망하는 이도 있었다.

2013년 여름에 BBC 중견 언론인인 존 심슨John Simpson은 시진핑의 등장을 미하일 고르바초프Mikhail Gorbachev가 소련 지도자로 지명됐던 사례에 비유하며, 중국은 "향후 5년에서 7년 사이에 모든 것이 바뀔 것"이고 그에 이어 국민이 대표자를 직접 뽑는 제도가 출현할 것이라고 썼다.[2]

그것은 생각만으로도 설레는 일이었다. 그러나 돌이켜 생각해보면, 서구 평론가들은 시진핑을 고르바초프나 덩샤오핑이 아닌 마오쩌둥에 비유했어야 했다. 나중에 나는 프랭크 디쾨터Frank Dikötter라는 역사학자가 마오쩌둥에 관해 쓴 글을 읽었는데, 그때 가장 먼저 떠오른 인물이 시진핑이었다. "그는 언제나 천천히 걸어와서, 대단히 진지한 태도로 연설했다. 자주 자애로운 미소를 지었다."[3] 안타깝게도 시진핑과 마오쩌둥은 개인적 태도보다 훨씬 중요한 면에서 서로 닮았다. 권력을 잡았을 때, 시진핑이 그 '위대한 키잡이the Great Helmsman'를 진심으로 깊이 존경한다는 사실이 명확해졌다. 마오쩌둥처럼 시진핑도 자신의 권력을 공고히 다지기 시작했고, 개인숭배를 조장했으며, 국가 발전을 위해 모든 것을 공산당이 통제하겠다는 의지를 재천명했다. 2017년에 그는 분명한 마오쩌둥식 화법으로 이렇게 선언했다. "정부, 군대, 사회, 학교 등 동서남북 모든 것의 지도자는 당이다."[4] 그리고 그 당의 지도자는 다름 아닌 시진핑이었다.

시진핑은 2017년 10월, 19차 중국공산당 전국 대표 대회에서 그렇게 연설했다. 당시 나는 학회 참석차 상하이에 있었는데, 시진핑의 연설을 들으면서 그 주변에 형성된 개인숭배의 수준과 그것이 불러일으키는 공포를 어느 정도 파악할 수 있었다. 그때 전국 대표 대회에서는 "시진핑 신시대 중국 특색 사회주의 사상"이라는 새로운 통치 이념을 당헌으로 규정했다. 그 결과, 시진핑은 마오쩌둥 이후 자신의 사상을 당헌에 집어넣은 최초의 살아 있는 지도자가 됐다.

또한 연설 시간도 막 시작된 그의 과대망상증을 확인할 수 있는 또 다른 단서였다. 시진핑은 장장 3시간 23분간 연설했고, 유치원생을 포함한 전 국민이 자신의 연설 장면을 텔레비전으로 시청하게 했다. 대학에 있는 친구에게 전해 듣기로, 중국의 한 명문 대학교에서는 모든 학과장이 한 방에 모여서 시진핑의 연설을 시청하라는 지시를 받았다고 한다. 그 자리에 오지 못한 사람들은 당 간부로부터 행적을 설명하거나 심지어 연설을 보고 있다는 증거 사진을 보내라는 요구를 받았다. 연설의 내용에는 강력해지는 국가의 모습과 자신을 동일시하고 싶은 시진핑의 의지가 반영돼 있었다. 그는 이렇게 연설했다. "중국은 […] 당당히 일어섰으며, 부유하고 강해졌습니다. 그러므로 이제 찬란한 부흥을 맞이할 것입니다. […] 다가오는 시대에는 세계 무대의 중심에 더욱 가까워진 중국을 보게 될 것입니다."•5

그로부터 몇 달 후, 시진핑은 자신의 권력을 더욱 강화했다. 2018년 3월에 중국은 국가 주석의 임기 제한 규정을 삭제하겠다고 발표함으로써, 시진핑이 종신 통치할 길이 열렸다. 이 결정이 가져온 실질적·상징적 효과는 엄청났다. 주석 임기 제한은 1982년에 덩샤오핑이 처음 만든 제도로, 이는 마오쩌둥의 개인화된 통치 방식에서 벗어나 한 사람에게 권력이 집중되는 것을 막기 위한 노력의 일환이었다. 그런데 이제 시진핑이 의도적으로 시계를 거꾸로 돌리고 있었다.

해를 거듭할수록 시진핑에 대한 개인숭배가 강화되는 것 같았다.

2020년 초에 다시 중국을 방문했을 때, 나는 1억 명이 넘는 중국인의 휴대폰에 설치돼 있다며 친구가 보여준 '시진핑 사상' 학습 애플리케이션을 보고 오싹해졌다. 모든 당원, 학생, 국영기업 직원 등은 날마다 시진핑 사상을 학습해야 하며, 그들의 학습 시간과 퀴즈 점수가 관리되고 있다는 이야기도 들었다. 베이징에 사는 한 저명한 학자는 "우리는 전체주의화된 나라에 살고 있다"고 불평했다.* 개인숭배가 강화되고 있다는 증거는 넘쳐났다. 예컨대 상하이 거리 곳곳에 시진핑 사상 중 일부 내용을 발췌한 현수막들이 걸려 있었고, 거리 벽화에는 머리에서 광선이 나오는 위대한 지도자의 모습이 그려져 있었다.

중국의 자유주의자와 지식인 들은 그런 가파른 변화에 어찌할 바를 몰랐으며, 어디에서부터 일이 잘못되기 시작했는지 파악하려 애썼다. 한 저명한 경제학자는 시진핑이 2013년 연설에서 덩샤오핑의 지도부가 마오쩌둥과 절연했다고 믿으면 안 된다고 주장했을 때 뭔가가 진행 중이라는 사실을 깨달았다고 했다. 그때 시진핑은 덩샤오핑 정권이 마오쩌둥의 유산 위에 세워졌다고 주장했었다.

사실에 입각했든 개인적인 목적이 숨겨졌든, 그것은 독특한 주장이었다. 1978년 말 덩샤오핑은 마오쩌둥 때문에 무너진 나라에서 권좌에 올랐다. 당시 중국은 절대 빈곤에 허덕이고 있었고, 대약진운동(1958~1961년)과 문화대혁명(1966~1976년)이라는 마오쩌둥의 경제적·정치적 실험으로 인해 수백만 명이 사망한 상태였다. 덩샤오핑은 모든

---

*　이번 장에서 중국 친구들의 이름을 밝히지 않은 것은 이들이 보복당하지 않도록 보호하기 위해서다.

지혜가 《마오쩌둥 어록Little Red Book》에 담겨 있다는 생각을 거부했고 "사실에 근거해 진리를 찾겠다"고 약속했다. 그의 실용주의에 힘입어 중국은 외국인 투자를 받아들였고, 국내 기업인들도 자유롭게 활동할 수 있었다. 중국 경제는 눈부시게 성장했고, 이는 거의 틀림없이 인류 역사에 유례가 없을 정도로 괄목할 만한 성과였다. 시진핑이 2012년에 물려받은 중국은 1978년에 덩샤오핑이 집권했을 때보다 50배 이상 부유해진(국내총생산이 1,500억 달러에서 무려 8조 2,770억 달러까지 증가한) 나라였다.[6]

시진핑이 마오쩌둥의 유산을 깊이 의식하는 데에는 여러 개인적인 이유도 있었다. 그는 중화인민공화국이 수립되고 4년 후인 1953년에 태어났다. 시진핑의 아버지 시중쉰Xi Zhongxun은 군사령관 출신으로 1930년대부터 마오쩌둥이 이끄는 공산당에서 활동했으며, 1962년에는 공산당 선전부장이 됐다. 당 간부의 자녀였던 시진핑은 궁터에 자리한, '지도자의 산실'로 불리는 팔일학교August 1st School에서 교육받았다.[7] 1962년에 그의 아버지는 부총리까지 올라갔다.

그러다 그 시대에는 아주 흔한 일이었지만, 시진핑의 아버지는 모호한 노선 논쟁에 휘말려 실각하고 만다. 이후 그는 가택 연금을 당했고, 장기간 구류 상태에 있거나 공장 노동자로 일하면서 15년간 중요하지 않은 사람으로 살았다. 시진핑은 자신의 아버지를 비난하도록 강요받았다. 그의 누이 중 하나는 자살했다. 1968년에 그의 학교가 폐쇄되자, 시진핑은 산시성의 노동 현장으로 쫓겨났다. 문화대혁명 기간에 추방은 중국 고위층에게는 흔한 경험이었으며, 다른 사람들처럼 청년 시진핑도 학업을 포기하고 농장 노동자와 건설 작업자가 되어야 했다.

그러나 1975년에 아버지가 정치적으로 복권되면서, 시진핑의 망명 시절은 막을 내린다. 시진핑은 베이징으로 돌아와서 '공농병' 학생 특례 제도로, 칭화 대학교에 입학했다. 미래의 수많은 당 지도자처럼, 그도 공학을 공부했다.[8]

시진핑의 공식 전기들은 중국 지도자가 농촌의 어려운 생활을 잘 안다는 사실을 부각하기 위해서 그의 농촌 유배 시절(동굴 생활 기간을 포함한 시절)을 이용한다. 시진핑 스스로도 농촌 유배 생활이 성장기에 유익했던 경험이라고 말했다. 그는 공산당 내에서 성공하기 위해 자신의 이미지를 긍정적으로 만들려는 명확한 목적으로 2002년에 장문의 글을 썼는데, 그 내용은 이렇다. "열다섯 살에 황토(농촌)에 도착했다. 그때 나는 길을 잃고 우유부단했다. 스물두 살에 그곳을 떠날 때는 확실한 인생 목표와 자신감이 생겼다. 산시성의 북부 고원은 국가에 봉사하려는 내게 뿌리가 되어줬다."[9]

시진핑을 비판하는 자유주의자 중 일부는 그의 농촌 생활을 비판적인 시각으로 바라보면서, 그가 교육을 받아야 할 중요 시기를 10년이나 놓쳤으며 그 결과 미숙하고 과문한 통치자가 됐다고 지적한다. 시진핑은 자신의 학식을 과시하는 경향이 있었다. 프랑스를 방문했을 때 그는 드니 디드로Denis Diderot, 볼테르Voltaire, 장폴 사르트르Jean-Paul Sartre 등을 포함해서 유명한 프랑스 작가 19명의 작품을 읽었다고 주장했다.[10] 러시아에 갔을 때는 레프 톨스토이Lev Tolstoy와 표도르 도스토옙스키Fyodor Dostoevsky뿐만 아니라 알렉산드르 푸시킨Aleksandr Pushkin, 니콜라이 고골Nikolai Gogol 등 여러 러시아 작가들의 작품을 두루 읽었다고 말했다.

시진핑의 젊은 시절이 그를 신격화하기 위한 도구로 사용되고 있는 것은 사실이지만, 가족의 유배 생활이 그에게 혹독한 경험이었음은 의심의 여지가 거의 없다. 그러나 마오쩌둥 체제에서 당한 고통에 대한 시진핑의 반응은 의미심장하다. 청년 시진핑은 공산당을 거부하는 대신, 수차례 입당 신청을 내서 마침내 1974년에 일곱 번째 신청 만에 입당에 성공하는 등 복권을 위해 필사적으로 노력했다.

공산당 관리로서 그의 오랜 경력은 1978년부터 4년간 중앙 군사위원회 위원인 겅뱌오Geng Biao의 비서로 일하면서 시작됐다. 이 경험 덕분에 시진핑은 군대 업무에 익숙해질 수 있었고, 그로부터 몇십 년 후에 신속하게 군비를 증강하고 분쟁 지역인 남중국해에 새로운 군사기지를 건설하는 일을 주재할 수 있었다. 그러나 일단 1982년에 시진핑은 여러 지부에서 당 관료로 일하기 위해 베이징과 군대를 떠났다. 이것은 공산당 고위직에 올라 베이징에서 중요한 일을 하고 싶은 사람이라면 통과의례처럼 거쳐야 했던 고된 검증 과정이었다. 시진핑은 1985년부터 2002년까지 해안 지방인 푸젠성에서 일했는데, 이곳은 자본주의를 택해 경제 호황을 누리던 대만과의 활발한 무역으로 중국의 급격한 경제 변화를 선도하던 지역이었다. 케리 브라운Kerry Brown이 썼듯이, 1985년부터 푸젠성에서 보낸 시절은 "핵심 지도부에 들어가기 전 그의 경력의 중추를 형성"했다.•11 시진핑은 푸젠성 성장을 거쳐 급성장하던 또 다른 해안 지방인 저장성으로 이주해서 공산당 지부를 맡았고, 그 이후 2007년에는 상하이로 이주했다. 그리고 같은 해에, 7인으로 구성된 공산당 최고 지도부인 상무위원회 위원이 됐다. 이때부터 그는 미래 중국 지도자로서 두각을 나타내기 시작했고, 그런 인상은

2008년 베이징 올림픽 준비 위원장에 임명됐을 때 견고해졌다.

중국에서 스타로 떠오르는 정치인들은 곤경에 빠지는 경우가 많기 때문에 일반적으로 자기 자신을 잘 드러내지 않는다. 그러나 시진핑은 최고 지도자가 되기 전에 그리고 당 선전부가 지도자의 신화를 만들어내기도 전에, 자신에 관한 전기를 통해 유명 가수와 결혼했다는 사실 같은 것들을 언급하며 그가 평범한 충성 당원과 다르다는 점을 부각했다. 시진핑은 푸젠성 시절에 펑리위안Peng Liyuan과 재혼했는데, 그녀는 유명 연예인 출신으로 인민 해방군 예술학원 총장을 지낸 인물이다. 그녀가 군복을 입고 애국적인 노래를 부르는 영상을 유튜브와 중국 소셜 미디어에서 볼 수 있다. 시진핑 부부는 1992년에 딸 시밍쩌Xi Mingze를 낳았으며, 시밍쩌는 중국 내 프랑스 학교에서 교육을 받은 후, 가명으로 하버드 대학교에 입학해서 2014년에 졸업했다. 중국 반체제 인사 중 하나는 시진핑을 긍정적으로 생각하게 된 유일한 사건이 그의 딸과의 만남이었다고 내게 말했다. 시밍쩌는 생각보다 버릇없지 않았고, 지적이면서 외부 세계에도 개방적이었다. 베이징에서 시진핑 가족과 저녁 식사를 했던 유럽 정상 하나도 시진핑의 딸이 인상적이었다고 말했다.

외동딸을 기꺼이 미국에 유학 보냈다는 사실은 그가 어느 정도 열린 마음을 가졌음을 시사한다. 그러나 2009년 멕시코 방문 때 교포들에게 "배부른 외국인들이 중국에 손가락질한다"고 불평했다는 기록을 보면, 그에게서 강한 민족주의 성향도 엿보인다. 이는 시진핑이 외부에 보여주고 싶어 하는 침착한 정치인의 모습 아래에 세계를 향한 분노를 간직하고 있다는 증거였다.

2012년에 중국 지도자 후보로 주로 거론된 인물은 대도시 충칭의 시장으로 카리스마 있고 야심만만한 보시라이Bo Xilai였는데, 당시 그는 민족주의 성향을 드러내며 마오쩌둥 시대의 상징인 '붉은색'과 구호들에 관심을 보이는 바람에 중국의 자유주의자들을 불안하게 했다. 그해에 보시라이가 전격 체포되고 이후 살인 모의 혐의로 투옥되자, 중국은 전제정치의 위협에서 벗어난 것처럼 보였다. 2012년 11월에 보시라이 대신 중국에서 가장 중요한 자리인 공산당 총서기에 지명된 사람은 시진핑이었다. 그리고 2013년 3월, 그는 전국 인민 대표 대회에서 국가 주석으로 선출됐다. 당시 3명이 기권했고, 1명이 반대표를 던졌으며, 찬성표는 2,952표였다.

시진핑이 국가 주석으로서 가장 먼저 시행한 독특한 정책에는 그의 포퓰리즘 성향과 무자비한 면이 드러났다. 그것은 수많은 원로 당원을 포함해서 중국의 유력 인사들을 무너뜨린 반부패 운동이었다. 이 조치로 당 고위 간부의 약 14퍼센트가 체포·투옥됐다. 반부패 운동의 책임자이자 시진핑의 복심이었던 왕치산Wang Qishan은 자신이 감옥에 보낸 사람들의 수를 자랑하며 외국인들을 깜짝 놀라게 하곤 했다. 그의 집무실을 방문한 적이 있다는 내 지인은 왕치산이 이런 말로 대화를 시작했다고 말해줬다. "사람들은 내가 수십만 명을 감옥에 가뒀다고 말합니다. 하지만 더 많아요. 100만 명이 넘거든요." 그 말은 전혀 과장이 아니었다. 2019년에 리처드 맥그레거Richard McGregor는 이렇게 말했다. "중국 정부는 2012년 말부터 270만 명이 넘는 공무원을 조사해서 150만 명 이상을 처벌했다. 여기에는 7명의 고위직(정치국 위원과 각료)과 20여 명의 고위 장성이 포함돼 있다."•12

이런 식의 대규모 체포와 투옥은 불안감과 공포감을 광범위하게 조성한다. 겉보기에 시진핑의 충직한 추종자들조차도 이따금 내 앞에서 그런 기분을 드러냈다. 2015년에 중국 증시가 폭락했을 때 금융 규제 업무를 맡았던 공무원들이 무더기로 체포되자, 그들과 교류했던 은행가들 사이에 공포가 확산됐다.[13] 서구 유명 은행의 지점장 하나는 일부 직원들이 공항에서 체포될까 두려워서 여행조차 꺼렸다고 말했다. 그로부터 몇 년 후에, 한 저명한 기업가가 충격에 빠져 들려준 이야기에 따르면, 그의 절친 하나는 공산당 충칭 지부의 부지부장을 맡고 있던 떠오르는 정치인이었으나 당무 회의에서 부패 혐의로 고발당한 후 호텔 옥상에서 몸을 던졌다. "남은 인생을 감옥에서 보낼 수는 없다고 생각했던 것 같다"고 혼잣말을 하던 그 기업가는 런쉐핑Ren Xuefeng의 진짜 자살 이유가 시진핑 주석과의 이념 충돌로 인해 정치적 숙청을 당할 것이라는 두려움 때문이라고 생각했다.[14] 국제적 인지도가 높은 고위직도 순식간에 명예가 실추됐다. 2016년에 중국 최초로 국제형사경찰기구Interpol 총재가 된 멍훙웨이Meng Hongwei는 2018년에 중국 출장길에 체포됐다. 몇 달 후 중국 언론은 멍훙웨이가 뇌물 수수 혐의를 시인했다고 보도했으나, 그의 가족은 그가 개혁적인 견해를 밝혀서 숙청 대상이 됐다고 주장했다.[15]

과거 당 고위직과 체제 옹호자들은 관료 부패에 관한 이야기들이 지나치게 부풀려졌다고 일축했었으나, 시진핑 집권 후에는 재빨리 노선을 변경했다. 이제 그들은 중국 체제에 잠재된 부패가 심각해서 시진핑이 단호하게 대응해야 한다고 말했다. 그러나 시진핑 가족의 수상한 재산을 조금이라도 언급하는 사람들은 가혹한 대우를 받았다. 그런 비슷한 보도를 했던 〈블룸버그Bloomberg News〉는 중국 내 인터넷을 감시하는 만리방화벽great firewall(만리장성Great Wall과 방화벽firewall의 합성어로, 중국 당국의 인터넷 감시·검열 체계를 의미-옮긴이)에 막혀 중국 내 접근이 중단됐다.•16

당연하게도 많은 사람이 시진핑의 반부패 운동을 정치 보복과 권력 공고화 수단으로 해석했다. 그것은 아마도 사실일 것이다. 그러나 실제로 시진핑은 부패가 중국공산당의 권위를 약화시킬까 봐 두려워하는 것 같다. 또한 일당독재가 종식되면 중화 민족의 '대부흥'이라는 자신의 핵심 목표를 달성하지 못하리라 믿고 있다.

특별히 그는 소련의 몰락을 잊지 않았다. 집권 첫해인 2013년에 그는 전국 공산당원들에게 소련 붕괴에 관한 다큐멘터리 영화를 보여줬다. 영화는 소련 붕괴를 비극적인 사건으로 규정하고, 구소련의 마지막 지도자였던 고르바초프를 악당으로 그렸으며, 고르바초프의 개혁·개방 정책이 잘못됐을 뿐만 아니라 비도덕적이고 비애국적이라고 설명했다. 2013년에 전국 대표 대회 연설에서 시진핑은 이렇게 자문했다. "소련은 왜 무너졌을까? 소련 공산당은 왜 권력을 잃었을까?" 그리고 이렇게 자답했다. "소련과 소련 공산당의 역사는 완전히 부정당했다. […] 스탈린처럼 레닌도 거부당했다. […] 곳곳에서 이념적 혼란이 일어났다. 당은 군대를 통제하지 못했다. 결국 소련 공산당은 […] 참새 떼처럼 흩어졌다. 한때 위대한 사회주의국가였던 소련은 그렇게 무너졌다. 이것이 바로 우리가 과거의 잘못으로부터 배워야 하는 교훈이다."•17

소련 붕괴가 재앙이었다는 믿음은 시진핑과 푸틴이 공유하는 생각이다. 푸틴처럼 시진핑도 소련 붕괴가 단순히 소련 지도자들의 실수에 따른 결과라고 생각하지 않는다. 그는 서방세계가 의도적으로 체제 전복적인 자유주의 사상을 전파해서 소련 붕괴를 유도했다고 생각했으며, 그렇기 때문에 중국에서 그와 유사한 운동이 절대로 일어나지 못하도록 단단히 단속해야겠다고 결심했다. 그는 집권 초기부터 당간부들에게 "이념 영역의 현 상태에 관한 공식 입장문Communiqué on the Current State of the Ideological Sphere"을 배포해서, 자신의 생각을 명확히 밝혔다. 간단히 줄여서 '9호 문건'으로 불리는 (그리고 나중에 유출된) 이 문서에는 적대적인 서방 세력을 경계해야 한다고 적혀 있다. 여기에는 "보편적 가치", "시민사회", "서구식 언론관" 같은 내용이 포함된다.・18

시진핑과 그 추종자들은 그런 개념들이 위험한 외래 사상이며, 중국에 맞지 않는다고 생각한다. 그러나 그런 사상이 중국 내 수많은 지식인과 떠오르는 중산층 일부에게는 매력적이라는 사실도 잘 안다. 자유주의 지식인들은 시진핑이 권력을 잡기 몇 년 전까지 중국 내에서 담론을 주도했었다. 그중 국제적으로는 미술가 아이웨이웨이Ai Weiwei와 노벨 평화상 수상자 류샤오보Liu Xiaobo가 유명하지만, 이들 뒤에는 사법부 독립과 언론 자유 확대를 통해 중국이 민주국가로 나아가기를 바라는 대규모 학자, 법조인, 언론인 집단이 있었다.

용감하게 이런 사상을 지지한다고 밝힌 중국인은 박해를 피하기 어려웠다. 류샤오보는 2009년에 체포·투옥됐다(그리고 2017년에 감옥에서 사망했다). 아이웨이웨이는 2011년에 투옥됐다가 2015년에 망명했다. 21세기 초만 해도 중국의 자유주의자들은 상황이 점차 나아지리라 감히 기대했었다. 다수의 학술지와 〈서던 위클리Southern Weekly〉 같은 몇몇 용감한 언론은 '입헌주의' 사상(공산당을 포함해서 사회의 모든 부문이 법의 지배를 받아야 한다는 것)을 공개적으로 다뤘다. 그러나 시진핑 시대에는 그런 자유로운 토론들이 사라져버렸다. 2015년에 수많은 인권 변호사가 체포됐다. 반체제 의견을 낼 수 없었던 사람은 자유주의자만이 아니었다. 베이징의 명문 대학교들에서 마르크스주의를 공부하던 학생들도 체포됐는데, 이는 시진핑이 마르크스를 '위대한 현대 사상가'로 극찬했었다는 사실을 생각하면 아이러니한 일이 아닐 수 없었다. 그 학생들의 명목상 죄명은 마르크스의 계급 투쟁론을 왜곡해서 받아들인 나머지 저임금 노동자 조합을 조직하려 했다는 것이었다.[19]

중국을 수시로 방문했던 나로서는 토론이 금지됐다는 사실에 충격을 받았다. 시진핑이 집권하기 수년 전에 베이징의 한 식당에서 보수주의 학자와 자유주의 학자들이 중국이 민주국가가 될 것인가를 두고 공개 토론을 벌였던 장면을 나는 기억한다. 오늘날 중국에서는 그런 모습을 상상조차 할 수 없다. 실제로 중국 정부는 자유로운 연구 활동을 장려하는 척조차 하지 않는다. 2019년 말, 상하이 최고 명문인 푸단 대학교는 대학 헌장에서 "사상의 자유"라는 표현을 삭제했다. 몇 주 후에, 나는 푸단 대학교 중국 연구소 소장이자 친시진핑 지식인으로 유명한 에릭 리Eric Li를 인터뷰했다. 리는 푸단 대학교의 조치를 유감스러워하지 않았다. 오히려 중국에서 자유주의 사상을 제거하려면 어쩔 수 없는 일이라며 그 조치를 환영했다. "수십 년간 중화 민족은 원하는 사회와 정부가 무엇인가를 두고 토론을 벌여왔습니다. […] 자유주의자들은 중국이 자유주의국가가 되기를 바라겠죠. 나는 그 논쟁이 종결됐다고 생각합니다."[20]

리가 그렇게 말하기는 했지만, 중국에서는 언론의 자유와 시진핑 식 스트롱맨 통치에 관한 토론이 재개되려 하고 있었다. 상하이에서 리와 점심을 먹기로 한 식당으로 이동하던 중에 나는 알 수 없는 신종 바이러스 질환이 800여 킬로미터 떨어진 우한이라는 도시에서 발생했다는 기사를 읽었다. 당시만 해도 그 문제는 따로 논의할 필요가 없을 정도로 중요하지 않아 보였다. 그러나 이런 안이한 생각은 몇 주 만에 바이러스가 크게 확산하면서 사라졌는데, 사망자가 수백 명에서 수천 명으로 늘어나자 중국 전역에 대규모 격리와 봉쇄 조치가 내려졌다.

처음부터 중국 당국은 코로나19 바이러스의 확산이 중앙정부나 시진핑 주석과는 무관한 국가적 재앙이라고 표현했다. 그러나 이런 주장은 바이러스 확산 속도가 급격히 빨라지면서, 특히 우한의 젊은 의사 리원량Li Wenliang이 코로나19로 사망한 후부터 강한 반발을 사기 시작했다. 바이러스의 출처를 조사하는 과정에서, 리원량이 코로나19 발생 초기에 온라인 채팅방에 그 위험성을 경고했었다는 사실이 드러났다. 그 일로 리원량은 경찰 조사를 받았으며, 소문을 퍼뜨리지 않겠다는 진술서에 강제 서명했다. 임종 직전에 그는 "건강한 사회라면 한 가지 목소리만 존재하면 안 된다고 생각한다"는 말을 남겼고, 이것은 나중에 널리 퍼졌다. 그의 말은 시진핑의 스트롱맨 통치 방식을 고발하는 것으로 읽혔다.

중국 내에는 훨씬 직접적으로 시진핑을 비판하는 사람들이 있다. 2020년 3월에 공산당원이자 부동산 재벌인 런즈창Ren Zhiqiang은 공산당의 무능을 고발하고 "위대한 지도자의 어리석음"을 비난하는 공개편지를 썼다.[21] 중국 내 다른 비판가들처럼, 런즈창도 침묵을 강요당했다. 그는 2020년 9월에 부패 혐의로 기소되어 18년형을 선고받았다.

코로나19 시대에 시진핑이 최대 위기를 맞은 순간은, 아마도 리원량의 사망 후 소셜 미디어마다 감정적인 글들이 쏟아졌을 때일 것이다. 그로부터 몇 주 후, 중국 정부는 다시 내러티브를 통제하기 시작했다. 당국의 공식 입장은 시진핑 주석이 위기 초기에 실수는커녕 국민을 결속하고 질병을 억제하기 위해 단호한 조처를 취했다는 것이었다. 전 세계가 바이러스에 대비할 시간을 중국이 벌어줬으므로, 중국 국민뿐만 아니라 전 인류가 시진핑 주석에게 빚을 졌다고 했다. 그러므로 만약 서구가 그 시간을 제대로 활용하지 못했다면, 오히려 그것은 중국 체제의 우수성을 방증하는 셈이다. 중국의 선전은 테드로스 게브레예수스Tedros Ghebreyesus 세계보건기구WHO 사무총장의 과장된 칭찬에 힘입기도 했는데, 1월 28일 베이징에서 시진핑과 만난 자리에서 게브레예수스는 "솔직한 정보 공유"를 언급하며 중국이 "새로운 질병 통제 기준을 세웠다"고 칭찬했다.[22]

2020년에 시진핑에 유리한 내러티브가 주목받은 이유는 중국이 바이러스를 통제하는 동안 서구 세계는 바이러스의 충격에 비틀거렸기 때문이다. 미국에서 첫 코로나19 사망자는 2020년 2월 말에 나왔는데, 이때 중국은 정점을 지나 감소 추세를 보이고 있었다. 그로부터 1년 후에 미국에서는 50만 명이 넘는 사망자가 발생했다. 그와 달리, 중국에서 공식 집계된 사망자 수는 5,000명 미만이었다.[23]

시진핑이 보기에, 끔찍한 재앙이 절호의 홍보 기회로 바뀌었다. 코로나19 방역 관련 노고를 치하하는 메달 수여식에서, 시진핑은 "팬데믹이 한 번 더 중국 특색 사회주의 체제의 우수성을 증명했다"고 선언했다.•**24** 봉쇄 공포에 빠진 지 1년 후에 우한은 '코로나19와의 싸움에서 성공한 중국'이라는 주제로 전시회를 개최했는데, 그때 BBC는 이렇게 보도했다. "방호복을 입은 의료진의 모형과 […] 거대한 시진핑 초상화들이 곳곳에 보였다." 그와 동시에, 중국 정부는 어쩌면 바이러스가 중국에서 최초 발생한 것이 아닐지 모른다고 선전하기 시작했다. 우한 전시회에 내걸린 안내판의 문구처럼, 코로나19 바이러스가 "전 세계적으로 다양한 지역에서" 동시 발생했다는 주장이었다.•**25**

그러나 중국 정부가 국내에서는 코로나 바이러스에 관한 내러티브를 통제할 수 있었지만, 국외에서 시진핑의 평판은 나빠지고 있었다. 2020년 여름, 퓨 리서치 센터Pew Research Center가 발표한 여론조사 결과를 보면, 시진핑에 대한 부정 의견이 유럽과 북미에서 급증했다. 가령 독일 응답자의 78퍼센트는 시진핑이 "세계 문제와 관련해서 올바르게 행동"하는지 확신하지 못한다고 답했는데, 이는 1년 만에 17퍼센트포인트나 증가한 결과다. 시진핑에 대한 불신 정도는 미국과 영국이 독일과 비슷한 수준이었고, 일본과 한국에서는 훨씬 높게 나타났다.•**26** 그러나 전 세계적으로 시진핑의 이미지가 악화된 요인에는 코로나19만 있는 것이 아니었다. 중국이 홍콩과 신장에서 저지른 인권 탄압은 시진핑의 통치 방식이 가혹하고 편협하다는 사실을 드러냈다.

2019년 여름, 홍콩 범죄인을 중국 본토로 인도하는 법이 통과되자 이에 반대하는 시위가 홍콩에서 일어났다. 곧 시위대의 의제는 더 큰 관심사인 자치권 보호(사법부 독립과 언론 자유 같은 자유권 보장도 포함)로 확대됐다. 시위가 정점에 이르렀을 때는 홍콩 전체 인구 740만 명 중에서 200만 명 이상이 거리로 나왔다. 시위는 수개월간 이어졌고, 이따금 경찰과 시위대 사이에 전면 충돌도 발생했다. 중국 정부는 1997년 홍콩 반환을 국가 '대부흥' 시대의 핵심 순간(1842년에 홍콩을 영국에 양도하면서 시작된, "굴욕의 세기"라 부르는 식민 시대에 종지부를 찍는 순간)으로 여겼다. 그러므로 만약 중국 땅에서 무정부 상태나 다름없는 소요 사태를 해결하지 못한다면 (혹은 심지어 그 때문에 홍콩을 방문할 때마다 위험을 무릅써야 한다면) 그것은 중국의 스트롱맨을 나약한 사람으로 보이게 할 것이다.

코로나19로 인한 위기 때처럼, 중국 선전부는 시진핑 주석과 홍콩 문제 사이에 거리를 두려고 애썼다. 홍콩 시위의 도화선이 됐던 범죄인 인도법이 본래 베이징 지도부가 아닌 홍콩 정부의 생각이었다고 했다. 그러나 나는 홍콩을 방문했을 때, 시위의 배경에 시진핑의 스트롱맨 통치 방식에 대한 불만이 깔려 있다는 사실을 분명히 알게 됐다. 홍콩 주권이 중국 본토에 있다는 점을 고려할 때, 중국 정치가 비자유주의로 선회했고 이견이 허용되는 범위가 줄고 있다는 사실이 수많은 홍콩인을 두렵게 했다. 홍콩의 친중 인사들조차 시진핑에게 유연한 통치를 요청할 기회가 없어 낙심했으며, 과연 자신의 조언이 시진핑에게 전달이나 될 수 있을지 의심했다. 홍콩 시위를 적대적인 외세가 선동했다는 베이징의 선전을 시진핑이 믿었다는 사실에 많은 사람이 두려워했다.

전 세계의 관심이 코로나19와 미국 대선에 쏠려 있었던 2020년 여름, 시진핑은 홍콩 민주화 운동을 탄압하기 위해 단호하게 움직였다. 홍콩 국가 보안법을 제정했고, 당 간부를 파견해서 새 법이 제대로 집행되는지 감시하게 했다. 몇 개월 사이에 홍콩의 저명한 민주 인사들이 체포되어 장기 수감형을 선고받았다. 홍콩 문제는 중국 지도자라면 누구에게나 골칫거리인데, 그 이유는 그것이 공산당에게 민감한 이슈들(민주주의와 통일)을 건드리기 때문이다. 그렇다 하더라도, 시진핑의 강압 정책은 중국 내 모든 반대 세력에 대한 그의 기본적 입장을 대변한다고 말할 수 있다.

중국의 북서쪽 끝에 있는 신장 위구르 자치구에는 무슬림 위구르족이 살고 있는데, 이들에 대한 중국 정부의 탄압은 내가 홍콩 시위대와 대화를 나눌 때 자주 거론되는 이슈다. 그들은 100만 명이 넘는 위구르족을 재교육 시설에 수용하기로 한 중국 정부의 결정이 어떤 희생을 치르더라도 모든 중국인을 하나로 통합한다는 비전을 실현하려는 시진핑의 무자비하고 냉정한 면모를 확인시켜준다고 생각했다.

지금 생각해보면, 2013년 11월 베이징에서 내가 시진핑을 만났던 그 주가 신장의 위구르족에게는 대단히 중요한 순간이었던 것 같다. 그 닷새 전에, 위구르 분리주의자들이 탄 차가 톈안먼 광장 주변의 보행자들을 향해 돌진해서 5명이 사망한 사건이 있었다.[27] 다름 아닌 국가의 심장부에서 벌어진 이 테러 공격은 시진핑으로서는 결코 묵과할 수 없는 도전이었다. 이듬해에 중국 정부는 '강경한' 대테러 정책을 폈다. 그러나 금세 그 조치가 단순한 법 집행이 아니라는 점이 분명해졌다. 그것은 전체 위구르족을 한족 문화에 동화시키고 그들에게 공산당의 뜻을 받들도록 강제하는 조치였다.

시진핑의 지시에 따라, 중국 정부는 신장에 대규모 수용소들을 건설하고 그곳에 수많은 위구르족을 강제 수용하기 시작했다. 2018년에 유엔은 100만 명이 넘는(혹은 전체 위구르족의 약 10퍼센트에 해당하는) 사람들이 수용소에 갇혀 있다고 추산했다.[28] 처음에 중국 정부는 수용소의 존재를 부인하다, 나중에는 수용소를 극단주의 억제와 위구르족의 구직에 도움을 주기 위한 "직업교육 및 훈련 센터"라고 설명했다. 그러나 망명자와 난민들은 수용소를 끔찍한 장소로 묘사했다. 그들의 주장에 따르면, 수십만 명의 아이들이 부모와 강제 이별했고, 고문과 성 착취가 만연할 뿐만 아니라 대중 세뇌 프로그램의 하나로 시진핑 사상을 의무적으로 교육받는다고 했다. 또한 불임과 낙태 수술도 강제하고 있다고 했다. 신장의 출생률이 60퍼센트 감소한 사실을 보여주는 중국 정부의 통계자료는 중국의 조치가 잔혹한 탄압을 넘어 문화적 집단 학살이라는 주장으로 이어진다.[29]

트럼프 정부가 신장에 대한 중국의 조치를 집단 학살로 분류하기로 하자, 중국 정부는 그것이 부정직하고 실패한 정부의 결정이라며 일축했다. 그러나 2021년에 바이든 정부는 물론 캐나다 의회도 그 결정을 지지했다. 영국의 인권 변호사들이 작성한 법적 견해서에는 국제법상 중국에 집단 학살의 책임을 묻는 것이 "타당"하며, "시진핑 주석이 국가 정책 전반을 통제하고 있고 위구르족에 대한 징벌을 조장하는 다양한 연설을 했다"고 적혀 있다. 이 문서는 시진핑에게 집단 학살에 대해 개인적인 책임이 있다는 점을 분명히 밝히고 있다.[30]

중국의 민족주의자들은 신장에 대한 서구의 관심이 중국의 부상을 막기 위해 중국 정부에 흠집을 내려는 위선적 시도라고 일축한다. 그러나 시진핑의 권위적 대내 통치와 공세적 대외 정책으로 인해 중국은 불가피하게 국제적 관심 대상이 됐다. 게다가 중국은 21세기에 떠오르는 초강대국이 됐으므로, 중국 지도자가 외부에 '내정'간섭을 하지 말라고 요구하기가 어려워졌다.

시진핑 체제에서는 지도부도 중국의 통치 방식을 제약 없이 대외 선전하기 시작했다. 중국의 이전 정부들은 국가마다 다른 발전 과정을 따른다고 주장함으로써 서구의 인권 보호 압박을 피해왔었다. 그들은 서방세계가 중국에 훈계하지 말아야 하며, 마찬가지로 중국도 다른 나라에 훈계하지 않을 것이라고 주장했다. 그러나 시진핑 정부의 대변인은 '중국식' 발전 모델이 서구식 민주주의의 대안으로서 개발도상국가에 더 적합한 방식이라고 선전했다.

2018년에는 시진핑 자신도 중국의 "새로운 정당정치 체제(당시 중국 관영 매체가 적극 홍보하던 내용)"가 다른 나라들에게 모범이 될 수 있다고 연설했다.[31] 당시 유럽연합은 브렉시트 충격에서 벗어나지 못한 상태였고 미국은 트럼프 시대를 거치면서 사회가 극심하게 양극화된 상황이었으므로, 정치 안정과 경제성장을 도모하면서 대외적으로 공세 정책을 펴는 시진핑의 방식은 아프리카와 중남미, 심지어 유럽에서도 다양한 추종자를 끌어모았다.

또한 중국은 시진핑의 '일대일로Belt and Road' 정책을 통해 국제적 영향력도 확대했는데, 가령 차관과 투자를 통해 유럽, 아시아, 아프리카에 수십억 달러에 달하는 기반 시설 건설 자금을 지원했다. 중국의 대규모 투자와 영향력은 과거 미국의 영향권에 있다고 여겨졌던 중남미 국가들에까지 미치고 있다. 2021년에 이반 두케Iván Duque 콜롬비아 대통령을 인터뷰했을 때, 그는 미국과의 우호 관계가 견고하다고 말했다. 그러면서도 보고타 지하철 건설 사업은 중국 기업이 계속 맡는데, 그 이유는 중국이 가장 좋은 조건을 제시했기 때문이라고 했다.[32] 이와 같이 여러 나라가 중국 투자를 받고 있으며, 오히려 콜롬비아는 중남미 국가들 중에서 비교적 늦게 중국의 투자를 받아들인 나라였다.

차관과 투자를 통해 우방국을 만드는 중국의 능력은 국제적 영향력을 확대하는 데 매우 중요하다. 그러나 이런 노력들은 국제사회에서 갈등이 빚어질 때마다 시진핑 정부가 무력과 협박으로 대응하는 바람에 빛이 바래고 있다. 베이징은 코로나19 사태에 대한 비교적 온건한 비판에도 격노했다. 일례로, 오스트레일리아 정부가 국제적 차원에서 코로나19 바이러스의 출처를 찾는 조사를 제안하자, 중국은 오스트레일리아 수출품 일부에 보복 관세를 부과했다.

한편, 중국은 각종 영토 분쟁에서도 공세를 강화하고 있다. 특별히 대만을 향한 위협이 크게 증가했는데, 대만은 중국이 이탈 지역으로 간주하지만 2,300만 명이 사는 선진 민주국이기 때문에 이런 나라를 침공할 수 있을 정도로 중국이 스스로 강해졌다고 느낀다는 사실에 워싱턴은 깊이 우려하고 있다. 대만 분쟁은 중화인민공화국이 탄생한 시점까지 거슬러 올라간다. 1949년에 마오쩌둥에게 패한 국민당 세력은 바다 건너 대만섬으로 쫓겨났고 그곳에서 따로 정부를 세웠다. 그때부터 베이징은 필요시 무력을 사용해서라도 대만을 '재통합'하는 일에 전념하고 있다. 전형적인 실용주의자였던 덩샤오핑은 대만 문제를 미래 세대가 해결하게 하자고 제안했었다. 그러나 시진핑은 중국 정부의 기존 입장을 뒤집어서, 대만 지도부를 향해 더는 그 문제를 다음 세대로 미룰 수 없다고 날을 세웠다. 그리고 대만해협에서 실시하던 군사훈련을 강화했다.

2022년 8월에 펠로시 미 연방하원 의장이 대만을 방문했을 때,

시진핑은 격노했고 수십 년 만에 최대 규모의 군사훈련을 대만해협에서 실시하도록 지시했다. 이런 호전적인 대응의 배경에는 우크라이나 전쟁(시진핑이 암암리에 푸틴을 지원하는 전쟁)이 있었다. 미국과 그 동맹국들은 수정주의revisionist(마르크스주의 사상을 일부 수정해서 자본주의 체제와 타협하는 입장-옮긴이)를 택한 두 강대국, 러시아와 중국으로부터 동시 공격을 받을 가능성도 고려해야 했다.

대만에 대한 중국의 공세 강화는 부분적으로 글로벌 세력 균형의 변화를 반영한다. 지난 30여 년간 중국은 막대한 돈을 들여 군비를 강화해왔다. 현재 중국이 보유한 군함은 미국보다 많다. 시진핑이 위대한 중국 지도자들 사이에 자신의 자리를 마련하고 싶어 한다는 사실을 고려하면, 대만은 구미가 당기는 목표물이다. 마오쩌둥이 중화인민공화국을 세운 영웅이고, 덩샤오핑이 국가 번영의 길을 닦은 지도자라면, 시진핑의 과업은 현재 중국이 세계를 선도하는 강대국, 즉 대만을 넘어 미국을 제압한 국가임을 증명하는 것이다. 시진핑이 대만을 정복해서 마침내 국가를 '통일'한 지도자가 된다면, 국가 영웅이 될 수 있을 것이다.

현실적으로 대만 침공은 대단히 위험한 일이다. 중국은 격렬한 저항에 부딪힐 것이고, 어쩌면 백만 대군이 필요할지 모른다. 또한 그것은 미국과의 전쟁으로 이어질 수 있다. 그럼에도 불구하고, 현재 중국 내 민족주의 진영은 대만 정복에 대한 꿈을 공공연하게 드러낸다. 2020년 10월에 중국 관영 영자지 〈글로벌 타임스Global Times〉의 후시진Hu Xijin 편집장은 이렇게 썼다. "앞으로 본토가 나아갈 유일한 길은 전쟁에 완벽하게 대비하고, 언제라도 대만 분리파를 단호하게 처벌하는 것이다. 분리파가 오만해질수록, 역사적 전환점은 가까워질 것이다."•33 이런 과한 수사에는 중국 지도부의 생각이 반영되지 않았을지 모른다. 그러나 시진핑이 언론을 엄격히 통제하는 상황에서도, 대만을 향한 소름 끼치는 위협은 어느 정도 허용된다. 자칭 스트롱맨으로서, 시진핑도 중국 내 민족주의 정서에 영합해야 한다는 압박을 느끼는 듯하다.

최근에는 중국의 공격 가능 대상에 대한 서구의 논의가 주로 대만과 남중국해에 집중돼 있다. 그런데 2020년에 히말라야산맥에서 대단히 충격적인 사건이 발생했다. 분쟁 지역에서 인도군과 중국군이 충돌하면서 인도군은 약 20명이 사망했고, 숫자는 알려지지 않았지만 중국군에도 사상자가 발생했다.

이 치명적인 충돌은 21세기 신흥 강대국인 중국과 인도가 향후 갈등 관계가 될 가능성을 높였다. 또한 인도와 서구는 이 사건을 거대 독재국가와 세계 최대 민주국가의 충돌로 묘사했다. 그것은 사실이었다. 그러나 상황은 그보다 훨씬 복잡했다. 출발점은 매우 달랐지만, 민주국가인 인도 역시 스트롱맨 통치 방식으로 이동하고 있다.

4

모디

| 세계 최대 민주국가의 스트롱맨 정치

Narendra Modi

2014

루티언스 델리Lutyens' Delhi는 인도 권력의 중심지다. 이곳의 명칭은 설계자인 영국 건축가 에드윈 루티언스 경Sir Edwin Lutyens의 이름을 땄다. 그는 이곳에 웅장한 건물, 분수, 정성 들여 손질한 잔디밭을 갖춘 광활한 공간을 조성해서, 도시의 다른 소란스러운 지역들과 구별했다. 이곳에는 인도에서 가장 중요한 정부 건물들인 국방부, 재무부, 외무부뿐만 아니라 총리실까지 있다. 인도 정부의 주요 부처를 방문하는 사람들은 이따금 노란 사암 창턱을 앞다퉈 오르고 있는 원숭이 떼를 보며 재미있어할지도 모르겠다.

　이곳에서 인도의 고위 정치인과 관료가 14억 인구를 통치한다. 그러나 2014년에 모디가 총리로 선출된 후부터, 인도 최고 권력층은 통치 엘리트보다는 포퓰리스트 저항 세력에 가까워졌다. 루티언스 델리의 핵심 부처에 안착한 어느 장관은 2018년에 내게 '루티언스 엘리트'를 냉소적으로 비난했다. 이들은 독립 후에도 전통 방식에 따라 인도를 통치했지만, 당연히 지금은 모디 총리가 그들을 모조리 없애버렸다고 말했다. 옛 엘리트 집단은 '진짜 인도'와 접촉하지 않았다. 이것은 마치 내가 워싱턴에서 트럼프 정부의 관료들에게, 런던에서 의기양양한 브렉시트 찬성자들에게 들었던 이야기의 인도 버전 같았다.

심지어 인도에서 포퓰리즘이라는 복음을 전파하는 사람들은 하버드 대학교 MBA 출신으로 매킨지McKinsey 컨설턴트를 거쳐 항공부 장관이 된 자얀트 신하Jayant Sinha같이 '글로벌리스트'의 자격을 완벽히 갖춘 정치인들이었다. 신하는 반농담조로 이렇게 말했었다. "당신이 원한다면, 나는 하루 종일 당신과 '다보스'에 있는 것처럼 행동할 수 있습니다."•1 트럼프의 측근이었던 배넌처럼 신하도 '다보스'라는 단어를 근본 없는 글로벌리즘의 동의어로 사용하고 있었다. 그는 모디 총리가 야당 의원들과 달리, 신앙심이 깊고 영성을 중시하는 인도인과 접촉한다고 주장했다. 모디의 계획은 현대 인도를 세운 건국의 아버지들, 특히 서구 사상을 보편적이라고 믿고 그것을 잘못 받아들였던 자와할랄 네루Jawaharlal Nehru의 실수를 바로잡는 것이었다. 네루와 달리, 모디는 인도 고유문화에 기초해서 국가를 통치했다. 신하는 이렇게 선언했다. "우리는 유산이 국가에 앞선다고 생각합니다. 사람들은 자신의 유산이 공격받는다고 느낍니다. 우리의 세계관은 과학적 합리성이 아닌 신앙을 바탕으로 합니다."

다른 나라에서처럼, 인도에서도 스트롱맨 통치 방식이 포퓰리즘의 부상과 밀접하다. 시진핑과 푸틴처럼 (미국의 트럼프와 튀르키예의 에르도안은 물론이고) 모디도 국민과 직접 소통하는 사람을 자처한다. 그는 사회의 최상층에 있는 부패한 엘리트와 싸우고 평범한 사람들에게 정의와 번영을 가져다주겠다고 약속한다. 권력층을 굴복시키려는 지도자는 도덕적으로든 육체적으로든 강인해져야 한다. 2014년 선거운동때, 예순네 살의 모디는 말 그대로 스트롱맨(가슴둘레 140센티미터가 넘는 남자)으로 그려졌다.

모디의 승리는 '스트롱맨 시대'에서 결정적인 순간이었다. 그보다 2년 전에는 중국에서 시진핑이 권력을 잡았다. 그리고 이제 모디가 인도에 스트롱맨 방식을 들여왔다. 중국과 인도에는 각각 14억 명이 넘게 살고 있으므로, 두 나라의 인구를 합하면 세계 인구의 약 40퍼센트를 차지하며, 이 둘은 '아시아의 세기Asian century'에서 신흥 강국이다.* 2년 만에 두 나라 모두 스트롱맨이 장악했다.

혹자는 모디처럼 민주적 선거로 당선된 지도자를 일당독재 국가의 지도자인 시진핑이나 심지어 푸틴과 같은 부류로 묶는 것이 정당 혹은 타당하냐고 물을지 모르겠다. 즉, '스트롱맨 스타일'이 서로 다른 정치 환경과 문화에서 활동하는 지도자들을 포괄한다면, 그것은 무의미한 개념이 아니냐는 것이다. 가령 시진핑과 푸틴은 종신 집권을 위해 헌법을 고쳤지만, 모디는 5년마다 선거를 치러야 한다. 또한 중국에서는 당연히 생각할 수 없고 러시아에서도 점점 생각하기 어려운 일

---

* 현재 중국의 실질 경제 규모는 인도의 다섯 배로, 세계 2위다. 구매력으로만 보면 중국이 세계 1위, 인도는 3위다.

이지만, 여전히 인도에서는 지식인들이 국가원수를 신랄하게 비판하고 일부 언론은 그 내용을 방송으로 내보낸다.

그럼에도 불구하고, 스트롱맨 리더십의 몇 가지 특징은 민주 정부와 독재 정부 모두에서 나타나고, 모디가 통치하는 인도에서도 명확히 드러난다. 첫 번째 가장 두드러진 특징은 개인숭배 장려다. 카리스마를 갖춘 연설자로서, 모디는 수많은 군중 앞에서 연설하는 데 능숙하며, 사전에 협의되지 않은 질문에도 잘 대처한다. 모디의 이미지를 만드는 사람들은 국가의 적 앞에서 그의 힘을 강조했을 뿐만 아니라 그가 종교적이고 금욕적이며 국민의 이익에만 관심을 두는 사람이라는 이미지도 신중하게 구축했다.

민주국가의 지도자로는 이례적으로, 모디는 재임 중에 기념비적인 건축물에 자신의 이름을 붙이게 했다. 2021년에 완공된 인도 최대 크리켓 경기장의 이름을 '나렌드라 모디 스타디움Narendra Modi Stadium' 으로 지은 것이다. 모디의 소셜 미디어 전담 팀은 트위터를 통해 "세계 최대 경기장이 세계 최고 인물에게 헌정됐다"고 축하했다.[2] 그로부터 며칠 후, 모디의 얼굴을 새긴 위성이 발사됐다. 여당 의원들은 총리를 찬양하는 발언을 자주 한다. 시브라지 싱 초우한Shivraj Singh Chouhan, 마드야 프라데시Madhya Pradesh 주 총리는 모디를 "신이 인도에 내린 선물"이라고 불렀다. 모디의 삶을 다룬 대중 영화들이 제작되고 있으며, 거기에서 모디는 성자로 그려진다. 수레시 프라부Suresh Prabhu 장관은 모디의 어린 시절을 그린 〈컴 렛 어스 리브Come Let Us Live〉를 "영감을 주고 동기부여하는" 영화라고 불렀다.[3]

다른 나라의 스트롱맨처럼 모디도 포퓰리즘과 민족주의를 강조해서 국민에게 지지를 호소한다. 그들 모두 다양한 방식으로 잃어버린 위대한 조국을 되살리겠다고 약속한다. 그러나 독특하게도 모디 총리는 '순수 힌두주의Hindutva' 또는 힌두 민족주의를 옹호한다. 그는 인도를 다시 위대하게 만드는 것에 그치지 않고, 좀 더 구체적으로 힌두인을 다시 위대하게 만들겠다고 약속한다. 힌두인은 전체 인도 국민의 약 80퍼센트를 차지한다. 그러나 모디와 그의 수많은 추종자들은 힌두인을 역사적으로 탄압받은 민족으로 그리는 역사관을 받아들인다. 2014년 6월, 선거에 승리한 직후 모디는 의회 연설에서 인도인이 "1,200년간 몸에 밴 노예근성"으로 고통받고 있다고 말했다.[4] 이 발언의 속뜻은 인도인이 18세기 중반부터 약 200년간 영국 식민지 기간에만 '노예 상태'였던 것이 아니라는 것이다. 탄압의 역사는 그보다 훨씬 전에 시작됐는데, 처음에는 불교도, 그다음에는 무슬림이라는 두 외국 침입자들이 인도를 지배한 1,000년의 시간까지 모두 포함한다.

대다수 모디 추종자에 따르면, 인도는 1947년에 독립했지만 힌두인은 종속 상태에서 벗어나지 못했다. 인도는 독립 후 오랫동안 국민회의당Congress Party이 집권했으나, 모디와 그가 이끄는 인도인민당은 국민회의당이 자신들의 '표밭vote bank'에 거주하는 약 2억 명의 무슬림에게 특권을 주고 있다고 비난한다.* 하버드 대학교 경제학 박사 수브라마니안 스와미Subramanian Swamy, 인도인민당 라자 사바Rajya Sabha(인도 상원) 의원은 힌두인의 불만을 이용해서, "우리는 인구의 80퍼센트

---

* 이는 미국에서 트럼프가 소수 인종 '우대 정책'을 들먹이며 백인 미국인의 분노를 자극했던 예를 떠올린다.

를 차지하지만, 10퍼센트의 대우를 받고 있다"고 불평했다.[5] 인구가 너무 많아 일자리·교육 기회·자원 등을 두고 경쟁이 치열한 나라에서, 소수민족이 부당한 특권을 받고 있다는 암시는 정치적으로 강력하다. 힌두 정당으로서 인도인민당의 정체성은, 2014년 선거에서 실권을 가진 록 사바Lok Sabha(인도 하원-옮긴이)에 당선된 인도인민당 의원 282명 중 무슬림은 단 한 명도 없었다는 쓸쓸한 사실에서 여실히 드러난다.

모디의 인생과 이력은 힌두 민족주의 운동과 밀접하다. 1950년, 구자라트의 바드나가르Vadnagar라는 소도시에서 태어난 모디는 여덟 살에 힌두 민족주의 단체인 민족봉사단Rashtriya Swayamsevak Sangh, RSS에 가입해서 지금까지 활동하고 있다. 1925년에 창설된 민족봉사단은 인도가 본질적으로 힌두인의 나라라는 생각을 견지한다. 이 단체의 창시자인 K. B. 헤드게와르K. B. Hedgewar는 이탈리아의 베니토 무솔리니Benito Mussolini 같은 유럽 파시스트를 숭배했고, 그들처럼 제복과 준 군사훈련에 열광했다.

인도 독립 직후인 1948년에 마하트마 간디Mahatma Gandhi를 암살한 나투람 고드세Nathuram Godse도 전 민족봉사단 행동 요원이자 힌두 민족주의자였다. 간디는 영국 통치기에 비폭력 저항운동을 펼쳐서 널리 "국부國父"로 불린다. 그러나 다수의 민족봉사단은 힌두교도가 '이슬람교도와 싸우지 말아야 한다'고 주장한 간디를 경멸했다. 인도는 독립과 동시에 인구 다수가 무슬림인 파키스탄과 분리됐다. 분리 독립에 따른 강제 이동과 집단 폭력으로 무려 200만 명이 사망했다. 이런 상황에서 간디가 고집한 무슬림과 평화로운 공존이라는 이상은 민족봉사단에게 '유화책'이라고 비난받았으며,[6] 그런 격앙된 분위기는 간디의 암살 배경이 됐다. 민족봉사단의 군국주의는 간디의 평화주의와 현저히 달랐다.

오늘날 모디와 민족봉사단은 간디가 국가 영웅이자 '국부'라는 통념을 공개적으로 지지한다. 그러나 일부 인도인민당 의원은 공공연하게 전혀 다른 견해를 제시한다. 그들은 간디의 암살범이 국가 영웅이며, 힌두 민족주의자인 모디를 인도의 진정한 국부로 받들어야 한다고 주장한다.'⁷ 모디가 아직도 민족봉사단과 개인적·정치적으로 관계를 맺고 있는지에 대해서는 추측이 난무하지만, 그 단체의 회원이라는 신분이 그가 보잘것없는 집안 출신에서 국가 지도자로 도약하는 발판이 됐음은 의심할 여지가 없다.

모디는 하층민 출신으로, 10대 때는 아버지를 도와 바드나가르 기차역 인근의 차이 상점에서 일했다. 차이 판매원이었다는 초라한 신분은 오늘날 모디의 이미지에 대단히 중요한 역할을 하며, 네루Nehru, 인디라 간디Indira Gandhi, 라지브 간디Rajiv Gandhi 등 세 명의 총리를 배출해서 국민회의당을 장악하고 있는 명문가 간디 집안과 확실히 대조를 이룬다.* 모디는 열세 살이라는 어린 나이에 결혼했지만, 이 정략결혼은 오래가지 못했다. 그 대신 모디는 민족봉사단을 가족으로 삼고, 그 안에서 출세가도를 달린다. 오늘날까지도 모디는 결혼하지 않은 채로 살고 있으며, (알려지기로) 독신주의자다.'⁸ 정치인들이 부정한 방법으로

---

* 1966년부터 1977년까지 그리고 1980년부터 1984년에 암살당할 때까지 총리를 지낸 인디라 간디는 마하트마 간디와 아무런 혈연관계도 없다. 그녀는 네루의 딸이자 라지브 간디의 어머니다.

제 가족에게 특혜를 준다는 비난이 일상화되고 그런 혐의가 자주 사실로 드러나는 나라에서, 혈연에 얽매이지 않는다는 점은 중요한 정치적 자산이 된다. 모디의 열렬한 추종자들과 대화를 나눠보면, 모디가 이타적이고 금욕적이며 일생을 평범한 사람들의 복지를 위해 헌신했다는 이야기를 자주 듣는다.

1987년에 모디는 민족봉사단과 긴밀한 관계인 인도인민당에 가입했다. 그것은 시의적절한 행보였다. 당시 인도인민당에는 의원이 단 두 명밖에 없었다. 그러다 1996년에는 의회 내 다수당이 된다. 이런 급상승은 과거 힌두교 성지였다는 아요디야Ayodhya의 모스크를 파괴하자는 의견을 지지한 덕분이었다. 아요디야 논쟁은 1992년에 인도 전역에서 힌두인과 무슬림 간 충돌을 부채질했고, 결국 이것이 인도인민당의 지지층을 결집시켰다. 당시 모디는 무명의 당직자였다. 그러나 추진력과 카리스마를 가진 덕분에 당내 서열이 급상승했고, 2001년에는 인도인민당의 사무총장이 된다. 같은 해에 모디는 건강 악화로 사임한 전임자에 이어 고향인 구자라트의 총리가 됐다.

구자라트는 인도 서부 해안에 위치한 지역으로, 6,000만 명이 넘는 인구가 살고 있다. 모디가 이 지역의 총리로 재직하는 동안 구자라트의 경제성장 속도는 인도 전체 평균보다 훨씬 빨랐으며, 그 덕분에 모디는 실용적인 친기업 정치인이라는 평판을 얻었다. 임기 중 지역 경제성장을 이뤄냈다는 업적은 권좌에 오르는 데 중요한 역할을 했다. 그 덕분에 모디는 힌두 민족주의자보다 경제개혁가로 먼저 알려졌다.

실제로 모디와 다른 스트롱맨들의 공통점은 서구 언론에 처음 소개될 때 국가가 필요로 하는 열정적인 개혁가로 환영받았다는 점이다.

나도 모디를 지지하는 기사를 쓴 적이 있다. 2013년에 인도를 방문했을 때 나는 광범위하게 퍼져 있던 비관주의와 냉소주의에 깜짝 놀랐다. 당시 인도 총리는 만모한 싱Manmohan Singh이었다. 나는 그를 1990년대에 만난 적이 있었고, 원칙적이고 용감한 개혁가인 그를 존경하고 있었다.•⁹ 그러나 내성적이고 학자 같았던 싱이 2013년에는 활력을 잃은 듯 보였고, 국민회의당은 다시 간디 집안이 장악하고 있었다. 경제는 둔화하고 있었고, 인도의 기업인들은 불만이 쌓여갔으며, 델리를 포함한 여러 도시에서 대규모 반부패 시위가 일어났다. 변화를 요구하는 많은 사람들이 모디를 지지했으며, 그는 "구자라트의 경제 기적"을 인도 전역에서 일으키겠다고 약속했다.

그러나 모디의 평판에는 조금 섬뜩한 이야기도 있었다. 그가 주총리로 재직하던 2002년에 구자라트에서 반무슬림 폭동이 일어났고, 그 사건으로 약 1,000명이 사망했다. 그때부터 줄곧 모디는 암묵적으로 무슬림 집단 학살을 부추겼다고 비난받는다. 2012년에 사법부는 그를 기소할 만한 증거가 충분치 않다고 판단했다. 그러나 그의 평판은 2014년에 선거가 치러질 때까지 미국 입국이 거부될 정도로 훼손됐다.

그럼에도 불구하고, 2014년 선거 직전에 쓴 기사에서 나는 "인도는 정신적 충격이 필요하고 모디는 인도가 감수할 가치가 있는 위험이다"라고 주장했다.•¹⁰ 보잘것없는 소도시 출신인 모디는 국민회의당 지도자이자, 아버지와 할머니 그리고 증조부가 모두 총리를 지낸 통치자 집안 출신의 라훌 간디Rahul Gandhi와 신선한 대조를 이뤘다. 나는 모디의 부상이 "빈곤, 계급, 카스트제도 때문에 여전히 수많은 사람이

기회를 얻지 못하는 나라에서 활력이 될 것"이라고 썼다. 구자라트 학살 사건은 "10년도 더 전에 일어났다." 그때 이후로 "모디는 주 총리로 재임하는 동안 공동체의 불만보다 경제개혁에 집중하면서 유명해졌다."·11

지금은 그 글이 부끄럽다. 그러나 나보다 훨씬 유명한 사람들도 그 당시에는 모디에 대해 나와 비슷한 평가를 내렸었다. 2015년에 오바마 대통령은 〈타임Time〉에 기고한 글에서 인도의 새 총리가 "부상하는 인도의 역동성과 잠재력"을 반영한다며 칭찬했다.·12 다수의 저명한 인도 자유주의자와 지식인들도 새 총리를 믿어보기로 했다. 2013년에 인도 중앙은행장 자리를 제안받아 시카고 대학교를 떠났던 저명한 경제학자 라구람 라잔Raghuram Rajan은 고민 끝에 모디 정부에서도 계속 그 자리에 있기로 했다.

공평하게 말하면, 모디 집권 초에는 비판가들이 최악으로 여길 일들은 일어나지 않았다. 집단 간 폭력 사건은 거의 없었고, 1984년에 일어났던 반시크교 폭동과 살인 같은 최악의 사례들은 여전히 모디 집권 전의 일이었다.

2018년 5월에 다시 인도를 찾았을 때 나는 국가 담론이 거칠어지고 여당인 인도인민당의 일반 당원들 사이에서 폭력과 증오의 문화가 만연해진 증거를 다수 발견했다. 당시 델리에서 자주 논의되던 사례로, 인도 북부에서 여덟 살 난 무슬림 여자 아이가 집단 강간 후 살해된 사건이 있었다. 인도인민당 소속의 일부 지방정부 지도자들이 힌두인 살인 피의자들을 돕는 집회와 행진에 참여했다. 모디 총리는 그 사건을 공개적으로 언급하기를 꺼렸다. 이에 퇴직한 고위 공무원 49명이 모디 총리 앞으로 공개편지를 써서 그가 "인도에 증오와 두려움, 악랄함이 가득한 공포 분위기"를 조장한다고 비난했고, "독립 후 지금이 가장 어두운 시기"라고 덧붙였다.[13]

그러나 인도 자유주의자들의 절망은 인도인민당 지지자와 친모디 지식인들 사이에서 경멸의 대상, 심지어 놀림거리가 된 듯했다. 미국의 트럼프 지지자들과 비슷하게, 그들도 자신들이 수도에서 펜만 굴리는 자유주의 엘리트 집단보다 열심히 몸으로 일하는 평범한 사람들을 더 많이 대변한다고 즐겨 주장했다. 인도 엘리트 계층 출신인 수브라마냠 자이샨카르Subrahmanyam Jaishankar 외무 장관은(그의 아버지는 인도의 핵무기 개발 프로그램을 설계했다) 국내외 모디 비판자들이 델리 이외의 지역과 모디 총리의 돈독한 관계를 이해해야 한다고 내게 말했다.[14]

어떤 사람들은 서구 자유주의를 대단히 직설적이고 과격하게 거부했다. 스와미는 "인도의 조상이 힌두인"이라는 사실을 인정하지 않는 무슬림들은 투표권을 박탈해야 한다고까지 주장했다. (인도에 사는 무슬림의 대부분이 본래는 힌두교도였으나 무굴제국 때 강제 개종한 사람들이라는 주장은 인도인민당 내에서 흔하게 제기된다.) 스와미도 말했듯이, 국제정치의 현주소는 "무슬림 인구가 많아지면 늘 문제가 발생한다"는 사실을 보여주고 있었다.[15] 모디 총리가 직접 이 문제를 언급하는 경우는 드물었지만, 당의 고위직과 일반 당원들이 그런 수사적 표현에 빠져드는 모습을 즐겼다. 델리에서 활동하는 기자 하나가 이렇게 말했다. "모디 총리가 직접 끔찍한 말을 하지는 않아요. 그런 말을 하는 사람들과 사진을 찍어줄 뿐이죠."

그런데 모디는 실제로 최악의 행동을 취하기도 할까? 2018년에 델리를 떠날 때 나는 그 의문에 답을 찾지 못했었다. 분명히 모디는 인기가 많았다. 적당히 경제도 성장시켰고, 화장실 없이 살던 수억 명의 인도인들을 위해 화장실을 설치해주는 등 중요한 사회 개혁 사업도 실행했다. 그러나 일부 경제개혁 정책에는 그의 독단적이고 극적인 성향이 드러났다. 2016년에 그는 느닷없이 통용되던 화폐의 80퍼센트를 폐기했다. 그것이 효과적인 부패 방지법이라는 인도 정부의 주장은 집에 부정한 현금을 쌓아둔 부패한 부자들의 대중적 이미지에 근거한 것이었다. 그런데 실제로 현금 의존도가 높은 쪽은 빈곤층이었고, 거부들은 주로 해외의 은행과 거래했다. 전형적인 포퓰리즘 정책인 화폐 폐기 정책으로 경제적 타격이 심했지만, 모디의 인기는 식지 않았다.

안타까운 일이지만, 스트롱맨은 현직에 오래 머물수록 점점 권위적이고 독단적으로 변해가기 마련이다.·16 푸틴과 에르도안도 각각 집권 2기와 3기에 더욱 과격해졌다. 모디의 집권 2기도 그와 비슷했다.

2019년 선거를 앞두고 모디는 중앙의회와 수많은 지역 정당으로부터 다소 심각한 도전을 받았다. 그러나 독립 후 세 번이나 전쟁을 치렀던 파키스탄과의 군사 대치로 선거 판세가 모디에게 유리하게 바뀌었다. 2019년 2월 14일, 카슈미르에서 인도 경찰관 40명이 파키스탄에서 활동하는 이슬람 무장 단체의 자살 폭탄 테러로 사망했다. 2008년에도 인도 최대 도시인 뭄바이에서 파키스탄 테러 집단에 의해 166명이 사망했으나 당시 싱 정부는 핵무장한 파키스탄을 상대로 보복을 감행하지는 않았다. 그러나 공격적이고 과감한 노선을 취하고 있던 모디 정부는 2019년 2월 26일에 파키스탄 내 테러 집단의 근거지로 추정되는 곳을 공습했다. 인도 정부는 테러 집단인 자이셰 모하메드Jaish-e-Mohammed의 훈련소를 공격해서 수백 명의 테러리스트를 살해했다고 주장했지만, 파키스탄 정부는 그 주장을 비웃었다.

공습 과정에서 실제로 무슨 일이 일어났는가와 관계없이, 인도 언론의 반응은 대체로 열광적이었다. 공습은 선거가 시작되기 불과 몇 달 전에 일어났으므로, 모디가 스트롱맨 자질을 연마하기에 더없이 좋은 기회였다. 모디는 마무리 유세에서 "여러분이 '연꽃무늬'(인도인민당의 상징)에 투표하면, 그것은 기계의 버튼을 누르는 것이 아니라 테러리스트의 가슴을 겨냥해 방아쇠를 당기는 행위입니다. […] 이 방식이 좋다고 생각하시나요? 괜찮으신가요? 숙였던 고개가 들리지 않나요? 가슴이 뿌듯해지지 않나요?"**17** 이 메시지는 대단히 효과적이었다. 4월 11일부터 시작된 투표(인도 총선은 여러 날에 걸쳐 진행되며, 2019년 총선은 4월 11일부터 5월 19일까지 치러졌다-옮긴이)에서, 인도인민당은 2014년의 31퍼센트보다 더 높은 37퍼센트를 득표했고, 55퍼센트의 의석수를 확보해서 다수당이 됐다. 앞서 언급했던 파키스탄 발라콧 공습이 전환점이 됐다.

인도 내 급증한 반파키스탄 정서는 열렬한 힌두 민족주의자들이 "제5열(외부 반대 세력에 동조해서 활동하는 내부 집단을 의미하며, 스페인 내란 때 반란군 장군인 프랑코가 사용해서 유명해진 말-옮긴이)"로 표현한 소수 무슬림에 대한 적대감으로 번지기 십상이었다. 실제로 재선에 승리하고 몇 달이 지나지 않았을 때, 인도인민당의 정책은 더욱 노골적이고 과격하게 힌두 우월주의를 반영했다. 2019년 8월에 모디 정부는 인도에서 무슬림 인구가 다수인 두 주, 잠무와 카슈미르에 허용하던 헌법상 특별 지위를 박탈했고, 그에 이어 카슈미르의 유력 정치인들을 재판도

하지 않고 구금하는 등 그곳 주민의 자유를 광범위하게 억압했다. 또한 델리 주재 해외 통신원과 야당 정치인 들이 카슈미르를 방문하지 못하게 막았다. 인도 정부는 특별 '진상 조사단' 단원으로 나를 초빙했으나, 〈파이낸셜 타임스Financial Times〉 델리 통신원이 여전히 카슈미르에 접근하지 못하는 상황을 고려해서 나는 그 초빙에 응하지 않았다. 인도 정부의 초빙을 받아들여 카슈미르 방문단에 포함된 사람들은 30여 명의 유럽의회 의원들(주로 프랑스, 폴란드, 영국에서 온 극우 인사들)이었다.[18]

모디 정부는 카슈미르 특별 지위 폐지가 헌법의 불합리한 조항을 바로잡는 일이라고 항변했다. 그리고 모든 인도인이 평등하게 대우받아야 한다고 주장했다. 그러나 사실 그 조치는 무슬림을 선별해서 특별히 차별 대우하려는 것처럼 보였다. 국민 대다수가 무슬림인 방글라데시에 인접한 아삼에서 시민 등록 절차를 시행했더니 약 200만 명이 인도 거주권이 없는 불법 이민자였고, 주로 무슬림이었다.

그 후 모디 정부는 시민 등록 절차를 인도 전역으로 확대 시행했다. 수백만 명이 인도 거주 권리를 증명하는 문서를 제출하지 못해 시민권을 잃을 위험에 처했다. 문맹률이 높고 문서 보존 체계나 법 제도가 미비한 나라에서 그것은 대단히 위험한 조치였다. 인도 전역에 건설되고 있던 수용소는 시진핑이 통치하는 중국처럼 인도 정부도 수백만 명의 무슬림을 가두려 한다는 두려움을 불러일으켰다. 무슬림을 2등 시민으로 여기는 분위기는 2019년 12월에 통과된 시민권법 개정안Citizenship Amendment Act으로 더욱 고조됐는데, 이 개정안은 박해를 피해 해외에서 탈출해 온 모든 힌두인에게 인도 시민권을 주겠다는 내용이지만, 같은 조건의 무슬림에게는 시민권을 주지 않는다. (인도인민당은 힌두인이 피난할 수 있는 나라는 하나밖에 없지만, 무슬림은 수많은 이슬람 국가로 탈출할 수 있다고 주장했다.)

전통적으로 민주주의 체제는 독립된 사법부, 자유로운 언론, 활발하게 활동하는 비정부기구 등이 시민의 자유를 보호한다. 그러나 모디가 통치하는 인도에서는 이런 기관들이 점점 위협받고 있다. 언론사 사주와 기자 들에 가하는 정부의 압력(광고 거부, 선별적 해고, 소셜 미디어를 이용한 괴롭힘 등)이 정부에 대한 비판력을 약화하고 있었다. 노벨 경제학상 수상자로 현재는 미국에 거주하는 아마르티아 센Amartya Sen은 인도 친구들이 전화상으로도 정부 비판을 꺼렸다고 말하며, 이렇게 덧붙였다. "사람들이 두려워하고 있어요. 그런 모습을 전에는 본 적이 없습니다."[19]

델리나 뭄바이에 사는 지식인들과의 대화는 점점 이스탄불이나 모스크바에 사는 지식인들과의 대화와 비슷해졌다. 원칙을 중시하고 정부를 강하게 비판할 준비가 된 용감한 사람들은 여전히 있다. 그러나 그런 비판이 자신의 경력을(혹은 심지어 개인의 자유와 안전까지) 위태롭게 한다는 인식이 확산되고 있었다. 유명 기자들과 뉴스 진행자들 중에는 인도인민당에 반대하는 목소리를 낸 후 해고된 사람들이 있었다. 인도의 저명한 학자이자 거침없는 정부 비판자인 프라탑 바누 메타Pratap Bhanu Mehta는 2019년에 이런 글을 썼다. "인도의 모든 독립기관에 씌워진 올가미가 조여들고 있다."[20] 그 말을 증명이라도 하듯, 그 해에 메타는 갑자기 사립 대학교인 아쇼카 대학교의 부총장 자리에서 내려왔고, 이후 2021년에는 대학을 떠났으며, 이에 150명이 넘는 교수들이 그를 사임시킨 '정치 압력'에 항의하는 편지에 서명했다.

2021년에 국제 앰네스티Amnesty International 인도 지부는 해외 불법 자금 수수 혐의로 거래 계좌가 동결되는 바람에 활동을 중단해야 했다. 국제 앰네스티 측은 자신들이 인도 정부의 무슬림 처우와 카슈미르 문제를 조사했기 때문에 표적이 된 것 같다고 주장했다.[21] 비정부기구를 외세의 내정간섭 도구라고 주장하며 공격하는 수법은 러시아와 중국도 흔히 사용하는 방식이다.

2014년에 모디의 측근인 아미트 샤Amit Shah 기소 사건을 맡았던 브리지고팔 로야Brijgopal Loya 판사가 의문사했다. 로야의 가족은 그의 시신이 돌아왔을 때 피범벅이었다고 주장했다. 그들은 정식 조사를 요청했지만 거부당했다. 새 담당 판사는 신속하게 샤 사건을 기각했고, 현재 샤는 인도 내무 장관이다.[22] 샤는 폭력을 조장하는 지시를 거리낌 없이 내린다. 2020년에 인도의 대학교들에서 모디의 차별적인 시민권법 개정안에 반대하는 시위가 일어났을 때, 샤는 연루된 학생들을 "훈계하고 처벌해야" 한다고 주장했다. 그로부터 얼마 지나지 않아, 델리 경찰은 무장한 폭도들이 자와할랄 네루 대학교에서 학생들을 구타하는 것을 방관했다.

상황이 이러하자, 인도의 저명인사들은 암호를 사용해서 글을 쓰기로 했다. 뛰어난 외교관 출신으로 국가안보실장을 역임했던 시브샨카르 메논Shivshankar Menon은 프랭크 디쾨터의 《독재자가 되는 법How to Be a Dictator》을 비평하는 글을 통해 자신의 주장을 펼쳤다. 메논은 디쾨터가 연구한 20세기 독재자들이 어떻게 "지도자와 국가를 혼동했고, 유대인이나 무슬림 같은 적을 식별하기 위해 국수주의와 외국인 혐오

증, […] 인종과 민족성을 이용했으며, 지도자를 평범하고 엄격하고 근면한 사람으로 보여줬는지"에 주목했다. 그는 구체적인 이름은 밝히지 않은 채, 그 책이 "증오, 국수주의, 개인숭배가 난무하는 현대 정치에 울림을 주고 […] 여기 우리 모두에게 경고한다"고 주장하며 비평을 마쳤다.[23]

모디 정부도 (미국의 트럼프 정부처럼) 퇴직 공무원이나 대학교수 들의 비판을 엘리트 지식인이 부패한 증거라고 치부했다. 대학들은 수상한 기관이자, 미덕이나 과시하는 신뢰할 수 없는 자유주의자들의 본거지로 간주했다.[24] 케임브리지 대학교 역사학자 슈루티 카필라Shruti Kapila도 썼듯이, "민주주의가 권위적 포퓰리즘 속에서 재창조됨에 따라 전통적인 엘리트 집단, 언론, 지식인 들에 대한 전 세계의 반감과 분노가 모이는 중심지에" 지금 모디가 있다.[25]

인도의 상황이 얼마나 변했는가는 미국에 본부를 두고 활동하는 비정부기구인 프리덤 하우스Freedom House가 매년 발간하는 〈프리덤 인 더 월드Freedom in the World〉 2021년판에 잘 드러나 있다. 1997년 이후 처음으로 인도는 자유국에서 "부분적 자유partly free"국으로 격하됐다. 프리덤 하우스는 인도에서 자유가 쇠퇴한 "다년간의 패턴"을 지적하며 등급 하향 결정을 정당화했으며, "비극적이게도 모디 총리와 그의 당은 인도를 권위주의 국가로 몰아가고 있다"고 한탄했다. 인도의 인구가 세계 인구의 약 20퍼센트를 차지한다는 점을 고려하면, 인도에서 일어난 변화만으로 세계가 민주주의에서 권위주의로 바뀌고 있다고 판단할 만하다.

트럼프와 모디 그리고 그들을 지지하는 운동의 이념적·개인적 유사성은 미국과 인도에서 두 정상이 모습을 드러냈을 때 두드러졌다. 2019년 9월에 모디는 텍사스주 휴스턴에서 열린 재외 동포 환영회에서 연설을 했는데, 이 열광적인 대규모 집회는 신속하게 "안녕하십니까, 모디Howdy Modi"라는 별칭이 붙었다. 그리고 몇 달 후에는 트럼프가 모디의 고향인 인도 구자라트를 방문했고 12만 5,000명이 운집한 집회에서 연설했다. 두 정치인은 '이슬람 테러 집단'과의 전쟁을 선거공약으로 삼았었다. 2016년에 트럼프가 대통령으로서 내린 최초 행정명령은 일부 이슬람 국가 국민의 입국을 금지하는 '무슬림 입국 금지 명령'이었다. 이것은 모디가 집권 2기에 무슬림에게 잠재적으로 시민권을 제한한 조치와 비슷했다. 2020년에 트럼프의 인도 방문 모습을 본 예일 대학교의 정치철학자 제이슨 스탠리Jason Stanley는 모디와 트럼프가 공통적으로 종족 민족주의를 강조한다는 점에서 두 사람이 파시스트 주제에 흥미를 느끼고 있다고 주장했다. 스탠리는 이렇게 썼다. "파시즘의 핵심 내용은 특정 민족에게 특혜를 주기 위해 시민권법을 개정할 때 실현된다. […] 트럼프의 의기양양한 인도 방문은 종족 민족주의가 어떻게 세계화되는가를 보여준다."•26

그러나 트럼프와 모디는 자유주의 학자들에게 받은 파시즘이라는 비난이 그리 싫지만은 않았다. 둘 다 국내에서 자신들의 정책이 유발한 정치 양극화 상황을 이용했다. 2020년 2월에 델리에서 트럼프와 모디의 회담이 열릴 때, 도시 곳곳에서는 힌두인과 무슬림 사이에 격렬한 충돌이 벌어지고 있었는데, 이것은 인도의 새로운 시민권법에 반대하는 시위로 촉발된 것이었다. 그해 말 미국에서처럼 델리의 경찰도 소수집단에 대한 폭력에 가담했다는 비난을 받았다.

그러나 트럼프와 달리, 2020년에 모디의 정치적 입지는 더욱 단단해진 것 같았다. 인도의 의회 제도에서는 유권자의 3분의 1 이상의 지지만 받아도 스트롱맨이 자신의 지위를 굳힐 수 있다. 트럼프와 달리 모디는 자신의 정치 대리인들에게 분열을 부추기는 메시지를 보내면서, 자신은 정쟁을 초월한 사심 없는 보통 사람으로 이미지를 구축해나갔다. 인도의 언론과 사법부도 미국보다 훨씬 순종적이었다. 인도 대법원은 공식적으로 독립기관이지만, 일부 법관은 눈살이 찌푸려질 정도로 모디와 친밀해 보였다. 그중 하나는 모디 총리를 "국제적 찬사를 받은 선지자"로 표현했다. 또 다른 법관은 그를 "최고로 인기가 많고 가장 많은 사랑을 받으며 활기가 넘치고 선견지명을 갖춘 지도자"라고 불렀다.[27]

코로나19 부실 대처(트럼프의 리더십을 크게 훼손시킨 원인)가 모디에게 끼친 손해는 크지 않았다. 인도처럼 인구밀도가 높고 빈곤층이 많은 나라에서 봉쇄나 사회적 거리 두기를 시행하기란 무척 어렵다. 그렇다 하더라도 모디는 코로나19 위기에 제대로 대응하지 못했다. 한 번도 아니고 두 번씩이나. 2020년 3월에 그는 엄격한 봉쇄 조치를 4시간 전에 발표하고 급하게 시행하는 바람에, 대도시에서 일자리를 잃은 노동자들이 농촌으로 밀려들어 가는 역효과를 낳았다. 이로 인해 코로나가 전국으로 급속히 확산됐다. 이 봉쇄 조치는 경제적으로나 사회적으로나 지속 불가능한 대책임이 증명됐고, 인도는 세계 최악의 감염국 중 하나가 됐다.

이런 대실패에도 겉보기에 모디의 인기는 영향을 받지 않는 듯했다. 2020년 6월 중순, 코로나19 확산세가 심상치 않은 중에도 모디의 지지율은 무려 74퍼센트였다. 아쇼카 대학교 정치학자 질 버니어스 Gilles Verniers가 말했듯이, "사람들은 총리가 선의에서 행동한다고 믿는다. 그들은 그가 강력하고 용기 있는 결정을 내린다고 믿으며, 실제 결과에 대해서는 책임을 묻지 않는다."[28]

2021년 2월에 인도인민당은 모디가 이끄는 인도가 코로나19 위기를 성공적으로 극복했다며 환희했다. 인도인민당은 의기양양하게 이렇게 선포했다. "자랑스럽게 말할 수 있다. 인도는 […] 유능하고 합리적이며 헌신적이고 선견지명이 있는 총리의 리더십 덕분에 코로나19를 물리쳤다. […] 우리 당은 인도를 코로나19와의 싸움에서 승리한 자랑스러운 나라로 전 세계에 알린 총리에게 무조건 찬사를 보낸다."[29] 백신 접종자에게는 이것이 모디의 승리라는 메시지를 강조하기 위해 총리의 얼굴이 그려진 인증서를 줬다.

그러나 비극적이게도 코로나19에 대한 승리 선포는 시기상조였다. 2021년 봄에 인도 전역에서 대대적으로 코로나19가 재유행했고, 모디의 연설 장소였던 서벵골 지역에서 대규모 선거 유세를 허용하면서 상황이 악화됐다. 또한 앞서 열린 쿰브 멜라Kumbh Mela라는 힌두교 축제 때문에 수백만 명의 순례자가 한 마을로 몰려들었다. 2차 유행이 시작되자, 전국 병원들에서 병상과 산소호흡기가 부족해졌다. 그리고 공원은 물론이고 심지어 주차장까지 화장터로 사용해야 했다. 비극적인 영상이 전 세계로 송출됐고, 인도는 코로나19 대처에 실패한 대표적인 나라가 됐다. 그럼에도 모디의 지지율은 거의 떨어지지 않았다. 2021년 여름, 2차 유행이 온 나라를 휩쓸고 있을 때도 그의 지지율은 64퍼센트였다. 냉소적인 사람들은 총리가 수염을 길러서 금욕적인 흰

두 교도들이 좋아하는 모습으로 스타일을 바꾼 것에 주목하며, 이는 일상적인 정쟁과 팬데믹과의 싸움을 초월한 영적 지도자처럼 보이려는 총리의 의도라고 추측했다.[30]

영적 권위를 내세우는 것만큼 국가적 자부심을 고취하는 방식도 모디가 정치적 영향력을 유지하는 데 대단히 중요했다. 이런 사실은 대규모 농민 시위가 일어났을 때 확인됐다. 이 시위는 2020년 9월에 농업 개방이 목적인 세 법안의 통과가 발단이 됐다. 모디 정부는 국가가 정해진 가격으로 농산물을 구매해주는 제도를 폐지하는 안을 마련했다. 기존 제도가 폐지되면, 생산자는 민간 부문에서 자유롭게 직접 거래할 수 있다. 이는 세계은행 같은 기관의 경제학자와 기술 관료들의 관심을 끌 수 있는 개혁 개방 정책이다. 그러나 그 안은 '진짜 인도'의 정서를 대변하는 당이라고 자랑하던 인도인민당의 지도부가 예상치 못했던 반발을 불러일으켰다.

인도인의 약 50퍼센트는 여전히 농업으로 생계를 유지하는데, 많은 사람이 농산물 가격을 보장받지 못할지 모른다는 생각에 겁을 먹었다. 50만 명이 넘는 시위대가 몰려와 델리 밖에 진을 쳤다. 잇따른 협상과 법 시행 연기 약속에도 시위는 계속됐다. 당황한 모디 정부는 '반민족주의자'나 외세가 농민 시위를 선동하고 있다고 주장했다. 스물두 살의 환경 운동가 디샤 라비Disha Ravi는 농민 시위대를 지원하는 방법을 문서로 작성해서 다른 환경 운동가들과 공유했다는 이유로 체포되기까지 했다. 라비는 스웨덴 환경 운동가인 그레타 툰베리Greta Thunberg와 공모했다는 혐의를 받았다. 내정간섭으로 비난받은 외국인 중에는 가수 리애나Rihanna도 있었는데, 그녀는 트위터를 통해 인도 농민의 봉기를 지지하는 글을 올렸었다. 인도인민당 지지자들의 격한 행동은 종종 인도 밖에서 당혹감이나 경멸을 자아낸다. 그러나 민족주의는 인도 내 모디 지지자들을 결집시키고, 모디 비판자들을 위협하는 데 대단히 효과적인 도구다.

흔히 서구 비판가들은 인도가 아직 식민주의를 떨쳐내지 못했다고 비난한다. 그러나 서구는 더 이상 인도의 안전을 위협하지 않는다. 그와 달리, 2020년 여름에 벌어진 인도군과 중국군의 치명적 충돌은 델리의 기득권층과 국민을 충격에 빠뜨렸다. 인도 정치계의 극단적 당파주의hyper-partisanship는 모디 총리가 야당 지도자들과 긴급 회동하면서 잠시 사라졌다. 인도 정부는 일부 인기 많은 중국 애플리케이션을 사용 금지시켜서 중국에 대한 경제 의존도를 낮추려 했다. 국내 전략가들은 미국, 일본, 오스트레일리아 등과 군사적·외교적 유대 관계를 강화하는 쪽으로 전략을 짰다.

미·중 관계가 악화될수록, 그리고 제2의 냉전에 관한 논의가 활발해질수록 점점 워싱턴은 중국의 팽창주의에 저항할 수 있는 신흥 민주주의 동맹국으로 인도를 중요하게 생각하기 시작했다. 그것은 전략적으로 타당한 판단이었다. 그러나 모디와 그의 정당이 가진 이념 성향을 잘 아는 사람들은 서구 정치인들이 지나치게 단순한 세계관(민주국가인 인도가 독재국가인 중국에 맞서 이념적 방어벽ideological bulwark으로 기능한다는 생각)을 받아들일 위험성을 인지하고 있었다. 현실에서는 어쩌면 인도에서 서서히 확산되고 있는 비자유주의가 전 세계적으로 권위주의를 강화할 수도 있다.

그러나 서구는 이런 불편하고 모호한 견해를 좋아하지 않았다. 워싱턴에서는 외골수처럼 중국과 경쟁하는 일에 몰두하고 있는 모디가 꼭 필요한 동맹자로 보였다. 런던은 다시 한번 인도를 '왕관의 보석 jewel in the crown(인수 대상 기업이 가진 가장 중요한 자산이라는 뜻의 경제 용어-옮긴이)'으로 여겼다. 그러나 이번에는 대영제국이 아니라 브렉시트 이후 영국이 추진하고 있는 '글로벌 브리튼Global Britain(유럽연합에서 벗어나 영국을 중심으로 국제사회를 재편해서 과거 영광을 재현한다는 비전-옮긴이)' 전략의 일환이었다. 그리고 심지어 유럽연합 내부에는 모디의 뿌리 깊은 반이슬람 정서를 공유하는 세력도 있었다. 실제로 무슬림과 이민자에 대한 두려움도 유럽연합 내에서 스트롱맨이 부상하는 원동력이 됐다.

오르반과 카친스키

| 유럽 비자유주의의 부상

Viktor Orbán
Jaroslaw Kaczynski

2015

"안녕하시오, 독재자 양반Hello, dictator "이라는 말은 유럽연합 회원국 정상에게 건넬 만한 인사말은 아니다. 그러나 2015년 5월, 유럽연합 정상 회의에서 장클로드 융커Jean-Claude Juncker 유럽연합 집행위원장은 오르반 헝가리 총리에게 그렇게 인사했다.

그것은 대단히 껄끄러운 상황을 넘기기 위한 영리한 농담이었다. 유럽연합은 자유민주주의 국가들의 공동체로 여겨진다. 그들은 구소련 국가로서 여러 해 동안 고통을 겪었던 동유럽과 중부 유럽의 나라들이 정치적 자유를 확보하도록 돕는다는 사실을 자랑스럽게 생각한다. 헝가리, 폴란드, 루마니아 같은 신규 회원국들은 유럽연합에 가입할 때 민주주의를 핵심 정치제도로 택한다는 내용의 '코펜하겐 기준

Copenhagen criteria '을 따르기로 약속한다.

그러나 2015년 여름, 오르반이 이끄는 헝가리는 확실히 반대 방향으로 가고 있었다. 소속 정당인 피데스Fidesz가 의회 의석의 3분의 2를 확보해서 다수당이 되자, 오르반은 사법부, 언론, 공무원 조직, 대학, 문화 기관 등 국가의 독립기관들을 당의 통제하에 두고 이들을 잠식하고 있었다. 점점 권위적으로 변해가는 오르반에 반대하는 비정부기구들은 세무조사를 당하거나 폐쇄됐다. 반면, 총리의 측근들은 요직에 오르고 이익이 많이 남는 공공 계약을 따냈다.

이것은 스트롱맨이 통치하는 나라의 전형적인 풍경이었다. 그런데 오르반은 이론가이기도 했다. 그는 브뤼셀과 워싱턴에서 전해진 자유주의에 맞대응할 대안 사상을 마련하고 싶었다. 일련의 연설과 정치 개입을 통해 그는 '비자유주의'를 설파했다. 오르반은 자유주의가 국경과 국가 고유의 문화를 지우는 데 열심인 '글로벌리스트들'이 옹호하는 엘리트 이념이라고 꼬집었다. 융커에게 이례적인 인사를 받기 1년 전에, 오르반은 "유럽연합 내에서 비자유주의와 민족주의를 토대로 새로운 국가를 건설하겠다"는 연설을 해서 브뤼셀을 불안하게 했었다.

융커의 가시 돋친 인사말은 오르반에게 보내는 간접 경고였을지 모른다. 만약 그렇다면, 그 경고는 실패했다. 사실 오르반의 프로젝트는 이제 막 시작됐다. 그 추진 연료는 2015년 여름에 유럽을 강타한 난민 위기와 그해 내내 유럽을 뒤흔든 이슬람 극단주의자들의 테러였다.

2015년 1월에 일어난 프랑스 풍자 전문지〈샤를리 에브도Charlie Hebdo〉에 대한 잔인한 테러 공격은 무슬림 이민 문제에 경종을 울린 사건으로, 오르반에게 유럽에서 큰 목소리를 낼 수 있게 해준 첫 번째 기회였다. 그때 오르반도 다른 나라 지도자들처럼 프랑스와의 연대를 증명하기 위해 파리 행진에 참여했다. 그러나 그는 한 걸음 더 나아가 이렇게 선언했다. "이민자에게 무관용 원칙zero tolerance(사소한 규칙 위반도 엄격하게 처벌한다는 방침 – 옮긴이)을 적용하고 […] 우리는 문화적 배경이 다른 소수민족이 우리 가운데 있지 않기를 바란다. 헝가리를 헝가리인을 위한 나라로 만들고 싶다."[1]

어떤 면에서 보면, 헝가리 지도자의 반이민 성명은 특이한 행동이었다. 헝가리 국민 중 해외 출생자는 5퍼센트 미만이며, 그들 대부분은 루마니아에서 이주해 온 사람들로서 헝가리 민족에 속한다.[2] (프랑스와 미국은 해외 출생자가 전체 인구의 12퍼센트, 영국은 14퍼센트다.) 그런 문화적 동질성에도 불구하고, 헝가리는 인구가 1,000만 명밖에 되지 않고 고유문화가 사라질 위험에 처했다고 표현해도 이상하지 않을 만큼 아픈 역사를 가진 나라다. 오르반은 정치 활동을 하는 내내, 헝가리가 제1차 세계대전에 패한 대가로 1920년 트리아농조약Treaty of Trianon에 따라 국토의 약 3분의 2를 빼앗겼던 부당한 역사에 집착했다.

오르반이 생각하기에, 유럽연합식 자유주의의 핵심 결점은 국가의 중요성을 인정하지 않는다는 것이다. 그는 유럽연합이 주장하는 국경 개방이 트리아농조약처럼 헝가리에 위협을 가할 것이라고 주장했다. "100년 전 트리아농에서처럼, 펜 놀림 한 번으로는 어림도 없다. 지금 그들은 우리가 […] 우리와 언어가 다르고 다른 대륙에서 온 외국인들에게 […] 수십 년에 걸쳐, 자발적으로 조국을 다른 나라에 넘겨주기를 원한다."[3]

2015년 초에 난민 위기가 전 유럽으로 확산되기 시작하자, 오르반은 다른 문화권에서 온 이민자에 반대하는 목소리를 내며 위기 상황을 정치적으로 완벽하게 활용했다. 4년에 걸친 끔찍한 시리아 내전, 10여 년간 지속된 아프가니스탄 전쟁과 이라크 전쟁 등으로 수백만 명의 난민이 발생했고 이들은 유럽 국경으로 몰려왔다. 처음에 시리아 난민의 대부분은 튀르키예에 머물렀다. 그러나 2015년에 튀르키예 정부가 국경 통제를 완화했고, 시리아 난민은 물론 아프가니스탄과 이라크 등지에서 탈출한 사람들이 발칸반도를 거쳐 서유럽으로 들어가기 시작했다.

헝가리는 바로 그 이동 경로에 있었다. 헝가리에 정착하려는 난민이 거의 없는데도 오르반 정부는 이들을 괴롭혔다. 부다페스트 역 주변에서는 시리아인을 비롯한 난민들이 동정도 받지 못하고 음식이나 쉼터도 거부당한 채 비참하고 혼란한 상태로 떠도는 장면이 연출되고 있었다. 또한 헝가리 정부는 신속하게 세르비아 국경과 크로아티아 국경에 차례로 175킬로미터에 달하는 가시철조망을 세웠다.

메르켈 독일 총리가 100만 명이 넘는 난민에게 국경을 개방하기로 한 결정은 주로 헝가리에서 벌어지고 있는 일들에 대한 공포에서 비롯됐다. 곤경에 빠진 난민 가족들(전쟁을 피해 사람들이 꽉 들어찬 기차를 타고 도망치는 사람들)의 모습은 홀로코스트Holocaust를 경험한 수많은 독일인에게 가슴 아프고 잊기 어려운 장면이었다.

오르반은 자유주의자들에게는 괴물이었지만, 유럽연합이 국경 통제력을 잃었다는 생각에 충격을 받은 전통적 보수주의자들뿐만 아니라 새로운 유형의 우파 포퓰리스트들에게는 영웅이었다. 2015년 9월, 오르반은 독일 바이에른주를 기반으로 하는 지역 정당으로서 메르켈 총리가 속한 기독민주당CDU의 자매당이기도 한 기독사회당CSU의 전당대회에 연설자로 초청받았다. 기독민주당과 기독사회당의 당명에서 'C'는 기독교를 상징하는데, 오르반은 독일의 보수주의자들이 모인 자리에서 이렇게 연설했다. "이 위기는 기독교 사상이 헝가리는 물론 전 유럽에서 패권을 되찾을 기회입니다. […] 우리는 횡설수설 떠드는 자유주의의 종말을 목도하는 중입니다. 한 시대가 끝나가고 있습니다."•4

민족주의적 포퓰리즘이 실제로 유럽의 미래가 되리라는 기대는 그해 폴란드에서 일어난 정치적 변화로 더욱 높아졌다. 2015년 5월, 폴란드 대선의 승자는 법과정의당 후보였던 안제이 두다Andrzej Duda였다. 같은 해 10월에는 난민 위기가 확산된 상황에서, 카친스키가 이끄는 법과정의당이 무슬림 이민자에 대한 두려움을 이용해서 선거운동을 벌인 덕분에 총선에서 승리해 집권에 성공했다. 법과정의당은 소도시와 농촌 지역을 대표하는 정당이었다. 이들은 외국에 나라를 팔아먹은 부패 엘리트 집단을 비난하며 민족주의적이고 반동적인 목소리를 낸다. 또한 가톨릭 교리 중 극보수적인 내용을 지지한다.

서구의 자유주의가 오르반과 카친스키를 싸잡아 거부하는 핵심 이유는 그들이 극보수적인 사회적 가치를 옹호하기 때문이다. 이반 크라스테프와 스티븐 홈스도 썼듯이, 이 두 지도자는 "주로 지방 출신의, 서구 엘리트주의에 반대하는" 집단을 대표하며, "전 세계와 연결된 대도시의 바깥 지역"에서 지지를 얻었다.•5 그들은 자신들의 정치관을 "반혁명적"이라고 규정하고, 전통적 가치관은 지지하지만 반대 의견을 거부하는 새로운 유형의 전체주의(즉, 자유주의)에는 반대한다고 주장했다.

미국의 우파 민족주의자들은 이런 유럽의 사건들을 '브라이트바트Breitbart'와 '드러지Drudge' 같은 웹사이트에서 열심히 찾아다녔다. 그리고 그와 똑같은 일이 미국에서도 일어났으니, 어느 이단아가 뜻밖에 대선 출마를 준비하면서 모든 무슬림의 미국 입국을 "전면적이고 완전하게 금지"하겠다고 약속했기 때문이다.[6] 2016년에 트럼프 선거 본부의 최고 책임자였던 배넌은 오르반을 "영웅"이자 '지금 상황에서 가장 중요한 사람'으로 묘사했다.[7]

트럼프 추종자들은 친이민 성향의 신중한 메르켈을 경멸했다. 그들이 인정하는 유럽은 오르반과 카친스키의 대륙이다. 카친스키는 오르반과 비자유주의뿐만 아니라 민족주의와 반동적 가치관 대부분을 공유했다. 그는 유럽연합의 6대 회원국 중 하나인 폴란드의 실질적 지도자였으므로, 오르반보다 활약할 수 있는 무대가 더 컸다.

카친스키는 집권당의 최유력 인사로, 대통령인 두다보다 훨씬 중요한 인물이다. 그러나 그는 영어를 못하는 은둔자였으므로, 세계 무대를 활보하기보다 집에서 책과 고양이들과 함께 지내는 것을 더 좋아했다. 그는 2006년 7월부터 2007년 11월까지 짧게 총리 자리에 있는 동안에 공식 관저 대신 어머니와 함께 사저에 머물렀고, 봉급의 20퍼센트를 고양이 보호 단체에 기부했다.[8]

정계 복귀 후에 카친스키는 오르반의 제자를 자처했으며, 2016년에는 오르반에게 이런 말도 했다. "오르반은 유럽에서 모든 것이 가능하다는 사실을 증명했습니다. 당신이 전례를 만들었으므로, 우리는 당신의 사례에서 교훈을 얻습니다."[9] 이 겸손한 발언은 다소 불길한 현실을 감추고 있었다. 오르반처럼 카친스키도 집권 1기에 많은 교훈을 얻었다. 오르반과 카친스키 모두 정치와 문화에 실질적 변화를 지속적으로 일으키려면 국가기관, 특히 사법부와 언론, 학교를 통제해야 한다고 굳게 믿었다. 냉소적 전략가인 오르반에게 신비주의자 같은 폴란드 지도자는 다소 특이해 보였다. 2016년 1월에 오르반은 폴란드–슬로바키아 국경에서 하루 종일 카친스키와 회담을 한 후, 친한 친구에게 이렇게 말했다고 한다. "나는 방금 미친 사람과 하루를 보냈다네."*

카친스키는 폴란드 밖에서 인지도를 쌓는 데 관심이 없었으므로, 유럽연합 내에서 비자유주의적 스트롱맨의 대표 주자는 오르반이었다. 2015년 난민 위기 때 그가 얻은 세계적 평판은 시간이 지나도 여전했다. 그로부터 4년 후에, 그는 〈포린 어페어스Foreign Affairs〉(미국 기득권층이 커피 마시며 읽는 잡지)의 표지를 장식했는데, 기사 제목은 "지금 독재Autocracy Now"였다. 튀르키예와 필리핀의 지도자들뿐만 아니라 푸틴, 시진핑과 함께 표지에 등장한 오르반의 모습은 인구가 1,000만 명밖에 되지 않는 나라의 지도자치고는 놀라운 인지도를 보여준 것이다.

오르반은 자신의 국제적 인지도가 상승했다는 점과 부유한 서유럽을 대상으로 미래 정치를 강의했던 경험에 도취됐다. 구소련에서 독립한 국가들은 베를린장벽 붕괴 후 수십 년간 학생과 탄원자의 역할을 하며, 유럽연합으로부터 경제와 정치 체제를 재구축하는 방법을 배우고 있었다. 그러나 이제는 그들이 강의할 차례였다. 2020년 초 국정 연설에서 오르반은 이렇게 선언했다. "우리는 유럽이 우리의 미래라고

---

* 나는 이 이야기를 오르반의 친구에게 직접 들었다. 이에 대한 객관적인 증거는 없다. 재미있게 들은 이야기라서 여기에도 소개해본다.

생각했었습니다. 오늘날 우리는 우리가 유럽의 미래임을 알고 있습니다."[10] 그러나 오르반이 유럽의 유력 포퓰리즘 독재자로서 전 세계의 주목을 받게 된 것은 1989년에 시작된 헝가리 정치 여정의 정점이기도 했는데, 아이러니하게도 1980년은 공산 정권이 무너진 해였다.

오르반은 1963년 헝가리 수도 부다페스트로부터 50킬로미터 떨어진 한 마을에서 태어났다. 그는 수돗물도 나오지 않는 가난한 가정에서 자랐다. 훗날 그는 열다섯 살에 현대식 화장실을 처음 봤던 것이 "잊을 수 없는 경험"이라고 말했다.[11] 그가 농민 가정 출신이긴 했지만, 그의 아버지는 대학 학위가 있었고, 오르반 자신도 능력에 따라 학생을 선발하는 학교와 그 후 대학까지 입학할 정도로 똑똑했다. 그는 정치 지도자가 된 후에도 자신의 뿌리를 잊지 않았다. 가령 젊은 시절부터 축구광이던 그는 고향인 펠추트에 대형 축구 경기장이 신축될 때 그것을 감독하기도 했다. 부다페스트 로스쿨을 다닐 때는 오만하고 카리스마 있는 태도로 눈에 띄었다. 그는 자유주의 성향의 학생들로 구성된 친목 집단의 일원이었으며, 헝가리 출신의 유대인 자선가 소로스가 지원한 인턴십, 보조금, 장학금 제도의 수혜자였다.

오르반의 인생과 경력에서 전환점은 중부 유럽에 대한 소련의 영향력이 약해지기 시작한 1989년 여름에 찾아왔다. 6월 16일에 반정부 단체들이 부다페스트 영웅 광장에 모여 시위를 벌였고, 이때 20만 명 이상이 모였다. 당시 현장 연설들은 텔레비전으로 생중계됐는데, 수염을 기른 스물여섯 살의 젊은 운동가가 기회를 잡았다. 마지막 연설자로 무대에 오른 오르반은 7분간 연설을 했고, 그 연설로 유명해졌다. 그는 이렇게 선언했다. "우리가 우리의 힘을 믿는다면, 공산주의 독재를 끝낼 수 있습니다. 우리가 충분히 용기를 낸다면, 여당에 자유선거를 요구할 수 있습니다."

이 연설은 수년간 회자되다 역사적 사건으로 자리매김했다. 그리고 오르반이 공산주의 붕괴 후 헝가리에서 유력 정치인으로 올라서는데 도움을 줬다. 1991년에 실시한 여론조사는 오르반이 헝가리에서 세 번째로 인기가 많은 정치인임을 보여줬다.•[12] 그로부터 2년 후 그는 피데스 당수가 됐으며, 이 자유주의 정당의 젊은 지도자는 이전 공산당 기관원들과 달리 답답하지 않았고 격식에도 얽매이지 않았다.

그러나 1994년 선거에서 피데스는 대단히 실망스러운 결과를 얻었다. 그것이 오르반에게 전환점이 됐다. 그는 부다페스트에 사는 나이 많은 자유주의자들(대부분 유대인)과 결별하고, 자신의 인기를 확인한 소도시와 농촌의 보수적인 민족주의자들에게 지지를 호소하기로 했다. 이 새로운 전략이 당의 운명을 바꿔놓았다. 1998년 총선에서 피데스가 승리하면서, 오르반은 4년 임기의 총리에 취임했다. 그가 우경화했다는 소식은 아직 헝가리 밖으로 퍼지지 않았다. 나는 유럽연합 가입 신청서를 낸 헝가리의 상황을 취재하기 위해 2000년대 초에 처음으로 헝가리를 방문했는데, 그때는 오르반 총리가 여전히 1989년의 그 자유주의 영웅인 줄 알았다. 그러나 헝가리에 도착하자마자 현실이 그렇지 않다는 사실을 깨달았다.

오르반이 대약진한 때는 2010년이었다. 그때 피데스는 8년간 집권하지 못한 상태였는데, 2008년 금융 위기의 여파와 집권 사회당을 무너뜨린 부패 스캔들에 힘입어 운명이 다시 한번 바뀌었다. 2010년 선거는 피데스의 압승이었다. 중요한 사실은 피데스가 의석의 3분의 2

이상을 확보하면서, 개헌도 추진할 수 있게 됐다는 점이다.

다른 스트롱맨들의 사례에서 익숙하게 봤듯이, 오르반도 민주적 방식으로 민주주의를 훼손하기 시작했다. 그는 법치주의를 파괴하기 위해 자신의 법적 권한을 이용했다. 2011년에 의회는 헌법재판소 재판관 지명권을 다수당에게 부여하는 방향으로 개헌을 추진했다. 헌법재판소는 서서히 오르반에 동조하는 재판관들로 채워졌고, 심판 기능의 일부를 잃었다. 당의 위임을 받은 공무원들이 국영 방송사의 책임자가 됐고, 오르반의 친구와 그와 친한 기업인들이 민간 언론사를 사들이기 시작했다.

헝가리 언론사에서 일하던 내 친구들이 노골적인 거짓말 유포와 친정부 선전과 관련한 충격적인 이야기들을 들려줬다. 그들 중 몇몇은 추방당했다. 존경받는 기자였던 아틸라 몽Attila Mong은 2010년에 자신이 진행하던 공영 라디오 방송에서 새 언론법에 대한 항의로 1분간 침묵시위를 했다. 그는 해고됐고, 결국 헝가리를 떠났다.

그러나 과거 자유주의자였던 사람들 중에는 정권과 화해하고 거기에서 이익을 얻는 법을 배운 이도 있었다. 오르반이 재집권한 지 얼마 되지 않은 2010년, 나는 냉전 때부터 알고 지낸 죄르지 쇠플린Gyorgy Schopflin과 부다페스트에서 저녁 식사를 했다. 쇠플린은 런던에서 망명 생활을 했는데, 런던 정치경제 대학교 연구원으로 있으면서 BBC 〈월드 서비스World Service〉에 고정 출연해서 헝가리의 공산 정권을 비판했었다. 그러나 이제 그는 피데스 소속 유럽의회 의원이 됐고, 부다페스트의 고급 식당에서 헝가리를 지키려면 어쩔 수 없다며 오르반의 정책들을 유창한 언변으로 정당화하고 있었다.

오르반이 자신의 국가관과 정치적 지위를 보호하기 위해 준비한 전략들은 그가 권좌에 머무는 기간이 늘어나고 자신감이 붙을수록 더욱 과격해졌다. 난민 위기가 닥치자, 오르반은 한때 자신의 후원자였던 소로스를 악마화하기로 결심했다. 2017년 선거에서 재선을 노리던 오르반은 헝가리에 무슬림을 유입시키는 일명 '소로스 계획Soros plan'을 비난하는 것에 선거운동의 초점을 맞췄다. 가령, 그는 미소 짓고 있는 소로스의 얼굴을 선거 포스터에 그려넣어 헝가리 전역에 도배해놓았다. 그런데 소로스 계획이라는 것은 존재하지 않았다. 사실을 말하면, 2015년에 유럽의 난민 위기가 정점에 달했을 때 소로스는 유럽연합이 난민 정책을 재정립해서, 적어도 매년 100만 명의 난민을 유럽 국가들이 골고루 수용할 수 있게 해야 한다는 글을 썼었다.•13 그는 난민 지원 단체에 큰돈을 기부하기도 했다. 2017년 선거에서 소로스는 입후보자가 아니었지만, 헝가리를 무슬림 천국으로 만들려는 비밀 국제 단체의 대표 인물이 됐다.

그로부터 1년 후, 오르반이 1848년에 유럽 곳곳에서 일어났던 혁명을 기념하는 연설을 했을 때, 반소로스 운동의 어두운 면이 확연히 드러났다. 오르반은 소로스를 암시하며 전형적인 반유대 정서를 이용해서, 헝가리에 '우리와 다른 적'이 나타났다고 선언했다. "그들의 얼굴은 볼 수 없는 게 아니라, 보이지 않게 숨겨져 있다. […] 그들은 국적이 없고 국제적이다. 그들은 노동을 믿지 않고 돈으로 투기한다. 그들은 조국이 없고 전 세계가 자기 것이라고 생각한다."•14

재선 승리 후에도 오르반은 보복을 멈추지 않았다. 소로스가 헝가리에서 펼친 거대 기부 사업 중 하나는 1991년에 부다페스트에 설립한 중부 유럽 대학교였다. 설립 후 수십 년이 흐르는 동안 중부 유럽 대학교는 세계적 명성을 쌓았고 전 세계에서 유능한 학생과 교수 들을 끌어들였는데, 그중에는 이사야 벌린Isaiah Berlin의 전기를 쓴 마이클 이그나티에프Michael Ignatieff와 케임브리지 대학교 철학과 학과장을 사임하고 중부 유럽 대학교에 합류한 팀 크레인Tim Crane이 있다. 그러나 전 세계 다양한 사상에 대한 개방적 태도와 소로스와의 관계 때문에 이 대학교는 오르반의 표적이 됐고, 2019년에 헝가리 정부가 통과시킨 법률에 따라 부다페스트에서 빈으로 캠퍼스를 강제 이전했다.

오르반의 집권기가 길어질수록, 국가기관과 시민사회에 대한 통제가 강화됐다. 2019년에 파울 렌드바이Paul Lendvai 헝가리 기자는 "지금 모든 언론 매체가 정권의 통제를 받고 있다"고 말했다.

흔히 그렇듯, 독립 언론과 사법부에 대한 억압은 부패로 이어졌다. 오르반의 옛 친구들 상당수가 부유한 기업가가 됐다. 2018년에 국제 투명성 기구Transparency International가 추정하기로, 헝가리 공공 계약의 약 40퍼센트가 단 한 명의 입찰자에게 수주됐다.[15] 2017년에 유럽연합 내 부패 감시 기구인 부패 방지 총국OLAF은 오르반의 사위인 이슈트반 티보르츠István Tiborcz의 회사가 수천억 유로의 가로등 설치 계약을 부당하게 따냈으므로 그를 기소하라고 권고했다. 당연히 헝가리 정부는 무시했고, 거기에 대해 부패 방지 총국이 할 수 있는 일은 아무것도 없었다.[16] 현재 티보르는 헝가리 100대 부자 중 하나다. 헝가리에서 두 번째로 부유한 사람은 오르반의 어린 시절 친구인 뢰린츠 메사로시 Lőrinc Mészáros로 여겨진다.

주변에서 풍기는 부패 냄새도 오르반 총리가 철학 왕 노릇을 하는 것을 막지 못했다. 학생 시절에 그는 이탈리아의 마르크스주의자인 안토니오 그람시Antonio Gramsci에 관한 논문을 쓴 적이 있는데, 그람시는 흔히 정치권력이 강력한 문화 통제에서 나온다고 주장했다. 총리가 되자 오르반은 그람시식 사회 변화 프로그램에 착수했다. 그는 "새로운 문화 시대" 창조가 자신의 목표라고 선언했다. 심지어 유치원의 교육 과정도 "국가 정체성, 기독교적 가치관, 애국심"을 고취하는 방향으로 개편했다.·**17**

오르반은 헝가리 밖에서도 '비자유주의적' 민주주의 사상을 계속 전파했으며, 푸틴 같은 스트롱맨에게 칭찬을 퍼부었다. 그는 2016년 미국 대선에서 트럼프를 지지한 최초의 유럽연합 지도자였다. 그는 시진핑도 자주 칭찬했으며, 네타냐후 이스라엘 총리와는 돈독한 관계를 형성했다. 네타냐후는 유럽연합에 중요한 동맹국을 두는 대가로 오르반 총리가 국내 정치 운동에서 반유대 정서를 이용한다는 사실을 모른 척했다. 오르반은 유럽연합의 러시아 제재에 반대하며, "푸틴이 자신의 조국을 다시 한번 위대하게 만들고 있다"는 사실을 유럽연합이 알아야 한다고 말했다.·**18** 푸틴, 시진핑, 에르도안처럼 오르반도 권좌에서 물러날 생각이 전혀 없었다. 2016년에 그는 "나는 앞으로 15년이나 20년 동안 계속 집권할 것이다"라고 선언했다.·**19** 2021년 9월에 메르켈 독일 총리가 사임함에 따라, 오르반은 27개 유럽연합 회원국 지도자 중 최장수 총리가 됐다.

바야흐로 스트롱맨 지도자의 출현은 유럽연합에 커다란 도전이었다. 당황스러운 비밀 하나가 공개된 적이 있는데, 독일 정부가 오르반을 이용하기 위해 그의 행동을 묵인하고 있다는 내용이었다. 오르반과 메르켈 총리가 함께 집권하던 시기에 유럽의회 내 피데스 소속 의원들은 유럽인민당European People's Party, EPP이 과반 의석을 확보하도록 도왔는데, 이 단체는 메르켈의 기독민주당이 지배하고 있었다. 그래서 기독민주당은 유럽인민당이 유럽의회에서 다수당의 지위를 잃을까 두려워한 나머지 헝가리에서 민주주의가 쇠퇴하는 상황에 최대한 눈을 감았다는 것이다. 난민 위기가 터진 직후 브뤼셀에서 열린 한 행사에서 내가 유럽의회 의장이자 기독사회당(기독민주당의 자매당) 소속 의원인 만프레드 베버Manfred Weber에게 왜 계속 피데스와 협력하느냐고 물었을 때, 베버는 다소 불편한 표정을 지으며 오르반이 아직 선을 넘지는 않았다고 답했다.

결국 전기가 마련된 때는 2019년이었는데, 그때 오르반은 자신의 적인 소로스가 헝가리에 난민 수용을 강제하려는 음모를 세울 때 이에 가담했다며 장클로드 융커 유럽연합 집행위원장을 공격했다. 융커는 유럽의회에서 두루 존경받는 인사였으므로 이번에는 오르반이 선을 넘은 셈이었다. 2021년에 피데스가 유럽인민당에서 퇴출될 위기에 처하자, 오르반은 탈퇴를 선택했다.[20]

유럽연합 내에서 오르반과 피데스를 보호하는 장치가 주류 중도 우파 정당(유럽인민당을 의미-옮긴이) 소속이라는 점만 있는 것은 아니었다. 유럽연합 내 민주국가들이 헝가리의 스트롱맨을 단속하지 못한 데에는 절차적 어려움도 있었다. 유럽연합법에 근거한 확실한 제재 수단은 헝가리의 투표권을 박탈하는(혹은 오르반 측근의 배를 불리는 수익성 높은 사업들을 막아서 유럽연합의 돈이 헝가리로 흘러 들어가지 못하게 막는) 것이다. 그러나 이런 중요한 제재 조치를 실행하려면 유럽연합의 복잡한 규정에 따라 만장일치로 결정해야 한다. 문제는 2016년에 오르반은 폴란드의 법과정의당이라는 중요한 동맹을 얻었다는 것이다. 유럽연합 내에 비공식적 연합이 형성됐고, 헝가리와 폴란드는 서로를 보호해 주기로 했다. 유럽의 자유주의자들은 한쪽에서 씩씩댈 뿐이었다.

폴란드에서는 법과정의당이 독립기관들을 통제하기 위해 즉시 행동에 나섰다. 오르반이 이끄는 헝가리에서 전개된 상황(과 트럼프가 이끄는 미국에서 예상되는 사건들)을 모방해서, 법과정의당도 헌법재판소를 겨냥했다. 2015년 총선에서 승리를 거둔 후에, 법과정의당은 시민연단Civic Platform Party이 지명했던 재판관들의 임명을 거부하고 그 자리에 새 정부에 우호적인 재판관 다섯 명을 새로 임명했다. 또한 사법부가 정부를 감시하지 못하도록 관련 법률도 바꿨다. 카친스키는 자신의 동기를 숨기지 않았다. 그는 이런 변화 없이는 "우리의 모든 정책에 이의가 제기될 수 있다"고 지적했다. 여당 의원인 코르넬 모라비에츠키 Kornel Morawiecki는 법과정의당 하원 의원들에게 기립 박수를 받았던 의회 연설에서 이렇게 선포했다. "국가의 이익이 법보다 우선합니다."•21 법과정의당이 생각하는 "국가의 이익"에는 폴란드를 민족주의와 문화적 보수주의 사회로 영원히 만드는 것, 즉 성소수자의 권리와 국제주의internationalism (국가 간 협력을 바탕으로 세계 평화를 실현하려는 입장-옮긴이)를 강조하는 브뤼셀의 세계시민주의적cosmopolitan 자유주의를 거부하는 것이 포함됐다.

2015년 말, 폴란드 의회는 새로운 법령을 강행 통과시켰는데, 이 법에는 정부에 고위 공무원과 국영 매체 직원들을 해고할 수 있는 권한을 허용하는 내용이 담겼다. 이번에도 여당 의원들은 자신들의 동기를 솔직하게 밝혔다. 엘주비에타 크럭Elżbieta Kruk 법과정의당 하원 의원은 "어떤 언론은 폴란드의 국익을 보호하지 않으며, 언론인들은 자주 폴란드에 대한 부정 의견에 공감한다"고 주장했다.[22] 폴란드 국영 매체의 수준은 급락했다. 2017년 말에 폴란드를 방문했을 때, 나는 한 저명한 학자로부터 지금 국영 매체는 공산당이 통치하던 1970년대보다 훨씬 비굴하게 친정부 성향을 보이는 것 같다는 말을 들었다. 그런 암울한 판단에 대한 결정적 근거는 독립 신문사와 다른 매체 들은 계속해서 정부를 비판하고 있다는 사실이다. 그러나 대도시 밖에 사는 정부의 핵심 지지층은 주요 방송사를 통해 뉴스를 접할 확률이 훨씬 높다.

폴란드가 일당독재 국가에서 자유 민주국가로 전환하는 데 성공했다고 생각했던 사람들은 낙담했다. 그러나 돌이켜보면, 폴란드에는 한동안 경고등이 켜져 있었다. 법과정의당이 대선과 총선에 모두 승리해서 재집권하기 전인 2013년에 나는 크라쿠프를 방문했었는데, 그때 처음 폴란드 정치계의 보이지 않는 곳에서 뭔가 불안한 일이 벌어지고 있다는 느낌을 받았다.

어느 날 저녁, 식사 자리에서 나는 스몰렌스크Smolensk 음모론이 인기가 많다는 이야기를 들었다. 2010년에 일어난 스몰렌스크 비행기 추락 사고는 카친스키의 쌍둥이 형제이자 당시 폴란드 대통령이었던 레흐 카친스키Lech Kaczynski를 태운 비행기가 러시아 상공에서 추락한 사건으로, 이 사고로 대통령, 정부 고위 관계자 다수, 중앙은행장, 군 지휘관, 의원 18명 등이 사망했다. 폴란드 정부의 자체 조사를 포함해서 여러 조사를 거듭한 끝에, 추락 사건은 짙은 안개와 조종사 실수에 따른 비극적인 사고로 결론 났다.

그러나 카친스키는 (비통함에 눈이 멀었는지 아니면 정치적 이익에 눈이 뜨였는지) 자신의 쌍둥이 형제가 사망한 항공 참사가 단순 사고라는 의견을 받아들이지 않았다. 그 대신 그와 그의 수행자들은 러시아가 폴란드의 엘리트 집단을 살해할 계획을 세웠고, 폴란드 정부가 그 증거를 고의적으로 은폐했다는 소문을 퍼뜨렸다. 심지어 이따금 카친스키는 그의 정적들이 자기 형제의 죽음에 직접적인 책임이 있다고 주장하며, 의회에서 야당 의원들을 향해 이렇게 소리 지르기도 했다. "당신들이 그를 파멸시켰소. 그를 죽였다고!"•23

러시아의 오랜 폴란드 침략의 역사를(그리고 그 사고가 1940년에 소련이 폴란드 엘리트 집단을 학살한 카틴Katyn 대학살 추모식에 참석하러 가던 길에 발생했다는 사실을) 생각하면, 러시아 땅에서 다수의 정부 고위 인사가 사망한 사건에 많은 폴란드인이 의문을 품는 것도 당연했다. 그러나 잇따른 조사에도 불구하고 범죄를 입증할 증거도, 폴란드인이 러시아인과 공모했다는 주장의 근거도 찾지 못했다. 그런데도 2013년에 내가 들은 이야기로는, 폴란드인의 3분의 1가량이 스몰렌스크 사건을 은폐된 대량 학살로 믿는다는 점에서, 이 근거 없는 음모론이 폴란드 정치의 틀을 잡는 데 일조하고 있었다.

당시만 해도 그런 여론조사 결과는 중요하지 않다고 일축할 만했다. 아마도 그것은 미성숙한 민주주의의 증상이었을 것이다. 어쨌든 폴란드는 수십 년의 일당독재 체제에서 벗어난 지 불과 30년밖에 지나지 않은 나라였다. 실제로 여러 사례들이 있지만, 극우 정당과 무책임한 지도자들이 유포한 음모론에 폴란드인만 속았던 것은 아니었다. 스몰렌스크 음모론이 확산된 후 법과정의당이 폴란드 총선에서 승리한 그 즈음, 트럼프는 대선 운동을 시작하면서 오바마가 미국에서 태어나지 않았다고 주장하는 이른바 '버더birther' 음모론을 퍼뜨렸다. 그로부터 몇 년 후에 트럼프와 미국 공화당은 지지자의 약 70퍼센트(전체 유권자의 3분의 1)에게 2020년 미국 대선은 도둑맞은 선거라고 설득할 수 있었다. 같은 해에 폴란드에서 여론조사를 실시한 결과, 응답자의 45퍼센트가 "외세가 의도적으로 코로나19 바이러스를 퍼뜨렸다"고 믿고 있었다.[24] 트럼프의 경우처럼 카친스키에게도 음모론은 부차적인 정보가 아니었다. 오히려 그의 정치 활동에 절대적으로 중요했다. 카친스키의 절친한 친구 중 하나가 이렇게 말했다. "그의 정치관에는 우연한 사고 같은 것은 없다. […] 무슨 일이 일어났다면 그것은 외부인의 책동이었다. 음모는 그가 좋아하는 단어다."[25]

트럼프나 오르반과 달리, 카친스키는 계속 배후에서 맴돌았다. 법과정의당의 대표 인물은 두다였으며, 그는 2015년과 2020년에 대통령으로 선출됐다. 두다는 붙임성은 있지만 별 특징은 없는 인물이었다. 나는 2020년에 다보스와 에스토니아 탈린의 회의장에서 두 번 그를 만났는데, 그는 꽤 다정했다. 다보스에서는 행사 시작 전에 그가 거울 앞에서 넥타이를 고쳐 매고 자기 표정을 점검하느라 시간을 너무 쓰는 바람에, 우리는 몇 마디밖에 나누지 못했다. 에스토니아에서는 폴란드에 외국인 투자를 유치하는 문제를 자신 있게(그리고 영어로) 설명하는 데 몰두하더니, 이어진 연회에서는 내게 따뜻하게 악수를 청했다. (그로부터 며칠 후에 두다가 코로나19에 걸렸다는 말을 듣고 약간 찜찜했다.

다행히 나는 걸리지 않았다.) 대외적으로는 관례에 따라 행동했지만, 국내에서 두다는 자신의 당과 함께 전면적인 문화 전쟁을 벌이며 대단히 반동적인 정책들을 추진했다. 흔히 법과정의당은 반유대주의와 협력한다는 비난을 받지만, 2020년 선거에서 그들이 선택한 공격 대상은 성소수자였다. 두다는 선거 유세장에서 성소수자 권리 보호를 "공산주의보다 나쁜" 사상이라고 불렀다. 어쨌든 국영 방송사는 법과정의당의 노선을 강력 지지했으므로, 뉴스를 내보낼 때마다 "성소수자 인권 보호 사상이 가족을 파괴하고 있다"는 자막을 달았다.ꞏ²⁶ 재선에 성공한 후 법과정의당은 낙태권을 거의 폐지하는 내용을 담은 새 법안을 추진했다. 이에 수십만 명이 바르샤바 거리로 나와 시위를 벌였다.ꞏ²⁷

오르반과 카친스키가 어떤 전기를 마련했던 2015년에는 헝가리와 폴란드에서 벌어진 일들이 전 세계적으로 어떤 의미를 갖는가가 뚜렷이 드러나지 않았었다. 그러나 돌이켜보면, 그 사건들은 서구 민주주의 사회를 향한 경고였다. 더 이상 스트롱맨 통치 방식은 러시아와 튀르키예 같은 유럽 변방국이나 아시아 국가의 문제만은 아니었다. 이제 그것은 유럽연합 안에 자리를 잡았다. 그리고 그 이듬해에 충격적이게도 포퓰리즘 스트롱맨 정치가 세계에서 가장 안전한 자유 민주국가로 간주되던 두 나라에 등장했다. 바로 영국과 미국이다.

보리스 존슨

| 영국의 브렉시트

Boris Johnson

2016

THE AGE OF
THE
STRONGMAN

✛

나는 2002년 어느 영국인의 결혼식에서 존슨을 처음 만났다. 그는 이미 정치계와 언론계의 유명 인사였고, 그 주변에는 위험과 추문의 조짐이 느껴지고 있었다. 널리 알려진 대로 존슨은 2001년 의회에 입성했고, 발행 부수는 많지 않지만 영국 보수당에서 인기가 많은 잡지 〈스펙테이터Spectator〉의 편집장이었다. 또한 1989년부터 1994년까지 〈데일리 텔레그래프Daily Telegraph〉의 브뤼셀 특파원으로 근무하면서, 우파 성향의 유럽회의주의자Eurosceptic(유럽 통합에 반대하는 사람-옮긴이)들을 숭배했다. 존슨은 유머, 직감, 상상을 뒤섞어 유럽연합이 영국의 오랜 자유와 독립을 위협하는 유럽 초국가를 만들려는 계획을 세웠다는 기사를 썼으며 이것이 보수주의자들의 분노를 자극했다.

2002년에는 나도 〈이코노미스트The Economist〉 브뤼셀 특파원으로 일하고 있었으므로, 유럽연합의 수도에서 나와 존슨이 나눈 첫 대화는 서로 아는 친구들에 관한 것이었다. 몇 달 전에 나는 영국이 새로 출범하는 유럽 단일 통화, 즉 유로화 사용국에 가입하는 것은 실수가 될 거라고 주장하는 글을 〈프로스펙트Prospect〉라는 잡지에 썼었다. 피로연장에서 샴페인 잔을 손에 들고 있던 존슨은 내 기사를 읽었고 내 의견에 동의한다고 말했다.[1] 나는 그에게 감사를 표하며 이렇게 말했다. "그런데 당신도 알다시피, 브뤼셀에 있는 당신 친구들은 대부분 당신이 속으로 유럽연합을 지지한다고 생각하던데요." 존슨은 살짝 기분이 상한 표정으로 나를 돌아보더니, 이렇게 외쳤다. "물론, 유럽연합을 지지하죠. 어떻게 지지하지 않을 수 있겠어요?"

돌이켜 생각하니, 그것은 대단히 아이러니한 발언이었다. 우리가 대화한 지 약 14년이 지난 2016년에, 존슨은 영국의 유럽연합 탈퇴 운동을 성공적으로 이끌었다. 브렉시트는 1950년대부터 논의가 시작된 유럽 통합 계획이 입은 최악의 충격이었다.

존슨이 브렉시트 결정에 핵심 역할을 했다는 사실은 역사서에서 2016년에 영미권을 휩쓴 포퓰리스트 반란을 다루게 될 때 트럼프와 함께 그의 이름이 영원히 거론되리라는 것을 의미한다. 우연하게도 트럼프는 브렉시트 찬반 국민투표가 실시되던 6월 23일에 실제로 영국 내 자신의 소유인 턴베리 리조트에서 골프를 치고 있었다. 그는 그 결과의 의미를 재빨리 이해했고, 11월에 있을 대선에서 미국도 "브렉시트 순간Brexit moment"을 맞이하리라 기대했다.[2] 훗날 트럼프 선거 본부의 최고 책임자였던 배넌은 트럼프가 승리할 것을 '알았던' 순간이 브렉시트가 결정됐을 때라고 말했다. 배넌의 생각대로, 트럼프의 승리와 존슨이 이끈 브렉시트 운동의 성공은 모두 '글로벌리즘'에 반대하는 포퓰리스트들의 반란이었다.

트럼프는 존슨이 참여하기 수년 전부터 브렉시트 운동을 시작했던 패라지 영국독립당 대표와 절친한 사이였다. 실제로 패라지는 트럼프가 불가능해 보이던 대선에서 승리했을 때 그를 방문한 첫 번째 외국 정치인이기도 했다. 그러나 존슨이 총리가 되어 브렉시트를 주도하게 되자, 트럼프는 그를 친구라고 주장하며 '영국의 트럼프'라는 별명까지 붙였다. 미국 좌파 진영도 같은 생각이었으므로, 관례대로 존슨을 적으로 분류했다. 바이든이 지적했듯이, 트럼프와 존슨은 체형이 비슷했다. 그리고 사생활도 비슷했다. 트럼프의 세 번째 아내인 멜라니아Melania는 트럼프보다 스물네 살 어리다. 존슨의 세 번째 아내 캐리는 존슨보다 스물세 살 어리다.

실제로 델리에서 베이징을 거쳐 모스크바까지 내가 최근 방문한 지역들의 정치 분석가들은 '트럼프와 브렉시트'를 같은 범주로 묶어서 생각했다. 그러나 존슨의 열혈 지지자 다수는 자신들의 영웅을 (푸틴이나 시진핑은 말할 것도 없고) 트럼프와 같은 범주로 묶는 것이 불공평하다고 생각한다. 그들이 보기에, 존슨에게 '스트롱맨'이라는 꼬리표를 붙이는 행위는 투표 패배를 인정하지 않는 유럽연합 잔류파의 근거 없는 모욕이었다. 지지자들이 생각하기에 존슨은 철저한 민주주의자이며, 그가 이끈 브렉시트 운동은 국민의 의지가 엘리트의 의지를 이긴다는 사실을 증명했다.

존슨을 신랄하게 비난하는 사람들도 대부분 그가 '스트롱맨'이라는 생각을 거부하는데, 그 이유는 좀 다르다. 그들은 존슨이 우유부단하고 총리 자격이 없다고 생각하며, 그렇게 의심하게 된 계기는 코로나19 위기 초창기 때 존슨 총리의 미숙한 대처로 국가 전체가 휘청거렸기 때문이다. 팬데믹 기간에 강력하고 단호하게 행동하지 못한 존슨을 보며, 그의 비판가들은 너무나 나약해서 상황을 통제하지 못하는 사람이라고 표현했다.

존슨을 '스트롱맨'으로 보려면 근거가 필요하다는 생각은 어느 정도 타당하다. 그러나 존슨과 트럼프 사이에는 (주제와 방법 면에서) 분명한 유사점이 있다. 둘 다 엘리트 집단에 맞서는 국민대표로 출마했다. 또한 엘리트 정치인들이 자국민보다 외국인을 우선시했다고 주장했다. 트럼프의 구호는 "미국 우선America First"이었다. 브렉시트 운동을 벌이는 동안 존슨은 버스를 타고 영국 전역을 돌아다니면서 영국이 매주 3억 5,000만 파운드(논란이 많은 수치)를 유럽연합에 지불하는 것을 중단하라고 요구하며, 이렇게 외쳤다. "그 돈을 우리 나라의 국민 보건 서비스에 써야 합니다." 외교정책에서는 둘 다 전통적 동맹국을 비판했다. 존슨의 가장 중요한 정책은 영국의 유럽연합 탈퇴였다. 트럼프는 나토를 편파적인 반미 기구로 간주하고, 미국의 탈퇴를 고민하겠다고 분명히 밝혔다. 미국과 영국의 이전 세대 정치인들이 구축한 '자유주의 국제 질서'가 '브렉시트와 트럼프'라는 서로 꼭 닮은 충격파 때문에 혼돈에 빠졌다.

또한 트럼프와 존슨은 대규모 이민에 대한 적대감도 이용했다. 존슨에게 이것은 일종의 새 출발이었다. 2008년부터 2016년까지 런던 시장으로 있으면서 그는 시민의 3분의 1이 해외 출생자인 다문화 도시 런던을 열정을 다해 이끌겠다고 강조했었다. 2008년 시장 선거 때 존슨을 취재하던 중 나는 그가 새 영국인들을 환영하는 '시민권 수여식'에 참석한 모습을 봤는데, 나중에 존슨은 그날 큰 감동을 받았다고 내게 말했다. 아마도 그는 그 말이 친이민 성향의 신문사 기자에게 건네기 적절한 말이라고 생각했을 것이다. 이따금 그가 인종과 관련해서 상스러운 농담을 한다는 이야기를 듣긴 했지만, 그때만 해도 나는 그의 친이민 성향을 전혀 의심하지 않았다. 친이민 정서는 우리 둘 다 속해 있던 런던 자유주의 집단에서는 일반적인 것이었다.

그러나 존슨의 브렉시트 운동은 의도적으로 대대적인 반이민 정서를 이용했다. 브렉시트 운동의 구호였던 "통제권을 되찾자"는 무엇보다 국경 통제권을 되찾아야 한다는 의미라고 널리 이해됐다. 유럽연합과 관련해서 영국에서 가장 논란이 됐던 내용은 유럽연합 회원국 사이를 사람들이 자유롭게 오갈 수 있다는 점이었다. 2004년에 폴란드를 비롯해서 비교적 가난한 중부 유럽 국가들이 유럽연합에 가입한 후에, 200만 명이 훨씬 넘는 유럽인이 영국으로 이주했다. 이런 상황은 영국이 이민자로 '뒤덮였다'는 반발과 우려를 낳았다.

브렉시트 운동 집단(선거 참모 겸 철학자로, 배넌 같은 역할을 했던 도미닉 커밍스Dominic Cummings가 지휘한다)은 이슬람 국가인 튀르키예가 유럽연합에 가입할 준비를 하고 있다고 주장함으로써 의도적으로 이민자에 대한 두려움을 부추겼다. 선거 포스터에는 이런 노골적인 문구가 적혀 있었다. "튀르키예(인구 7,600만 명)가 유럽연합에 가입할 예정이다." 어떤 유럽연합 탈퇴 성명서에는 이런 내용이 있었다. "튀르키예의 출생률은 대단히 높기 때문에, 8년 안에 튀르키예 이민자만으로 영국 인구가 100만 명 늘어난다고 예상할 수 있다."*³ 사실 튀르키예는 유럽연합 가입이 요원한 상태다. 2004년에 공식 협의가 있은 후 가입 심사가 중단됐기 때문이다. 그러나 브렉시트 운동을 마무리하는 몇 주 동안 유럽연합 탈퇴파는 튀르키예와 이민이라는 주제를 반복해서 강조했다. 이런 위협 전술은 한 해 전에 시리아 난민 100만 명이 독일로 들어온 이후 특히 효과적이었다.

존슨이 그런 전술을 기꺼이 사용했다는 사실은 그가 최고 자리에 오르기 위해 얼마나 오래 준비했는가를 증명했다. 언젠가 존슨은 자신의 튀르키예계 조상이 자랑스럽다고 강조했었다. 그의 증조부 알리 케말Ali Kemal은 자유주의 성향의 튀르키예 언론인으로 짧게나마 튀르키예에서 장관을 역임하기도 했다. 브렉시트 운동 집단의 내부자에게 들은 얘기에 따르면, 존슨은 비공개 자리에서 튀르키예를 저격하는 운동 방식에 불만을 표시했고 심지어 분노하기도 했다.*⁴ 그러나 대중 앞에서는 그런 내색을 전혀 하지 않았다. 그는 승리를 위해서라면 뭐든 할 생각이었으므로, 거기에 거짓말과 인종 공격이 포함되더라도 어쩔 수 없었다.

이민자에 대한 두려움을 부추기기로 마음먹은 유럽연합 탈퇴파는 주도면밀했다. 브렉시트 반대 운동은 유럽연합 회원국으로서 영국이 얻는 경제적 이익에만 거의 초점을 맞췄다. 그러나 나중에 여론조사 결과를 보면, 유럽연합 탈퇴를 지지한 사람들은 경제 논의에 별 영향을 받지 않았다는 사실이 드러났다. 로저 이트웰Roger Eatwell과 매슈 굿윈Matthew Goodwin은 브렉시트 찬반 투표 결과를 분석한 자료에서, "유럽연합 잔류파는 끊임없이 경제 위기를 이야기했지만, 탈퇴파는 주로 자신들의 정체성과 국가라는 집단에 감지된 위협에 주안점을 두었다."
탈퇴파의 10명 중 6명은 영국 경제가 심각한 피해를 입더라도 그것은
"브렉시트를 위해 지불할 가치가 있는 대가"가 될 것이라고 말했다.[5]

브렉시트 찬반 투표가 끝난 직후, 찬성에 투표했던 경제적으로
'뒤처진' 지역들, 특히 탈산업화deindustrialisation(이미 산업화된 사회에서 제
조업이 쇠퇴하고 지식 중심의 3차 산업이 사회를 지배하는 현상−옮긴이)로 큰
타격을 받았던 잉글랜드 북부에 수많은 관심이 집중됐다. 그러나 영
국에서 브렉시트 찬성표는(미국 '러스트 벨트'에서 트럼프를 찍은 표처럼) 경
제적 고통에 대한 호소 이상의 의미가 있었다. 브렉시트 운동은 이민
자와 사회 변화로 상심한 사람들, 그리고 종종 경기 침체와 사회불안
을 이민자와 연결 지어 생각했던 사람들을 겨냥해서 성공했다. 찬성표
를 던진 사람들의 약 64퍼센트는 이민자가 경제에 악영향을 끼쳤다고
생각했고, 그보다 많은 72퍼센트는 이민자가 영국 문화를 훼손했다고
믿었다. 이들 중 다수는 총선에서 투표하지 않았지만, 브렉시트 찬반
투표는 '체제'를 바꿀 기회로 여기고 꽉 붙잡았다. 찬반 투표에서 투표
율은 지난 25년간 그 어떤 선거보다 높았던 72퍼센트였다.[6] 유럽연
합 잔류파의 계산을 어긋나게 한 것은 무엇보다 이런 새로운 투표자의
유입이었다.

런던 시장 시절에 존슨은 런던의 역동성과 다양성을 찬미했었다.
그러나 많은 런던 시민이 유럽연합 잔류에 표를 던졌다. 존슨이 브렉
시트 찬반 투표에서 승리한 것은 대도시 이외 지역의 불만을 이용한
덕분이었다.

존슨이 '뒤처진' 영국의 수호자로 변신한 것이 브렉시트가 자신의

과거를 부정하는 일임을 표현한 유일한 방법은 아니었다. 영국의 최고위 정치인 중 존슨만큼 브뤼셀 및 유럽 통합 계획과 관계가 깊은 인생을 살았던 정치인은 아마 없을 것이다. 존슨은 아버지 스탠리Stanley가 유럽연합에서 일했기 때문에, 어렸을 때 유럽연합 직원 자녀들이 다니는 브뤼셀 유러피언 스쿨European School을 2년간 다녔다. 벨기에의 위클 교외에 있는 이 학교에서 존슨은 두 번째 아내이자 25년간 결혼 생활을 함께했던 마리나Marina를 처음 만났다. 존슨 가족의 대부분은 열렬한 유럽옹호론자Europhile다. 그의 동생 조는 유럽연합 엘리트들의 직업학교인, 브뤼헤의 칼리지 오브 유럽College of Europe에 다녔고, 나중에 존슨 정부에서 일하다 형이 추진하던 브렉시트 정책에 반대해서 사임했다. 여동생 레이첼Rachel은 요란한 브렉시트 반대자로, 영국에서 유럽연합에 가장 우호적인 자유민주당Liberal Democrats에 합류했다.

브뤼셀 생활이 존슨의 인생과 배경의 일부였다면, 그의 진짜 인격이 형성된 시기는 영국에서 가장 유서 깊은 엘리트 학교에서 보낸 시절이었다. 존슨이 다닌 중등학교는, 존슨 이전에 영국 총리를 19명이나 배출한 이튼 칼리지Eton College였다. 존슨의 동기생들은 그를 사교 및 지적 능력이 뛰어나며 또 다른 동기 캐머런보다 훨씬 인상적인 학생으로 기억했다. 그러나 일부 교사는 그의 결점을 파악하고 있었다. 마틴 해먼드Martin Hammond라는 교사가 존슨의 부모에게 보낸 편지에는 이런 내용이 적혀 있었다. "보리스는 총체적 책임 실패에 대한 비판을 받으면 모욕감을 느끼는 것 같습니다. […] 제가 보기에, 그는 자신을 예외적인 존재로, 즉 모든 사람이 지켜야 할 규율로부터 자유로운 존재로 여기지 않는 사람들을 무례하다고 생각하는 듯합니다."•7

이것은 통찰력 있는 인식이었다. 존슨은 위대하고 중요한 인물이라면 모든 사람에게 적용되는 규칙에 얽매일 필요가 없다고 생각하는 것 같다. 2003년에 〈스펙테이터〉에 쓴 기사에서, 그는 아웃사이더 포퓰리스트로서 트럼프보다 먼저 권좌에 오른 실비오 베를루스코니Silvio Berlusconi 이탈리아 총리에게 동정을 표했다. 당시 베를루스코니는 권력 남용 및 부패 혐의로 기소됐고 후에 조세 포탈 혐의로 유죄판결을 받고 수감됐는데, 존슨은 그를 매력적인 인물로 생각해서 편파적 시각에서 브뤼셀의 "으스대기 좋아하는" 관료들과 비교한 다음, 베를루스코니가 "그 망할 인간들보다 낫다"고 단언했다.[8]

이튼 칼리지 졸업 후, 존슨은 옥스퍼드 베일리얼 칼리지Balliol College에서 서양고전학을 공부했고, 에드워드 히스Edward Heath, 허버트 애스퀴스Herbert Asquith, 윌리엄 글래드스턴William Gladstone 같은 전 총리들처럼 총리 지망자의 필수 코스로 여겨지는 옥스퍼드 유니언Oxford Union(옥스퍼드 대학교 토론 모임 – 옮긴이)의 회장도 맡았다. 옥스퍼드 시절에 찍힌 한 유명한 사진을 보면, 존슨은 흰색 나비넥타이를 매고 연미복을 입은 채 벌링던 클럽Bullingdon Club 회원들과 포즈를 취하고 있으며, 그 옆에는 이튼 칼리지 동기이자 나중에 총리가 되는 캐머런이 있다. 벌링던 클럽은 상류층의 무질서한 음주 파티로 유명하다. 존슨이 가입시켜줬다는 한 회원은 언젠가 이런 이야기를 들려줬다. "갑자기 모두 제 방으로 뛰어 들어와 이것저것 다 때려 부수더군요. 그러더니 보리스가 뒤를 돌아보고 제게 악수를 청하며 이렇게 말했어요. '축하해, 자네 합격이야.'"

존슨은 언론인과 정치인으로 경력을 시작하면서 상류층 망나니에서 유쾌하고 평범한 사람으로 이미지를 바꾸기 위해 자신의 매력과 유머 감각을 이용했다. 트럼프처럼 존슨도 텔레비전 인기 프로그램에서 대중적 인지도를 쌓았는데, 그가 출연한 곳은 〈해브 아이 갓 뉴스 포 유Have I Got News for You〉라는 퀴즈 쇼였다. 〈어프렌티스The Apprentice〉가 트럼프를 냉정하고 결단력 있는 사람으로 그렸다면, 이 퀴즈 쇼에서 존슨은 실수가 잦고 익살스러운 사람으로 묘사됐다. 그는 사람들을 즐겁게 했고, 겉만 번드르르한 전형적인 정치인과 사뭇 다른 사람이라는 인상을 줬다. 그는 흐트러진 금발 때문에 어디서든 금방 눈에 띄었으며, 그 덕분에 정치인들이 꿈처럼 여기는, 성이 아닌 이름으로 자신을 알리는 데 쉽게 성공했다(사실 '보리스'는 그의 가운데 이름 2개 중 첫 번째다. 그의 진짜 이름은 알렉산더Alexander이며, 몇몇 가족은 여전히 그를 '알Al'이라고 부른다.)

정치인답지 않은 이미지 덕분에, 존슨은 다른 정치인이었다면 정치 생명이 끝났을지 모를 사건과 곤혹스러운 일들에도 살아남을 수 있었다. 또 다른 매력 넘치는 우파 정치인 로널드 레이건Ronald Reagan 전 미국 대통령처럼, 존슨도 어지간한 비판에는 끄떡도 하지 않는 정치인 같았다. 2004년에 그는 마이클 하워드Michael Howard 보수당 대표에게 자신의 불륜 의혹에 대해 거짓말을 하는 바람에 당 간부직에서 강제로 물러나야 했지만 금방 복귀했다. 또한 2012년 런던 올림픽 기간에는 떠들썩한 응원으로 화제가 됐는데, 공중 케이블에 매달려 영국 국기를 흔들다 옴짝달싹 못하게 되어 결국 구조된 사건이었다. 당시 총리였던 캐머런은 애증 섞인 말로 그를 나무랐는데, 다른 정치인이 그랬다면 홍보 참사에 가까운 일이었을 것이다. 그러나 어쨌든 존슨 입장에서는 대성공이었다. 실제로 그 일은 존슨의 유명한 이미지 중 하나, 즉 장난을 좋아하는 사랑스러운 애국주의자라는 이미지를 형성하는 데 일조했다.

존슨이 가진 인기와 정치 운동가로서의 능력 덕분에 2016년 캐머런 총리가 국민투표에 부친 브렉시트 찬반 결정에서 존슨의 입장은 중요한 판단 기준이 됐다. 그러나 투표가 몇 달 남지 않은 상황에서, 존슨이 어느 쪽을 지지할지 불투명했다. 그즈음 나는 크리스토퍼 록우드 Christopher Lockwood(나와 존슨이 같이 아는 친구이자 내가 처음 존슨을 만났던 결혼식 주인공)에게 존슨이 정말로 유럽연합을 어떻게 생각하는지 물었다. 존슨이 〈데일리 텔레그래프〉 브뤼셀 지국에 근무할 때 그 밑에서 일했던 록우드는 어깨를 으쓱하며 말했다. "제 생각에 그는 진짜로 마음이 오락가락할 겁니다." 마음을 정하지 못한 이 남자는 결정의 시간이 다가오자 그만 지쳐버렸다. 그래서 존슨은 〈데일리 텔레그래프〉에 칼럼 두 편을 썼다. 하나는 브렉시트를 지지하는 글이고 다른 하나는 반대하는 글이었다. 들리는 말로는 그가 브렉시트 지지 글을 더 좋아했고, 그 바람에 반대 글은 역사가 됐다고 한다.

사실, 존슨은 입장을 결정하기까지 여러 가지를 계산에 넣었다. 이에 관한 단서는 존슨이 자신의 정치적 영웅인 윈스턴 처칠Winston Churchill에 관해 쓴 전기 안에 들어 있었다. 그는 이렇게 썼다. "어느 정도는 정치인도 게임에 나서는 도박꾼이다. 그들은 벌어질 일을 예측하고, 가능성이 높은 쪽에 자신을 걸려고 애쓴다." 심지어 존슨은 다소 냉소적인 시선으로 처칠의 반나치주의를 해석했는데, 그에 따르면 처칠의 기세가 약해지던 1930년대 초에 처칠은 "반나치주의에 전부를 걸었다. […] 그리고 그 도박이 크게 성공했다." 2016년 2월 존슨이 브렉시트 지지 운동에 나서겠다고 발표했을 때 나는 브렉시트안이 통과될 것을 예상하고 이런 기사를 썼다. "존슨은 유럽회의주의 쪽에 자신을 걸었다. 당연히 그는 자신의 도박이 성공하기를, 그래서 처칠처럼 다우닝가Downing Street 10번지에 입성하게 되기를 기대하고 있다."•9

실제로 존슨의 지지 운동은 '유럽연합 탈퇴안'이 51.89퍼센트 대 48.11퍼센트로 뜻밖의 승리를 거두는 데 도움이 됐다. 그러나 투표 다음 날 아침 자택 밖에 모습을 드러낸 존슨은 환희보다는 충격을 받아 당혹스러워하는 표정을 짓고 있었다. 인기인의 삶에 익숙해 있던 (그리고 언제나 브렉시트안이 근소한 차로 부결되리라 예상했고, 어쩌면 그것을 바랐을지도 모를) 그가 유럽연합 잔류를 원했던 성난 젊은이들이 몰려와 항의하는 모습을 보고 당황했음이 분명했다. 나중에 캐머런은 존슨이 브렉시트 지지 운동을 하겠다고 알려왔을 때, 재빨리 문자 자동 완성 기능을 사용해서 "브렉시트하면 험한 꼴 당할 거야"라고 회신했다고 밝혔다. 캐머런의 결론에 따르면, 존슨은 정말로 브렉시트안이 부결되리라 믿었지만, "그럼에도 그는 감상적이고 애국적인 민족주의자들의 편에 설 기회를 놓치고 싶지 않았다."•10

전혀 예상하지 못했던 브렉시트안 가결은 존슨과 캐머런 모두에게 영향을 미쳤다. 투표 다음 날 아침 캐머런은 사임했다. 도박꾼들은 즉시 존슨을 유력한 후임자로 예상했다. 야심차게 '세상의 왕'이 되겠다고 선포한 어린 시절부터, 그가 늘 꿈꿔왔던 다우닝가 10번지로 가는 길이 존슨에게 활짝 열렸다.

그런데 마지막 순간에 다른 사람이 기회를 낚아채 갔다. 존슨과 함께 브렉시트 지지 운동을 이끌었던 마이클 고브Michael Gove가 존슨의 측근에게 확인했다며 그가 영국의 최고위직에 부적합하다고 발표했다. 더 나은 후보를 물색하던 고브는 자신이 적임자임을 깨달았다. 가까운 동료에게 배신을 당한 존슨의 대응은 '운명을 지배하는 사람man of destiny'이나 예비 스트롱맨이 보일 법한 반응과 전혀 달랐다. 그는 총리가 되겠다는 계획을 접었다. 지금 자신을 반대하는 보수당 안에서 자리를 지키기 위해 싸우기보다, 신속하게 선거 득실을 계산해서 차기 당 대표를 노리기로 했다. 그러나 극적인 순간에 존슨의 뒤통수를 때린 고브는 아무것도 얻지 못했다. 그 대신 중도 성향의 메이(유럽연합 잔류 쪽에 투표한 인물)가 보수당 대표로 선출되어 차기 총리가 됐다.

메이는 소속 당의 지원을 받으려면 브렉시트를 성공적으로 마무리하고 보수당 내 유럽연합 탈퇴파에게 이제는 자신도 같은 편임을 납득시켜야 한다는 사실을 잘 알고 있었다. 그래서 신속하게 존슨을 외무 장관에 임명했다. 이 타협은 기발해 보였지만, 실질적으로는 두 사람 모두에게 득이 되지 않았다. 존슨은 무능한 외무 장관으로, 메이는 불운한 총리로 널리 인식됐다. 당연하게도 메이는 유럽연합 회원국의 의무는 지지 않은 채 마찰 없이 무역하겠다는 탈퇴파의 불가능한 약속을 지켜주는 쪽으로 유럽연합과 협상할 수 없었다. 보수당은 이 협상 실패를 탈퇴파의 비현실적인 약속 탓으로 돌리지 않았다. 오히려 탈퇴파는 불쾌하다는 듯, 메이가 자신들의 대의를 진심으로 믿은 것이 아니며, 그런 탓에 영국 공무원 조직에 박혀 있던 '잔류파 기득권층Remain establishment'이 형편없는 타협을 이끌었다고 주장했다.

메이에 대한 불만이 쌓이자 존슨에게 총리가 될 수 있는 두 번째 기회가 열렸다. 2018년 여름에 그는 외무 장관을 사임하고, 한 번 더 보수당의 진정한 유럽회의주의자라는 이미지를 굳혔다. 존슨은 메이가 너무 나약해서 유럽연합 및 영국의 '잔류파 기득권층'과의 협상에서 실패했다고 주장했다. 그리고 오직 자신에게만 브렉시트를 성공적으로 완수할 힘이 있다고 했다. 외무 장관 사임 직후, 존슨은 보수당 내 동료 하원 의원들이 모인 자리에서 이렇게 말했다. "트럼프에 대한 존경심이 점점 커지고 있다. […] 트럼프가 브렉시트 협상을 한다고 상상해보라. 그는 집요하게 추진할 것이다. […] 온갖 파행과 혼란이 빚어질 것이다. 모두 그를 미쳤다고 생각할 것이다. 그러나 사실 그렇게 해야 목적을 이룰 수 있다. 그게 정말 좋은 방법이다."·11

장관 자리에서 내려온 존슨은 트럼프식 음모론을 들고 와서 이렇게 주장했다. 브렉시트를 완수하지 못하면 "사람들은 배신감을 느낄 것이고, 영국을 실제 통치하는 사람들, 즉 딥 스테이트가 브렉시트 투표 결과를 뒤집으려 한다는 엄청난 음모를 믿을 것이라고 나는 생각한다." 또한 그는 폭력 시위의 가능성을 암시하며, 브렉시트 결정을 뒤엎으려 시도하는 사람들은 "불장난을 하는 것"이므로, "큰 대가를 치를" 것이라고 말했다.·12

2019년 5월, 보수당 내부에서 메이에 대한 불만이 최고조에 이르자, 결국 그녀는 사임했다. 이번에는 당 대표 경선을 준비할 시간이 넉넉했고 주변 야심가들로 팀을 꾸린 덕분에, 마침내 존슨은 목표를 이루었다. 쉰다섯에 그는 보수당의 대표이자 '그레이트브리튼 및 북아일랜드 연합왕국United Kingdom of Great Britain and Northern Ireland(영국의 정식 명칭-옮긴이)'의 총리가 됐다.

다우닝가 10번지에 입성해서 커밍스와 재회한 존슨은 강력하고 무자비한 지도자가 되겠다는 약속을 이행하기 시작했다. 보수당 내에서 존슨을 공개 지지한, 수많은 '강경 브렉시트파'가 메이의 브렉시트 협상안에 계속 반대했기 때문에(메이의 협상안이 영국을 여전히 유럽연합에 묶어둔다고 생각했다), 그녀의 협상안은 의회를 통과하지 못했다. 존슨은 반대 상황에 직면했다. 그가 지나치게 브렉시트를 밀어붙이거나 협상 없이 유럽연합을 탈퇴하겠다고 위협할 경우, 보수당 내에서 이전에 잔류를 지지했던 수많은 의원이 그에 대한 지지를 철회할 것이므로 그의 협상안이 의회를 통과하지 못할 것이다. 커밍스의 설득으로 존슨은 스트롱맨 각본을 따르기로 했다. 그는 2019년 8월 말까지 의회를 정회했다. 이것은 브렉시트 이행을 방해받지 않으려고 하원 회의를 잠시 중단한다는 의미였다. 보수당의 일부 중진 의원이 이런 꼼수에 반대하자, 존슨은 가차 없이 21명의 하원 의원을 출당시키기로 했다. 여기에는 처칠의 손자인 니컬러스 솜스 경Sir Nicholas Soames과 대처 시대부터 현직에 있는 최장수 하원 의원 케네스 클락Kenneth Clarke이 포함됐다.•13

분노한 잔류파는 존슨의 의회 정회 결정이 적법한지를 따졌고, 결국 대법원이 존슨의 조치를 불법 및 무효로 판결했다. 영국에서 대법원 판결이 나온 바로 그날 미국 하원이 트럼프에 대한 탄핵 절차를 발표했다는 사실은 존슨과 트럼프의 평행 이론을 뒷받침하며, 대서양 양쪽에서 법치주의가 위기에 빠졌다는 사실을 시사한다.

커밍스는 정상 정부의 운영을 방해하는 법적 제약을 공개적으로 경멸했다. 2019년 3월에 커밍스는 브렉시트 지지자들에게 메이 정부가 유럽연합과 맺으려 했던 약속을 무시하라고 조언하면서, 블로그(블

록체 대문자로 쓰였고, 문학서와 과학서에서 아무렇게나 가져온 인용구가 난무하는 게시물)에 이렇게 썼다. "참된 정부, 즉 관료와 그들의 엉터리 법률 조언 […] 등에 겁먹지 않는 정부라면 그런 약속과 그것을 이행하기 위한 국내법을 버릴 것이다."•14

영국 대법원과 분노한 자유주의자들은 존슨이 브렉시트 완수를 강행하기 위해 택한 불법행위를 거부했다. 그러나 그의 행위는 국민 정서에 부합했다. 2019년 초에 실시한 여론조사에 따르면, 국민의 54퍼센트가 "영국은 필요시 법도 어길 수 있는 강력한 지도자가 필요하다"고 생각했다. 그렇지 않다고 생각한 사람은 23퍼센트에 불과했다.•15 스트롱맨 지도자에 대한 대중의 관용과 심지어 열망은 영국 엘리트 집단이 소중히 여기는 관용적인 준법 국가의 이미지와 상당히 달랐다. 그러나 그것은 세계적인 추세였다.

그해 대법원이 존슨 총리에게 불리한 판결을 내린 직후 열린 보수당 전당대회에서, 존슨은 정복 영웅처럼 환영받았다. 맨체스터 컨벤션 센터 복도에서 나는 브렉시트를 지지하는 보수당 하원 의원 하나가 지역 당협 회의장을 떠나면서 망연자실한 표정을 짓는 모습을 우연히 보게 됐다. 그는 "저긴 무슨 빌어먹을 나치 전당대회 같더라고요"라고 말하며, 존슨 총리가 딱 두 문장만 말했는데 거기 모인 사람들이 우레 같은 목소리로 "보리스, 보리스"를 연호하는 바람에 연설이 자주 중단됐다고 했다. 스트롱맨 통치의 핵심인 개인숭배 사상이 확립되고 있었다.

겉보기에 대법원 판결은 존슨에게 중대한 차질이었다. 그러나 큰 그림을 보면 그것은 오히려 커밍스의 전략에 도움을 줬는데, 즉 그는 총선을 강행해서 2016년의 탈퇴파처럼 한 번 더 '국민 대 엘리트 집단'의 대결 구도를 만들기로 했다. 즉, 의회와 사법부가 브렉시트 이행을 방해할 때 이것은 국민의 의지를 꺾으려는 엘리트의 음모라고 주장할 작정이었다. 뜻밖에 그리고 판단 착오로, 야당인 노동당과 자유민주당은 존슨의 소원을 들어주기로 하고 이례적이지만 2019년 12월에 선거를 치르기로 합의했다. 두 단어 표어의 장인인 커밍스는 선거운동 구호로 "브렉시트 완수"를 생각해냈다. 그리고 존슨은 코빈 노동당 대표가 오랫동안 반유대주의자라는 비난에 시달려온 고령의 극좌 운동가라는 사실로부터 큰 도움을 받았다.

12월 12일에 치러진 선거에서 보수당 하원이 80석을 얻어 다수당이 됨으로써, 존슨은 정치적 완승을 거두게 된다. 그가 권력에 이르는 과정에서 정치적·도덕적으로 감수해야 했던 희생(그리고 좌절과 굴욕감)은 끝난 듯했다. 선거 승리로 새로운 권한을 위임받은 존슨 총리는 유럽 단일 시장과 유럽연합 관세동맹에서 탈퇴한다는 '강경' 브렉시트안을 마련해서 협상에 나섰다.

현실적으로 존슨의 협상안에는 북아일랜드와 관련해서 몇 가지 중요한 예외 사항이 포함되어 있었다. 영국령인 북아일랜드와 유럽연합 회원국인 아일랜드 공화국 사이에 물리적 국경선이 그어질 경우, 자칫 '성 금요일 평화협정Good Friday peace deal(1998년 4월 10일에 북아일랜드의 신교도와 구교도 사이의 유혈 분쟁을 종식시킨 협정으로, 일반적으로는 협정을 맺은 도시 이름을 붙여 '벨파스트 협정'이라고 부른다-옮긴이)'이 위태로워지기 때문에, 이를 막기 위해 영국 정부는 영국의 다른 지역에서 북아일랜드로 들어가는 물건은 세관 검사를 받게 하는 조치(아이리시 해를 사이에 두고 실질적으로 영국 내부에 국경이 세워지는 것)에 동의했다. 이것은 자국 영토 통제권을 이례적으로 침범하는 조치였고, 주권을 중시하는 민족주의자라면 누구나 반대할 일이었다. 실제로 메이는 그런 협상에 동의할 영국 총리는 아무도 없을 것이라고 단언했었다. 그러나 존슨은 자신이 서명한 협상안의 실질적 의미를 인정하지 않았고, 북아일랜드와 영국의 다른 지역 사이를 오가는 물건들이 세관 검사를 받게 된다는 사실도 부인했다. 지금까지 그래왔듯, 이번에도 그는 교묘히 빠져나갔다. 적어도 한동안은. 의회 정회 논란과 총선 강행 등 어수선한 분위기 속에서 협상안의 불편한 내용들은 대체로 무시됐다.

2020년 1월 말, 영국은 마침내 유럽연합을 탈퇴했다. 존슨은 '브렉시트 완수'라는 공약을 이행했다. 의회 다수당의 대표라는 점과 커밍스를 측근으로 삼았다는 점을 고려할 때, 존슨은 5년간 안전하게 통치하면서 국가를 재건하고 영국의 세계적 위상을 재정립할 수 있을 것 같았다.

그러나 브렉시트가 완수된 2020년 1월 31일은 영국에서 최초로 코로나19 환자가 확인된 날이기도 했다. 존슨의 자유지상주의적libertarian 수사법은 (브렉시트 운동에는 대단히 잘 어울렸지만) 코로나19 대처에는 위험하고 부적절했다. 다른 유럽 국가와 아시아 국가 들이 봉쇄 조치를 취할 때, 존슨은 대응을 늦추며 봉쇄 조치가 경제적 피해를 줄 뿐만 아니라 영국인들의 술집 출입은 막기 어렵다며 어쩔 줄 몰라 했다.

코로나19 위기가 전 세계적 문제임이 확인됐을 때에도 임박한 이혼 문제와 세 번째 아내가 될 여자 친구의 임신 소식에 정신이 팔려 있던 존슨은 국가 위기 상황에 대책을 마련하는 비상대책회의에 다섯 번이나 연속 불참했다. 코로나19가 이탈리아를 강타한 3월 초에, 존슨은 한 병원을 방문해서 "모든 사람과 악수를 나눴다"고 자랑했다. 하원은 관례대로 회의장을 가득 메운 채, 빡빡한 회기 일정을 계속 소화하고 있었다. 어쩔 수 없이 존슨 총리가 봉쇄 조치를 내렸을 때, 이미 이탈리아, 스페인, 프랑스, 독일 등에서는 봉쇄가 진행 중이었다.

존슨 정부의 더딘 대응으로 영국의 코로나19 사망자 수는 크게 증가했고 서유럽에서 최고치를 기록했다. 미국의 트럼프나 브라질의 보우소나루와 달리, 존슨은 봉쇄 조치를 취하면서 과학적 조언에 따랐음을 과시했다. 그러나 이따금 사석에서는 봉쇄 조치에 화를 냈다고 한다.* 그러나 영국과 존슨은 안이했던 초기 대응의 대가를 크게 치렀다. 2019년 4월 초에 존슨은 국가 지도자 중 최초로 코로나19에 걸려 병원에 입원했다. 그는 입원한 지 얼마 되지 않아 중환자실로 옮겨졌고, 며칠간 목숨이 위태로운 듯했다. 그의 극렬 지지자 일부는 비정상적으로 충격을 크게 받았고 동정을 과하게 표했으며, 일부 지역은 얼마나 심각하게 지도자를 숭배하는가를 보여줬다. 유명 칼럼니스트인 앨리슨 피어슨Allison Pearson은 〈데일리 텔레그래프〉에 이런 글을 썼다. "보리스는 대도시 언론계는 전혀 이해하지 못하는 방식으로 사랑을, 진짜 사랑을 받고 있다. […] 실수가 있으면 안 된다. 보리스 존슨의 건강은 정치적 통일체body politic의 건강이고, 확대하면 국가 자체의 건강이다."[16]

존슨이 퇴원했을 때, 그의 지지자들(과 수많은 국민)은 그의 회복이

---

* 나중에 커밍스는 존슨이 비공식적으로는 봉쇄 조치를 대단히 싫어했다고 폭로했고, 수천 명의 불필요한 죽음을 존슨의 탓으로 돌렸다.

코로나19 바이러스와 싸우는 영국에 존슨의 상징인 낙관주의와 활력을 주입해주리라 기대했다. 그러나 퇴원 초 존슨은 위축된(병들고, 불확실하고, 에너지와 방향성이 결여된) 모습이었다. 커밍스의 장인인 험프리 웨이크필드 경Sir Humphrey Wakefield은 쓸모없다는 뜻으로 존슨을 영구 장애를 가진 말에 비유하며 이렇게 말했다. "말을 너무 일찍 복귀시키면, 그 말은 영원히 회복되지 못할 것이다."

정작 먼저 정치생명이 끝난 쪽은 커밍스였다. 2020년 5월, 그가 정부의 봉쇄 조치를 어겼다는 사실이 밝혀졌다. 커밍스는 코로나19에 걸린 상태로, 더럼 카운티에 있는 부모님의 농장에서 요양하기 위해 아내와 아이를 태우고 북쪽으로 320킬로미터 이상을 운전했다. 그로 인한 구설수에서는 살아남았지만, 동료들과 잦은 말다툼 끝에 2020년 말 즈음 다우닝가 10번지에서 쫓겨났다. 그 즉시 커밍스는 존슨이 총리 자리에 전혀 맞지 않는 사람이라고 신랄하게 비판했다.

브렉시트는 완수되고 커밍스는 떠났으므로, 존슨으로서는 스트롱맨 방식을 포기하고 좀 더 평범한 총리가 될 기회가 얼마든지 있었다. 코로나19 초기 대응은 부실했지만, 정부가 주도한 백신 접종 운동이 대체로 성공함에 따라 존슨의 지지율은 회복됐다. 존슨은 백신 접종률이 높은 영국과 팬데믹에 허우적대는 유럽연합 회원국들을 비교하며, 이미 마무리된 브렉시트까지 소급해서 정당화했다.

그러나 존슨은 스트롱맨 방식을 포기할 생각이 없었다. 문제는 그의 브렉시트 협상안에 내재된 모순과 그로 인한 압박감이 그를 괴롭히고 있다는 점이었다. 존슨은 인정하지 않았지만, 브렉시트 이후 영국은 관료주의가 심화되고 영국 수출품에 대한 비관세 장벽non-tariff barriers(관세 이외의 방법으로 정부가 수입품을 차별하는 제도-옮긴이)이 두터워졌다. 새 무역협정이 전면 시행된 첫 달인 2021년 1월에, 유럽연합 회원국을 상대로 영국의 수출액은 41퍼센트나 감소했다. 감소 원인 중 일부는 코로나19 바이러스 확산이었다. 그러나 주된 원인은 브렉시트 자체에 있었다. 특히 북아일랜드의 상황이 심각했는데, 새로운 관세 규정 때문에 물량 수급이 원활하지 않아 슈퍼마켓들이 타격을 입었기 때문이다. 이에 존슨 정부의 대응책은 적을 찾는 것, 그리고 국제법을 위반하겠다고 위협하는 것이었다. 존슨 정부의 대對유럽연합 협상 대표였던 데이비드 프로스트 경Lord David Frost은 영국이 민주적으로 결정한 탈퇴를 유럽연합이 받아들이지 않은 데 문제의 근원이 있다고 주장했다. 또한 영국은 일방적으로 북아일랜드 협약Northern Ireland protocol(국경을 맞대고 있는 아일랜드와 분쟁을 피하기 위해 브렉시트 협상 시 예외적으로 북아일랜드를 유럽연합 단일 시장에 남겨두기로 한 협약-옮긴이)을 지키지 않으려 했다. 이것은 총리가 최근 협상한 국제조약을 위반하겠다는 의미였다.

한편 존슨은 국내에서 지속적으로 스트롱맨 방식을 시도했는데, 특히 총리의 권력을 제한하려는 독립기관들을 공격했다. 자신의 의회 정회 결정을 불법으로 판결한 대법원에 격분한 존슨은 사법부가 정부 결정을 기각할 권한을 축소시키는 법률을 마련했다. 이번에는 보수당 법조인들조차 분노했다. 캐머런 정부에서 법무 차관을 지낸 에드워드 가니에이Edward Garnier는 이렇게 항의했다. "이 정부는 우리 모두와 마찬가지로 정부도 법의 지배를 받는다는 사실을 망각한 것 같다. […] 이곳은 법치국가지 독재국가가 아니다."•17

존슨의 성격은 여전히 붙임성 있고 겉보기에 친절했다. 그에게는 푸틴의 위협적이고 차가운 인상이나 에르도안의 요란한 편집증은 보이지 않았다. 그러나 그는 대단히 영국적인 방식으로, 스트롱맨 통치 방식의 핵심 요소를 영국에 도입했다. 그는 국내법과 국제법을 위반할 수 있다는 의지를 보여줬다. 자신에 맞서는 엘리트 집단을 국민의 적으로 매도했다. 그의 정치적 협력자들은 사법부에 대해서도 같은 표현을 사용해서 비난했고, 영국의 공무원 조직과 공영 방송국 같은 중요한 국가기관의 공정성에 반복적으로 의문을 제기했다. 존슨은 브렉시트 운동을 벌일 때 격렬한 정치 현장에서 양해되는 수준을 훨씬 넘어서 진실을 왜곡했다. 또한 소속 정당인 보수당 안에 지도자 숭배 문화를 확립하는 바람에, 많은 하원 의원이 경력을 지키기 위해 자신의 원칙을 포기해야 했다.

그러나 규칙 파괴를 즐기고 진실을 왜곡하는 습관(이튼 칼리지 시절부터 드러난 성격)은 결국 존슨의 발목을 잡았다. 팬데믹 기간인데도 다우닝가 10번지에서는 불법 파티가 이어졌다. 이것은 존슨 정부가 시행한 엄격한 봉쇄 조치를 위반한 행위였다. 자신과 관련된 여러 이야기가 흘러나오기 시작했을 때 존슨 총리는 의회에서 애매한 태도로 대응했고, 결국 의회에 거짓말했다는 비난마저 받게 됐다. 정치권의 분위기가 악화하는 상황에서 다른 정치인들의 추문(대부분 보수당 하원 의원들의 비행)까지 더해져 존슨의 지지도는 추락했다.

2022년 6월 보수당은 두 번의 보궐선거에서 참패했는데, 이는 선거에서 존슨 마법이 사라지고 있음을 시사했으며, 그에 더해 핵심 장관들이 잇따라 사임했다. 자신의 정부가 무너져 내리자, 존슨은 스트롱맨 각본에 손을 뻗었다. 실제로 그는 2019년 선거에서, 보수당의 승리는 국민이 자신을 국가 지도자로 인정한다는 의미이므로 보수당 하원은 자신에게 사퇴를 요구할 권리가 없다고 주장했다. 그럼에도 권력을 유지하기가 어려워지자, 존슨은 스트롱맨이 좋아하는 음모론에 기댔다. 만약 자신이 물러나면, 딥 스테이트가 유럽연합 재가입을 시도할 것이라고 경고했다.

영국이 의회제 국가이고 총리는 소속당 의원들의 신임에 좌우된다는 사실이 존슨의 퇴진을 이끌어냈다. 그런 점에서, 영국 체제는 개인숭배와 권위주의로부터 영국을 보호하는 데 도움이 됐다. 그러나 한편으로 영국은 특별히 스트롱맨 정치에 취약한 나라다. 영국은 불문법 국가이며, 역사가 피터 헤네시Peter Hennessy가 "좋은 녀석good chap"이라 부른 통치 모델(모든 기득권 정치인은 '자제력'을 발휘해서 행동하고 전통과 관습을 존중할 것이라는 믿음)에 의존하고 있다. 겉모습만 보면, 보리스 존슨은 '좋은 녀석'의 전형이다. 그러나 실제로 이튼 칼리지의 사감이 날카로운 통찰력으로 관찰한 바에 따르면, 존슨은 "모든 사람이 지켜야 할 규율"을 자신은 지키지 않아도 된다고 느낀다.

영국이 세계에서 가장 오래된 민주국가 중 하나라는 사실을 고려할 때, 법을 지키지 않는 포퓰리스트 총리의 부침은 유럽을 비롯한 세계 정치에 나타나고 있는 중요한 변화를 보여줬다. 바이든 정부의 중국 담당 책임자인 러시 도시Rush Doshi가 주장하기를, 시진핑과 그의 측근들은 브렉시트 찬반 투표 결과를 대단히 진지하게 받아들였고, 그것을 서구 주도의 세계 질서를 강타한 3연타 공격 중 하나로 여겼다. 그 세 가지 공격이란 바로 "브렉시트, 트럼프의 당선, 코로나19에 대한 서구의 초기 대응 부실"이었다.[18]

재임 중 존슨과 그의 지지자들은 브렉시트 결정이 자유무역과 국가 기반 민주주의nation-based democracy에 대한 지지처럼 자유주의적이고 민주적인 본능에 토대한다고 계속 주장했다. 또한 그런 이유로 브렉시트를 자유주의의 핵심 원리로 봐야 한다고 했다. 그러나 그런 견해를 모스크바, 워싱턴, 베이징 등 영국 밖에 있는 정치 분석가들에게 들려주면, 그들은 거의 한결같이 조롱하거나 이해할 수 없다는 반응을 보였다. 영국 밖에서는 브렉시트를 있는 그대로 이해했다. 즉, 그것은 서구 동맹국들이 전통적으로 지지해왔던 자유민주주의와 서구의 권력 및 결집력에 가한 심각한 타격을 의미했다.

그러나 영국은 중진국에 불과하다. 브렉시트만으로 국제 정세를 뒤집을 수 없다. 세계 정치 질서에 진정한 변화가 일어난 순간은 바로 최강국인 미국에서 스트롱맨이 출현했을 때였다.

도널드 트럼프

| 미국의 스트롱맨

Donald Trump

2016

THE AGE OF
THE
STRONGMAN

✛

트럼프가 대통령에 당선되기 1년 전인 2015년 11월에 나는 워싱턴 D.C.를 방문했었다. 다가올 미국 대선의 분위기를 파악하기 위해서였다. 그러나 나는 당혹감만 안은 채로 그 도시를 떠났다. 여론조사 결과를 보니, 2016년 대선의 공화당 후보로 트럼프가 확실한 선두였기 때문이다. 민주당 출신 대통령이 8년간 백악관에 있었으므로, 다음은 공화당 후보가 당선되는 것이 당연한 수순이었다. 그러나 우파 싱크탱크 think tanks(여러 분야의 전문가들이 모여 연구하고 개발한 결과물을 제공하는 조직-옮긴이)에서조차도 트럼프가 대통령은커녕 공화당 후보로 지명되리라고 생각하는 사람은 아무도 없었다. 나와 연락하는 공화당원들도 트럼프 선거 본부에서 일할 생각이 없었는데, 이는 야심가로 넘쳐나는 도시에서 트럼프가 가망 없는 사람으로 평가받고 있다는 확증이었다. 트럼프의 당선 가능성을 무시하는 전반적 분위기는 나중에 급속히 퍼진 텔레비전 영상 편집본에 잘 요약되어 있다. 거기에는 진행자인 조지 스테파노풀러스George Stephanopoulos와 초대 손님들이 트럼프가 당선될지 모른다는 말에 웃음을 터뜨리는 모습이 나온다.·1

나는 그 당시에도 그렇게 무시하는 태도가 경솔하다고 생각했었다. 그해 11월에 서구 전역에서 부상하고 있는 과격한 정치 현상에 대한 칼럼에서, 나는 미스터 트럼프의 승리 가능성을 무시하는 것은 안이한 생각이라며 이렇게 주장했다. "다수의 민주당원은 만약 정신 나간 공화당이 미스터 트럼프를 대선 후보로 지명한다면, 분명히 그가 대선에서 힐러리 클린턴에게 패할 것이라며 킬킬댄다. 그러나 그건 알 수 없다. 가장 최근 실시한 여론조사를 보면, 트럼프와 클린턴이 격돌할 때 미스터 트럼프가 5포인트 차로 승리한다."·2 트럼프 같은 후보자가 부상하는 이유는 쉽게 파악됐다. 그것은 바로 "전통적인 엘리트 정치인에 대한 신뢰 상실"이며, 이는 "경제 불안 증가, 반이민 정서, 테러에 대한 공포, 전통 매체의 쇠퇴" 등과 연결된다.·3

그 모든 현상이 트럼프가 당선되기 1년 전에 두드러졌다. 그러므로 돌이켜 생각하면, '왜 미국 기득권층이 눈앞에서 벌어지고 있는 정치 현상을 인정하지 않았을까?'라는 흥미로운 질문이 떠오른다. 내가 생각하는 이유는 미국예외주의American exceptionalism(미국의 정치와 사회는 불행한 나라들을 괴롭히는 정치적 병폐로부터 자유롭다는 생각)에 있다. 그 내용은 미국에 등장한 어느 독재자를 다룬 1935년 소설의 (반어적) 제목, 《있을 수 없는 일이야It Can't Happen Here》에 잘 요약되어 있는데, 이 소설은 트럼프 당선 후 독자가 많이 늘었다.

그런 예외주의는 미국에만 국한된 현상이 아니었다. 나는 그와 유사한 자기만족을 영국 기득권층에서도 발견했다. 미국인처럼 영국인도 오랫동안 안정적인 민주주의를 유지해온 역사에 자부심을 느낀다. 그리고 정치적 극단주의와 독재에 대한 취약성은 영국과 이질적인 유럽 대륙의 악덕으로 여긴다. 그러나 자국의 정치적 미덕을 과신하는 나라들은 오히려 더 정치적 악덕에 취약하다. 프랑스인은 마린 르펜Marine Le Pen 같은 후보에게서 비시 프랑스Vichy France(제2차 세계대전 중 프랑스 남부의 비시를 수도로 삼아 수립된 친독 정권 – 옮긴이)를 바로 떠올린다. 독일은 조금이라도 나치주의 냄새가 나는 것을 철저히 경계한다. 그러나 미국의 많은 전문가들은 트럼프를 보면서 그저 비웃기만 했다. 그는 익살꾼이고 연예인이었다. 즉, 미국에서는 '있을 수 없는 일'이었다.

그러나 세계 곳곳에서 스트롱맨 정치의 등장을 부채질한 수많은 정치적·사회적 힘은 미국에도 있었다. 트럼프 정부에서 러시아 담당 수석 보좌관으로 일했던(그리고 나중에 트럼프 대통령 탄핵 청문회에서 중요한 역할을 했던) 피오나 힐은 나중에 이렇게 말했다. "우리는 우크라이나와 몰도바에서 일어난 일이 우리에게는 결코 일어나지 않는다고 생각할 만큼 오만했다."·4 힐은 두 나라 선거에 러시아가 개입한 사건들을 거론하고 있었다. 그러나 그녀도 주장했듯이, 러시아 사례는 서구 사회 전반에 여러 교훈도 제공했다. 즉, 경제 혼란으로 인한 고통은 스트롱맨(러시아를 다시 위대하게 만들 수 있는 누군가)을 향한 열망을 자극했다.

미국 엘리트 집단은 대개 무시했지만, 트럼프가 당선되기 몇 년 전부터 미국에서도 1990년대 러시아를 연상시키는 '절망사deaths of despair'가 증가하고 있었다. 내가 워싱턴의 싱크탱크들을 순회하고 있던 2015년 11월에, 경제학자 앵거스 디턴Angus Deaton과 앤 케이스Anne Case 는 미국에서 백인 노동자의 사망률이 깜짝 놀랄 정도로 크게 증가했다 고 보고했다. 그들은 대학 교육을 받지 못한 백인의 사망률이 1999년 과 2014년 사이에 22퍼센트 증가했다는 사실을 발견했다. 같은 기간 에 가장이 고졸인 가구의 소득은 물가 상승을 반영해서 계산해보니 19 퍼센트나 감소했다.˙⁵ 중요한 것은 대학 교육을 받은 백인의 기대 수 명은 감소하지 않았다는 점이다. 디턴과 케이스는 백인 노동자 계급 의 사망률 증가는 "알코올 중독과 간 질환, 헤로인과 처방받은 오피오 이드 과다 복용 등 약물 남용, 자살 등이 급속히 확산"됐기 때문이라고 썼다.˙⁶

디턴과 케이스가 확인한 '절망사'가 많은 사회집단에서 대단히 많 은 사람이 2016년 대선에서 트럼프를 찍은 것으로 나타났다. 그런 통 계들을 곰곰이 생각하다가, 나는 문득 트럼프의 수많은 거짓말을 불평 했던 (나 자신을 포함한) 전문가들이 어떤 핵심을 놓친 게 아닐까 궁금해 졌다. 트럼프는 자신의 충성 지지자들에게 더 큰 진실을 말하고 있었 다. 그것은 바로 미국의 상황이 나빴고, 점점 더 나빠지고 있으며, 미 국의 엘리트 집단은 부패했고 제 잇속만 차린다는 내용이었다.

2016년 트럼프 선거 유세장에서 나는 그의 지지자들로부터 그 의 주장을 다양하게 변주한 이야기들을 많이 들었다. 1월에 뉴햄프셔 주 포츠머스 유세장에서 나는 일관성 없이 횡설수설하는 트럼프의 모 습을 처음 접했다. 나중에 나는 그의 지지자 중 한 명과 대화하게 됐는 데, 그는 자신의 영웅의 연설을 들으러 미시간에서 포츠머스까지 직접 운전해서 온 사람이었다. 내가 트럼프는 거짓말을 많이 한 사람이라고 말하려 하자, 그는 이렇게 답했다. "그는 무엇이든 있는 그대로 말하는 유일한 사람이에요." 나중에 브렉시트 찬반 투표가 실시되기 몇 주 전에, 나는 그와 비슷한 대화를 영국에서 브렉시트 지지자와 나눴다. 그때 나는 영국이 유럽연합을 탈퇴하면 경제적 피해를 입을 것이라고 말했었다. 그러자 그 사람은 이렇게 답했다. "제 입장에서는 지금보다 더 나빠질 수 없어요. 뭔가 바뀌어야 합니다. 어쩌면 그게 답일지 몰라요." 경제적으로 '뒤처진' 사람들의 절망은 트럼프의 부상과 다른 나라의 포퓰리즘·스트롱맨 정치의 공통 요인이었다. 그러나 좀 더 강력한 요인은 민족 간, 인종 간 갈등이다.

인도, 이스라엘, 헝가리 같은 나라들에서 스트롱맨의 부상은 전통 사회에서 지배적 위치에 있던 다수 집단이 인구통계학적 변화와 이민자 증가로 위협을 느끼게 된 상황과 밀접하다. 모디의 열혈 지지자들은 인도의 힌두 문화가 소수 무슬림에 의해 기초부터 흔들리고 있다고 주장한다. 이스라엘의 네타냐후는 이스라엘을 유대 국가로 선포하려는 노력이 성공하도록 지원했는데, 이런 행동은 이스라엘 내 아랍 인구가 증가하는 것에 대한 두려움과 연관된다. 헝가리의 오르반은 무슬림 이민자들이 헝가리라는 나라의 생존을 위협한다고 자주 말했다. 네타냐후와 오르반 모두 침입자로부터 국경을 보호하기 위해 물리적 장벽을 세웠다. 이는 2016년에 미국-멕시코 국경에 "장벽을 세우라"고 요구한 트럼프의 유명한 외침을 떠올린다.

사실 헝가리, 이스라엘, 인도에서 헝가리인, 유대인, 힌두인은 다수자의 지위를 위협받고 있지 않다. 헝가리인은 전체 헝가리 인구의

85퍼센트를 차지한다. 유대인은 이스라엘 인구의 75퍼센트에 살짝 못 미친다. 그리고 힌두인은 인도 인구의 80퍼센트다. 이와 달리, 미국에서 백인은 2040년대 중반이면 전체 인구의 50퍼센트 미만이 될 것으로 예상되지만, 그럼에도 개별 민족 중에는 여전히 가장 많다.[7] 가장 낮은 연령대인 18세 미만에서 백인의 비율은 이미 50퍼센트 미만이다. 미국에서 가장 인구가 많은 소수집단은 히스패닉으로 2045년이면 이들은 전체 인구의 24.6퍼센트를 차지할 것으로 예상되는데, 이때 백인은 인구의 49.7퍼센트, 흑인은 13.1퍼센트, 아시아인은 7.9퍼센트를 구성한다고 한다.

이런 인구통계학적 변화와 이민자에 대한 두려움이 2016년에 트럼프가 관심을 끈 핵심 요인이었다. 그런 두려움은 나중에 트럼프 정부에서 국가안전보장회의National Security Council 보좌관으로 임명되는 마이클 앤턴Michael Anton 의 "플라이트93 선거Flight93 election"(유나이티드 항공 93편을 의미하는 플라이트93은 9.11 테러 때 희생된 비행기로, 당시 탑승객들이 워싱턴에 있는 백악관이나 의회 건물에 비행기를 충돌시키려 하던 비행기 납치범들에게서 통제권을 빼앗았다. 그러나 이 비행기는 들판에 추락했고, 탑승자 전원이 사망했다)라는 글에 잘 나타나 있다. 앤턴은 미국으로 "제3세계 외국인들의 끊임없는 유입"을 맹렬히 비난했다. 그는 트럼프가 이민을 막을 수 있는 유일한 후보라고 설명하며, 그에 이어 이렇게 말했다. "나는 내 조국이 살기를 원한다. 나는 내 민족이 살기를 원한다. 나는 이 미친 짓을 끝내고 싶다."[8] 앤턴의 세계관을 공유한 사람들이 보기에, 미국-멕시코 국경에 장벽을 건설하고 무슬림의 미국 입국을 '전면적이고 완전하게 금지'하라는 트럼프의 요구는 그가 미국을 위해 '이 미친 짓을 끝내줄' 바로 그 스트롱맨이라는 강력한 증거였다.

트럼프는 2016년, 2020년 대선에서 모두 백인 유권자의 과반수로부터 표를 받았다. 2016년 선거 직후 퓨 리서치 센터가 언급했듯이, 트럼프는 1980년 이후 출마한 모든 후보 중 대학 학위 없는 백인 유권자층에서 상대 후보와의 득표 차가 가장 큰 후보였다. 4년 후에도 트럼프는 여전히 백인 유권자층에서는 낙승을 거뒀지만 득표 차는 다소 줄었는데, 이것이 그가 2016년에는 승리했지만 2020년에는 패배하게 된 원인이 됐을지도 모르겠다.[9]

트럼프가 백인 유권자의 표를 많이 얻었다는 사실 자체가 사람들이 인종적 두려움과 적대감 때문에 트럼프에게 투표했다는 결론의 증거는 아니다. 그러나 사회과학 연구는 확실히 그런 방향을 시사한다. 2016년 선거를 심층 연구한《정체성 위기Identity Crisis》는 인종과 민족성에 대한 유권자의 태도가 트럼프의 득표 결과에 대한 최고의 예측 변수였다고 결론 내렸다.[10] 트럼프는 경제적·사회적으로 불안감을 느끼고 결정적으로 자신의 상황을 소수민족의 탓으로 여겼던 백인 유권자들의 대변자가 됐다. 이 책의 저자들인 존 사이즈John Sides, 마이클 테슬러Michael Tesler, 린 바브렉Lynn Vavreck은 공화당 지지자들에 대한 여론조사에 따르면 "개인의 실직 걱정은 백인들이 소수민족 때문에 일자리를 잃을 우려보다 트럼프 지지와 덜 연관됐다"고 지적했다.[11]

트럼프가 대선에 출마했을 때 공화당 지지자들은 그런 두려움에 사로잡혀 있었으며, 그들 중 3분의 2는 "백인 차별이 흑인 차별만큼 심각한 문제가 됐다"는 데 동의했다.[12] 트럼프는 미국의 본질이 위협받고 있고 백인이 차별 대우를 받는다고 믿는 사람들의 대변자가 됐다. 경제적 압박감은 배경의 일부였을 뿐이다. 수많은 트럼프 지지자는 직접적인 경제적 피해뿐만 아니라 지위 상실감에도 영향을 받았다. 캐머런 앤더슨Cameron Anderson 버클리 대학교 사회심리학자가 지적했듯이, "개인과 집단은 지위 및 권력 상실을 대단히 어렵게 받아들인다. […] 그들은 그런 위협에 스트레스, 불안, 분노 등을 느끼고 심지어 이따금 폭력적으로 대응하기도 한다."[13]

백인이 국가 통제력을 잃어간다는 두려움은 민주주의 자체에 반대하고 스트롱맨 지도자를 요구하는 급격한 태도 변화에 반영되어 있었다. 밴더빌트 대학교 교수이자 정치학자인 래리 바텔스Larry Bartels가 공화당 지지자들을 연구한 결과를 보면, 공화당 지지자의 50.7퍼센트가 "미국에서 전통적인 삶의 방식이 너무나 빨리 사라지고 있어서 그것을 지키려면 무력을 사용해야 할지도 모른다"는 문장에 동의했다. 또한 47.3퍼센트는 "강력한 지도자는 이따금 일을 완수하기 위해 법을 어겨야 한다"는 문장에 동의했다. 이 연구는 대다수 공화당원이 민주주의에 대한 트럼프의 공격을 기꺼이 수용할 것이라고 예측했는데, 그 공격의 절정은 2020년 대선 결과 전복 시도와 2021년 1월 의사당 습격 사건이었다. 공화당 지지자들이 트럼프의 근거 없는 부정선거 주장을 기꺼이 수용한 데에는 그가 더 큰 선을 위해, 즉 백인이 다수인 나라에서 미국의 전통적인 삶의 방식을 보호하기 위해 행동하고 있다는 믿음이 반영됐다.[14] 그러므로 2016년에 미국 유권자의 상당수는 '스트롱맨 지도자'를 맞을 준비를 마치고 기다리고 있었다. 그들은 그 지도자를 트럼프에게서 찾았다.

트럼프의 정치철학은 수십 년간 명확했다. 아마도 트럼프가 자신의 철학을 가장 자세히 밝힌 곳은 1990년에 〈플레이보이Playboy〉와 한 인터뷰일 텐데, 당시 그는 화려한 사업가에 불과했으며 카지노를 건설하고, 바람을 피우고, 텔레비전에 나와 큰 소리로 불평하는 걸로 유명했다. 훗날 그 인터뷰가 실린 잡지는 트럼프가 통치하는 미국을 방문할 외교관과 특파원 들의 필독서가 됐고, 이는 마치 과거에 중국이나 소련을 알고 싶을 때 마오쩌둥의《마오쩌둥 어록》이나 레닌의《무엇을 할 것인가?What Is To Be Done?》를 읽었던 상황과 비슷했다.

트럼프의 권위주의 본능은 이미 1990년에 완전히 드러났다. 당시 소련의 지도자였던 고르바초프는 냉전을 종식하고 소련 체제를 해체한 인물로, 많은 미국인이 그를 영웅으로 생각했다. 그러나 트럼프는 고르바초프를 경멸했다. 그는 이렇게 불평했다. "그는 엄청난 약점을 보였다. 그는 소련을 파괴하고 있다."[15] 트럼프가 예측한 소련 붕괴는 1991년 말에 현실이 됐다. 트럼프는 중국공산당의 민주 운동 탄압과 고르바초프의 약점을 대비시켰다. 톈안먼 학살은 트럼프가 〈플레이보이〉와 인터뷰하기 불과 9개월 전에 일어났는데, 그 사건을 말할 때 트럼프는 유명 미국인치고는 색다른 관점을 제시했다. "그들은 악랄했고, 끔찍했지만, 힘으로 그것을 제압했다. 강력한 힘이란 무엇인가를 보여준다. 지금 우리 나라는 나약한 나라로 인식되고 있다."[16]

트럼프가 재임하는 동안 자주 등장하는 다른 주제들도 이미 1990년 인터뷰에 잘 드러나 있다. "전 세계가 우리를 비웃는다"는 말에는 자기연민과 편집증이 보였다. 그리고 보호주의에 관해서는 "나는 미국으로 들어오는 모든 벤츠 차량과 일본 제품에 세금을 부과할 것이다"라고 말했다. 그러나 트럼프는 자신의 잠재적 정치력에 대해서 통찰력 있게 평가했다. "나는 무엇을 팔아야 할지, 사람들이 무엇을 원하는지 안다."

2016년에 트럼프는 "무엇을 팔아야 할지"와 "사람들이 무엇을 원하는지"를 직관적으로 이해했음을 증명했다. 그는 기득권 정치인들을 격분시키고 많은 사람으로 하여금 그의 실패를 예측하게 했던 다음의 발언들을 수차례 반복했다. "버락 오바마는 미국에서 태어나지 않았다." "존 매케인은 전쟁 영웅이 아니었다." "여성의 '성기'를 움켜쥔다는 말은 '라커룸 토크locker-room talk(탈의실에서 남자들끼리 주고받는 시시껄렁한 대화-옮긴이)'일 뿐이다." 그러나 이런 발언들은 트럼프를 무너뜨리지 못했다. 오히려 그에 대한 지지를 강화했을지도 모르겠다. 대다수 대중은 미국이 잘못된 길을 가고 있으며 '일을 완수하기 위해 법을 어길' 의지가 있는 스트롱맨 지도자를 갈망한다고 확신했기 때문에, 금기를 깨는 트럼프의 이야기는 그들이 원했던 사람이 바로 이 남자라는 신호였다.

그런데 2016년에는 세계 곳곳에서 스트롱맨 정치가 부상하게 된 사회적·경제적 조건들 중 일부가 미국에도 있었다. 트럼프가 등장하면서, 미국도 스트롱맨을 갈망하던 사람들의 잠재적 욕망을 이용하려는 정치 본능과 이념을 가진 정치인을 배출했다. 그러나 다행스럽게도 미국에는 수백 년간 민주정치가 발달하면서 확립된 제도와 정치 관행이 있었다. 트럼프 대통령 재임 기간의 이야기들은 여러 면에서 스트롱맨 통치와 미국의 법과 제도, 선례 등으로 확립된 민주적 통제 사이의 투쟁사다.

대선 출마 때부터 그리고 임기 4년 내내, 트럼프는 본능적으로 민선 대통령이라기보다 권위적인 스트롱맨에 가까웠다. 그의 정치의 중심에는 개인숭배가 있었다. 2016년 공화당 전당대회에서 대선 후보 수락 연설을 할 때, 트럼프는 미국 체제가 부패했다고 비난하며 이렇게 선언했다. "저 혼자서 그것을 고칠 수 있습니다." 2020년에 공화당은 트럼프에게 완전히 장악된 상태였으므로 세부 정책 공약을 제시할 필요 없이 이렇게만 발표했다. "공화당은 대통령의 미국 우선주의 정책을 적극 지지하고 있으며, 앞으로도 그럴 것이다."

취임 후 트럼프는 자신이 지명한 사람들에게 법이 아닌 자신에게 충성해야 한다는 점을 분명히 했다. 제임스 코미James Comey FBI 국장은 신임 대통령과의 일대일 저녁 식사에서, 대통령으로부터 '충성'을 증명하라는 요구를 반복적으로 받았다. 코미는 난색을 표했고, 그로부터 몇 달 후 해임됐다.[17] 해임 편지는 대통령이 요구한 충성의 의미를 잘 이해했던 사람(트럼프의 보디가드였던 키스 실러Keith Schiller)이 직접 전달했다. 첫 각료 회의 때 트럼프는 텔레비전 방송용 카메라를 앞에 두고 모든 각료에게서 당혹스러운 충성 서약을 받아냈다. 마이크 펜스Mike Pence 부통령은 비굴한 말투로 이렇게 말했다. "제 일생일대의 특권은 미국 국민에게 약속을 지키는 대통령의 정부에서 부통령으로 일하는 것입니다." 라인스 프리버스Reince Priebus 대통령 비서실장은 대통령에게 "당신의 정책을 수행할 수 있는 축복"을 준 것에 감사하다고 했다. 제프 세션스Jeff Sessions 법무 장관은 "당신을 모실 수 있어 영광입니다"라고 말했다.[18]

그러나 이 사람들 모두 충성이 상호적인 것이 아니며, 트럼프 앞에서 자신을 낮춘다고 해서 자리가 보장되는 것도 아님을 알았다. 한 달 뒤에 프리버스는 해임됐다. 공화당 상원 의원으로서 최초로 트럼프를 공개 지지했던 세션스는 트럼프 선거 본부와 러시아의 공모 가능성을 확인하기 위한 '러시아 조사'에 개입하지 않겠다고 해서 대통령을 화나게 했다. 2018년 11월에 세션스도 해임됐다. 펜스는 마지막까지 자리를 유지했지만, 2020년에 대선 결과를 뒤집으려는 대통령을 돕지 않은 탓에, 결국 트럼프로부터 배신자라는 비난을 들었다. 그는 트럼프 지지자들이 의사당에 난입해서 "마이크 펜스를 교수형에 처하라"고 외치며 돌아다니는 동안 안전한 장소로 피신해야 했다.

뒤늦게나마 극적으로 대통령과 결별한 펜스는 부정선거를 주장하는 트럼프의 거짓말에 동조하지 않았다. 그러나 펜스도 알았듯이, 거짓말은 처음부터 트럼프의 정치 이력에서 핵심이었다. 한 번 더 말하면, 이것은 스트롱맨이 통치하는 새로운 시대의 특징이다. 푸틴과 그의 선전원들은 '거짓을 내뿜는 소방호스firehose of falsehoods'라는 기술을 기본적인 정치도구로 삼았다. 그것은 수많은 음모론과 '대안적 사실alternative facts(진리란 사건에 관한 여러 사실 중 하나라는 의미로, 트럼프의 보좌관 켈리앤 콘웨이Kellyanne Conway가 사용한 표현)'을 내뱉는다.•¹⁹

스트롱맨 지도자는 '거짓을 내뿜는 소방호스'를 중요한 목적에 사용할 수 있다. 우선, 그것은 책임 회피를 용이하게 해준다. 모든 증거가 코로나19는 중국에서 시작됐고 러시아 미사일이 말레이시아 항공 여객기를 격추시켰다고 말하지만, 중국과 러시아 대변인은 실제 일어난 일의 실체를 가리기 위해 다양한 대안 이론을 내놓는다. 실제로 거짓 내러티브 확립은 우리 시대 스트롱맨들이 주로 하는 일이다. 오르반은 소로스가 헝가리에 난민을 유입시킬 계획을 세웠다고 주장했고,

카친스키는 스몰렌스크 비행기 참사를 러시아의 음모로 봤고, 에르도 안은 '금리 로비(민간 금융기관이 튀르키예의 주식 및 외환시장을 폭락시켜 시중금리를 높인 다음 이익을 챙기려 한다는 견해-옮긴이)'를 튀르키예를 노린 음모로 여겼으며, 존슨은 딥 스테이트가 브렉시트를 방해하고 있다고 말했다. 자기 나라나 지도자를 최고라고 믿는 충성파 중에는 그런 음모론을 받아들이는 사람이 늘 있기 마련이다. 이런 현상을 심리학자들은 '동기화된 추론motivated reasoning'이라 부른다. 이것은 사람들로 하여금 증거로 입증된 사실보다 자신이 만족하는 결론을 찾게 하는 사고 편향의 한 유형이다.

트럼프는 본능적으로 그런 소망적 사고의 힘을 이해하고 있었는데, 이는 아마도 그 자신이 환상 세계에 살았고, 손대는 것마다 황금으로 변했으며, 수없이 파산했지만 언제나 '승자'가 됐기 때문일 것이다. 흑인 대통령을 인정할 수 없었던 어떤 미국인들은 오바마가 미국 태생이 아니므로 합법적인 대통령이 아니라는 만족스러운 거짓말을 선뜻 받아들였다. 트럼프가 2020년 대선에서 패한 사실을 인정할 수 없었던 그의 추종자들은 자신들의 영웅이 부정선거의 희생자가 됐다는 말에 귀를 기울였다. 테드 크루즈Ted Cruz 상원 의원은 과거에 트럼프를 "병적 거짓말쟁이pathological liar"라고 부르며 그를 정확하게 파악했던 인물이지만, 결국은 상원 의원석에서 트럼프의 가장 큰 거짓말, 즉 도둑맞은 선거라는 거짓말을 옹호했다.

트럼프 대통령의 임기가 새빨간 거짓말로 끝났듯이, 임기의 시작도 거짓말이 열었다. 그는 자신의 취임식을 축하하러 워싱턴에 모인 인파의 숫자를 두고 뻔한 거짓말을 늘어놓았다. 임기 내내 노골적인 거짓말들에 관심을 보였고 어떤 경우는 지지하기도 했으며, 오사마 빈 라덴Osama bin Laden이 아직 살아 있다는 음모론 같은 것들을 리트윗하기도 했다. 또한 그는 큐어넌Qanon이라는 음모론자를 "애국자"라고 칭찬했는데, 이 사람은 2021년에 의사당을 습격한 폭도들 사이에서 유명한 인물로, 트럼프 대통령이 소아성애자와 성매매자로 이루어진 엘리트 집단에 맞서 전쟁을 하고 있다고 믿었다. 실제로 트럼프가 장려하지 못할 비정상적이거나 불쾌한 음모론은 없어 보였다. 심지어 2015년 12월에는 알렉스 존스Alex Jones가 진행하는 토크쇼에 출연했는데, 이 사람은 2012년에 스무 명의 어린이(6세와 7세)가 살해된 샌디훅Sandy Hook 참사가 날조됐다고 반복적으로 주장한 사람이다. 트럼프는 존스에게 이렇게 말했다. "당신의 명성이 대단하더군요. 당신을 실망시키지 않겠소."[20] 〈워싱턴 포스트Washington Post〉는 트럼프 대통령이 취임 후 거의 4년간 약 2만 2,000번의 거짓말과 오해의 소지가 있는 발언을 했다고 집계했다.[21]

진정한 독재자는 자신의 거짓말을 사회 전체가 받아들이도록 강요할 수 있다. 이를 위해 트럼프는 모든 국가기관에 자신의 절대적인 권위를 세우려 했다. 복종하지 않는 듯한 각료와 관료 들을 해임하고, 그 자리를 충성파로 채웠다. 그러나 결국 미국의 핵심 기관들이 반기를 들었다. 트럼프 팀이 2020년 선거가 '조작'됐음을 증명하기 위해 꺼낸 '거짓을 내뿜는 소방호스'를 법원이 잇따라 기각했다. 사법 체계에서는 여전히 증거와 진실이 중요했다. 수치스럽기도 하고 위험하기도 하지만, 공화당 하원 의원 대다수는 11명의 상원 의원과 함께 2020년 대선에 관한 트럼프의 새빨간 거짓말에 동참했다.

확실히 트럼프는 재임 기간 내내 다른 나라의 '스트롱맨' 지도자(반대파를 감옥에 보내고 국가기관을 쥐락펴락하는 진짜 독재자)를 부러워했다. 그는 종종 민주국가의 지도자들을 맹비난했는데, 가령 쥐스탱 트뤼도Justin Trudeau 캐나다 총리를 "대단히 부정직하고 연약한" 사람이라 불렀고, 메르켈 독일 총리에게는 혐오감을 숨기지 않았다. 그와 달리, 미국 정부가 중국과 무역 전쟁을 시작했음에도, 트럼프는 시진핑을 "위대한 지도자", "대단히 좋은 사람"이라고 칭찬했다.

트럼프 정부에서 2018년부터 2019년까지 국가안보보좌관을 지냈던 존 볼턴John Bolton의 회고록과 2017년부터 2019년까지 러시아 담당 수석 보좌관을 맡았던 힐의 회고록은 트럼프가 시진핑을 포함해서 푸틴과 에르도안 같은 다른 독재자들과 맺은 대등하고 존경하는 관계에 대해 놀라운 통찰을 제공한다. 대통령을 가까이 관찰했던 힐은 트럼프가 "독재자 앓이autocrat envy"를 하고 있었다고 확신했다.[22] 그녀는 트럼프가 에르도안에게 '술탄'이라는 별명을 붙였으며, "나라를 쥐락펴락하는 무한한 능력을 가진 것처럼 보이는 에르도안을 질투한다고 자주 농담했다"고 썼다.[23] 볼턴은 2019년 5월에 오르반이 백악관을 방문했을 때 트럼프가 그를 환대했던 일을 불편하게 생각했다. 트럼프의 오랜 친구이자 트럼프 정부에서 주 헝가리 대사를 지냈던 데이비드 콘스타인David Cornstein은 훗날 이렇게 말했다. "트럼프는 오르반이 가진 환경을 갖고 싶어 했지만, 그러지 못했다."[24]

트럼프는 권위주의자답게 미국이 전통적으로 중국을 압박했던 인권 문제를 도외시했을 뿐만 아니라 최악의 인권 탄압 사건에서는 시진핑을 격려하기도 했다. 볼턴의 기록에 따르면, G20 정상회담에서 "시진핑 주석은 트럼프 대통령에게 신장에 강제수용소를 짓는 이유를 설명했다. 통역 내용에 따르면, 트럼프 대통령은 자기 생각에 옳은 일 같으니 수용소 건설을 계속 추진하라고 말했다."•25 백악관이 톈안먼 학살 30주년을 기리는 성명서 초안을 작성했을 때도, 트럼프가 그것을 개인적으로 막았다.•26

푸틴과 관련한 유사 사례들도 있었다. 트럼프는 러시아의 조지아 침공 10주년을 비판하는 성명서도 막았고, 영국에서 전 러시아 요원 스크리팔을 화학무기로 암살하려고 시도했던 러시아에 대한 제재안도 처음에는 반대했다. 트럼프와 다른 정상과의 관계 중 가장 세밀하게 조사된 경우는 푸틴과의 거래였다. 2016년 대선에 러시아가 개입했다는 명백한 증거가 나오자 모스크바와 트럼프 선거운동 본부의 공모 가능성을 두고 오랜 조사가 이어졌으나, 트럼프는 이를 일관되게 "러시아 사기극Russia hoax"이라고 불렀다. 심지어 트럼프 정부의 관료들 중에는 러시아 대통령과 미국 대통령의 진짜 관계를 전혀 몰랐다고 인정한 사람들도 있다. 볼턴은 트럼프가 품었던 "러시아 지도자에 대한 사적 감정은 미스터리로 남았다"며 수수께끼 같은 말을 덧붙였다.•27 트럼프와 같은 회의에 참석했던 한 영국 관리는 나중에 내게 이렇게 말했다. "확실히 뭔가 있었다. 그는 푸틴과 러시아 문제에 믿기 힘들 정도로 애매한 태도를 보였다."•28

트럼프와 푸틴의 관계에는 아직 드러나지 않은 이야기가 숨겨져 있을 가능성이 있다. 그러나 제멋대로 하는 트럼프의 행동에 대해서는 특별한 설명이 필요하지 않다. 그는 말과 행동을 통해 자신이 스트롱맨 독재자를 존경하고 그들이 통치하는 사회를 미온적인 자유주의자들의 사회보다 선호한다고 분명히 밝혔다. 그는 우드워드에게 이렇게 말했다. "나는 거칠고 비열한 사람일수록 그들과 더 잘 지낸다."•29

사실 트럼프는 스트롱맨 독재자들과 관계가 좋았을 뿐만 아니라, 여러 면에서 대통령을 구속하는 법적·제도적 제약에서 자유로운 그들을 부러워했다. 볼턴의 기록에 따르면, 트럼프는 이란 제재 규정을 위반한 튀르키예 은행 할크방크Halkbank에 대한 뉴욕 검찰의 기소를 막을 수 있다고 에르도안을 안심시켰다. "트럼프는 에르도안이 가진 독단적 권력이 자신에게도 있다는 것을 보여주려 했던 것 같다."•30 트럼프가 생각하는 외교의 핵심은 스트롱맨끼리 서로 편의를 봐주고, 그렇게 함으로써 자신들의 권력과 관대함을 보여주는 것이었다. 뉴스맥스News-max 대표이자 트럼프 대통령의 친구인 크리스 러디Chris Ruddy는 트럼프가 중국에서 곤경에 빠져 있던 미국 농구 선수 세 명의 석방을 요청했을 때 시진핑과 나눴던 대화를 특별히 좋아했다고 내게 말했다. "시진핑 주석이 그렇게 하겠다고 말했다. 그 말에 트럼프 대통령이 만족했다."•31 힐은 트럼프가 "대단히 부유하고 유명하고 막강한 그들만의 엘리트", 즉 슈퍼 리치 독재자들이 모이는 배타적인 클럽에 소속되고 싶어 했으며, 그도 "그들처럼 통치하고 싶었다"고 결론 내렸다. "그는 견제와 균형 장치가 없는 원시적인 권력을 원했다."•32

트럼프는 시진핑, 푸틴, 에르도안의 독단적인 권력에만 감탄한 것이 아니었다. 그는 그들의 장기 집권 능력도 부러워했다. 2018년에 시진핑과의 회담에서 트럼프는 미국에서 대통령의 연임을 한 번만 가능하도록 제한한 것을 철폐하려는 움직임이 있으며, 그렇게 되면 자신이 수십 년간 대통령직에 머물 수 있다는 거짓 주장을 펼쳤다. 시진핑은 허영심 많은 트럼프를 다루는 데 능숙하다는 사실을 증명하듯, 나중에 전화 통화에서 중국은 미국 헌법이 개정되기를 바란다고 말했다.[33] 이런 사적 대화들은 트럼프가 주석 임기 제한을 폐지한 중국을 모방하고 싶다는 의견을 공공연하게 제시했다는 사실을 보여준다. 임기가 연장된 시진핑에 대해서 "나는 그것이 대단히 […] 어쩌면 언젠가는 우리도 그렇게 해야 한다"고 한 그의 발언을 트럼프 옹호자들은 농담으로 돌렸다.[34] 그러나 시진핑과의 대화는(2020년 대선 결과를 뒤집으려는 시도도 포함해서) 트럼프가 정말로 종신 통치자가 되고 싶어 한다는 사실을 보여준다. 힐은 트럼프가 시진핑의 종신 집권 능력을 언급할 때마다 단순한 농담이라고 생각하지 않았다. "언급 횟수를 보면 이야기가 달라진다. 그는 정말 진지했다."[35]

임기 내내 그리고 특별히 끔찍했던 임기 마지막에, 트럼프는 힘의 수사학을 한껏 즐겼다. 2021년 1월 6일 연설에서 그는 지지자들에게 의사당으로 행진하라고 부추기며 이렇게 선언했다. "여러분이 나약해지면 결코 우리 나라를 되찾지 못합니다. 여러분의 힘을 보여주셔야 합니다. 여러분은 강해져야 합니다."[36] 그 연설은 트럼프의 스트롱맨 정치가 가진 여러 특징을 보여주고 있었다. 거기에는 새빨간 거짓말이 있었다. "우리는 이 선거를 이겼습니다. 압도적으로 이겼습니다." 또한 '가짜 뉴스'에 대한 음모론도 있었다. 그리고 거의 대부분이 백인인 청중이 과격하게 분출한 불안과 불만을 특별히 이용하려고 노력했다. "여러분이 진정한 국민입니다. 여러분이 이 나라를 세웠습니다. 여러분은 우리 나라를 파괴한 사람들과 다릅니다."[37] 트럼프는 자신이 미국 민주주의의 기본 구조를 무너뜨렸을 때에도, 반대파에게 미국을 파괴했다며 비난했다. 그리고 그의 추종자들은 '도둑질을 멈추라'고 외치면서, 선거를 도둑질하려는 트럼프에 힘을 보탰다.

다행스럽게도, 트럼프의 도둑질은 좌절됐고 2021년 1월 20일에 바이든이 새 대통령으로 취임했다. 그러나 트럼프는 미국 민주주의와 제도를 무너뜨리려는 노력에는 실패했지만, 수많은 유권자를 음모론과 권위주의라는 어둠의 길로 이끌면서 수많은 미국인의 마음을 무너뜨리는 데는 성공했다. 의사당 습격 사건 직후 실시한 여론조사에서 공화당 유권자의 대다수가 미국 민주주의의 본거지 침입을 지지했다.

결과적으로 트럼프의 임기는 2020년에 끝났지만, 미국은 '스트롱맨 시대'와의 인연을 끊지 못했다. 트럼프가 미국 정치 담론에 주입한 권위주의라는 주제는 그가 물러난 뒤에도 계속 남게 될 것이다. 거기에는 미국 체제가 너무나 썩어서 이를 바로잡으려면 '법을 어길 의지가 있는' 스트롱맨이 필요하다는 믿음도 들어 있다. 실제로 트럼프주의를 따랐던 수많은 백인 유권자들의 두려움과 분노는 트럼프의 패배로 더욱 강화될 것 같다. 왜냐하면 그것이 특별히 '흑인의 목숨도 소중하다Black Lives Matter' 운동과 연결되는, 흑인 미국인 차별 금지와 맞물려 있기 때문이다. 문제는 트럼프주의가 2021년 이후에도 계속 살아 있을 것인가가 아니라 트럼프 자신이 그 운동의 우두머리로 남느냐 혹은 그의 가족이나 다른 야심만만한 공화당원이 그 대의를 이어가느냐가 될 것 같다.

트럼프가 세계 최대 민주주의국가에 초래한 위기는 중국과 러시아, 그리고 스트롱맨 지도자들에게 요긴했다. 그런데 미국은 민주주의가 그렇게 심한 상처를 입은 가운데 어떻게 스트롱맨 독재를 물리칠 수 있을 것인가? 미국이 가진 군사력, 정치력, 문화력을 고려할 때, 미국에서 일어나는 일은 전 세계의 정치 풍조를 좌우한다. 미국이 스트롱맨 정치의 유혹에 넘어간 세계 최초의 나라는 아니다. 앞에서 봤듯이 러시아와 튀르키예, 중국과 인도 그리고 유럽 몇몇 나라가 먼저 유혹에 빠졌다. 그러나 2016년 미국 대선은 전 세계 포퓰리스트 독재자에게 활력소가 됐다. 브라질리아에서 리야드, 마닐라까지 트럼프가 되고 싶은 사람들이 자신감과 교훈을 얻었다.

로드리고 두테르테

| 동남아시아 민주주의의 쇠퇴

Rodrigo Duterte

2016

"마약 문제를 믿기 어려울 정도로 훌륭하게 처리하셨다고 들었는데 축하드립니다. […] 많은 나라가 같은 문제를 가지고 있고, 우리도 그렇습니다만 당신이 대단한 일을 하셨다고 해서 전화해서 말해주고 싶었습니다."•1

2017년 4월에 트럼프가 두테르테에게 건넨 축하 인사는 전 세계 스트롱맨 지도자들끼리 한담을 나누는 방식을 보여준다. 김정은은 "대단히 개방적이고 멋진" 사람이고, 시진핑은 "강한 남자"였다.•2•3 그런데 두테르테에 대해서, 트럼프는 그의 가장 악명 높고 잔인한 정책을 칭찬하기로 했다. 마약 거래자나 사용자를 즉결 처형하는 조치였다.

두테르테는 트럼프가 미국 대통령이 되기 6개월 전인 2016년 5월에 필리핀 대통령으로 선출됐다. 그는 2016년 6월 30일에 71세의 나이로 대통령에 취임했는데, 그와 동시에 척살대death squads가 활동을 개시했다. 취임사에서 두테르테는 온전히 법의 테두리 안에 머무르겠다며 청중을 안심시켰다. 그러나 그로부터 불과 며칠 후, 마닐라 시민에게 법에 의지하지 말고 마음대로 처리하라고 부추겼다. "만약 여러분이 아는 중독자가 있다면, 직접 가서 그들을 죽이세요."•4 국제 앰네스티에 따르면, 두테르테가 대통령이 되고 첫 6개월 동안 '마약과의 전쟁'이라는 이름으로 7,000명 이상이 살해됐다.•5

　수많은 언론 보도와 인권 보고서에 서술된 그의 일상은 다음과 같았다. 두테르테가 수백 명의 마약 혐의자 이름을 공개한다.•6•7•8 그러면 살인이 시작된다. 이따금 '체포에 불응'하던 혐의자가 경찰의 총에 맞아 죽기도 했다. 어떤 경우는 복면을 한 자경단원이 오토바이를 타고 혐의자를 납치해서 살해했다. 피해자들은 거리나 가족과 함께 있던 집에서 살해됐고, 심지어 어떤 사람은 첫 번째 총을 빗맞고 병원에 왔으나 결국은 겁에 질린 병원 직원이 보는 가운데 수술대 위에서 살해되기도 했다. 수십 명의 아이들이 십자포화에 휩싸여 사망했으나, 두테르테는 이를 "부수적 피해"라고 일축했다.•9 '마약과의 전쟁'에서 사망한 사람의 전체 숫자는 논란의 여지가 있다. 공식 집계된 수치는 2020년 6월 기준으로 약 6,000명이었다. 그러나 필리핀 인권 위원회 Philippines' Commission on Human Rights는 무려 2만 7,000명이 살해됐다고 주장한다.•10•11 생명의 위협을 느낀 수십만 명의 혐의자들이 정부에 자수했고, 그 결과 현재 필리핀은 세계에서 가장 죄수가 많은 나라 중 하나가 됐다.•12 두테르테의 취임식과 함께 시작된 맹공 이후, 살인 속도는 느려졌다. 그러나 국가가 승인한 살인 정책은 폐지되지 않았다.

　'스트롱맨 시대'에 나타난 지도자 중 두테르테가 가장 노골적인 폭력배다. 과거 트럼프가 뉴욕 5번가에서 누군가에게 총을 쏴도 유권자는 자신을 지지할 것이라고 농담한 적이 있었는데, 두테르테는 실제로 그 농담을 실험한 사람이다. 그는 사람을 죽인 일을 공개적으로 뽐냈다. 가령, 해변에서 술에 취해 소동을 벌인 사람을 칼로 찔러 죽였다거나 살인 용의자를 총살했다거나 헬리콥터에서 살인자를 밖으로 내던졌다거나 하는 식이다.[13][14][15] 이런 자랑에도 유권자는 떠나지 않았을 뿐만 아니라, 오히려 그것을 그의 매력 요소로 받아들였다. 그는 '두테르테 해리Duterte Harry'라는 별명을 아주 좋아했는데, 이것은 영화 〈더티 해리Dirty Harry〉에서 클린트 이스트우드Clint Eastwood가 맡은, 범죄자를 응징하는 경찰의 이름에서 따왔다.

　두테르테는 대선 운동 기간에 척살대를 풀겠다는 계획을 감추지 않았다. 오히려 그 반대로 그것을 자신의 대표 공약으로 내걸었다. "누구든지 마약에 손을 댄다면, 그 개자식을, 내가 정말로 죽여버릴 겁니다. 나는 인내심이 없습니다."[16] 잔인한 지도자가 처음은 아니다. 그러나 '스트롱맨 시대'에 두테르테가 세계적인 인물이 된 데는 세 가지 이유가 더 있다. 첫째, 그는 트럼프를 포함한 다른 스트롱맨들이 나중에 활용하게 되는 포퓰리즘 기술(엘리트 집단 공격, 소셜 미디어의 획기적 사용, 끊임없는 거짓말과 '단순화simplist' 정치)을 개척하고 완성했다. 둘째, 그는 대통령에 당선된 후 개인숭배를 확립하고 반대파를 체계적으로 위협 및 투옥하며 언론과 사법부의 독립성을 약화시킴으로써 어떻게 포퓰리스트 스트롱맨이 권력을 강화하고 민주주의를 훼손할 수 있는가를 증명했다. 이것들은 러시아와 헝가리, 인도에서 사용됐고, 미국에서 트럼프가 시도한 기술들이었다. '스트롱맨 시대'에 두테르테가 중요한 세 번째 이유는 필리핀과 동남아시아 전체가 지난 40여 년간 세계 곳곳에서 일어난 권위주의와 민주주의의 싸움에서 핵심 역할을 해왔다는 사실에 있다. 동남아시아가 중국의 '뒷마당'이라는 점을 고려하면, 세계 민주주의의 지표로서 그 지역의 중요성은 아마 향후 몇 년간 계속 증가할 것이다.

주로 유럽과 미국에서 민주주의가 권위주의에 승리했음을 기리기 위해 '아누스 미라빌리스annus mirabilis(기적의 해라는 뜻)'로 부르는 해는 베를린장벽이 무너진 1989년이다. 동독, 체코슬로바키아, 루마니아 등에서 일당독재 체제를 무너뜨린 대규모 시위는 '피플 파워people power' 혁명으로 불린다. 그러나 본래 '피플 파워'는 1986년에 필리핀에서 군사 독재자 마르코스 대통령과 구두를 사랑했던 그의 아내 이멜다Imelda를 무너뜨린 대규모 시위를 칭하던 표현이었다.

마르코스가 20년간 누린 권력은 대선 부정선거와 유력 야당 정치인 베니그노 아키노Benigno Aquino의 암살에 대한 국민의 반발로 약해졌다. 그러다 미국으로부터 오랜 지원이 끊기자, 마르코스는 망명했다. 그리고 아키노의 미망인인 코라손Corazon이 죽은 남편을 대신해 대통령이 됐다. 필리핀의 '피플 파워' 혁명은 동아시아 전체가 민주 사회로 전환되는 과정에서 첫 번째 사례였고 한국(1987년), 대만(1987~1996년), 인도네시아(1998년)가 뒤를 이었다. 필리핀에서처럼 한국과 대만, 인도네시아에서도 독재정치의 전성기는 권위적 지도자와 연관되어 있었다. 한국의 박정희, 대만의 장제스Chiang Kaishek, 인도네시아의 수하르토Suharto가 그들이다.

　그러나 지금 필리핀은 동아시아에서 가장 극적인 정치 후퇴 사례를 제공하고 있다. 두테르테가 대통령으로서 한 최초의 조치 중 하나는 대단히 상징적이었다. 그는 마르코스의 시신을 국립 영웅 묘지에 안장시켰다. 또한 마르코스가 국고에서 약탈한 수십억 달러를 회수하기 위해 활동 중이던 특별 조사단을 해체했다. 확실히 두테르테는 민주주의로 가는 시계를 거꾸로 돌리고 있었다. 그리고 이런 그의 행동은 수많은 국민의 성원에 힘입은 것이었다. 2019년에 실라 코로넬Sheila Coronel이 썼듯이, 집권 중반에 두테르테의 지지율은 80퍼센트에 육박했다.·17 부분적으로 그의 인기는 공무원 임금 인상, 국립대학 수업료 무료같이 세간의 이목을 끄는 지출 프로그램 덕분이었다. 그러나 '마약과의 전쟁'과 법을 무시하는 스트롱맨 스타일도 지지율에 도움이 됐다.

　이런 독재로의 회귀가 동남아시아의 추세로 자리 잡는 것을 두려워하는 데는 이유가 있다. 1990년대 초에 나는 〈이코노미스트〉 동남아시아 특파원으로 태국에 있었는데, 당시 태국은 1991년 쿠데타 이후 민주주의를 재건하는 중이었다. 그곳의 민주주의는 10년에 걸쳐 서서히 재건됐다. 그러나 2014년에 다시 쿠데타가 일어난 후에, 태국은 군사 통치 시대로 되돌아갔다. 이웃 나라 미얀마는 2010년에 아웅 산 수 치Aung San Suu Kyi가 석방되고 민주국가로 나아가고 있었으나 2021년 2월에 군부가 통제권을 회복했고, 수 치는 다시 체포됐다.*

　동남아시아 최대 국가이자 세계에서 네 번째로 인구가 많은 인도네시아는 조용한 성격의 민간인 출신 대통령 조코 위도도Joko Widodo가 이끌고 있다. 2016년에 런던에서 만난 조코위(주로 불리는 이름)는 왕처럼 행동했던 수하르토와 신선한 대조를 이뤘는데, 수하르토는 잔인한 군사정권의 우두머리로서 1960년대 중반부터 30년 동안 인도네시아를 통치한 인물이다. 사실 조코위는 내가 만났던 세계 지도자 중에서 아마도 가장 겸손한 사람 같았는데, 담화의 대부분을 무역 장관인 톰 렘봉Tom Lembong에게 맡기고, 군부가 자행한 인권유린의 역사에 대한 난감한 질문들은 차분하게 피해갔다. 겸손해 보이는 태도와 보잘것없는 배경 덕분에, 조코위는 국민의 삶의 질 개선에 주로 관심을 두는 보통 사람이라는 명성을 얻었다. 그러나 시간이 흐르면서 조코위도 점점 권위적으로 변해갔다. 그는 수하르토 시대에 활약했던 강경 이슬람주의자와 군부 인사 들을 포용함으로써 자신의 정치적 입지를 강화했다. 조코위는 두테르테와 다르지만, 집권 초에 성급하게 그를 "인도네시아의 오바마"로 묘사한 것은 지금 보면 당연히 순진한 판단이었다.*[18]

전면에 나서지 않는 조코위와 달리, 두테르테는 전 세계가 아는 인물이 됐다. 부분적으로 이것은 그가 의도적으로 터무니없는 행동을 일삼았기 때문이다. 그러나 국제사회가 그에게 관심을 두는 데에는 그의 기괴한 쇼맨십 외에 다른 이유들이 있다. 두테르테는 엘리트 집단이 생각하기에 국가 지도자로 전혀 적합하지 않은 인물이 최고 지도자가 되어 새로운 형태의 포퓰리즘 정치를 할 수 있다는 사실을 증명한 최초의 스트롱맨이었다.

---

*   2010년에 석방된 후, 수 치는 소수민족인 로힝야족에 대한 잔혹 행위에 연루되어 국제사회에 환멸을 안겼다. 그러나 그때도 미얀마는 여전히 민주국가였다. 2021년 쿠데타는 2020년 선거 결과에 불복한(트럼프처럼 부정선거라고 비난하던) 군부가 일으켰다.

2016년에 두테르테의 성공적인 대선 운동은 유권자들의 심금을 울렸던(사실처럼 느껴졌기 때문이다) 새빨간 거짓말의 힘을 보여줬다. 두테르테는 필리핀이 "마약 국가"가 될 위험에 처했다고 주장했다. 전문가들은 이 발언에 코웃음을 쳤다. 물론 필리핀에는 마약 문제가 있으며, 특별히 빈민 지역에서는 메스암페타민이나 '샤부shabu'를 사용한다. 그러나 유엔에 따르면, 필리핀의 전반적인 마약 남용 수준은 세계 평균보다 낮으며, 2016년 기준으로 메스암페타민을 사용하는 사람은 인구의 약 1퍼센트였다.[19]

그러나 높은 범죄율이 이민자 탓이라는 트럼프의 다양한 거짓말이 그랬듯이, 두테르테의 "마약 대유행drug epidemic" 발언도 국민의 걱정과 불안에 초점을 맞췄다. 트럼프처럼 두테르테도 주목받기 위해 터무니없는 주장을 함부로 쏟아냈고, 그 때문에 경쟁자들은 비교적 따분하고 조심스러운 사람처럼 보였다.

트럼프와 또 다른 비슷한 점은 두테르테도 독특한 선거제도의 수혜자라는 사실이다. 두 사람 모두 과반 득표를 하지 못한 채 당선됐다. 2016년에 트럼프에게 신승을 안겼던 것은 선거인단 제도였다. 두테르테는 다수 득표자가 당선인이 되는 제도의 수혜자였다. 2016년 5월 9일에 두테르테는 다른 네 명의 후보를 누르고 39퍼센트를 득표했으며, 그다음 다수 득표자였던 마르 록사스Mar Roxas의 득표율은 23.45퍼센트였다.

그런 결과는 최고 권력자가 되기에는 충분한 승리였다. 흔히 그렇듯, 자유주의적 국제주의자들liberal internationalists은 민족주의적 포퓰리즘 시대에 벌어지는 상황에 곤혹스러워했다. 수많은 외부인이 보기에,

아키노 시대의 필리핀은 개선되고 있는 것 같았다. 〈이코노미스트〉에 따르면, 필리핀은 해마다 평균 6퍼센트의 경제성장률을 보이며 '지루한 성공'을 거둔 나라였다.[20]

그러나 두테르테는 범죄를 두려워하고 그것을 해결하지 못하는 기득권 정치인들에 분노를 품은 불안정한 중산층에서 정치적 기반을 발견했다. 모디와 트럼프처럼 두테르테도 정치인을 향한 대중의 불신과 부패에 대한 혐오감을 이용했다. 필리핀 의회 의원의 4분의 3은 정치 명문가 출신으로, 적당히 부패하고 무관심한 사람들로 인식됐다.[21] 2001년부터 2010년까지 대통령직을 수행했던 글로리아 마카파갈 아로요Gloria Macapagal Arroyo는 국가 복권 기금을 유용한 혐의로, 영화배우 출신으로 아로요의 전임자인 조셉 '에랍' 에스트라다Joseph 'Erap' Estrada는 막대한 공공 기금 횡령으로 기소됐다. (그는 술고래로 유명한데, 내가 인터뷰하는 동안 잠이 들었던 유일한 정치인으로 늘 기억한다.)

두테르테는 '마닐라 제국'의 부패한 엘리트와 차별화함으로써 권력을 잡았다. 그는 자신이 지방 출신이고 사투리를 쓰기 때문에 엘리트 사이에 있으면 불편하다고 공개적으로 말했다. 마닐라에서 로스쿨에 다닐 때는 자신의 연설을 조롱한 어느 오만한 학생에게 총을 쏴서 다치게 한 적이 있다고 주장했다.[22] (그 사건이 그가 법학사 학위를 받고 졸업하는 데 방해가 되지는 않았다.) 그는 여전히 자신의 고향이자 수십 년간 통치했던 다바오에서 주중 며칠을 보내고 있으며, '대통령'보다 '시장'이라는 옛 직함을 선호한다고 말했다.

두테르테 안에는 소탈함과 조잡함이 뒤섞여 있다. 그의 연설은 의식의 흐름대로 일관성 없이 진행되며, 상스러운 단어들과 비사야어

Bisaya, 타갈로그어Tagalog, 엉터리 영어 등이 난무한다. 트럼프와 보우소나로처럼, 이런 거친 스타일은 좀 더 점잖은 기득권 정치인들과 그를 차별화한다. 그러나 두테르테가 자신의 스타일이 정치적 자산이 된다는 사실을 분명히 의식했다 하더라도, 그의 태도는 정상적이지 않다. 1998년 7월에 그가 이혼 과정에서 받아야 했던 심리 평가는 "남을 비하(하고) 모욕하는 성향이 다분"하다고 확인했으며, 그에게 자기도취적 인격 장애가 있다고 결론 내렸다.'²³ 그의 전체적인 모습(분노, 여성 혐오, 적의 등)은 실제 성격을 그대로 반영하고 있었다. 정치인들이 기본적으로 불성실하고 엘리트 집단이 평범한 사람들의 고통에 무관심한 나라다 보니 많은 사람이 두테르테의 분노를 공유할 수밖에 없었다.

반체제적 태도로 지지를 얻었지만, 일단 대통령이 되고 나니 예상대로 두테르테도 마닐라 엘리트 집단에 호의를 베푸는 일이 즐거웠다. 그는 마르코스의 아들 봉봉 마르코스 상원 의원과 가까이 지냈다. 두테르테 정부가 들어서고 몇 달이 지나지 않았을 때, 아로요 전 대통령의 뇌물 수수 혐의가 무죄로 선고되자 그녀는 신임 대통령에게 자신이 무죄판결을 받도록 "분위기를 조성해준" 것에 공개적으로 감사 인사를 했다.'³⁴ 2020년 11월에 두테르테는 그녀를 대통령 고문으로 임명했다.

아로요, 봉봉 마르코스 같은 사람들과 두테르테의 교제가 특별히 놀랍지 않은 것은 사실 그도 필리핀의 정치 엘리트 집안 출신이기 때문이다. 자신을 평범한 사람처럼 세심하게 꾸몄지만, 두테르테의 아버지 비센테Vicente는 주지사 출신으로 나중에 마르코스 내각에서 일했다. 두테르테는 성적이 나쁜 학생이었고, 여러 학교를 전전했다. 그러나 마르코스 체제가 붕괴된 직후인 1986년에, 어머니의 인맥을 이용해서 필리핀에서 세 번째로 큰 도시인 다바오의 부시장이 됐다. 그로부터 2년 후에는 시장으로 선출됐고, 중간에 공백기가 있긴 했지만 그래도 20여 년간 시장직을 수행했다.[25]

푸틴과 에르도안처럼, 두테르테도 대도시에서 정치를 시작하면 권력 기반을 다지는 데 유리하고 필요한 정치 기술을 학습할 기회도 얻는다는 사실을 증명했다. 1980년대 다바오는 전쟁터나 다름없었다. 남부 민다나오Mindanao섬에서 공산반군인 신인민군New People's Army, NPA이 경찰들을 암살했다. 자경단은 좌파를 사냥했다. 모로족Moro people 출신의 무슬림 분리주의자들은 테러를 자행했다. 무엇보다 마약 조직과 연계된 범죄가 기승을 부렸다. 두테르테는 통제권을 되찾기 위해 분할통치 전략을 사용했다. 그는 전前 공산당원들을 정부로 끌어들였다. 가령, 두테르테의 선거운동 본부장을 거쳐 비서실장이 된 레온시오 에바스코 주니어Leoncio Evasco Jr.는 신인민군 출신이다. 또한 모로족의 이익을 대변할 수 있는 사람을 부시장으로 임명했고, 투항하는 분리주의자들은 사면했다. 그러나 두테르테가 세운 새로운 질서를 따르지 않는 사람들, 무엇보다 마약 연루자들은 끝까지 추적당했다.

2009년에 필리핀 인권 위원회에서 나온 사람들이 다바오의 폐채석장에 들어갔다. 그곳에서 그들은 수천 개의 인골을 발견했는데, 이는 두테르테가 시장으로 있는 동안 다바오 척살대Davao Death Squad, DDS라는 자경단이 살해한 1,400명의 마약 사용자와 거래자의 유해였다.[26] 두테르테 비판가인 레일라 드 리마가 주도한 이 조사는 두테르테의 로스쿨 친구이자 나중에 법무 장관으로 임명되는 비탈리아노 아기레 2세Vitaliano Aguirre II에 의해 신속하게 중단됐다.

두테르테가 대통령에 당선된 직후인 2016년 9월, 당시 상원 의원이던 드 리마는 다바오 척살대에 대한 새로운 조사에 착수했고 그 과정에서 논란이 되는 증언이 나왔다. 전前 척살대원들이 상원 사법 위원회Senate Justice Committee에 나와 두테르테가 개인적으로 그들의 작전을 감시했고 마약 혐의자들을 직접 처형했다고 증언했다. 또한 이들은 시청 직원으로 이름을 올려 급여를 수령하는 형태로 자금을 지원받았다고 주장했다. 드 리마 상원 의원에 대한 두테르테의 복수는 신속하고 가차 없었다. 그의 압력으로 드 리마는 상원 사법 위원회에서 쫓겨났다. 2017년 2월에는 경찰관과 재소자의 조작된 증언에 근거해서 마약 밀매 혐의로 체포됐다. 마약 범죄라 보석도 허용되지 않았다. 2021년에도 여전히 그녀는 재판을 기다리며 수감 중이나 2022년 5월에 상원 의원 선거에 재출마하겠다고 선언했다.

두테르테가 상원 사법 위원회에서 제기된 혐의들을 부인했음에도, 그리고 위원회 조사의 신뢰도를 떨어뜨리기 위해 최선을 다했음에도 다바오 척살대에 대한 그의 대외적 입장은 복잡했다. 그는 그들의 행동을 자주 칭찬했고 자신이 직접 마약 거래상들을 살해했다고 자랑하기도 했었다. 언젠가 시장 시절에 그는 일요일 아침 텔레비전 프로그램에 나와서 이렇게 고백했다. "그들 말대로, 제가 척살대원일까요? 맞습니다. 사실이에요." 나중에 그는 농담이었다고 주장했지만, 그의 전반적인 의도는 분명해 보였다. 즉, 자신의 역할은 인정하지 않으면서 척살대의 공로는 인정한다는 것이었다. 그는 대선 유세 때 이렇게 말했다. "저는 여러분의 최후의 수단입니다. 잘못된 일을 바로잡기 위해서라면 제 몸도 더럽히겠다고 약속드리겠습니다."[•27] 이것은 스트롱맨의 전형적인 화법이었다. 즉, 체제는 실패했으므로 오직 자신만이 아무도 하지 못할 방식으로 질서를 회복할 수 있다는 의미였다. 다바오 그리고 암묵적으로 척살대가 두테르테의 증거이며, 아니면 그의 표현대로 "증거물 제1호"였다. 두테르테는 다바오처럼 나라 전체를 통치하겠다고 약속했지만, 아이러니하게도 다바오는 여전히 제 기능을 하지 못한다. 그곳은 필리핀에서 살인의 도시로 남아 있다.[•28] 만약 지금 다바오가 1980년대보다 더 안전하고 부유해졌다면, 필리핀의 대부분 지역도 마찬가지다.

그러나 포장된 다바오 업적은 대선 운동 기간에 두테르테가 흘린 수많은 허위 정보 중 일부에 불과했다. 정적들에 대응하는 비용이 늘어가자, 두테르테의 소셜 미디어 담당팀은 유료 광고에 의존하지 않고 두테르테의 메시지를 홍보할 방법을 찾았다. 이들은 곧바로 페이스북에 기댔다. 두테르테의 터무니없는 발언들은 전혀 사실이 아닌데도, '공유하기'와 '좋아요'를 누르고 댓글을 달기에 충분히 자극적이었으므로 쉽게 퍼졌다. 아무런 비용 없이 필리핀의 (전체 인구 1억 800만 명 중에서) 페이스북 사용자 7,000만 명을 대상으로 선거운동을 할 수 있었다. 그러나 두테르테 선거 본부는 두테르테에게 유리한 가짜 뉴스를 유포하기 위해 댓글 부대를 동원하는 데 20만 달러를 투자했다. 이런 가짜 뉴스에는 두테르테가 영국 왕실이나 교황에게 칭찬을 받았다는 이야기부터 정적들의 가짜 성관계 동영상과 폭력 범죄로 추정되는 그래픽 이미지까지 다양했다. 가령, 필리핀 여성이 범죄 조직에 살해당한 자기 아이를 보고 비통해하는 사진은 알고 보니 브라질에서 찍힌

것이었다.•²⁹

　　필리핀은 가짜 뉴스라는 유행병의 선두에 있었다. 페이스북 경영
진 중 누군가의 표현대로, 필리핀은 '최초 감염자'였다.•³⁰ 그런데도 페
이스북은 2016년 5월 선거를 앞두고 그 문제를 해결하기 위해 거의
아무것도 하지 않았다. 두테르테가 승리한 이후인 그해 8월에, 저명
한 언론인이자 독립 뉴스 사이트〈래플러Rappler〉의 CEO인 마리아 레
사Maria Ressa는 페이스북에 필리핀의 가짜 뉴스 문제를 경고했다. 그녀
는 페이스북 고위직에게 친두테르테 선전을 유포하는 가짜 계정들의
증거를 제시하면서 11월에 있을 미국 대선에서도 비슷한 일이 벌어질
것이라고 경고했다. 곧이어 그녀가 옳았음이 증명됐다.

　　미국 대선이 끝난 후, 마침내 페이스북은 조치를 취하기로 하고
레사가 파악한 친두테르테 계정들을 삭제했다. 그러나 이미 상당한 피
해가 발생한 후였다. 두테르테는 소셜 미디어를 악용한 덕분에 선거에
서 승리할 수 있었다. 그는 가짜 뉴스가 어떻게 정치적으로 이용될 수
있는가를 전 세계 스트롱맨에게 보여줬다. 레사는 이렇게 주장했다.
"그것들은 우리 나라에서 미국을 조종하기 위한 전술들을 테스트한다.
만약 어떤 전술이 효과가 있으면, 그것들을 '복사'해서 전 세계로 보낸
다."•³¹

　　당연하게도 두테르테는 자기 일에 이의를 제기하는 사람들과 관
계가 좋지 않았다. 페이스북이 필리핀 군대와 경찰을 역추적해서 찾아
낸 가짜 뉴스 네트워크를 무너뜨리자, 2020년 9월에 두테르테는 페이
스북을 금지하겠다고 위협했다. 그는 가짜 계정들을 찾아냈던〈래플
러〉가 CIA로부터 돈을 받고 있다고 비난했으며, 그 경솔한 언론인들

은 "암살을 피하지 못할 것"이라고 협박했다. 그의 공보 비서관은 대통령의 독특한 유머를 이해하지 못한다며 기자들을 책망했고, 대통령의 말을 "진지하게 받되 곧이듣지는 말라고(트럼프 옹호자들에게서 빌려 온 표현)" 조언했다. 그러나 그동안 두테르테는 자신을 비판하는 언론을 무자비하게 추적해왔기 때문에 그의 위협이 단순한 엄포는 아니었다. 레사도 명예훼손과 탈세 등 가짜 혐의가 적시된 체포 영장을 10개나 발부받았으며, 혐의가 인정될 경우 수년간 징역형을 살아야 한다.•32

두테르테는 필리핀의 주요 뉴스 방송사인 ABS-CBN의 마약 전쟁에 관한 보도도 문제 삼았다. 이 방송사는 2020년 5월에 방송 면허가 만료된 후 운영을 중단했다. 두테르테의 협력자들이 장악하고 있던 필리핀 하원은 ABS-CBN의 면허를 갱신해주지 않기로 의결했고, 이에 방송사는 막대한 광고 수입을 잃고 지역 채널 운영도 중단했다. 이것도 스트롱맨의 흔한 수법이다. 2019년에 보우소나루는 브라질 최고 방송사의 면허를 취소하겠다고 협박했고, 앞에서 봤듯이 헝가리 언론은 오르반 정부로부터 엄격한 통제를 받고 있다.

두테르테의 반대파 탄압은 사법부까지 확대됐다. 필리핀의 반부패기구 최고 책임자인 콘치타 카르피오 모랄레스Conchita Carpio-Morales가 두테르테의 재무 상태를 조사하기 시작하자, 두테르테는 그녀를 탄핵하겠다고 협박하고 그녀에게 부책임자인 아서 카란당Arthur Carandang을 직무 정지시키라고 명령했다. 모랄레스는 거부했지만, 그녀의 임기가 끝난 후에 두테르테는 최고 책임자 자리에 자신의 측근을 앉힌 후 카란당을 파면하게 했다. 마리아 루르데스 세레노Maria Lourdes Sereno 대법원장은 두테르테의 마약 전쟁과 민다나오섬에서의 계엄령 선포가 적법했는지 의문을 제기한 후에, 모호한 법 집행을 통해 파면됐다. 그녀는 재산을 제대로 공개하지 않았다고 비난받았는데, 이는 두테르테도 마찬가지였다. 사법부가 어느 정도 두테르테에게 장악되자, 아무도 그에게 '마약과의 전쟁'이나, 민다나오섬에서 계엄령 선포 후 벌인 '테러와의 전쟁'에서 자행된 인권침해에 대해 책임을 묻지 않았다.

두테르테가 오르반이나 푸틴, 시진핑 같은 스트롱맨과 다른 점은 이념이 없다는 것이다. 그는 미숙한 민주주의자이며, '말이 많은 계급'을 경멸한다. 그는 자신의 행동을 지적인 말로 합리화하지 않고, 다른 독재자들이 지침으로 삼는 반자유주의적 계획을 설명하지도 않는다. 이런 점에서 두테르테는 트럼프나 보우소나루에 가깝다. 그 두 지도자처럼, 두테르테도 본능에 따라 움직이고 생색내기를 좋아하며, 충성도와 개인적 친분에 따라 정부 관료를 임명한다. 두테르테의 어린 시절 동창인 카를로스 도밍게스 3세Carlos Dominguez III는 재무 장관이 됐다. 또 다른 동창인 빙봉 메디알데아Bingbong Medialdea는 대통령실 업무를 총괄하는 수석 장관이 됐다. 외무 장관과 법무 장관도 두테르테의 동창들이다. 현재 그의 딸 사라와 아들 파올로Paolo는 각각 다바오 시장과 부시장이며, 사라는 국제 행사에서 아버지를 대행하고 있다. 두테르테는 사라가 자연스럽게 자신의 후계자가 될 것이라고 시사했다.

두테르테의 본능적이고 비체계적인 스타일은 외교정책에도 영향을 미친다. 집권 초에 두테르테는 베이징 방문 중 미국과의 전통적인 동맹 관계를 '포기'하겠다고 발표해서, 워싱턴을 깜짝 놀라게 했다. 인민대회당에서 크게 환영하는 청중을 앞에 두고, 두테르테는 이렇게 선언했다. "저는 여러분의 이념적 흐름에 동조하게 됐으므로, 어쩌면 푸틴 대통령과 대화하기 위해 러시아에도 갈지 모르며, 그에게 이 세상에 우리 세 나라, 중국과 필리핀과 러시아가 있다고 말하겠습니다. 그게 유일한 방법입니다." 두테르테의 발언에는 부분적으로 오바마 대통령을 향한 개인적 분노가 반영됐는데, 오바마 정부는 그의 인권 탄압 문제에 우려를 표한 바 있었다. 그때 두테르테는 오바마를 "개자식"이라고 불렀고, 그에게 "지옥에나 가버려"라고 말했다.[33]

필리핀에서는 특이한 경우지만, 두테르테는 개인적·정치적 이유에서 오랫동안 강한 반미 감정을 키워왔다. 2002년에 두테르테는 여자 친구였던 허니렛 아방세나Honeylet Avancena를 만나기 위해 미국 비자를 신청했다가 척살대 연루 건으로 거부당했었다. 오바마와 다툼이 있기 전에도, 그는 대선 운동 기간에 자기가 한 발언을 비판했다는 이유로 미국 대사에게도 "동성애자 개자식"이라고 불렀는데, 그 발언이란 1989년 다바오 교도소 폭동 때 선교사 하나가 집단 성폭행 및 살해된 사건을 두고 두테르테가 자기도 참여했으면 좋았겠다고 한 막말을 가리킨다. 오바마와 틀어진 후에, 두테르테는 중국이 적극적으로 영유권을 주장하는 남중국해에서 미국과의 해상 연합 훈련을 잠시 중단했다.

그러나 필리핀의 어떤 대통령도 반미 입장을 계속 유지하기란 어렵다. 국제 여론조사들에 따르면, 필리핀은 전 세계에서 가장 일관되게 미국에 우호적인 나라 중 하나다. 1898년부터 1946년까지 미국의 식민지로 살아온 역사는 대부분의 사람들에게 분노를 지속적으로 부추기기보다 문화적 친밀감을 형성했다. 현재 필리핀인의 반 이상이 영어를 할 줄 알고, 대규모 미국인 공동체가 있으며, 필리핀에서 가장 인기 있는 스포츠도 농구다. 미국 태평양 함대는 필리핀의 기지를 사용하며, 양국 해군은 자주 연합 훈련을 한다. 두테르테가 취임사에서 인용한 두 외국 지도자도 프랭클린 루스벨트Franklin Roosevelt와 에이브러햄 링컨Abraham Lincoln이었다.

또한 필리핀은 전략 요충지이자 세계 해상 교통의 3분의 1이 통과하는 남중국해를 두고 중국과 오랫동안 영토 분쟁 중이다. 두테르테도 남중국해 분쟁을 중요하게 생각했기에, 이 이슈에 대해 통찰을 얻고 싶다는 기자들에게 다소 이례적으로 로버트 캐플런의《지리 대전Asia's Cauldron》이라는 진지한 책을 추천했다. 이따금 그는 이 이슈에 대해 반중 혹은 민족주의적 입장을 취했다. 대선 운동 중에는 분쟁 해역에 중국이 건설한 인공 섬으로 제트스키를 타고 가서 그곳에 필리핀 국기를 꽂겠다고 적대적으로 말했다.

두테르테도 미국과의 오랜 협력 관계에 따라 친미 성향이 강한 필리핀 군대로부터 압박을 받고 있었다. 그리고 필리핀 국민도 대체로 자국의 해상권 방어에 강경한 입장이다. 결과적으로 두테르테의 대중 정책도 점점 강경해지고 있다. 아마도 초기 두테르테의 묵인에 잘못 마음을 놓았던 중국도 스스로를 과신했던 것 같다. 2019년 4월에 중국이 분쟁지인 티투섬 주변에서 실력 행사에 나서자, 두테르테는 격분해서, 만약 중국이 철수하지 않으면 '자살 특공대'를 보내겠다고 으름장을 놓았다. 2020년 9월에 유엔총회 연설에서 두테르테는 국제사법재판소가 필리핀의 남중국해 영유권을 인정했다고 크게 선전했다. 그다음 달에는 분쟁 해역에서 석유와 가스 탐사를 재개했다.

그럼에도 불구하고, 집권 후 첫 4년 동안 두테르테가 시진핑과는 여섯 번이나 회담했지만 트럼프와는 단 한 번만 만났다는 사실은 놀랍다. 비록 트럼프가 두테르테의 인권유린을 개인적으로 문제 삼지 않겠다고 분명히 밝혔지만, 그도 자국의 외교정책을 완전히 통제하지는 못했다. 두테르테는 자신의 수행단이 미국에서 제지당할 것을 알았으므로, 트럼프의 초대에 응할 수 없었다.

그러나 트럼프와 두테르테가 만났을 때, 둘의 분위기는 대단히 좋았다. 2017년 11월, 마닐라에서 열린 아세안 정상 회의summit of the Association of South East Asian Nations에서 두테르테는 필리핀 대중가요를 트럼프에게 불러줬다. "당신은 제 세상의 빛이에요. 제 마음의 반이지요"라는 가사였다.

이 일화는 스트롱맨 지도자들의 전형적인 관계를 보여주며, 공개된 장소에서 그들이 보여준 저속한 허식과 상호 아첨은 보이지 않는 곳에서 자행되는 폭력 및 불법 행위와 맞물려 있었다. 이런 공적 화려함과 사적 잔인함의 조합은 무엇보다 트럼프 대통령과 특별한 관계를 구축했다고 주장하는 또 다른 스트롱맨의 특징이기도 했다. 그는 바로 사우디아라비아의 무함마드 빈 살만이다.

9

빈 살만과 네타냐후

| MBS의 부상과 네타냐후 현상

Mohammed bin Salman
Benjamin Netanyahu

2017

2017년 1월에 트럼프가 미국 대통령에 취임했을 때, 유럽 대부분은 불길한 예감에 휩싸였다. 그러나 미국과 대단히 가까웠던 두 중동 국가인 이스라엘과 사우디아라비아의 지도자들은 매우 기뻐했다. 네타냐후 이스라엘 총리와 빈 살만 사우디아라비아 왕세자는 오바마 정부의 중동 정책이 위험하리만치 순진하다고 생각했었다. 이제 트럼프가 백악관에 입성했으니, 그들에게는 다시 한번 민주주의 전파와 이란 강경책보다 중동 지역 안정을 우선시할 미국 대통령이 생긴 셈이었다.

비비Bibi와 MBS(네타냐후와 빈 살만을 흔히 부르는 별명)는 '스트롱맨 시대'에 핵심 인물들이다. 두 사람 모두 전임자들보다 훨씬 개인화된 방식으로 국정 운영을 하고 있다. 2019년 7월에 네타냐후는 총리가 된 지 13년이 지나 이스라엘 건국의 아버지인 다비드 벤구리온David Ben-Gurion의 재임 기록을 넘음으로써, 이스라엘 최장수 총리가 됐다.

빈 살만은 비교적 최근에야 세계 무대에 등장했다. 그는 2015년에 정부에 들어갔고, 2017년에 공식적으로 왕세자 지명을 받았다. 그러나 그도 전환기적 인물transformational figure이다. 현대에 들어서 사우디아라비아 지도자가 지금처럼 그렇게 카리스마 넘치는 개인이었던 적이 없었다. 사우디아라비아의 새로운 스트롱맨은 연령 순서에 따라 왕자들 간의 합의와 분할 통치가 중심이 되는, 왕족의 집단 지도 체제라는 낡은 방식을 걷어내고 있다. 2018년에 그의 전기를 쓴 벤 허버드Ben Hubbard는 이렇게 설명한다. "MBS는 군대, 석유 산업, 정보기관, 경찰, 국가방위부National Guard까지 통제권을 확대해서, (전통) 체제를 파괴했다."•1

권력 집중과 지도자와 국가 동일시(국내외 모두에서)는 '스트롱맨 시대'의 특징이다. 비비와 MBS는 민족주의 성향이 강한 지도자이고, 외부 세계에 대한 편집증도 심하다. 이란에 대한 공통된 반감과 트럼프 정부와 협력하고 싶은 열망이 2016년부터 2020년까지 중동의 지정학을 재편했다.

두 지도자는 기질과 전략 목표가 유사하지만, 두 나라의 정치 환경뿐만 아니라 물리적 환경도 사뭇 다르다. 사우디아라비아 왕가의 풍족한 생활 조건은 타의 추종을 불허한다. 빈 살만이 자비로 산 물건 중에는 파리 외곽의 3억 달러짜리 대저택도 있다.•2 리야드에서 왕세자의 접견을 받은 방문객들은 그가 가진 웅장하고 화려한 (그리고 의도된) 환경에 자주 놀란다.

그에 비해, 이스라엘 총리의 집무실은 확실히 검소했다. 나는 2013년에 네타냐후를 그의 집무실에서 만났는데, 그곳은 매력적이지는 않았지만 한 줄로 된 돌계단 꼭대기에 안전하게 자리 잡고 있었다. 그의 집무 공간은 특별히 크거나 웅장하지 않았다. 상류층임을 암시하는 물건이라고는 그가 집무실의 편안한 소파에서 세계 정치를 논할 때 피웠던 두툼한 시가가 전부였다.

시가와 로제 샴페인을 좋아하는 네타냐후의 취향은 훗날 그의 정치생명을 위협하고 감옥까지 보낼 뻔했던 지지부진한 부패 혐의 재판에서 논란이 된다. 그와 반대로, MBS는 완전한 면책권을 가지고 활동하며, 자신의 정적들을 가두거나 심지어 살해도 할 수 있다.

그러나 비비와 MBS는 적과 친구를 공유했다. 이란은 적이었고, 트럼프의 사위인 쿠슈너는 친구였다.

네타냐후는 지난 20년의 대부분을 이란의 핵 위협을 강력 경고하는 데 보냈다. MBS는 이란의 영향력을 두려워해서 예멘 전쟁에 참여했고 이웃인 카타르를 봉쇄했다.

트럼프는 대통령이 되자마자 가족(특히 딸인 이방카와 사위인 쿠슈너)을 가장 신임하는 보좌관으로 삼겠다고 밝혔다. 이런 식으로 국가를 왕정 국가처럼 통치하겠다는 발상은 독특하지만 부적절했으므로 워싱턴의 기득권 세력에게 큰 충격을 줬지만, 사우디아라비아 왕가에서는 지극히 자연스러운 방식이었다. 자란 환경은 달랐어도 쿠슈너와 MBS는 둘 다 왕자였다. 그들은 30대에 이미 거부였고, 그런 지위는 집안 덕분이었다. 트럼프의 임기 초반에, 두 사람은 트럼프의 사업 동업자들의 소개로 만나서 빠르게 친해졌다.[3] 두 사람이 자주 주고받은 왓츠앱WhatsApp (북미 지역에서 많이 사용하는 메신저 – 옮긴이) 문자와 그림 문자는 미국 정보기관의 관심과 우려의 대상이었다.

세대가 다른 네타냐후와 쿠슈너의 인연은 조금 달랐다. 네타냐후는 쿠슈너의 아버지이자 부동산 개발업자인 찰스 쿠슈너Charles Kushner와 가까운 사이였고, 1980년대에는 뉴저지의 쿠슈너 집에 잠시 머무르기도 했는데, 당시 어린 쿠슈너가 전도유망한 정치인이었던 네타냐후에게 자기 침대를 양보했다고 한다.[4]

쿠슈너는 오랫동안 이스라엘에 헌신해온 정통파 유대인으로서, 자연스럽게 중동에 관심이 많았다. 2020년 여름에 그는 사우디아라비아와 이스라엘이 공유하는 이란 공포증을 이용해서 역사적으로 중요한 외교적 돌파구를 마련했는데, 그것은 바로 이스라엘과 아랍 에미리트 연합국의 관계 정상화였다. 아랍 에미리트 연합국은 작지만 부유한 나라로, 사우디아라비아의 동맹국이다. 두바이Dubai, 아부다비Abu Dha-bi, 텔아비브Tel Aviv는 서로 직항 노선으로 연결되며, MBS 덕분에 처음으로 이스라엘 비행기가 사우디아라비아 상공을 통과할 수 있게 됐다. 이스라엘의 희망이자 바람은 살만 국왕King Salman 사후에 MBS가 왕위를 계승해서 사우디아라비아가 이스라엘과 국교를 맺음으로써, 1948년에 이스라엘 건국으로 시작된 아랍의 거부 동맹이 실질적으로 종식되는 것이다.

아랍에미리트연합국과의 협정은 네타냐후에게 절실히 필요했던 정치적 승리였다. 2020년에 그는 연속 세 번째로 불확실한 선거를 거쳐 겨우 총리 자리를 유지하고 있었으며, 부패와 사기 혐의로 재판도 앞두고 있었다. 그러나 이제는 이스라엘 관광객과 사업가 들의 시야를

넓혀줄, 새로운 평화조약을 뽐낼 수 있게 됐다. 아랍에미리트연합국과 이스라엘의 협정은 이스라엘-팔레스타인 분쟁의 궁극적인 해결책으로서 오랫동안 논의된 "두 국가 해법two-state solution(이스라엘과 팔레스타인이 두 독립국으로서 평화롭게 공존하는 체제 – 옮긴이)"에 대한 언급 없이 체결됐기 때문에, 팔레스타인에는 심각한 타격이기도 했다. 수십 년 동안 아랍과 세계 정치의 핵심 이슈였던 팔레스타인의 대의가 소외되는 듯했기 때문이다. 협정 이후에, 네타냐후의 전기 작가 안셀 페퍼Anshel Pfeffer는 팔레스타인인이 결국 티베트인처럼 될지 모른다고 추측했다. 즉 땅은 점유하되 그들의 운명은 외부 세계에서 점점 잊히는, 짓밟힌 민족이 될 것이라는 의미였다.•5

이 결과가 팔레스타인에는 잠재적 비극이었지만, 팔레스타인을 정상 국가로 인정하라는 국제적 압력에 완강하게 저항해왔던 네타냐후에게는 승리를 의미했다. 오바마 정부 때는 네타냐후도 두 국가 해법을 지지했었다. 2013년에 네타냐후를 그의 집무실에서 만났을 때, 나는 그에게 두 국가 해법에 관심을 두기로 한 것은 단순히 오바마의 비위를 맞춰주려는 의도였는지 물었다. 그는 미소를 지으며 대답했다. "글쎄요, 저는 분명히 지지합니다." 그러나 그 이후 네타냐후는 팔레스타인 국가에 이스라엘이 동의해야 하는 이유와 관련해서 전통적인 주장을 폈다. 그가 주장하기를, 만약 이스라엘이 요르단강 서안West Bank에 있는 270만 명의 팔레스타인인을 이스라엘에 편입시키면 유대인들이 이스라엘 땅에서 누리던 다수 민족의 지위를 잃을 위험이 있으므로, 이스라엘 정부는 유대인 국가와 민주국가 사이에서 어려운 선택을 해야 한다.*

내가 네타냐후를 인터뷰했을 당시에도 두 국가 해법에 대한 네타냐후의 설명에 정형화된 뭔가가 있다는 생각이 들었었다. 확실히 그는 진심이 아니었다. 실제로 그는 정치를 하는 내내 안전한 미래를 위해 이스라엘이 해야 할 일에 관한 종래의 자유주의적 견해에 저항했었다. 자유주의적 견해(빌 클린턴과 토니 블레어Tony Blair, 그리고 에후드 바라크Ehud Barak나 시몬 페레스Shimon Peres 같은 전임 이스라엘 총리 등 다양한 인사가 여러 방식으로 권고한 견해)란 이스라엘이 국제적으로 인정받고 이웃 아랍국들과 평화를 유지하려면 먼저 팔레스타인과 평화협정을 맺어야 한다는 것이다.

네타냐후가 진심으로 그 견해를 수용한 적은 없었다. 그 대신 그와 리쿠드당Likud Party은 이스라엘의 강력한 정착 운동과 동맹을 맺었는데, 이 운동은 요르단강 서안을 미래 팔레스타인 국가의 땅이 아니라 이스라엘의 핵심 지역으로서 결국은 합병해야 할 땅으로 간주했다. 이 시나리오는 팔레스타인의 미래에 관해서는 자세히 서술하지 않았다. 일부 극우 성향의 과격파는 요르단 같은 이웃 아랍 국가로 팔레스타인인을 추방하고 싶어 했다. 어떤 사람들은 특별 자치구를 지정하고 그곳에 팔레스타인으로 하여금 자치 정부를 세우게 하자는 방안을 제시했다. 이는 남아프리카공화국의 아파르트헤이트apartheid(인종 차별 및 분리 정책-옮긴이)와 유사한 정치 해법으로, 남아프리카공화국 정부는 무력한 '반투스탄bantustans(블랙 스테이트Black State의 옛 이름으로, 남아프리카

---

* 2020년 현재, 이스라엘의 인구는 약 880만 명이며 그중 약 20퍼센트는 아랍계 이스라엘인이다.

공화국의 흑인 분리 거주 구역을 의미한다-옮긴이)' 거주자에게만 투표권을 부여했다.

네타냐후는 두 국가 해법을 지역 화합의 길로 여기는, 일명 '인사이드 아웃inside-out' 방식 대신, 먼저 이스라엘이 이웃 아랍국들과 평화 조약을 맺고 좀 더 강해진 상태에서 팔레스타인 문제를 다룬다는 '아웃사이드 인outside-in' 해법을 주장했었다.

네타냐후의 냉혹한 시오니즘Zionism (조상의 땅인 팔레스타인에 국가를 건설하려는 유대인 민족주의 운동-옮긴이)은 그의 가족사에 깊이 뿌리를 둔다. 1949년에 텔아비브에서 태어난 네타냐후는, 바르샤바에서 태어나 1924년에 영국령 팔레스타인으로 이주해 온 이스라엘 우파 지식인 벤지온Benzion 네타냐후의 아들이다. 페퍼에 따르면, 벤지온 네타냐후는 불과 10대에 "팔레스타인에 대한 아랍인의 소유권 주장을 인정하지 않기로 한 정치 파벌(시오니스트Zionist)의 일원"이 됐다.[6] 네타냐후 가족이 수용한 수정 시오니즘Revisionist Zionism은 제브 자보틴스키Ze'ev Jabotinsky의 정치철학 위에 세워졌는데, 자보틴스키는 이스라엘 건국의 아버지인 벤구리온의 사회주의를 거부하고, 그 대신 아랍과의 충돌을 불가피하게 여기는 군국주의적 민족주의를 받아들였다. 벤구리온은 자보틴스키를 파시스트로 여겼으며, 이스라엘이 건국된 1948년부터 거의 30년 동안 이스라엘 정치는 벤구리온의 노동당이 지배했다. 자보틴스키 추종자들이 이끄는 리쿠드당이 처음 집권한 때는 1977년이었다. 그리고 이 리쿠드당을 네타냐후가 이끌고 있다.[7]

노동당과 리쿠드당의 분열 원인은 이념뿐만 아니라 구성원의 계급과 배경이 달라서이기도 했다. 노동당은 동유럽에서 망명한 아슈케

나지Ashkenazi 계가 이끌었는데, 이들은 좌파 출신으로 새 이스라엘 국가에서 지식인 엘리트 집단으로 간주됐다. 그와 반대로, 리쿠드당은 주로 세파르딕 유대인Sephardic Jews의 지원을 받았는데, 처음에 이들은 아랍국들에서 추방됐거나 이주한 사람들이었으나 나중에는 소련 붕괴 후 러시아에서 온 이주민도 포함됐다. 리쿠드당은 아웃사이더들의 당이었고, 자유주의 엘리트 집단의 자기만족적인 태도에 격분했다. 그런 의미에서 리쿠드당과 네타냐후의 정치는 수십 년 후 등장하게 될 트럼프와 브렉시트의 포퓰리즘 정치를 예고했다.

네타냐후가 건국 아버지들의 핵심 사상 일부를 거부한 것도 인도 모디와 튀르키예 에르도안의 정치를 떠올리게 한다. 네타냐후가 건국의 아버지 벤구리온의 비교적 자유주의적인 사상을 대부분 거부하고 포퓰리즘적이고 강경한 우파 민족주의 전통을 이어받은 것처럼, 모디와 에르도안도 네루와 아타튀르크의 사상에 반기를 들었다.

그러나 네타냐후에게 문화적으로 가장 큰 영향을 준 것은 미국이었다. 아버지 벤지온이 이스라엘 대학교들에서 교수 자리를 얻지 못하자, 그의 가족은 미국으로 이주했다. 그는 여덟 살부터 열 살까지는 뉴욕에서, 청소년기의 대부분은 필라델피아에서 보냈다. 매사추세츠 공과대학에서 건축학 학사와 경영학 석사를 받았으며, 졸업 후에는 보스턴 컨설팅 그룹Boston Consulting Group에서 경영 컨설턴트로 일했다. 결과적으로 네타냐후는 미국 문화에 조예가 깊었고 미국의 정치 현장도 완벽하게 이해하고 있었으므로, 미국에서도 대단히 노련한 수완가였다. 도어 골드Dore Gold와 요람 하조니Yoram Hazony같은 가까운 참모 중 다수는 영어가 모국어이며, 네타냐후의 참모 회의는 종종 영어로 진행된다.

그러나 네타냐후 가족이 무명에서 국가적으로 유명해진 배경에는 비극적인 가족사가 있었다. 1976년에 네타냐후의 형인 요나단Jonathan (요니Yoni)은 우간다의 엔테베 공항에서 독일과 팔레스타인의 무장 세력에 납치된 유대인 인질을 구출하는 특공 작전을 성공적으로 이끌다 사망했다. 이 '엔테베 작전Raid on Entebbe'은 세 시간짜리 장편 영화로 만들어졌고, 요니는 사후에 국민 영웅이 됐다. 그의 논리 정연한 동생 베냐민 네타냐후도 이스라엘 군대에서 복무를 마치고 그 즉시 전도유망한 청년으로 인정받아, 훗날 총리 경쟁에서 자신에게 패하게 될 페레스를 포함한 이스라엘 유력 정치인들의 구애를 받았다.

네타냐후는 이스라엘을 대표해서 영어로 능통하게 발언할 수 있었으므로, 1984년부터 1988년까지 주 유엔 이스라엘 대사로 일했다. 이스라엘에 귀국한 후에는 즉시 우파인 리쿠드당에 가입했다. 1993년에는 당 대표가, 1996년에는 46세의 나이로 이스라엘 최연소 총리가 됐다. 1999년에는 실각하지만, 10년 후인 2009년 선거에 승리해서 재집권했다. 그때부터 잇따른 총선에서 승리했으며, 대개는 근소한 차이로 이기는 바람에 골치 아픈 연립정부를 구성해야 했지만, 그럭저럭 총리 자리는 유지했다. 집권기가 길어짐에 따라, 네타냐후는 이스라엘의 원로 정치인이자 국제적 인물로서 더 많은 역할을 할 수 있었다. 리쿠드당의 2020년 총선 포스터에는 "격이 다르다A Different League"라는 표어 아래에 모디, 트럼프, 푸틴 옆에 나란히 서 있는 네타냐후의 사진들이 실렸다.

2021년에 이스라엘 총선은 또 한 번 교착상태에 빠졌고(이스라엘은 과반 득표자가 나와 총리가 선출될 때까지 선거를 계속한다-옮긴이), 마침내 네타냐후가 총리에서 내려왔다. 그러나 그의 정치 수명은 빌 클린턴, 오바마, 캐머런처럼 팔레스타인 문제에 순진하게 자유주의적 태도로 대응했던 서구 지도자들보다 길었다. 오바마가 물러난 후에, 네타냐후는 유대 국가를 열렬히 지지하는 새로운 민족주의적 포퓰리스트 지도자들의 부상(워싱턴에서 델리, 부다페스트에서 브라질리아까지)을 이용할 수 있었다. 이런 국제 정세의 변화는 오랫동안 국제적 고립과 무역 중단을 두려워했던 이스라엘에 숨통을 틔우는 일이었다.

2016년 이스라엘에 가장 중요했던 사건은 트럼프의 당선이었다. 이 신임 미국 대통령은 유대인보다 숫자도 많고 이들보다 더 열렬하게 이스라엘을 지지하는 백인 복음주의자들의 표에 크게 의존했다. (미국의 유대인 다수는 여전히 민주당을 지지한다.) 트럼프 대통령은 과거에는 요원해 보였던 이스라엘의 숙원들을 실현해줬다. 2018년에 그는 주 이스라엘 미 대사관을 텔아비브에서 예루살렘으로 옮겼고, 오바마가 이끈 이란 핵 합의Iran nuclear accord에서 탈퇴했다. 그 이듬해에는 1967년 6일 전쟁(제3차 아랍·이스라엘 전쟁-옮긴이) 때 시리아에서 빼앗아온 골란 고원Golan Heights에 대한 이스라엘의 주권을 인정했다. 백악관으로부터 이 선물을 받았을 때 네타냐후는 믿을 수 없다는 반응을 보였다.

트럼프와 네타냐후 사이의 연대는 외교 분야와 가족사뿐만 아니라 이념과도 얽혀 있었다. 트럼프의 보좌관들이 대통령의 직감과 트위터 메시지를 일관된 생각으로 바꾸려고 고군분투할 때, 그들이 의지했던 사상가들 중 하나가 네타냐후의 친구이자 법철학자인 하조니였다. 네타냐후의 절친한 친구이자 그의 보좌관을 맡기도 했던 하조니는 2018년에 출간한《민족주의의 미덕The Virtue of Nationalism》으로 큰 성공을 거둔 지식인이었다.[8] 트럼프 정부의 국가 안보 전략 담당자들은 자신들의 사상에 중요한 영향을 끼친 사람으로 하조니를 언급했다. 웨스 미첼wess Mitchell 유럽 담당 국무 차관은 유럽 외교관들에게 만약 트럼프 정부의 철학을 이해하고 싶다면 하조니의 책을 읽어야 한다고 말했다.

그 말을 따른 유럽 외교관들은 자신들이 발견한 내용에 다소 당황했다. 하조니는 유럽연합을 가리켜 새로운 독일 제국주의가 위장한 말馬이라며, 유럽연합에 대한 경멸감을 숨기지 않았다. 그는 정치 질서와 인간의 자유에 유일하게 필요한 토대는 언어와 문화, 종교를 공유하는 국가라고 생각했다. 성공한 모든 국가는 "의심할 여지 없이 분명하고, 저항이 무의미해 보일 만큼 우월한 문화를 가진" 집단 중심으로 세워진다.[9]

2040년이면 백인이 미국 인구의 50퍼센트 미만으로 떨어진다는 인구통계학적 예측 때문에 걱정이 많은 백인 트럼프 지지자들이 하조니의 사상에 관심을 뒀다는 사실은 쉽게 이해할 수 있다. 인종적·문화적 지배 집단을 중심으로 국가를 건설해야 한다는 생각은 19세기 민족주의의 핵심이자 헝가리의 오르반도 열렬히 지지하는 사상이며, 오르반은 하조니와 만난 후에 그를 "영향력 있는 지식인"으로 부른다.

2018년에 '비자유주의적 민주주의' 옹호자인 오르반 헝가리 총리가 예루살렘을 방문했다. 이 방문은 이스라엘에서 논란이 됐는데, 그이유는 오르반이 자신의 선거 전단지에 반유대적 이미지, 즉 헝가리에 난민을 유입시키려 한다며 금융가인 소로스를 부유하고 사악한 꼭두각시 조종자로 표현한 그림을 실었기 때문이다. 그러나 소로스는 팔레스타인과 이스라엘의 인권 단체들을 지원했으므로, 네타냐후도 싫어하는 인물이었다.

사실 네타냐후와 오르반은 확실히 이념적으로 비슷했다.•10 둘 다 '유대인을 위한 이스라엘Israel for the Jews'과 '헝가리인을 위한 헝가리Hungary for the Hungarians'를 신봉하는 인종적 민족주의자다. 오르반의 민족주의에 반유대주의의 냄새가 풍긴다는 사실이 네타냐후에게는 별로 충격적이지 않는데, 어차피 그가 속한 시오니즘 분파도 외부 세계가 보기에는 본질적으로 반유대적이기 때문이다. 트럼프 당선 후 수개월간 이스라엘 관료들은 오르반과 백악관 사이에 다리를 놓기 위해 애썼다.

이스라엘 지도자의 입장에서는 오르반 같은 인물과 전략적 동맹을 맺는 것이 이스라엘에 도움이 된다면 그 동맹은 정당하다. 그리고 체코, 헝가리, 루마니아가 미국 대사관의 예루살렘 이전을 비난하는 유럽연합의 성명서 채택을 저지했을 때 실제로 중부 유럽의 민족주의자들의 존재가 유용했다. 심지어 루마니아 총리는 자국 대사관도 예루살렘으로 옮기겠다고 주장했다. 오늘날 유럽 극우 진영은 유대인보다 무슬림 문제에 몰두하고 있으며, 그들의 이슬람 공포증은 종종 이스라엘에 대한 지원으로 연결된다. 르펜이 이끄는 프랑스 국민전선은 반유대적 뿌리에도 불구하고 이스라엘에 대단히 우호적인 정당이 됐다.

이슬람에 대한 불신은 네타냐후와 인도의 모디 총리가 돈독한 관계를 형성하는 데도 도움이 됐는데, 2017년에 모디는 건국 이래 이스라엘을 방문한 최초의 인도 총리가 됐다. 인도인민당의 일부 충성파는 팔레스타인의 폭력에 대한 이스라엘의 강경 대응 방식을, 파키스탄에서 활동하는 테러리스트와의 싸움에서 인도가 참고해야 할 모델로 인식한다. 실제로 이스라엘은 수십억 달러의 무기를 인도에 팔았고, 그중 일부는 2019년 파키스탄 폭격 때 사용됐다.

어느새 이스라엘은 자유주의에 저항하고 싶은 새로운 스트롱맨 지도자들에게 거의 필수 방문지가 됐다. 2018년 9월, 두테르테 필리핀 대통령은 예루살렘을 방문해서 네타냐후에게 이렇게 말했다. "우리는 인간에 대해 같은 열정을 품고 있습니다."•11 두테르테의 척살대 지원이 자주 시끄러운 문제가 된다는 점을 고려할 때, 그의 말은 양날의 검과 같은 찬사였다.

2019년에 보우소나루가 브라질 대통령에 취임했다. 그는 트럼프보다 훨씬 많이 복음주의자들의 표에 의존했으며, 이스라엘에 대한 애정을 강조했다. 네타냐후는 보우소나루 취임식에 내빈으로 참석했고, 그로부터 몇 달 후에는 보우소나루가 이스라엘에 국빈 방문해서 환영받았다. '남반구 저개발국'은 전통적으로 팔레스타인을 지지하기 때문에, 중남미 최대국과 동맹을 맺은 일은 이스라엘 입장에서 약진인 셈이었다. 보우소나루에게 이스라엘 포용 정책은 복음주의자들과 트럼프 정부를 동시에 만족시키면서, 적인 좌파 자유주의자의 약을 올리는 일이었다. 거의 10년 전에, 보우소나루의 최대 정적인 루이스 이나시우 룰라 다 시우바Luiz Inácio Lula da Silva(늘 '룰라'로 불린다)는 요르단강 서안을 방문해서 이렇게 선언했었다. "저는 팔레스타인이 자유로운 독립국가가 되기를 꿈꿉니다."

이스라엘과 시진핑이 이끄는 중국의 공통 화제는 기술이다. 2018년 10월에 왕치산 중국 부주석이 테크 페어tech fair 참관 차 이스라엘을 방문했다. 미국 기술 업체들이 중국과의 협력에 조심스러워하는 상황에서 이스라엘은 매력적인 대안이었다. 현재 한 중국 기업이 하이파에서 항구를 소유 및 운영하고 있는데, 하이파는 이스라엘 해군의 주요 기지이자 미국 제6함대가 자주 이용하는 기항지이기도 하다.[·12] 이스라엘과 중국의 이런 돈독한 관계는 트럼프 정부가 이스라엘에 제기했던 몇 안 되는 불만 중 하나였다.

네타냐후는 새로 맺은 관계들을 위대한 성취로 간주하고, 두테르테, 보우소나루, 오르반 같은 사람들과 어울릴 때 자유주의자라면 느끼기 마련인 양심의 가책은 무시한다. 이스라엘의 고위 외교관이었던 아비 길Avi Gil이 언젠가 말했듯이, "인권과 민주적 권리를 덜 중시하는 세계 질서는 이스라엘을 덜 압박할 것이다."[·13] 그러나 순수하게 현실 정치의 관점에서 보더라도, 네타냐후의 외교는 이스라엘에 상당히 위험하다. 비판가들이 생각하기에 이스라엘이 입게 될 가장 큰 피해는 민주주의의 등불로 자처한 유대 국가가 팔레스타인 대처 문제로 훼손된다는 점이다. 새로운 민족주의적 포퓰리스트들(대부분 민주적 자질이 의심스러운 사람들)과 동맹을 맺음으로써, 이스라엘은 민주주의 수호자를 자처하기가 어려워졌다.

그러나 네타냐후가 보기에, 다른 스트롱맨 지도자들과의 친분으로 얻는 이익이 서구 진보 진영의 지지를 잃었을 때 입을 손실보다 훨씬 컸다. 오르반, 두테르테, 보우소나루, 모디 같은 인사의 방문은 유익했다. 그러나 이스라엘 주변에는 자국의 안보와 번영을 증대시켜줄 최고 권력을 가진 스트롱맨이 가까이에 있었는데, 바로 MBS다.

정치 신인인 MBS는 중동을 재편하려는 큰 야망을 품고 있었다.

2017년 5월, 트럼프는 쿠슈너를 부추겨서 자신의 첫 해외 방문지를 사우디아라비아로 정했다. 이는 사우디아라비아 입장에서 대단히 소중하고 영광스러운 일이었을 뿐만 아니라 실질적 이익을 거둘 수 있는 기회이기도 했다. 트럼프가 2016년 미국 대선에서 무슬림에게 준 모욕감보다, 그가 오바마 주도의 이란 평화 합의를 파기하고 싶어 한다는 사실이 사우디아라비아에는 훨씬 중요했다. 트럼프는 리야드 연설 중에 여러 번 기립 박수를 받았고, 군주국 사우디아라비아에 '이익과 가치 공유에 기초한 동반자 관계'를 제안했다.

MBS가 사우디아라비아의 공식 지도자는 아니다. 공식적인 국가원수는 그의 아버지인 살만 국왕이다. 그러나 트럼프가 그곳을 방문했던 2017년 중반에, 국왕 뒤에서 실권을 행사하는 이가 31세의 왕자라는 사실을 의심하는 사람은 거의 없었다. 그는 외국 지도자들이 협상 대상자로 찾는 장관이었다. 또한 국제 기업가와 언론인 들에게 새로운 사우디아라비아의 비전을 제시한 사람도 그였다.

그것은 놀라운 부상이었다. 2015년만 해도 MBS는 사우디아라비아 왕가의 '수천 명의 왕자 중 하나'였을 뿐이다.[14] 그가 권력을 잡게 된 것은 우연과 그의 무자비한 성격이 결합된 결과였다. MBS의 아버지 살만 국왕은 사우디아라비아의 건국자인 압둘아지즈 왕King Abdulaziz(이븐 사우드Ibn Saud)의 스물다섯 번째 아들이었다. MBS도 살만 국왕의 여섯 번째 아들이다. 허버드는 이렇게 썼다. "건국 왕의 스물다섯 번째 아들의 여섯 번째 아들이었으므로, 그가 중요한 자리에 오르리라 기대하기란 거의 불가능했다."[15] 그러나 두 형이 죽고 살만 스스로 리야드 주지사로 성공하자, 2012년에 압둘아지즈 왕은 살만을 사우디아라비아의 새로운 왕세자로 지명했다. MBS는 갑자기 진짜 권력에 가까워졌다. 2015년에 예상대로 국왕이 된 살만은 좋아하는 아들이었던 무함마드 왕자를 국방 장관에 임명했다.

국방 장관으로 임명된 지 두 달 만에 MBS는 무자비함을 드러냈다. 2015년 3월, 사우디아라비아 공군은 이란의 지원을 받는 후티 Houthi 반군이 예멘 수도를 장악하자 이들을 몰아내기 위해 이웃 나라 예멘을 폭격했다. 이것은 충격적인 조치였다. 오랫동안 사우디아라비아 왕국은 대규모로 무기를 사들이고 있었지만, 그것들을 실제 사용할 생각은 없어 보였기 때문이다. 예멘에서 낙승하리라는 MBS의 예상은 오산이었음이 드러났다. 사우디아라비아는 분쟁의 수렁에 빠졌고, 무차별 폭격으로 전범이라는 비난을 받았다.

그러나 호전적인 왕자의 충동적인 전쟁 결정은 서구 세계에서 그의 명성에 별 손상을 입히지 않았다. 오히려 과거 에르도안처럼, MBS도 중동을 개혁할 큰 인물로 환영받았다. 2015년 11월에 〈뉴욕 타임스〉의 영향력 있는 칼럼니스트 프리드먼은 MBS가 "사우디아라비아의 통치 방식을 변화시킬 임무에" 개혁 돌풍을 일으키고 있다고 묘사했다. 그는 MBS를 인터뷰한 후, 왕국의 석유 의존도를 줄이고 사회를 개혁하겠다는 MBS의 공언에 깊은 인상을 받았다. 또한 "무함마드가 관리하면서부터, 2년 걸리던 큰 결정들이 지금은 2주 만에 이루어지고 있다"고 감탄했다.•16 인권침해에 대한 불만이 고조되던 2017년에도 MBS와 한 차례 더 저녁 시간을 보냈던 프리드먼은 그때도 여전히 감동을 받았다. 그는 "오늘날 중동 곳곳에서 일어나고 있는 개혁 중 가장 중요한 일이 사우디아라비아에서 벌어지고 있다"고 주장했다. 그는 불과 몇 주 전에 MBS가 "사우디아라비아의 왕자와 기업가 수십 명을 체포"한 것은 사실이라고 인정했다. 그러면서 이렇게 덧붙였다. "여기에서 완벽함은 고려 대상이 아니다. 누군가는 이 과업, 사우디아라비아를 21세기에 맞추는 일을 해야만 했다."•17

공정하게 말하면, MBS에게 감동받은 사람이 프리드먼만은 아니었다. 이 왕자는 서구의 여론 형성가들을 다루는 데 능숙했고, 그가 가진 결단력과 재력, 상대방에게 신뢰를 주는 능력 등이 혼합되어 사람을 압도했다. 워싱턴의 한 유력 인사는 MBS에게 받은 다정한 문자 메시지를 가끔씩 내게 보여줬다. 기자들은 왕자를 만났던 호화로운 장소에 대한 기록들을 서로 비교해보곤 했다.

한편, 서구의 경영 컨설턴트들은 MBS의 경제개혁 프로그램(일명 '비전 2030')을 실행해줄 수익성 높은 계약을 찾아 리야드로 몰려들었다. 투자 은행가들은 국영 석유 회사인 사우디 아람코Saudi Aramco가 시장에 나오리라는 전망에 군침을 흘렸다. 그것은 역대 최대 규모의 주식 공모가 될 터였다. 트럼프 정부에 영향력을 행사하는 무기 제조 업체들은 세계 최대 무기 수입국인 사우디아라비아를 주목했다.

'이스라엘의 친구들Friends of Israel'은 사우디아라비아의 새 통치자가 팔레스타인에는 별 관심이 없는 듯하고 이스라엘을 반이란 동맹국으로 여긴다는 사실에 기뻐했다. 심지어 인권 운동가들도 MBS의 개혁 프로그램 중 일부에는 박수를 보냈는데, 그중에는 숙원이던 여성의 운전 허용 조치도 있었으며, 이런 식으로 그들은 무서운 종교 경찰을 왕자가 통제해주기를 바랐다.

그러나 서구에는 회의론도 있었다. 영국의 한 고위 관료는 이렇게 말했다. "MBS가 리콴유Lee Kuan Yew와 후세인 중 어느 쪽에 가까워질지가 궁금하다." 바꿔 말하면, 이 사우디아라비아 왕자는 싱가포르를 현대화한 리콴유처럼 현명한 권위적 개혁가일까? 아니면 후세인처럼 무자비하고 통제 불능한 독재자일까?

역설적이게도 MBS의 지배 아래, 사회적 자유는 공포 통치를 배경으로 확대되고 있었다. MBS는 진심으로 사우디아라비아의 청년들에게 가능성을 확대해주고 싶었다. 왕족으로서는 이례적으로 그는 여론과 소셜 미디어의 중요성을 이해하고 있었다. 180센티미터가 넘는 키에 다부진 체격을 가진 MBS는 왕세자의 이미지를 현대화된 민족주의자로 구축하기 위해 전문가들을 고용해서 트위터에 노출되는 자신의 이미지를 관리한다.·[18] MBS 자신도 잘 알지만, 현재 사우디아라비아 인구 3,400만 명 중 3분의 2가 30세 미만이다. 사회가 느슨해지면서 젊은이들이 오락거리를 찾고, 사업을 시작하고, 서로 어울리고 여행하기가 좀 더 수월해졌다.

그러나 그와 동시에, MBS는 적과 반대파에게는 (심지어 가족에게까지) 점점 엄격해졌다. 그가 권좌에 오른 직후에 한 가지 심상찮은 불협화음이 들렸는데, 당시 서구의 정보 당국자들은 MBS가 자신의 어머니를 가택 연금시켰다는 보고를 받았다(추측하기로, MBS는 자기 어머니가 아버지인 국왕에게 영향력을 행사하지 못하게 막고 싶었다고 한다). 처음에 살만 국왕은 자신이 총애하는 아들을 후계자 서열 2위에 뒀었다. MBS 앞에는 그의 사촌인 무함마드 빈 나예프Mohammed bin Nayef, MBN가 있었다. 그러나 2017년 6월에 MBN은 감금되어 연락 두절 상태였다가 강제로 왕세자 자리에서 물러났다. 그가 MBS에게 충성을 맹세하는 영

상이 소셜 미디어에 유포됐으며, 그 후 전 왕세자는 제다에 있는 한 궁전에 가택 연금됐다.[19]

또한 MBS 비판가와 반체제 인사들은 집단 검거됐다. 새 왕세자에게 아첨하는 사람들만 안전했다. 사우디아라비아를 강제로 떠나야 했던 한 독립 기자가 〈워싱턴 포스트〉에 칼럼을 썼는데, 그 제목은 "사우디아라비아가 늘 이렇게 억압적이지는 않았다. 지금은 견딜 수 없을 정도다"였다. 그는 칼럼에서 "지식인들을 겁주고 협박하고 체포하고 공개 망신 주는 행위"에 대해 불평했다.[20]

그 칼럼을 쓴 사람은 카슈끄지였다. 칼럼이 실리고 갓 1년이 지났을 무렵, 그는 이스탄불에 있는 사우디아라비아 영사관에서 살해됐다. 섬뜩한 카슈끄지 암살 사건(뼈톱으로 시신을 절단한 사건)은 MBS의 국제적 명성에 큰 흠집을 남겼다. 처음에 사우디아라비아는 카슈끄지가 의문의 실종을 당했다고 주장했다. 그러다 나중에는 그가 뜻하지 않게 불법 납치 작전 중에 살해됐다고 했다. 그러나 사우디아라비아를 잘 아는 소수의 사람들은 이 작전이 앙심을 품은 MBS의 개인적인 명령이었을 것이라 짐작했다. 순식간에 유출된 보고서에서 CIA는 그렇게 결론 내리고 있었다(그리고 나중에 바이든 정부가 보고서 전문을 출판했다).[21]

카슈끄지 암살 사건으로 서구 언론은 MBS를 향한 감탄 섞인 관심을 거뒀다. 그러나 그 사건이 왕세자와 서구의 사업 및 외교 관계를 끊지는 않았다. 암살 사건 직후에는 서구의 유명 기업가 다수가 "사막의 다보스Davos in the desert"라 불리던 호화 투자 회의에서 철수했다. 그러나 내가 한 CEO에게 기업가들이 언제 다시 사우디아라비아로 돌아갈 거라고 생각하는지 물었을 때, 그는 웃으며 말했다. "그 사건이 1면에서 사라지자마자요."

트럼프 대통령의 반응도 비슷하게 실용적이었다. "그 비극적인 사건을 왕세자는 알았을지 모른다. 알았을 수도 있고, 몰랐을 수도 있고 […] 미국은 국익을 위해 사우디아라비아의 확고한 파트너로 남을 예정이다."**22** 비도덕적인 실용주의자가 트럼프만은 아니었다. 2020년 11월에, 사우디아라비아는 세계 강대국들의 모임인 G20 정상회담을 개최했다. 코로나19 때문에 정상회담은 화상회의로 열렸다. 그럼에도 불구하고, 인권 단체들은 MBS가 참석하는 회의이므로 세계 지도자들이 참석하지 말아야 한다고 캠페인을 벌였다. 그러나 그들의 요구는 무시됐다. 사우디아라비아의 실질적 지도자는 폐회 연설을 했고, 그것을 들은 청중에는 독일의 메르켈과 캐나다의 트뤼도 같은 충실한 자유주의자들이 포함되어 있었다. 사실 G20 정상에는 인권유린으로 유명한 지도자들(시진핑 중국 주석, 에르도안 튀르키예 대통령, 푸틴 러시아 대통령)이 이미 있었다.

사실 MBS는 '스트롱맨 시대'의 변칙 사례는 아니다. 그와 달리, 그가 보여준 무자비한 권력욕, 개인숭배 구축, 살인도 불사하는 의지 등은 모두 스트롱맨의 특징과 일치한다.

보우소나루와 암로

| 중남미 군사 독재자의 귀환

Jair Bolsonaro
AMLO

2018

"브라질은 도덕적·정치적 위기에 직면했다." 2017년 9월, 상파울루에서 페르난도 엔리케 카르도소Fernanco Henrique Cardoso가 한 이 말은 무심하면서도 분석적으로 들렸다. 그러나 그는 자기 일생의 업적이 무너질 가능성을 언급하고 있었다. 사회학 교수였던 카르도소는 1995년부터 2002년까지 대통령으로 재임하면서 브라질에서 민주주의를 공고히 하고, 경제를 개혁했으며, 경제 발전의 기반을 마련했다. 2009년에 〈이코노미스트〉의 한 유명한 표지는 카르도소 이후 브라질의 모습을 포착했는데, 거기에는 "브라질, 날아오르다Brazil takes off"라는 헤드라인 아래에 리우데자네이루에 있는 예수상이 로켓처럼 우주로 날아오르는 그림이 있었다. 그러나 이제 86세가 된 카르도소는 조국이 땅바닥으로 추락하는 모습을 지켜보고 있었다.

철광석과 콩 같은 주요 수출품 가격 폭락과 잘못된 정치로, 브라질의 경제 규모는 지난 2년 동안 거의 8퍼센트 축소했다. 2016년에는 지우마 호세프Dilma Rousseff 대통령이 탄핵됐고, 의원의 약 40퍼센트가 부패 혐의로 조사를 받았다. 유력 기업가와 정치인 다수가 "라바 자투 Lava Jato(세차)"로 불리는 반부패 수사를 받고 감옥에 갔다. 여론조사에 따르면, 여전히 브라질을 민주국가라고 믿는 브라질 국민은 고작 13퍼센트뿐이었다.

평범한 국민이 고통을 겪고 정치 계급이 불명예를 안으면, 포퓰리스트 반체제 정치인이 부상하기 좋은 환경이 마련된 것이다. 내가 2018년 대선을 앞두고 상파울루에서 카르도소를 만났을 때, 초기 여론조사에서 이미 극우 의원인 보우소나루가 2위를 달리고 있었다. 육군 대위 출신으로 1990년에 처음 국회에 입성한 보우소나루는 그 후 25년 넘게 별 영향력을 발휘하지 못하던 정치인이었다. 그러나 정치와 경제가 위기에 빠지자, 갑자기 보우소나루라는 이름이 만인의 입에 오르내리게 됐다. 모든 범죄(의회든, 범죄가 일상인 빈민가든 가리지 않고 일어나는 모든 범죄)에 강력 대응하겠다는 그의 약속이 사람들의 가슴에 닿았다. 미국의 트럼프와 필리핀의 두테르테처럼 보우소나루도 소셜 미디어를 통해 수많은 추종자를 거느렸고, 주목받기 위해 거친 수사적 표현을 사용했다. 그는 길거리에서 남자끼리 키스하는 모습을 보게 되면 그들의 얼굴을 한 방 갈기겠다고 말했다. 또한 군대에서의 고문 행위를 옹호했고, 오만하게도 브라질 국민 대부분이 자신의 생각에 동의할 것이라고 선언했다. 2016년에는 호세프 대통령 탄핵안에 찬성표를 던진 후, 그 표를 1965년부터 1985년까지 브라질 군사독재 시절에 악명 높은 고문 부대를 이끌었던 브릴란치 우스트라 대령Colonel Brilhante Ustra에게 바치기까지 했다.

그로부터 1년 후인 2017년 8월에 내가 만난 브라질 엘리트 집단의 대부분은 그들이 상스럽고 어리석고 폭력적이라 여겼던 남자가 정말로 대통령궁까지 갈 수 있다는 사실을 여전히 믿으려 하지 않았다. 나중에 나는 이렇게 썼다. "대부분의 전문가가 미스터 보우소나루는 지나치게 극단적이어서 이길 수 없다고 생각한다. 그러나 잘 꾸며진 사무실에서 그들이 내게 했던 확신에 찬 말들은 불안하게도 2015년에 워싱턴에서 들었던 대화들을 떠올렸는데, 그때도 트럼프의 승리는 상상할 수 없는 일로 여겨졌었다."•1

예감은 틀리지 않았다. 2018년 10월 28일, 보우소나루는 대선에서 압승을 거뒀는데, 그것은 브라질에서 가장 카리스마 넘치던 좌파 정치인이자 전 대통령이었던 룰라가 부패 혐의로 수감되어 대선 후보자 자격을 박탈당한 덕분이었다.

보우소나루의 승리는 한 대륙을 넘어서, 사실상 전 세계적으로 중요한 사건이었다. 1980년대 초까지, 중남미 지역은 독재자들이 장악하고 있었다. 1978년에는 중남미 지역에 민주국가가 단 세 나라밖에 없었다. 당시 중남미 정치 지형은 칠레의 아우구스토 피노체트Augusto Pinochet나 아르헨티나의 호르헤 비델라Jorge Videla 같은 군사 독재자들이 득세하는 그림이었다. 그러나 1990년대 초가 되면 민주주의가 중남미 대부분을 휩쓸게 된다. 20여 년의 군사 통치가 종식되고 1985년에 민주국가로 전환한 브라질은 영토가 넓고 지역 선도국 역할을 맡아왔기 때문에 특별히 중요했다. 2억 명이 넘게 사는 브라질은 세계에서는 일곱 번째로, 중남미에서는 가장 인구가 많은 나라다. 남미에서 거의 두 명 중 한 명이 브라질인이다.

카르도소와 룰라가 통치하던 시절에 브라질은 세계화와 민주주의를 성공적으로 받아들이고 암흑의 독재 시대를 벗어난 나라로 유명했다. 카르도소와 친분이 두터웠던 빌 클린턴은 정통 경제학과 브라질식 사회적 자유주의social liberalism를 결합해서 '제3의 길third way'을 주창했었다. 보잘것없는 집안에서 태어나 노조 위원장을 지낸 룰라는 카르도소의 개혁적인 경제정책들을 기반으로, 세계에서 찬사를 받은 사회 개혁 프로그램("보우사 파밀리아bolsa familia"라 불리는, 빈곤 가정 소득 보장 및 취학 지원 등)을 통해 브라질의 악명 높은 불평등을 해소하기 시작했다. 기술 관료 출신으로 여러 언어를 구사했던 카르도소가 빌 클린턴과 잘 맞았다면, 사회 개혁가이자 지역사회 조직가였던 룰라는 오바마와 잘 맞았다. 실제로 오바마는 룰라를 포옹하며, 공개적으로 "나는 이 사람을 사랑한다"고 말할 정도였다.

보우소나루의 선거에서 보았듯이, 브라질의 정치는 한 번 더 미국의 전철을 밟았다. 트럼프처럼 보우소나루도 트위터 중독자였고, 트럼프의 구호 중 상당수를 채택했으며, '가짜 뉴스', '글로벌리즘', '정치적 올바름', 자유주의 엘리트 집단 등을 비난했다. 브라질에서는 정치적 올바름에 대한 불만이 환경 운동가와 국제 비정부기구 들에 대한 경멸로 이어졌는데, 보우소나루는 이들이 아마존 개발에 반대해서 국가 발전을 막고 있다고 주장했다. 그는 지구온난화에 대한 관심이 고조될 때에도 우림 벌목을 확대 허용해서 전 세계 환경 운동가들을 두렵게 했는데, 이에 트럼프 정부는 무관심으로 대응했다.

트럼프처럼 보우소나루도 국가를 가족 기업처럼 운영했다. 그는 신속하게 아들인 에두아르두를 정부 요직에 앉힌 다음 백악관으로 보내 트럼프의 사위인 쿠슈너와 지정학적 논의를 하도록 지시했다. 2019년에 나는 새 정부가 들어선 지 얼마 되지 않은 시점에 브라질을 방문했는데, 그곳에서 한 저명한 경제학자로부터 보우소나루가 "트럼프와 비슷하지만, 더 어리석다"는 말을 들었다. 트럼프도 지성으로 유명한 것은 아니어서, 그의 말을 듣고 다소 놀랐었다. 그런데 트럼프는 적어도 큰 기업을 설립해서 이끈 사람이라는 사실이 떠올랐다. 그와 달리, 보우소나루는 육군 대위보다 더 높이 올라가본 적이 없었다. 정부 관료들조차도 대통령을 무시하는 마음을 굳이 감추지 않았다. 〈파이낸셜 타임스〉에 있는 동료 기자 하나가 어느 장관에게 보우소나루의 뜬금없는 경제 발언에 관해 물었을 때, 이런 직설적인 표현을 들었다고 했다. "우리 대통령은 헛소리를 많이 하십니다."

트럼프의 경우처럼, 지식인들이 보우소나루를 업신여겼다는 사실이 그의 지지자들을 막지는 못했다. 그와 달리, 소도시와 농촌에 사는 사람들은 보우소나루를 좋아했고, 이들의 가치관은 리우데자네이루 같은 대도시 거주자보다 더 보수적이었다. 트럼프와 달리, 보우소나루는 초라한 집안에서 출세한 사람이었다. 그는 1955년에 엘도라도 파울리스타Eldorado Paulista라는, 인구가 1만 5,000명이고 사방이 농지인 지역(브라질의 상업 중심지인 상파울루에서 240킬로미터 정도 떨어져 있는 소도시)에서 태어나 자랐다. 그의 아버지는 무면허 치과의사였고, 형제 둘, 자매 셋과 함께 가난하게 살았다. 어렸을 때 그는 경찰과 군대에 빠졌다. 열다섯 살 때 그의 고향에서 경찰과 좌파 게릴라 사이에 총격전이 벌어졌는데, 이를 본 어린 보우소나루는 열광했고 치안 부대에 들어가 겠다는 결심을 세웠다. 1973년에는 사관학교 입학시험에 합격했으며, 이는 보우소나루가 실제로 거둔 성취로 그를 바보로 생각하기 좋아하 는 반대파들을 무색하게 했다.[2]

보우소나루는 군대에서 군인들의 급여 인상과 처우 개선을 요구 하는 운동을 벌였다. 1990년대에 정계에 진출했을 때는 노골적으로 군대를 지지해서 유명해졌다. 대부분의 정치인이 민주주의를 열심히 받아들이던 시대에 군사 통치 시절을 공개적으로 그리워했던 그는 별 나고 시대착오적인 사람처럼 보였다.

그러나 그의 전기 작가 리처드 래퍼Richard Lapper가 썼듯이, 보우소 나루의 강경 보수주의는 도시 엘리트 집단이 생각했던 것보다 훨씬 많 이 평범한 브라질인의 사고방식과 일치했다. 2020년에 실시한 한 여 론조사에 따르면, 브라질인의 61퍼센트가 대통령의 군사학교 건설 계 획을 지지했고, 동성 결혼과 낙태에 대해서는 대다수가 반대했다.[3] 트럼프와 두테르테처럼, 보우소나루도 '정치적 올바름'을 비난하고 단 순한 강경책을 약속함으로써 대중에 영합했다.

2018년 대선에서 보우소나루는 독특한 포퓰리즘 연합을 결성했 는데, 래퍼는 이를 "소고기, 성서, 총알" 연합으로 불렀다. '소고기'는 농업과 목축업 분야에서 활동하는 강력한 이익 단체들로, 사업 확대 를 막는 환경 제약을 없애주겠다는 보우소나루의 약속에 끌려 연합에 참여했다. '성서'는 브라질인의 30퍼센트를 차지하고, 보우소나루처럼 복음주의 기독교를 받아들인 사람들이었다. '총알'은 브라질의 막강한 총기 단체였다.

　다수의 중산층은 범죄에 대한 두려움이나 부패에 대한 혐오 때문에 보우소나루에 투표했다. 내가 만난 학자들은 대개 보우소나루를 업신여겼지만, 내가 대화했던 많은 노동자들(점원, 여행 가이드, 사무원 등)은 그에게 좀 더 너그러웠다. 그들은 보우소나루를 부패한 체제에 용감하게 맞선 아웃사이더로 여겼으며, 다치는 것을 두려워하지 않는 그의 용기를 존경했다. 보우소나루는 2018년 대선 유세 중에 등을 칼에 찔려 중상을 입었고, 복합 수술을 받고 목숨을 건졌다. 2019년 다보스에서 처음으로 그의 연설 모습을 보면서, 나는 그가 무대 위에 있던 짧은 시간에도 코트를 벗지 않은 이유가 궁금했다. 그의 참모 중 하나에게 들은 이야기로는, 보우소나루가 수술 후 회복 단계여서 아직 장루(변을 받기 위해 몸에 달아놓은 주머니-옮긴이)를 달고 있다고 했다.

　미국처럼 브라질의 대기업들도 대부분 불필요한 행정절차를 간소화하고 세금을 줄여주겠다는 약속에 대한 보답으로 보우소나루에 대한 혐오감을 견딜 준비가 되어 있었다. 또한 그들은 대통령이 저명한 자유주의 경제학자들을 정부 요직에 임명했다는 사실에 고무됐다. 정치에 입문했을 당시 보우소나루는 국가 통제 경제체제를 옹호했었다. 심지어 한때 그는 카르도소가 국가 자산을 팔아넘겼으므로 총에 맞아도 싸다고 말했다. 그러나 대선 때는 스스로 경제적 자유주의자라고 선전하며, 민영화와 감세의 필요성을 주장했다. 그를 지지하는 몇몇 기업가는 그의 엉뚱한 발언들이 단순히 관심을 끌고 문제를 과장하기 위한 것이라고 주장했다. 그의 말은 "진지하게 받되 곧이듣지는 말아야 할(트럼프의 경우처럼)" 의견이라는 의미였다.

얼마 지나지 않아 보우소나루 정부는 '문화 마르크스주의cultural Marxism(문화를 통해 마르크스주의를 실현하고자 하는 사상적 흐름 – 옮긴이)'를 비난하는 우익 성향의 문화 전사와 자유주의 경제학자 들의 불안한 연합이라는 사실이 드러났다. 국제 기업가와 은행가 들은 시카고 대학교 출신 경제학자로 경제 장관에 임명된 파울루 게데스Paulo Guedes가 막대한 부채가 쌓인 연금제도를 개혁하고 대규모 민영화를 추진할 임무를 부여받았다는 사실에 깊은 인상을 받았다. 그러나 게데스와 함께 내각 회의에 자리한 사람은 에르네스투 아라우주Ernesto Araujo 외무 장관으로, 그는 기후변화 문제가 민주주의를 전복하고 중국을 섬기려는 '글로벌리스트들'의 '도그마dogma'라고 주장했다. 심지어 아라우주는 "코로나19가 우리를 다시 공산주의라는 악몽에 눈뜨게 했다"면서, 코로나19가 국가 통제를 확대하려는 공산주의자들의 음모인 것처럼 주장했다.[4]

보우소나루 정부의 일부 문화 전사는 보우소나루가 보기에도 너무나 특이한 사람들이었다. 2020년 초에 로베르투 알빔Roberto Alvim 문화 장관은 한 연설에서 "앞으로 10년 안에 브라질 예술은 영웅적이고 민족주의적인 색채를 띠게 될 것이다"라고 공언했다. 안타깝게도 그의 연설 내용 중 일부는 히틀러의 선전부 장관이었던 요제프 괴벨스Joseph Goebbels의 연설을 표절한 것으로 밝혀졌다. 보우소나루는 문화 장관을 해임할 수밖에 없었다.[5] 어떤 면에서 알빔 사건은 정말 터무니없었다. 그러나 브라질을 비롯한 중남미 국가의 정부 관료들이 파시즘에 동조하고 있다는 암시는, 사람들이 잔혹했던 군사정권 시절을 기억하고 있고 그 군사정권의 대부분이 극우 사상을 지지했던 대륙에서는 분명히 불길한 신호였다.

1962년부터 1966년까지 이 기간에만 아르헨티나와 브라질을 포함해서 중남미 전역에서 아홉 차례의 쿠데타가 일어났는데, 이는 지역 특성상 한 곳의 정치 현상이 쉽게 다른 곳으로 퍼져나간다는 사실을 보여준다. 당시는 냉전이 맹위를 떨치고 있었고, 권력을 잡은 장군들은 대부분 쿠바의 피델 카스트로Fidel Castro를 예로 들며 공산주의의 영향력을 저지해야 한다고 주장했다. 대륙 전역에서 우후죽순 생겨난 군사 정권들은 저마다 다양한 수준으로 잔혹성을 드러내며 통치했다. 최악의 정권이 등장한 아르헨티나와 칠레 같은 나라에서는 수천 명의 반체제 인사가 '실종'됐을 뿐만 아니라 악명 높은 고문도 만연했다. 아르헨티나에서는 1976년부터 1982년까지 '더러운 전쟁dirty war'이라는 이름으로 약 3만 명이 살해됐을 것으로 추측된다. 그와 달리, 2012년에 설립된 브라질의 국가 진실 위원회National Truth Commission는 군사독재 시절에 '실종' 혹은 살해된 반체제 인사가 434명'밖에' 되지 않는다고 파악했다. 그러나 이 위원회는 수천 명의 원주민이 살해됐을 것이고, 반체제 인사에 대한 잔인한 고문도 흔했음을 시사했다.*⁶ 그럼에도 보우소나루는 군사정권의 '거친' 조치들이 범죄율을 낮추고 경제 발전을 도모하므로 정당화된다고 주장한다.

중남미 국가들에서 군사정권이 민주 정부로 전환된 사건들은 베를린장벽이 무너지기도 전인 1980년대에 거의 일어났다. 그때 가장 중요한 도화선은 1982년에 시작된 중남미 지역의 외환 위기였다. 마이클 리드Michael Reid가 썼듯이, 그해에 "독재 정권은 경제에 실패했다는 맹비난을 받고 무너졌다. […] 중남미 국가의 군대들은 조직이 붕괴되는 위험을 무릅쓰는 대신, 시민과의 협상을 통해 병영으로 돌아가기로 했다."*7 중남미 지역의 탈독재 현상은 스페인과 포르투갈이 민주주의로 회귀한 직후에 일어났으며, 이는 다른 나라들에서 일어날 사건들의 전조가 됐다. 폴란드 같은 동구권 국가들에서는 체제 전환 압박이 커지고 있었고, 동남아시아에서는 마르코스 필리핀 대통령이 1986년에 일어난 '피플 파워' 혁명으로 쫓겨났다. 브라질의 경우 1985년에 조제 사르네이José Sarney가 1960년대 이후 최초 민간인 출신 대통령이 됨으로써, 권위주의에서 자유민주주의로의 전환이라는 지역적·세계적 추세에서 중요한 역할을 맡게 됐다.

2018년에 보우소나루가 등장하면서 브라질은 다시 한번 세계 정치 변화의 일부가 됐지만, 이번에는 자유주의적 국제주의에서 포퓰리스트 스트롱맨 통치 체제로의 전환이었다. 보우소나루 대통령은 브라질의 군사정권 시절을 공개적으로 그리워했지만, 그의 통치 방식은 1960년대와 1970년대에 중남미 지역에서 유행하던 권위주의의 단순 반복은 아니었다. 그보다는 21세기 포퓰리즘에 가까웠는데, 이는 과거 브라질을 통치했던 장군들이 아닌 트럼프 덕분이었다. 군사정권 시절의 장군들과 달리 보우소나루는 선거를 통해 대통령이 됐고, 활발한 반대파와 독립적인 언론 및 사법부와 대립했다. 그는 '가짜 뉴스', '딥 스테이트' 등 선전 구호의 대부분을 트럼프에게서 직접 빌려왔다. 트럼프처럼 보우소나루도 음모론을 좋아했는데, 이를테면 그는 환경 운동가들이 아마존을 장악해서 브라질의 귀한 자원들을 강탈하려는 외세의 도구라고 자주 주장했다. 보우소나루는 개인적으로 트럼프를 닮고 싶어 했지만, 유럽과 아시아에도 마음이 통하는 정치인 친구들이 있었다. 소셜 미디어 활용 능력은 물론이고, 범죄를 줄이고 중산층의 두려움과 불안을 해소하겠다는 목표는 필리핀의 두테르테와 흡사했다. 그리고 2019년 대통령 취임식에 보우소나루를 축하하러 온 두 외국 귀빈은 오르반 헝가리 총리와 네타냐후 이스라엘 총리였다.

포퓰리즘을 공부하는 학생들에게 중남미 지역이 유용한 이유는 그곳의 정치사가 유구하고 파란만장하기 때문이다. 리드는 포퓰리즘에 두 가지 중요한 특징이 있는데, 둘 다 확실히 현대 시대에 통하는 부분이 있다고 주장한다. 우선, 포퓰리즘은 "카리스마를 갖춘 강한 지도자가 구원자를 자처하고, 통치자, 정부, 당, 국가 사이의 경계를 흐리며, 견제와 균형을 통해 집행권을 제한해야 하는 필요성을 무시하는 정치 유형이다. 두 번째로 흔히 포퓰리즘에 포함된 소득 그리고(혹은) 부의 재분배 정책은 지속 불가능하다."•8 리드의 지적처럼, 전통적으로 서구 정치학의 기본 주제였던 우파와 좌파의 차이점이 포퓰리즘 분석에 늘 도움이 되는 것은 아니다. 중남미 포퓰리스트의 전형으로 1946년부터 1974년까지 아르헨티나에서 세 번이나 대통령에 당선됐던 후안 페론Juan Perón은 군인 출신이었고 나치 전범을 보호했으며 파시즘의 영향도 분명히 받았다. 그러나 국민을 빈곤에서 벗어나게 한 지도자를 자처했고 국가 통제 경제체제를 옹호한 덕분에, 좌파 진영에서 영웅 대접을 받았다.

오늘날 중남미 대륙에서는 보우소나루처럼 우파와 연합한 포퓰리스트들이 베네수엘라의 우고 차베스Hugo Chavez와 볼리비아의 에보 모랄레스Evo Morales, 그리고 2018년에 멕시코 대통령으로 당선된 오브라도르 같은 좌파 포퓰리스트들과 경쟁을 벌인다. 좌파 포퓰리스트와 우파 포퓰리스트의 주된 유사점은 그들 모두 엘리트 집단이 아닌 일반 국민을 대변한다고 주장하고, 복잡한 문제들을 단순한 해법으로 풀겠다고 약속한다는 사실이다.

보우소나루가 오르반과 네타냐후 같은 우파 포퓰리스트 및 트럼프와 이념 동맹을 형성했던 것처럼, 중남미 지역의 좌파 스트롱맨들도 다른 대륙의 지지자들에게서 칭찬과 관심을 받고 있다. 1960년대와 1970년대에 서구에서 정치 순례자들을 끌어들였던 사람은 쿠바의 카스트로였다. 2000년대에는 베네수엘라의 차베스가 급진 좌파에게 멋진 대의명분을 제공했다. 영국의 노동당 대표로서, 재임 기간에 두 번의 선거를 모두 패한 코빈은 한때 차베스를 "긴축재정과 신자유주의 경제에 맞서 싸우는 우리 모두에게 영감을 주는 존재"라고 묘사했다.[9]

베네수엘라의 차베스는 1992년에 먼저 쿠데타로 정권을 잡은 다음 1998년에 민주적 선거로 대통령이 됐다. 그리고 10여 년간 스트롱맨의 통치 교과서를 그대로 따랐다. 즉, 대법원을 자기 사람으로 채우고, 선거제도를 유리하게 바꿨으며, 텔레비전에 나와 횡설수설 허풍을 떨면서 개인숭배를 부추겼고, 독립 비판가들을 적대적인 외세의 도구라고 맹비난했다. 한동안 베네수엘라는 막대한 석유 매장량 덕분에 경제 호황기를 유지했다. 쿠바의 카스트로가 해외에 의사들을 파견해서 (1970년대에 아프리카에 군인을 보냈듯이) 호의를 얻으려 했던 것처럼, 차베스는 볼리비아부터 미국에 이르기까지 외국 친구들에게 석유를 선물로 주곤 했다. 2007년에 런던 시장이자 사회주의자였던 켄 리빙스턴Ken Livingstone은 차베스의 연료 보조금 덕분에 버스 요금을 인하할 수 있었다고 발표했다.

당시 몇몇 사람은 베네수엘라의 약 3분의 1이 여전히 가난에 허덕이는 상황에서 차베스의 선물은 부적절했다고 주장했다.[10] 그러나 차베스는 국내에서 가난과의 전쟁(식량 보조, 교육과 문맹 퇴치에 집중 투자, 핵심 산업 국유화)에도 착수했다. 이런 프로그램들 덕분에 그는 진보주의자라는 국제적 명성을 얻었다. 그러나 이런 프로그램들에 소요되는 자금은 유가 인상과 부채를 통해 충당했다. 또한 차베스 정부도 부패, 정실 인사, 언론과 정적 탄압 등에 깊이 관여했다.

2013년에 차베스가 암으로 사망했을 때, 유가는 하락했고 청구서는 쌓였다. 차베스보다 카리스마가 부족했던 후임자 니콜라스 마두로Nicolas Maduro가 집권했을 때 베네수엘라는 빈곤의 수렁에 빠져들고 사회는 붕괴되고 있었는데, 그 원인에 대해 베네수엘라 정부는 미국의 제재를 탓했지만 사실 그 뿌리는 국내에서 자라고 있었다.[11] 2018년에 베네수엘라는 전체 가구의 80퍼센트 이상이 빈곤에 허덕였고, 수백만 명이 나라를 떠났다. 그 이듬해에 브라질 북부를 방문했을 때, 나는 길가에서 구걸하는 베네수엘라 난민들을 흔하게 볼 수 있었다. 한때 중남미 지역에서 성공했다고 여겨지던 나라의 국민에게는 비극적이고 수치스러운 운명이 아닐 수 없었다.

차베스와 마두로가 통치하는 동안 베네수엘라가 기록한 처참한 경제 성적표는 중남미 좌파 진영에 대부분 그림자를 드리웠다. 보우소나루는 선거운동 중에 룰라와 그의 노동당을 차베스의 대실패와 연결시켰다. 그런데 브라질이 아닌 멕시코에서, 또 다른 좌파 포퓰리스트가 권력을 잡았다. 암로라는 별명으로 주로 불리는 오브라도르가 2위 후보보다 무려 31퍼센트포인트 차로 압승을 거두고, 2018년 12월(보우소나루보다 한 달 앞선 때)에 대통령에 취임했다. 브라질처럼 멕시코에서도, 카리스마 넘치는 포퓰리스트의 당선은 정치 엘리트에 대한 거부로 널리 받아들여졌다.

현재 브라질과 멕시코가 포퓰리스트에 의해 통치되고 있다는 사실은 지역적으로 대단히 큰 의미가 있다. 두 나라는 중남미 대륙에서 가장 인구가 많다. 둘 다 G20 회원국이며, 지역 패권을 두고 서로 경쟁하는 사이다. 보우소나루가 '문화 마르크스주의자'에 분노한다면, 암로가 택한 적은 '신자유주의자'다. 보우소나루는 육군 대위 출신이지만, 암로는 수년간 지역사회 조직가로 일했다. 그러나 이런 차이점에도 불구하고, 두 지도자는 확실히 비슷하다. 둘 다 국내에 부패, 범죄, 폭력에 대한 환멸이 널리 퍼진 상황에서 권력을 잡았다. 또한 포퓰리스트로서 국민과 직접 소통하기를 즐긴다.[12] 둘 다 민족주의자이자 종교인이다.

둘의 중요한 차이점 하나는 보우소나루가 경제 관리를 주로 교수와 기술 관료들에게 맡기는 반면, 암로는 빈곤과의 전쟁이라는 이름으로 직접 경제를 관리했는데, 이는 브라질의 룰라와 베네수엘라의 차베스를 연상시킨다. 암로가 선택한 정책은 소외 계층을 위한 장학금 제도, 최저임금 인상, 낭비가 심하고 부패로 얼룩진 주요 기반 시설 사업 취소 등이다. 좌파 포퓰리스트치고는 특이하게도, 암로는 공공 지출을 통제해야 한다고 믿는다.

암로의 초기 조치 중 일부를 보면, 독립기관들에 대한 포퓰리스트의 조바심이 드러난다. 한 대법관은 대법원이 자격 미달자로 채워지고 있다고 불평하다 쫓겨났는데, 같은 일이 에너지 규제 당국에서도 일어났다. 정부 사업에 입찰 과정 없이 수주되는 계약 건수도 불길한 신호였다.[13] 전임 대통령들을 부패 혐의로 재판에 회부하는 문제를 국민투표에 부치자는 암로의 제안은 정적을 감옥에 보내고 싶은 스트롱맨의 욕구와 포퓰리즘이 결합된 결과물이었다.

암로는 거의 매일 오전 7시에 기자회견을 열어 집무를 시작했다. 카스트로처럼 자신의 육성을 들려주기를 좋아했던 암로는 전에 불쾌했던 기자, 기업인, 환경 운동가 들에 대한 인신공격을 포함해서 장황하고 두서없는 이야기를 두 시간씩 늘어놓곤 했다. 이런 일상 의식에 지식인들은 눈알을 굴렸지만, 일반 국민에게서 암로의 지지율은 높게 유지됐다. 평범한 멕시코인들은 특별히 그가 자신의 급여를 반으로 삭감했다는 사실에 감명을 받았다. 집권 1년 차에 그의 지지율은 매우 높았다.

그러나 암로의 개혁 정책들은 경제적 성공으로 이어지지 못했다. 집권 첫해인 2019년에, 멕시코 경제는 10년째 최저 성장률을 기록하는 중이었다. 암로를 변호하자면, 그가 처한 불리한 상황은 그 원인이 미국과의 무역 전쟁과 유가 급락에 있었으며, 다른 신호들도 불길했다.

멕시코와 브라질은 경제 위기로 국력이 약해진 상황에서 코로나19의 공격을 받았다. 보우소나루와 암로는 포퓰리스트의 본능에 충실해서, 비슷한 방식으로 대응했다. 보우소나루는 코로나19가 코감기와 크게 다르지 않다고 주장했다. 암로는 여섯 잎 클로버를 내보이며 그것이 바이러스로부터 자신을 보호해줄 것이라고 주장했다. 또한 국민들에게 축제도 계속하고 식당도 마음껏 가라고 부추겼다. 그가 팬데믹을 심각하게 생각하지 않았다는 것은 멕시코의 취약한 의료 체계를 보완하거나 경기 부양용 지출 계획을 실행하기 위해 거의 아무것도 하지 않았다는 의미였다.

멕시코와 브라질 모두 코로나19로 최악의 피해를 입었다. 2020년 말, 브라질은 코로나19로 인한 사망자가 미국에 이어 세계에서 두 번째로 많은 나라가 됐다. 세계에서 열 번째로 인구가 많은 멕시코는 사망자 순위 3위를 기록했다. 두 나라에서 높은 사망률의 원인을 트럼프 같은 안일한 정치 지도자들의 탓으로 돌리기란 쉬웠다. 처음에 많은 전문가들이 팬데믹으로 인한 끔찍한 피해가 포퓰리즘의 결함을 드러냈으므로 보우소나루와 암로 같은 스트롱맨의 통제력이 약화될 것이라고 생각했다. 영향력 있는 자문 기관인 유라시아 그룹Eurasia consultancy의 이안 브레머Ian Bremmer 회장은 2020년 4월에 이렇게 썼다. "지금 세계 최악의 정치적 혼란에 빠진 주요국은 어디인가? 극심한 곤경에 빠진 국가 원수는 누구인가? 바로 브라질과 브라질 대통령이다."·14 이에 나도 칼럼을 써서 한마디 거들었는데, 헤드라인은 이랬다. "자이르 보우소나루의 포퓰리즘이 브라질을 파국으로 이끈다."·15 2020년 중반에도 코로나19는 여전히 통제 불가였으므로, 사람들은 보우소나루가 탄핵될 것이라고 추측했다.

그러나 브라질과 멕시코의 높은 사망률에도 보우소나루와 암로 모두 정치적 지위를 바로 잃지는 않았다. 국민 대다수가 저축을 하지 못할 정도로 경제가 어려운 나라였으므로, 많은 사람들이 정부가 봉쇄를 하지 않은 것에 고마워했다. 브라질에서는 빈곤층에게 긴급 지원금을 제공한 덕분에 보우소나루의 인기가 그대로 유지됐다. 팬데믹이 경제, 보건, 사회 분야에 장기적으로 미치는 영향은 수년에 걸쳐 나타날 것이다. 그러나 보우소나루와 암로의 초기 대응이 유사하다는 사실은 우파 포퓰리스트와 좌파 포퓰리스트가 흔히 같은 본능에 이끌린다는 점을 증명했다.

흥미롭게도 트럼프의 선거 패배에 대한 양국 지도자의 반응도 비슷했다. 보우소나루는 대부분의 스트롱맨이 트럼프의 패배를 받아들인 지 한참이 지난 후에도, 트럼프에 대한 충성심을 계속 보여줬다. 트럼프 지지 시위대가 미국 의회를 습격했던 1월 7일에, 보우소나루는 미국의 선거 결과를 다시 한번 불평하면서 자신의 지지자들에게 이렇게 말했다. "두 번, 세 번, 네 번 투표한 사람들이 있었다. 투표자 중에 죽은 사람의 이름도 있었다. 그것은 일종의 난투였다. 아무도 그것을 부정할 수 없다."•16 브라질의 몇몇 분석가는 그 발언이 어리석을 뿐만 아니라 불길하기도 하다고 생각했다. 보우소나루 지지자들도 다수의 흑인이 살고 있는 빈민 지역들에 초점을 맞추고, 브라질에서도 투표 조작이 있었다는 혐의를 제기하곤 했었다. 혹자는 2022년에 대선을 앞두고 있는 보우소나루가 한 번 더 트럼프의 각본을 그대로 따를 준비를 하고 있다고 우려했다.

예상대로 보우소나루는 자신의 이념적 동지가 백악관을 떠났다는 소식에 크게 실망했다. 한편 암로가 트럼프의 패배를 마지못해 인정했다는 사실은 좀 더 놀라웠다. 멕시코인이자 좌파인 암로가 멕시코 이민자에게 강간범과 범죄자라는 꼬리표를 붙인 미국 대통령을 좋아할 이유는 당연히 없어 보였다. 실제로 선거에 나섰을 때, 암로는 트럼프를 "네오파시스트neo-fascist"라 불렀다. 그러나 멕시코 대통령이 되고 나서는 북쪽 나라에 있는 포퓰리스트와 믿기 힘든 우정을 쌓았다. 부분적으로 이것은 단순히 실용주의적인 행보였다. 멕시코 지도자는 미국 대통령과 잘 지낼 필요가 있다. 그러나 암로와 트럼프는 서로에게서 좋은 점을 알아본 것 같았다. 두 사람 모두 정치계와 언론계의 기득권층에 전쟁을 선포한 포퓰리스트 지도자였다. 또한 둘 다 북미자유무역협정North American Free Trade Agreement, NAFTA을 강력히 비판함으로써, 우파 포퓰리스트와 좌파 포퓰리스트도 자유무역과 자유주의 경제학에 대한 의심을 공유할 수 있음을 증명했다. 두 대통령은 2020년에 백악관에서 처음 만났고, 암로로서는 집권 19개월 만에 첫 해외 방문이었는데, 양측 모두 이 회담을 성공적이라고 평가했다.

암로와 트럼프 사이에 유대감이 형성된 것 같은 느낌은 트럼프의 낙선에 암로가 보인 놀라운 반응으로 강화됐다. 일단 암로는 실용주의와 원칙주의에 입각해서, 트럼프가 낙선하고 바이든이 합법적인 미국 대통령이 됐다는 현실은 재빨리 인정했다. 그러나 러시아와 브라질 지도자처럼 꾸물거리며 트럼프가 선거 결과에 이의를 제기할 권리가 있다고 주장했다. 그가 이런 반응을 보이는 데는 아마도 개인적인 정치 이력이 영향을 미쳤을 것이다. 그는 과거에 두 번이나 대선에서 낙선했다. 2006년 선거에서는 펠리페 칼데론Felipe Calderón에게 아깝게 패했다. 당시 그는 결과를 인정하는 대신, 부정선거를 주장하며 멕시코시 중앙 광장에서 대규모 연좌시위를 조직했다. 2006년과 2012년에 선거 패배에 대한 암로의 반응은 2020년에 트럼프가 보였던 반응과 흡사했다.

흔히 브라질과 멕시코의 정치계는 미국 상황에 영향을 받기 때문에, 트럼프의 패배로 중남미 두 강대국의 이념적 흐름도 바뀔 것이라고 자연스럽게 예상할 수 있다. 미국 대선 후, 확실히 보우소나루는 국제적으로 더욱 고립됐다. 코로나19 사망자 폭증, 경기 침체, 룰라의 정계 복귀 등 여러 상황을 고려할 때, 보우소나루는 분명히 트럼프처럼 부정선거를 주장하면서 2022년 대선 결과에 불복할 것이다. 위험하게도 브라질의 국가기관들(특히 군대)은 미국만큼 건강하지 못하므로 민주주의와 법치를 수호하기 어려울 것이다.

중남미 곳곳에서 포퓰리즘의 물결은 여전히 거센 듯하다. 암로의 임기는 2024년까지지만, 그가 푸틴과 시진핑처럼 장기 집권을 위해 헌법을 개정할 것이라는 추측이 이미 나오고 있다. 개인숭배와 정계 장악을 향한 암로의 의지는 호평을 받은 《한 남자의 나라El País de un solo hombre》라는 그에 관한 책의 제목에 잘 포착되어 있다.[17]

한편, 팬데믹 기간에는 기득권층에 속한 기술 관료 출신의 지도자들도 정치적 대가를 혹독히 치렀다.

중남미 대륙에서 강력한 봉쇄 조치를 취했던 지도자들은 주로 미국의 명문 대학교 출신인데, 칠레의 세바스티안 피녜라Sebastian Pinera(하버드 대학교), 콜롬비아의 이반 두케(조지타운 대학교), 페루의 프란시스코 사가스티Francisco Sagasti(펜실베이니아 대학교) 등이 바로 그들이다. 그러나 이들의 신중한 조치는 거의 보상받지 못했다. 엄격한 봉쇄령이 내려진 나라는 느슨하게 대처했던 브라질보다 경제가 더 나빠졌다. 2020년 말 페루는 도시 인구의 반이 실업 상태였다.[18] 상황이 이러했으므로, 차베스를 찬양했던 정당 출신의 좌파 포퓰리스트, 페드로 카스티요Pedro Castillo가 2021년 대선에서 승리한 것은 별로 놀랍지 않았다.[19] 중남미 대륙 전체가 중요한 선거를 앞둔 상황에서, 향후 몇 년간 좌파든 우파든 포퓰리스트 지도자가 득세하리라는 두려움에는 나름의 근거가 있다.

　이미 말했지만, 1980년대에 중남미 대륙에서 일어난 민주화 물결은 전 세계에서 독재 정권이 무너지는 데 일조했다. 만약 지금 다른 나라들이 브라질과 멕시코를 따라 카리스마를 갖춘 스트롱맨 통치 체제로 전환한다면, 그 전시 효과는 중남미 너머까지 미칠 것이다. 역시 1990년대에 민주화 물결을 경험했지만 지금은 스트롱맨 통치의 위험과 유혹에 새롭게 직면한 지역이 있으니, 바로 아프리카 대륙이다.

아비 아머드

| 아프리카의 민주주의 환멸

Abiy Ahmed

2019

'스트롱맨 시대'에는 반복되는 패턴이 있다. 세상 어딘가에서 카리스마를 갖춘 새로운 지도자가 출현한다. 서구 언론은 그를 자유주의 개혁가로 묘사한다. 서구 정치인과 기관 들이 그를 격려하는 논평을 내고 그에게 도움의 손길을 내민다. 그런데 시간이 흐르면서 당황스러운 사실들이 발견된다. 그 자유주의 개혁가가 점점 독재자가 되어간다. 환멸이 시작된다.

2000년부터 이런 패턴이 푸틴, 에르도안, 시진핑, 모디, 오르반에게서 반복되고 있다. 그러나 전 세계에서 스트롱맨들이 출현해도 새로운 자유주의 영웅을 발굴하고 싶은 서구의 욕구는 사라지지 않는 것 같다. 어쩌면 세상에서 스트롱맨 독재자가 득세할수록 서구의 여론 형성가들은 더 간절하게 자유민주주의의 수호자를 찾을지도 모르겠다.

2018년부터 2020년까지 아머드에 대한 전 세계의 반응에도 같은 패턴이 (열광에서 절망으로) 나타났는데, 아머드는 2018년 4월에 아프리카에서 두 번째로 인구가 많은 에티오피아의 지도자가 된 인물이다. 아머드는 취임 100일째에 에티오피아의 정치체제를 자유주의 체제로 전환(계엄령 해제, 수천 명의 정치범 석방, 망명한 반체제 인사의 귀환 독려, 언론 자유화 장려)했다. 또한 이웃 나라인 에리트레아와의 적대 관계를 청산하기 위해 신속하게 움직였는데, 에리트레아의 수도 아스마라를 방문해서 오랜 영토 분쟁을 해결하기로 했다. 집권당의 이름도 에티오피아 인민혁명민주전선Ethiopian People's Revolutionary Democratic Front에서 번영당 Prosperity Party으로 부드럽게 바꿨다.*1

세계 무대에 얼굴을 알리고 싶은 새내기 지도자들은 세계 경제 포럼 참석을 통과의례로 여기는데, 2019년 1월에 나는 몇 미터 떨어진 곳에서 에티오피아 신임 총리의 다보스 세계 경제 포럼 데뷔 모습을 봤다. 준수한 외모와 넘치는 자신감으로, 거침없이 자유주의 가치를 설파하던 42세 총리에 감명을 받지 않기란 어려웠다. 그가 에티오피아 감옥에 더 이상 언론인은 없고 내각의 절반이 여성이라고 말하자, 청중석에서 자발적 박수가 터져 나왔다.

다보스 연설에서 아머드는 스트롱맨 모델이 발전의 길이라는 생각을 직접 비판하면서 이렇게 말했다. "우리는 민주주의를 수용하지 않고 지속적으로 성장하기란 불가능하다고 믿습니다. […] 우리는 민주주의와 발전이 서로 연결된다는 사실을 알고 있습니다." 이것이야말로 다보스에 모인 사람들이 듣고 싶었던 연설이었기에, 연설자를 향한 질문에는 친절하고 신뢰가 담겼다. 보르게 브렌데Borge Brende 세계 경제 포럼 상무이사는 청중에게, 아머드가 집권한 지 몇 달 만에 종족 정체성보다 에티오피아인이라는 공통 정체성을 우선하도록 국민을 설득했다고 말했다. 그리고는 존경한다는 듯 아머드를 바라보며 이렇게 물었다. "어떤 방법으로 그렇게 하셨나요?" 아머드는 다정하게, 화해가 어렵지 않다며 이렇게 말했다. "사람들과 한자리에 앉으시고, 자아는 잊어버리세요."•2

그 이듬해에 아머드는 노벨 평화상을 받았다. 공공연하게 수상 의지를 밝혔던 트럼프는 당연히 분통을 터뜨렸을 것이다. 노벨상 상장에는 아머드가 에리트레아와 화해하기 위해 노력했고, "수많은 시민에게 더 나은 삶에 대한 희망을 준" 민주개혁을 추진했다고 적혀 있었다.

그러나 에티오피아를 잘 아는 몇몇 논평자는 이 아머드 현상에 처음부터 회의적이었다. 2018년 9월에 미켈라 롱Michela Wrong은 아머드 현상이 스트롱맨 모델의 해결책과는 거리가 멀며, 실제로는 또 다른 유형의 스트롱맨이 형성되는 과정일지 모른다고 주장했다. 그녀는 이렇게 썼다. "그는 마하트마 간디, 넬슨 만델라Nelson Mandela, 고르바초프 같은 사람들과 비교되고 있다. 그러나 그에게 더 잘 어울리는 비교 대상은 트럼프, 푸틴, 에르도안 같은 현대 포퓰리스트들이며, 이들은 국내 정치 갈등을 제거하기 위해 혹은 이따금 그런 갈등을 대체하기 위해 애국심을 동원하고 민족주의에 호소한다."•3 롱은 아머드의 에티오피아 민족주의에 불편함을 느꼈고, 그것이 지역 갈등을 부추길 가능성이 있음을 알아챘다.

언뜻 보기에, 아머드의 배경은 종족과 종교로 나뉜 에티오피아인을 하나로 뭉치게 할 지도자가 되기에 거의 완벽했다. 그의 어머니는 암하라족Amhara 출신의 기독교인이었고, 아버지는 오로모족Oromo 출신의 무슬림이었기 때문이다. 심지어 아머드는 티그리냐어Tigrinya도 구사했는데, 이것은 그가 집권하기 전 수년간 정부를 지배했던 티그라이인Tigrayan의 언어였다. 총리로서 그가 제시한 공약은 낡은 종족 연방주의ethnic federalism에서 벗어나 국가 정체성을 강화하는 것이었다.

아머드가 총리로 취임하기 수년 전부터 에티오피아는 최대 종족인 오로모족이 정부를 장악한 티그라이인에 맞서 대규모 시위를 벌이면서 종족 간 긴장이 고조되고 있었다. 총리가 되자마자 아머드는 군대, 공안 부대, 정부 등에서 다수의 유력 티그라이인을 몰아냈다. 티그라이인민해방전선Tigrayan People's Liberation Front은 정부를 떠났고, 당 고위인사들은 고향으로 돌아갔다. 오로모족 출신의 몇몇 민족주의자는 아머드가 권력과 특권을 자신들에게 충분히 배분하지 않았다며 거리 시위를 계속했다. 그러나 전쟁으로 이어진 것은 오랫동안 지배층으로 군림해온 티그라이인에 대한 아머드의 반감이었다.

2020년 말, 아머드는 티그라이인 지도자들이 그들의 고향에서 중앙 당국의 허가를 받지 않은 선거를 치렀다며 맹비난했다. 에티오피아 군이 티그라이인의 반란을 진압하기 위해 폭격 작전과 지상 공격을 시작했다. 양측은 민간인을 상대로 잔혹 행위를 벌였다며 서로를 비난했고, 그러는 동안 5만 명의 난민이 고향을 등졌고, 130만 명은 긴급 지원을 필요로 했다.*4

전쟁과 충돌로 새로운 국면이 전개되자 아머드는 정치적 자유주의를 포기했다. 언론인과 정적 들이 체포됐고, 국가가 고문을 자행한다는 이야기가 들렸다. 집권 3년 만에 자유주의 가치의 기수라는 아머드의 명성은 땅에 떨어졌다. 이것은 '스트롱맨 시대'의 전형적인 패턴이었다. 그러나 탈식민지 나라의 자유주의 영웅이 나중에 독재자로 변했다는 이야기는 특별히 아프리카인에게 친숙했다.

푸틴, 시진핑, 모디, 트럼프 등이 출현하기 훨씬 전에도, 많은 아프리카 나라들이 스트롱맨들의 통치로 가슴 아픈 역사를 경험했다. 다보스에서 아머드의 연설을 보기 1년 전에, 나는 짐바브웨에서 권위주의 통치가 경제에 미친 악영향을 목격했다. 스트롱맨 지도자가 장악한 나라의 국경을 넘는 일은 긴장감과 동시에 지루함을 준다. 나는 그것을 2018년 2월에 짐바브웨-보츠와나 국경에서 확인했다. 국경 수비대원이 내 여권을 들고 사라진 탓에, 나는 한참을 벽에 붙어 있던 짐바브웨의 신임 대통령 에머슨 음낭가과Emmerson Mnangagwa의 대형 초상화만 들여다봐야 했다. 음낭가과는 1980년에 독립한 때부터 나라를 통치해온 무가베의 뒤를 이어, 바로 두어 달 전에 대통령에 취임했다.

그때만 해도 음낭가과가 무가베에게 물려받은 안타까운 정치적·경제적 상황으로부터 짐바브웨를 구해내리라 기대하는 사람들이 아직 있었다. 그러나 '악어'라는 그의 별명(무가베 정부에서 정보부 책임자와 국방 장관을 역임하는 동안 얻은 별명)이 그들의 희망이 헛된 것이 되리라는 암시를 줬다. (언젠가 러시아 반체제 인사가 민주주의자로 포장한 소련 공산당 출신들에 대해 한 말처럼, "영원한 개자식도 없지만, 개자식에서 갑자기 벗어나는 사람도 없다.")

마침내 국경 수비대원이 모습을 드러내더니 다소 냉소적인 미소를 지으며 내게 여권을 돌려줬다. 나는 타고 왔던 차로 돌아와서, 운전

자에게 현금을 좀 인출할 수 있게 은행으로 데려가달라고 말했다. 그가 웃으며 답했다. "은행에 모셔다드릴 수는 있지만, 아마 거기에 돈은 없을 거예요." 무가베가 통치하는 동안 짐바브웨에는 극심한 인플레이션이 발생했고, 이에 짐바브웨달러는 무용지물이 됐다. 그래서 짐바브웨인은 외화(주로 미국 달러와 남아프리공화국의 란드rand)를 사용했고, 심각할 정도로 현금이 부족했다. 심지어 주요 관광지인 빅토리아 폭포 근처의 은행도 문을 닫았는데, 거기에 가보니 한 무리의 사람들이 현금이 도착하기를 기다리며 허탈한 표정을 짓고 앉아 있었다. 여기에서 유일하게 사용 가능한 국가화폐는 10억 짐바브웨달러같이 액수가 큰 지폐밖에 없었다. 이 국가화폐는 극심한 인플레이션을 유발한 무가베통치 시대의 유물로서 아무 가치 없는 골동품이 됐고, 노점상들이 이것을 1달러에 관광객에게 팔고 있었다.

그 모든 장면이 스트롱맨 통치의 위험성을 떠올렸다. 1980년에 권좌에 오른 무가베는 과거 로디지아Rhodesia(짐바브웨의 전 이름-옮긴이)에서 백인 소수자의 통치를 종식하는 협상을 도운 게릴라 전사이자 해방 영웅이었다. 지적이고 논리 정연했던 무가베는 조국을 민주적이고 평등하며 풍요로운 미래로 이끌 올바른 지도자처럼 보였었다. 짐바브웨 자체도 농업이 발전하고 국민의 교육 수준도 높았기에, 새 시대에 충분히 번영할 것 같은 나라였다. 그러나 안타깝게도 현실은 전혀 달랐다. 집권하고 몇 년이 지났을 때 무가베는 정적과 그들의 지지자들을 상대로 악랄한 군사작전을 벌였다. 그는 북한군에게서 훈련받은 군대(악명 높은 '제5여단Fifth Brigade')를 마타벨레란드 지역으로 보내서 대학살과 인권유린을 자행했다. 그 이후 수십 년간 무가베 정권은 폭정, 부패, 경제 파탄과 동의어가 됐다.

　무가베의 보좌관을 지냈던 음낭가과도 이 안타까운 패턴을 깨지 못했다. 그래도 초기에는 그가 조국의 새 출발을 이끌지 모른다고 조심스럽게 희망하는 사람들이 더러 있었다. 2018년 4월, 짐바브웨의 새 지도자는 런던에서 열린 영연방 정상 회의Commonwealth Heads of Government meeting에서 환대를 받았고, 당시 영국의 외무 장관이던 존슨과 환담도 나눴다. 그러나 그로부터 불과 몇 달 후에, 짐바브웨 보안군은 수도 하라레에서 시위대에 총을 쐈다. 2019년에 또 한 번 유혈 진압이 발생하자, 영국은 음낭가과의 측근들에게 제재를 가했다.[5]

　해방 영웅이 폭군 스트롱맨으로 변신하는 과정은 아프리카 탈식민지 역사에서 대단히 친숙한 장면이다. 여기에 속하는 다른 인물들로는 콩고민주공화국의 모부투, 아이보리코스트Ivory Coast(코트디부아르의 옛 이름 – 옮긴이)의 펠릭스 우푸에부아니Felix Houphouët-Boigny, 말라위의 헤이스팅스 반다Hastings Banda, 에리트레아의 이사이아스 아페웨르키Isaias Afwerki 등이 있다.[6] 그러나 아프리카의 모든 해방 영웅이 실망스러운 패턴을 따른 것은 아니었다. 남아프리카공화국에서 만델라가 출소 후 반대파를 관대하게 대하고, 아파르트헤이트가 철폐된 나라의 새 대통령에 당선된 과정은 권력에 집착하다 독재자로 전락한 해방 영웅의 모습과는 달랐다. 무가베나 모부투와 달리, 만델라는 1999년에 아프리카민족회의African National Congress, ANC의 옛 동료인 타보 음베키Thabo Mbeki에게 평화롭게 권력을 이양하고 은퇴했다. 이제 아파르트헤이트가 철폐된 남아프리카공화국은 필사적으로 무가베 정권으로부터 탈출하려는 짐바브웨인들을 끌어당기는 나라가 됐다.

그러나 이런 남아프리카공화국조차도 상황이 악화되기 시작했다. 2009년부터 2018년까지 대통령을 지냈던 제이콥 주마Jacob Zuma가 거대 부패에 연루되고 경기는 침체했으며, '국가 포획state capture'(이익집단, 대기업, 정치인 등이 결탁해서 국가를 포로로 잡아놓고 국가의 의사 결정 과정에 영향을 미쳐 사익을 추구하는 대규모 부패의 형태 – 옮긴이)과 심지어 '국가 실패state failure'가 담론의 주제로 등장했다. 주마는 동부의 은칸들라 인근에 국비로 원형 극장, 수영장, 가축우리, 안내소 등을 갖춘 대규모 사저를 지었다.⁷ 궁전 같은 사저가 공개됐을 때, 그는 그곳 수영장이 소방대가 긴급하게 물을 끌어올 수 있도록 일부러 조성한 "소방용 저수지"라고 둘러댔다. 언론과 야당이 폭로한 이 모든 내용은 곳곳에서 패러디됐다. 그러나 남아프리카공화국의 자유 언론과 국가기관은 힘이 약했으므로, 2018년에 마침내 주마가 대통령직에서 물러날 때까지 그의 국고 약탈을 막지는 못했다.

주마가 남긴 피해는 상당했는데, 가령 국영 전력 회사이자 선도 기업이었던 에스콤Eskom은 사실상 파산했다. 주마에 이어 대통령이 된 시릴 라마포사Cyril Ramaphosa를 2019년에 런던의 한 회의장에서 인터뷰했을 때, 그는 주마 정부의 부패로 발생한 손실이 남아프리카공화국 국내총생산의 10퍼센트에 달한다고 밝혔다. 그는 이렇게 한탄했다. "손실액은 상상을 초월합니다. 5,000억 란드, 즉 340억 달러거든요."

결국 2021년에 주마는 부패 사건 재판에 출석하지 않아 법정 모독죄로 15개월 형을 선고받았다. 이는 남아프리카공화국에 여전히 법치가 작동하고 있으며 국가기관들은 스트롱맨 통치자에 맞서 싸울 능력이 있음을 증명하는 것이다. 그러나 이 나라는 막대한 대가를 치렀다. 주마의 정치 협력자들이 선동한 폭도와 약탈자들이 거리로 나왔다. 실업률이 무려 32퍼센트였으므로, 사람들을 약탈과 절도에 끌어들이기가 그리 어렵지 않았다. 일주일간 야만적인 무질서 상태가 지속됐고, 300여 명이 살해됐다.

남아프리카공화국의 소요 사태는 극심한 빈곤과 불평등으로 고통받는 나라에서 민주주의를 유지하기가 얼마나 어려운가를 상기시켰다. 그러나 무가베와 주마 같은 선출된 지도자들의 실패에도 불구하고, 대체로 아프리카인들은 민주주의를 존중한다. 2019년에 여론조사기관인 아프로바로미터Afrobarometer가 34개국을 대상으로 실시한 조사에서 응답자의 3분의 2 이상이 민주주의를 최선의 정부 형태로 선택했다. 그러나 서구와 마찬가지로 민주주의에 대한 신뢰는 약화되고 있었다. 응답자의 반 정도가 민주주의에 "불만족한다"고 답했는데, 이는 20년 전의 25퍼센트에서 증가한 수치다.[8]

해방 영웅이 조국을 폭정으로 이끌고 민선 대통령이 국가의 돈을 훔쳤다는 사실은 일부 아프리카인과 외부 논평자 들로 하여금 스트롱맨 모델을 다시 들여다보게 했다. 몇몇 나라의 스트롱맨 지도자는 평화를 회복하고 고속 경제성장을 이뤘다. 이와 관련해서 자주 언급되는 두 사람은 르완다의 카가메와 1995년부터 아머드가 집권하기 6년 전인 2012년에 사망할 때까지 에티오피아를 통치했던 제나위다.

아마도 카가메는 아프리카에서 가장 유명한 독재자일 것이다. 그는 대통령 혹은 실권자(대통령이 되기 전에는 부통령이었다-옮긴이)로서 거의 30년간 통치했지만, 해외에 수많은 지지자를 거느리고 있다. 빌 클린턴은 카가메를 '우리 시대 위대한 지도자'에 포함시켰다. 블레어는 그를 '선지자'로 불렀다. 반기문 전 유엔사무총장은 르완다를 다른 아프리카 국가들이 본받아야 할 모범 사례로 꼽았다.[9]

언뜻 보더라도, 카가메가 이룬 업적의 규모를 부인하기는 어렵다. 그가 통치하는 동안 르완다의 경제성장률은 연평균 약 8퍼센트였다. 카가메의 비판가들은 그것이 인위적인 경기 부양 덕분이라고 주장한다. 그러나 검증하기 쉬운 다른 개발 지표들도 좋아졌다. 현재 르완다의 기대 수명은 약 69세인데, 이는 사하라 이남 아프리카에서 가장 성공한 나라인 보츠와나의 기대 수명과 같다. 국제 기업인들은 르완다를 일하고 투자하기에 효과적인 지역이라고 평가한다.[10]

카가메의 지지자들은 르완다의 참혹했던 집단 학살의 역사를 고려할 때, 르완다에 자리 잡은 질서 의식에 특별히 감탄한다. 1994년에 다수 민족인 후투족Hutu 내 극단주의자들이 살해한 투치족Tutsis과 후투족 온건파는 무려 100만 명이었다. 2000년에 대통령에 취임한 카가메는 르완다의 종족 분쟁 해소를 핵심 과제로 삼았다. 그의 정부는 비록 투치족이 장악하고 있지만 종족 차별에 공개적으로 반대하고 있으며, 르완다의 국가國歌는 "우리의 공통 문화가 우리를 구별해주고, 하나의 언어가 우리를 통합한다"고 선언한다. 카가메는 자기 안에 후투족 피가 흐른다고 발언하기도 했다.[11]

카가메가 통치하면서부터 르완다는 마을마다 꼼꼼하게 화단을 가꾸고, 주민들은 신발을 신어야 한다. 코로나19 전에는 관광산업도 활발했다. 카가메는 스트롱맨 통치자가 쉽게 빠지는 방종에 그럭저럭 휩쓸리지 않았다. 지나친 개인숭배를 금지했으며, 군인에서 기술 관료로 변신한 사람으로서 대단히 신중한 통치자라는 국제적 명성을 얻었다.

그러나 이런 성취는 정치적 자유를 희생한 결과였다. 카가메는 르완다를 완전히 장악했다. 그는 2017년 대선에서 98.7퍼센트를 득표했다고 주장했으며, 2034년까지 계속 집권할 수 있도록 헌법도 개정했다. 게다가 대단히 불길하게도 반체제 인사와 반대파가 자주 의문의 죽음을 당했는데, 가령 전 정보부장 패트릭 카레게야Patrick Karegeya는 2013년에 남아프리카공화국의 한 호텔에서 약에 취해 목이 졸린 채 발견됐다. 카레게야의 사망 사건에 관한 질문을 받았을 때 카가메는 책임을 부인했지만, 이렇게 단언했다. "사실 저는 국가가 그렇게 했길 바랍니다. 정말 그랬으면 좋겠습니다."·12 카가메를 비판적으로 다룬 최근 전기는 그를 카레게야의 살인자로 지목했고, 국내외에서 정권 비판자들이 잇따라 살해된 사건들에 카가메가 연루됐다고 주장했다.·13

국제 인권 감시 기구Human Rights Watch는 추방당한 르완다 언론인 찰스 잉가비레Charles Ingabire가 여러 번 살해 위협을 받았고 한 차례 공격 미수도 겪은 적이 있다고 보고했다.·14 카가메의 비판가들은 사법제도를 이용한 보복도 당하고 있다. 르완다에서 집단 학살이 자행됐을 때 1,000여 명의 르완다인을 구해서(이 이야기를 다룬 영화가 바로 〈호텔 르완다Hotel Rwanda〉이다) 국제적으로 명성이 높은 기업가 폴 루세사바비나Paul Rusesabagina는 2020년 9월에 "국내외 여러 지역에서 활동하는 […] 극단주의 무장 폭력 단체의 설립자이자 지도자이자 후원자"로 지목되어 체포, 기소됐다.·15

여러 해 동안 서구의 카가메 지지자들은 그 모든 상황을 무시하다시피 했다. 르완다 집단 학살 때 미국 정부가 아무 조치도 취하지 않았다는 사실이 여전히 마음에 걸렸던 빌 클린턴은 이렇게 말했다. "이

만큼이나 나라를 발전시킨 정부에게는 더 많은 아량을 베풀어야 한다고 생각한다." 실제로 미국은 자주 카가메를 보호했는데, 일례로 르완다 국제형사재판소International Criminal Tribunal for Rwanda가 후투족 난민에 대한 투치족의 잔혹한 보복에 카가메가 연루됐다는 사실을 거의 밝혀내려 했을 때 미국은 담당 검사를 교체하도록 압력을 넣었다.[16] 또한 바이든 정부에서 미국 국제개발처USAID 처장으로 임명된 서맨사 파워Samantha Power도 카가메를 존경한다고 알려져 있다.

서구의 지원을 받는 '개발독재developmental authoritarianism' 사례가 르완다만은 아니다. 아머드가 집권하기 전 에티오피아에서도 유사한 상황이 펼쳐졌었다. 동아프리카에 위치한 에티오피아는 1995년부터 2012년까지 제나위 총리가 엄격히 통제했다. 그의 억압 행위는 경제 발전과 기술 관료적 통치 방식 덕분에 자주 간과됐다. 서구 언론사와의 인터뷰에서 그는 통신사 민영화부터 상품 가공에 이르기까지 다방면의 질문에 박식하게 답변했다. 제나위가 에티오피아의 미래를 위한 비전, 즉 "아시아의 호랑이들Asian Tigers"로 불리던 한국과 대만처럼 국내 산업을 육성할 계획을 품었다는 사실을 의심하는 사람은 아무도 없었다.[17]

르완다처럼 에티오피아 개발 지표들의 수치도 인상적이었다. 2002년부터 2012년 사이에 국내총생산은 10퍼센트 이상 증가했는데, 이는 사하라 이남 국가들의 평균보다 두 배 높은 비율이었다. 제나위가 통치하는 동안 극빈율은 15퍼센트 감소했다. 1만 5,000개의 마을 보건소가 건설됐고, 기본적인 도로 체계도 눈에 띄게 개선됐다. 기대

수명은 40세에서 약 65세까지, 무려 25년이나 증가됐다고 한다.*18

서구의 구경꾼들을 사로잡은 탁월한 정책 설명 능력은 제나위가 가진 매력의 하나일 뿐이었다. 그는 에티오피아를 안정시키고 친미 정책들을 추구함으로써, 서구의 원대한 전략 목표 달성에도 일조했다. 한편, 에티오피아는 시장이 크고 경제도 발전했으며 "아프리카의 뿔 Horn of Africa"로 불리는 전략적 위치에 있다는 이점 때문에, 중국인 투자자를 많이 끌어들였고 외교적 관심도 많이 받았다. 2012년에 중국은 에티오피아의 수도인 아디스아바바에 아프리카 연합African Union 본부가 건설될 때 자금을 댔다. 그러나 제나위는 미국 편에 서서, 미국이 에티오피아에 드론 기지를 설치하도록 허용했고 소말리아에서 실시하는 미국의 대테러 합동 훈련에도 협력했다.

카가메처럼 제나위도 바람직한 스트롱맨 통치자를 자처했다. 오바마의 국가안보보좌관이었던 수전 라이스Susan Rice는 2012년에 제나위가 사망했을 때 그를 '세계적인 인물'로 소개하며 이렇게 선언했다. "그는 똑똑하기만 한 것이 아니었다. 그는 단순히 거침없는 협상가, 만만찮은 토론자가 아니었다. 그저 지식에 목말라 있던 사람이 아니었다. 그는 드물게도 현명한 사람이었다."*19

그러나 르완다처럼 에티오피아도 정부의 탄압을 감수해야 했다. 제나위가 사망하기 2년 전인 2010년에 치러진 선거에서, 제나위는 99.6퍼센트라는 말도 안 되는 득표율을 기록했다고 주장했다. 2005년에는 선거가 끝나고 약 200명의 시위자가 공안 부대의 총격을 받았다. 교원 노조와 인권 단체들은 해체됐고, 야당들은 법의 보호를 받지 못했다. 또한 제나위는 인구의 약 6퍼센트에 불과한 티그라이인이 계속 정치를 장악할 수 있게 보호했다. 국민을 단결시키기 위해 종족 연방주의에 의존했지만, 어떤 집단이 지배층이 되어야 하는가에 대해서 선을 명확히 그었다.•20 아마도 서구가 좀 더 자유주의자처럼 보였던 아머드를 열광적으로 지지한 이유는 제나위를 감싸면서 감수해야 했던 불편함을 자각했기 때문일 것이다.

부유한 강대국인 미국에서조차도 오랜 전통으로 자리 잡은 민주주의를 위협할 정도로 정체성 정치가 강력해졌다는 사실을 고려하면, 에티오피아, 르완다, 짐바브웨(세 나라 모두 종족 갈등이 전쟁으로 비화될 정도로 심각하다) 같은 아프리카 국가들이 다원주의적 민주주의pluralist de-mocracy를 확립하려면 전력을 다해야 한다는 사실이 놀랍지는 않다. 베이징에 가면, 가난이 일상이고 국가조직은 약한 아프리카에 자유민주주의가 적합한 체제라고 믿는 사람은 순진한 미국인과 유럽인밖에 없다는 말을 들을 것이다. 암울하게도 중국은 대부분의 아프리카 국가에 국민을 단결시킬 스트롱맨이 필요하다고 생각한다. 그러니 무가베나 주마가 아닌 카가메나 제나위가 나타나기를 바라는 수밖에 없다.

누가 봐도 지난 10여 년 동안 아프리카의 민주주의는 완만하게 후퇴하고 있다. 이런 상황에 대해 버밍엄 대학교의 닉 치즈맨Nic Cheeseman은 "민주주의 붕괴라기보다 민주주의 장애democratic difficulties"라고 설명한다.•21 냉전이 종식된 1990년대에 많은 아프리카 국가와 지도자 들이 민주주의를 발전시킨 덕분에, 아프리카 대륙에서 민주국가로 부를 수 있는 나라의 수는 증가했다. 그러나 중국의 영향력이 증가하면서, 아프리카 대륙에 불던 이념의 바람은 방향이 바뀌고 있다. 2007년에 중국의 대對아프리카 무역 규모는 약 1,480억 달러였다. 그때 미국의 대對아프리카 무역 규모는 390억 달러였다. 당연하게도 베이징은 민주적 통치를 원조나 무역 조건으로 내걸지 않기 때문에, 아프리카로서는 정치 개혁에 대한 압박을 적게 받는다. 심지어 언젠가부터 중국은 독재자들을 적극 보호하고 있는데, 일례로 수단의 오마르 알 바시르Omar al-Bashir를 기소하지 못하도록 국제형사재판소International Criminal Court에 압력을 넣었다.[22]

중국은 독재자들을 방조만 하지 않는다. 그들이 권력을 강화할 수 있도록 도구도 제공한다. 수년간 중국공산당은 자체 교육 프로그램에 아프리카 정치인들을 참여시켰다. 중국의 전통문화 이해나 경제 개발 전략 같은 일부 교육 과정은 무해해 보였지만, 대부분의 과정은 수상했다. 교육 참가자들은 효과적인 선전 방식, 반대파를 처리하고 반체제 인사를 감시하는 방법을 배웠다. 2008년부터 2012년까지 남아프리카공화국의 정당 중 하나인 아프리카민족회의는 중앙집행위원회 National Executive Committee 위원 56명을 포함해서 당의 고위직들이 중국이 제공하는 교육 프로그램에 참여했다. 에티오피아 정부도 1994년부터 대표단을 보내고 있다.[23]

심지어 남수단 같은 신생국들도 수천 명의 학생에게 장학금을 지급해서 중국으로 보내고 있다. 이런 교육이 아프리카의 정치 문화에 미칠 영향은 분명 자유주의와 거리가 멀다. 남수단의 바르알가잘 대학교 부총장인 삼손 와사라Samson Wasara는 이렇게 말했다. "10년 후면 (이 학생들 중) 하나가 남수단의 지도자가 될 것이다. 중국에서는 민주주의를 이야기하지 않을 것이다."[24]

중국은 아프리카에 기술적 도움도 주고 있다. 2014년에 중국 통신 회사인 ZTE는 에티오피아에 시민이 이용할 수 있는 통신 시설을 설치했다. 탄자니아의 통신교통노동부 차관 에드윈 응고냐니Edwin Ngonyani는 2007년에 중국 사이버 우주국Cyberspace Administration of China과 공동 주최한 행사에서 이렇게 선언했다. "우리의 중국 친구들은 그런 미디어(구글 같은 인터넷 사이트)를 차단해냈고, 그 대신 안전하고 건설적이고 대중적인 국내 사이트로 대체했다. 우리는 아직 그 수준에 이르지 못했으므로, 그런 플랫폼들을 사용할 때 오용하지 않도록 주의해야 한다."

전체주의 정권을 지원하는 중국 기술을 가장 확실하게 수입한 나라는 짐바브웨다. 2018년에 짐바브웨는 광저우에 있는 클라우드워크 CloudWalk라는 기술 회사의 도움으로 도시와 교통 요충지에 얼굴 인식 시스템을 설치하는 안을 채택했다. 명목상으로는 범죄 수사가 목적이었지만, 인권 운동가들은 우려했다. 짐바브웨의 언론인 가리카이 드조마Garikai Dzoma는 "아프리카의 독재자들이 […] 그 기술을 이용해서 적을 추적함으로써 자신들의 정치적 입지를 강화할 것임은 의심의 여지가 없다"고 예측했다. 더구나 짐바브웨에서 클라우드워크 시스템을 사용할 경우 이미 탁월한 중국의 감시 기술은 더욱 고도화될 것이다. 왜냐하면 이제 중국은 한족이 아닌 사람들의 얼굴 특징을 파악하고 정리함으로써 얼굴 인식 자료를 더 많이 축적할 수 있기 때문이다.[25]

중국의 재정 지원 덕분에 음낭가과는 정치적 자유를 실현하라는 서구의 압박을 쉽게 물리칠 수 있었다. 임기 중에 그는 하라레에 6층짜리 의회 건물을 새로 짓기 시작했는데, 중국이 1억 4,000만 달러의 건축비를 부담했다.[26] 그에 대한 대가가 무엇이었는가는, 짐바브웨가 아프리카의 다른 15개국과 함께 중국이 "인권 부문에서 놀라운 성취"를 이뤘고, 신장의 수용소를 "직업교육 및 훈련 센터"로 개조한 것을 칭찬하는 편지에 서명해서 유엔 인권 이사회UN Human Rights Council에 보냈을 때 분명해졌다.·27

아프리카의 다른 권위주의 국가들도 스트롱맨을 맞을 준비를 하고 있다. 미국 같은 나라들은 주로 동맹국의 악행을 못 본 척하지만, 러시아는 오히려 거든다. 알파 콩데Alpha Conde 기니 대통령이 헌법을 어기면서까지 3선에 도전한다고 했을 때, 주 기니 러시아 대사는 "헌법은 도그마도, 성서도, 쿠란도 아니다. 헌법을 현실에 맞춰야지, 현실을 헌법에 맞출 수는 없다"고 논평했다.·28 중국과 마찬가지로, 러시아도 독재자들을 직접 지원한다. 심지어 중앙아프리카공화국은 러시아인을 국가안보좌관으로 임명했다.

트럼프 시대에는 아프리카 민주주의를 위한 미국의 지원이 현저히 줄었다. 2019년 1월, 콩고민주공화국에서 대대적인 부정선거가 치러졌고, 그 결과 펠릭스 치세케디Felix Tshisekedi가 대통령에 당선됐으나, 미국은 아무런 비난도 하지 않았다. 오히려 그 결과를 전적으로 지지했다. 국제 전략 연구소Centre for Strategic and International Studies의 음벰바 페조 디조레레Mvemba Phezo Dizolele는 미국의 그런 행보를 "실망스러운 역전dispiriting reversal"이라고 표현했다. "미국은 콩고에서 선거가 치러질 수 있도록 많은 도움을 줬지만, 마지막 순간에 손을 놓았다."·29

일찍이 바이든 정부는 전통적인 방식으로 돌아가겠다는 의사를 밝혔다. 바이든 대통령이 취임한 직후, 제이크 설리번Jake Sullivan 신임 국가안보좌관은 아머드가 촉발한 충돌에 우려를 표했고, "에티오피아 메켈레 주변에서 일어난 전쟁에서, 전쟁범죄가 일어날 가능성을 포함해서 민간인에 대한 폭력이 발생할 위험"을 경고했다.[30] 아머드는 미국의 비난 성명이나 티그라이의 기근 위협에도 전쟁을 멈추지 않았다. 2021년 7월에 그는 총선에서 압승을 거두지만 미국은 그 선거에 대해 "중대한 결함significantly flawed"이 있다고 논평했다. 그러나 에티오피아의 최대 투자국은 여전히 중국이었으므로, 워싱턴의 비난은 간단히 무시됐다.

에티오피아 상황에 관심이 많을 만한 나라에는 미국과 중국만 있는 것이 아니었다. 아프리카 정부들의 성패에 가장 직접적으로 영향을 받을 곳은 아마 유럽일 것이다. 그 이유는 아프리카 대륙의 인구가 놀랄 만한 수준으로 증가하고 있기 때문이다. 유엔을 포함한 여러 단체가 예측한 바로는 2020년과 2050년 사이에 아프리카 인구는 두 배 정도 증가할 것인데, 이는 아프리카 인구가 12억 명 더 늘어난다는 의미다.[31]

빈곤, 기후변화, 나쁜 정부 같은 조건들이 결합(가까운 거리도 포함)되면 수많은 아프리카 젊은이가 더 나은 삶을 찾아 유럽으로 향할 것이다. 2015년부터 2017년까지 3년간 약 50만 명의 아프리카인이 유럽에 망명 신청했다. 그들 중 대다수가 에티오피아 이웃 나라인 에리트레아 같은 독재국가에서 탈출했는데, 에리트레아에서는 아페웨르키 대통령이 젊은 남성들을 대상으로 무기한 병역제도를 시행하고 있다.

향후 몇십 년간 유럽은 이런 이민 압박을 점점 더 많이 받게 될 것이다. 그리고 이미 봤듯이, 이민자가 문화와 경제에 영향을 미치리라는 두려움은 유럽 대륙에서 포퓰리즘과 민족주의를 지향하는 스트롱맨의 등장을 강력하게 부채질할 것이다. 이런 두려움을 확실히 해소해줄 답을 찾는 것이 앞으로 유럽 자유주의자들의 급선무가 될 것이다.

메르켈과 마크롱

| 스트롱맨과 싸우는 유럽

Angela Merkel
Emmanuel Macron

2020

'스트롱맨 시대'를 거치는 동안, 자유주의적 국제주의자들은 민주주의의 수호자, 즉 민족주의적 포퓰리스트를 막을 수 있는 정치 지도자를 찾아 전 세계를 살폈다. 아던 뉴질랜드 총리와 트뤼도 캐나다 총리를 포함해서 다양한 인물이 자유주의 가치의 수호자로 떠올랐다. 그리고 트럼프 시대에는 특별히 유럽의 두 강대국 지도자, 메르켈 독일 총리와 마크롱 프랑스 대통령에 관심이 집중됐다.

2016년에 브렉시트와 트럼프 당선이라는 충격적인 두 사건을 겪고 보니, 프랑스 정치권도 대단히 취약해 보였다. 프랑수아 올랑드 François Hollande 대통령은 2017년 대선에 출마조차 못할 정도로 인기가 없었다. 대선 18개월 전에 프랑스는 역대 최악의 테러 공격을 받았다.

2015년 11월에 파리에서 이슬람 극단주의자들의 동시다발 공격으로 131명이 사망했다. 이듬해 여름 니스에서는 프랑스대혁명 기념일을 축하하러 모인 군중을 향해 트럭 한 대가 돌진해서 86명이 사망했다. 이제 프랑스는 극우 진영이 승리할 수 있는 여건이 무르익은 듯했다.

2017년 프랑스 대선은 올랑드가 불출마하면서, 파란을 일으킨 두 후보가 경쟁했다. 하나는 극우 정당인 국민전선의 대표 르펜이었다. 결선 투표에서 그녀가 만난 상대는 앙마르슈En Marche라는 신생 정당을 이끄는 젊은 지도자, 마크롱이었다.

2015년에 나는 런던에 있는 프랑스 대사관 조찬 행사에서 마크롱을 만났는데, 당시 그는 경제 장관(올랑드의 중도좌파 정부에서 경제적 자유주의를 표방한 인물)이었다. 행사를 기획한 외교관들은 확실히 마크롱을 좋아했다. 마크롱은 그들의 세계에 속하는 사람, 즉 유럽연합에 우호적인 시장주의자이자 전직 은행가이며, 고등교육을 받아 난해한 주제도 길게 토론할 수 있는 사람(그가 학생 때 쓴 논문의 주제는 헤겔과 마키아벨리였다)이었다. 마크롱은 크루아상과 커피를 즐기는 가운데 영어와 프랑스어를 번갈아 사용하며 자신이 구상하고 있는 경제 자유화 정책을 설명했고, 부유세 폐지와 기업가들에 대한 혜택을 약속했다. 내가 이 젊은 장관에게 받은 전반적인 인상은 카리스마가 있고 유능하지만 살짝 건방지다는 것이었다.

대선을 치르는 동안 마크롱은 당시 나이 39세로 젊다는 점과 신당을 이끈다는 사실 덕분에 브렉시트와 트럼프 당선을 견인한 반체제적 분노를 일부나마 전달할 수 있는 통로가 될 수 있었다. 마크롱 스스로도 급진적 변화를 대표하는 후보를 자처했다. 대선 1년 전에 그가 출판한 책의 제목도 《혁명Revolution》이었다. 그러나 여러 면에서 마크롱은 가장 전통적이고 배타적인 기관에서 교육받고 기득권의 세계관을 충실하게 실현할 수 있는, '탁월한par excellence' 프랑스 엘리트의 전형이었다. 사실 마크롱이 대선 출마를 선언했을 때만 해도, 승산은 없어 보였다. 그런데 운이 좋았다. 2017년 초에 우파 진영의 유력 대선 후보였던 프랑수아 피용François Fillon이 뜻하지 않게 부패 및 비용 처리 관련 스캔들에 휘말렸다. 1차 투표에서 피용이 낙마하자, 극우에 반대하는 모든 사람이 마크롱을 지지하게 됐다.

사실 프랑스 대선은 전 세계적으로 중요했다. 르펜은 프랑스가 유럽 단일 통화 동맹과 유럽연합에서 탈퇴해야 한다고 주장하며, 영국처럼 프렉시트Frexit 안건을 국민투표에 부치겠다고 약속했다. 그것은 유럽연합의 종말을 의미했다. 유럽연합이 브렉시트에는 살아남을 수 있었지만, 프렉시트는 얘기가 다르다. 1950년대에 유럽연합의 전신인 유럽 석탄 철강 공동체를 설계한 사람들이 바로 프랑스의 정치인과 사상가 들이었다. 1980년대에 유로화 도입을 추진한 것도 프랑스였으므로, 프랑스의 유로존 탈퇴는 유로화 붕괴로 이어질 터였다. 만약 르펜이 대선에서 승리한다면, 유럽 전체 프로젝트가 중대한 위험에 빠질 것이다. 이는 푸틴과 트럼프가 반길 만한 상황으로, 영국 내 브렉시트 찬성자 다수는 자신들의 선택이 옳았음이 입증됐다고 느낄 것이다.

대선 전 수개월 동안 내 프랑스 친구들 중 다수는 불안감을 감추지 못했다. 심지어 몇몇은 극우 후보가 당선되면 이민을 가야 하나 고민할 정도였다. 그러나 르펜은 대선 토론에서 형편없는 태도를 보였고(나중에 그녀는 두통이 심했었다고 주장했다), 결국 마크롱이 낙승을 거뒀다. 사실 반극단주의 후보는 언제나 강력한 지지를 받는다. 독일의 경우처럼(그리고 미국과 달리) 프랑스 극우 진영은 여전히 제2차 세계대전 때 얻은 오명을 벗지 못했다. 2017년 5월 결선 투표에서 마크롱은 66.1퍼센트를 득표해서 낙승했다.

2017년 대선에서 마크롱이 내건 정치와 사회 분야의 공약을 보면, 그는 사회적·이념적으로 스트롱맨과 대척점에 있는 인물이었다. 푸틴, 시진핑, 모디, 보우소나루, 에르도안 같은 지도자는 모두 민족주의자다. 그와 반대로, 마크롱은 도전적인 '글로벌리스트'다. 언젠가 그는 자신의 전기를 쓴 소피 페더Sophie Pedder에게 이런 견해를 밝혔다. "정치계는 세계화를 두려워하는 사람과, 세계화를 기회 혹은 적어도 모두의 발전을 도모하는 정책 틀로 여기는 사람으로 새롭게 나뉜다."[1] 마크롱이 이끄는 앙마르슈의 핵심 지지층은 고등교육을 받은 중산층 자유주의자였다. 이런 사람들이 미국에서는 힐러리 클린턴을 지지했고, 영국에서는 브렉시트에 반대표를 던졌다. 프랑스의 '뒤처진' 지역에 사는 백인 노동자들은 영국에서는 브렉시트에, 미국에서는 트럼프에 투표한 사람들과 동류인데, 이들은 르펜을 지지했다. 나중에 이들은 "노란 조끼gilets jaunes"로 불리는 거리 시위를 주도하게 되는데, 마크롱의 유류세 인상 계획에 반대해서 시작된 이 운동은 2018년과 2019년에 프랑스를 뒤흔들었다.

마크롱은 유류세 인상이 환경 정책의 일환이라고 생각했다. 트럼프와 보우소나루 같은 서구의 스트롱맨이 기후변화 문제를 조롱하고 전문가 의견을 불신하는 반면, 마크롱은 기술 관료 출신으로서 파리 기후변화 협약Paris climate accords 지원을 핵심 정치 과제로 삼았다. 다수의 스트롱맨과 달리 향수에 젖은 민족주의를 거부하는 마크롱의 정치는 확고하게 미래 지향적이다. 그는 자신 있게 이렇게 선언했다. "우리나라에 필요한 것은 불분명한 과거에 대한 병적 집착이 아니라 미래 가치관의 재발견이다."·²

만약 마크롱의 정치관과 세계관이 스트롱맨 모델에 맞지 않다면, 유럽에서 마크롱의 중요한 정치 파트너인 메르켈 독일 총리는 훨씬 더 스트롱맨과 거리가 멀었다. 신중하고 자제력이 뛰어난 그녀의 스타일은 푸틴, 트럼프, 보우소나루, 에르도안처럼 남자다움을 과시하는 스타일과 완전히 달랐으며, 그 덕분에 메르켈은 "무티(엄마)"라는 별명을 얻었다.

트럼프가 자신의 이름을 딴 화려한 고층 건물과 골프 클럽을 오가며 살았다면, 메르켈은 베를린 중심부에 있는 3층짜리 아파트에서 남편과 소박하게 살았다. 2020년 어느 여름날, 나는 호기심에 그녀가 사는 동네의 거리를 걸어봤는데, 그 거리에서 '박물관 섬Museum Island'(베를린 시내를 관통하는 슈프레강 위 작은 섬에 유명 박물관 5개가 모여 있는 지역으로 유네스코 세계문화유산으로 지정돼 있다 – 옮긴이) 쪽을 보면 슈프레강이 내려다보였다. 내가 서 있는 곳이 총리 사저임을 확인해주는 표시라고는 준수한 건물 앞에 서 있던 경찰차 한 대와 작은 경비 초소 하나가 전부였다.

2016년에 미국에서 트럼프가 대통령에 당선되자, 그 여파로 일부에서는 메르켈을 자유세계의 진정한 지도자로 환영했다.·³ 그녀의 측근들은 메르켈이 그런 칭찬에 당혹스러워했다고 주장했지만, 확실히 그녀는 전통적인 자유주의 가치의 대변자가 되기로 결심했다. 트럼프에게 협력을 제안했을 때, 그녀는 그 협력 관계가 '자유, 출신과 무관한 인간의 존엄성과 법치 존중'을 토대로 해야 한다는 점을 분명히 밝혔다.

메르켈은 동독에서 루터교 목사의 딸로 태어나 자랐다. 그녀는 인기가 많은 학생이었고, 러시아어로 상을 받기도 했는데, 훗날 그녀의 러시아어 실력은 블라디미르 푸틴과 대화할 때 유용했을 것이다. (물론, 푸틴도 동독에서 스파이 생활을 했으므로 독일어를 구사할 수 있었다.) 1954년생인 메르켈은 베를린장벽이 무너질 때 서른다섯 살이었다. 1989년 11월, 베를린장벽이 무너지던 밤에, 그녀는 수많은 베를린 시민처럼 브란덴부르크 문으로 서둘러 달려가는 대신 사우나를 한 뒤 친구와 맥주를 마셨다고 한다.•4 동독에서 과학자로 성공적인 경력을 쌓았고, 1986년에 양자화학 박사 학위를 받았다. 메르켈은 동독 정치와는 거리를 뒀다. 그녀가 독일 통일을 이끌어낸 헬무트 콜Helmut Khol 총리에게 발탁되어 정계에 입문한 것은 공산 정권이 무너진 다음이었다. 이후 기독민주당 내에서 점점 지위가 상승하다 2005년에 총리가 됐다. 그녀는 독일 최초의 동독 출신 여성 지도자였다.

2015년 유럽에 난민 위기가 닥쳤을 때, 메르켈은 이미 유럽에서 가장 중요한 정치인이었다. 그녀는 유럽연합이 당면한 유로화 위기의 해결책을 마련하고 관리했으며, 그 때문에 남유럽에서는 무정한 독일 보수주의자의 대표라고 비난받았다. 그러나 그녀가 문제의 핵심을 이해하고 있다는 사실을 아무도 의심하지 않았다. 글로벌 금융 위기가 발생했을 때, 티모시 가이트너Timothy Geithner 미국 재무 장관은 자신이 만난 세계 지도자 중 메르켈이 '숫자를 이해하는' 유일한 사람이라고

말했다.[5]

　메르켈이 곤경에 빠진 서구 자유주의자들의 우상으로 떠오른 계기는 유럽 난민 위기와 그로부터 1년 후에 일어난 트럼프의 당선이었다. 동유럽에 발이 묶여 있던 난민 수백만 명에게 독일 국경을 개방하는 선택은 관망적 태도로 유명하던 독일 총리의 결정치고는 대담했다. 결정적으로 메르켈은 더블린 조약Dublin convention을 독일에 적용하지 않기로 했는데, 더블린 조약은 난민이 처음 도착한 안전한 나라에 망명을 신청해야 한다고 규정한다. 총리의 허락 덕분에, 시리아인을 포함한 난민들은 헝가리를 떠나 독일로 들어올 수 있었다. 이런 결정의 배경에는 독일 역사와, 베를린장벽 뒤에서 성장한 여성이라는 메르켈의 개인사가 있었다. 트럼프가 "장벽을 세우라"는 구호를 외치며 권력을 잡았다면, 메르켈은 "우리는 해낼 수 있다Wir schaffen das"라는 독일어 세 단어로 유명해졌다. 이것이 주로 무슬림인 난민 100만여 명을 독일 사회에 동화시켜야 하는 어려움에 대한 메르켈의 대응 방식이었다.

　난민 포용 정책으로 메르켈은 자유주의자들 사이에서 영웅이 됐지만, 수많은 우파 포퓰리스트에게는 악당이었다. 그들이 보기에, 메르켈 총리는 오만한 '글로벌리즘'의 전형이었고, 자유주의 지식인들에게 잘 보이기 위해 기꺼이 조국의 안정과 미래를 파괴하는 인물이었다. 2015년과 2016년에 프랑스가 테러 공격을 받자, 미국과 유럽의 우파 포퓰리스트들은 메르켈이 순진하게도 주로 시리아 전쟁 난민인 무슬림이 유럽으로 대거 유입되도록 허용함으로써 범죄를 저질렀다고 줄기차게 주장했다.

　메르켈과 이념이 다른 사람들은 그녀가 자신의 난민 정책에 대해 정치적으로 무거운 대가를 치르기를 바랐다. 2017년 9월 총선에서, 메르켈의 유세장 분위기는 자주 험악했다. 그녀의 보좌관 중 하나가 하소연하기를, 특별히 옛 동독 지역에서 고성이 난무하고 막말과 욕설이 쏟아지는 바람에 메르켈의 목소리가 들리지 못하는 일이 잦았다고 했다. 메르켈은 충격적인 총선 결과를 받았다. 기독민주당의 득표율은 이전 선거보다 8퍼센트포인트 하락한 33퍼센트에 그쳤다. 정부를 구성하려면 중도좌파인 사회민주당Social Democrats, SPD과 한 번 더 연립정부를 꾸려야 하지만, 사회민주당도 제2차 세계대전 이후 최악의 선거 결과를 얻은 터였다.

독일 정치계에서 중도파의 입지는 좁아지고 있었다. 이제 독일 의회에서 최대 야당은 지그마르 가브리엘Sigmar Gabriel 외무 장관이 창당한 극우 성향의 '독일을 위한 대안Alternative for Germany, AfD'이 됐고, 이 정당은 신나치 집단이나 다름없었다. 실제 상황은 미묘하면서 골치 아팠다. 독일을 위한 대안은 2013년에 보수주의 경제학자들이 중심이 되어 창당됐는데, 이들은 유로화 위기 때 그리스에 구제 금융을 지원하는 과정에서 독일의 역할에 불만을 품었었다. 특히 난민 위기 이후에는 이민에 반대하고 외국인을 혐오하는 대단히 보수적인 정당이 됐다. 또한 독일을 위한 대안 내부의 과격파는 신나치주의에도 관심을 보였다. 비외른 회케Björn Höcke라는 유명 인사는 베를린에 있는 홀로코스트 추모비를 "수치스러운 기념물monument of shame"이라고 매도하며, 과거사에 대한 독일의 태도를 재평가하라고 요구했다. 회케는 히틀러와 괴벨스의 연설문을 몰래 참고해서 자신의 연설문을 작성했다는 비난도 받았다.'6 그럼에도 불구하고, 독일을 위한 대안은 독일의 일부 지역, 특별히 옛 동독 지역에서 25퍼센트를 득표했다.

겉보기에는 조용했지만, 국내외 상황이 점점 독일의 기득권층을 위협하고 있었다. 독일의 보안 기관들은 독일을 위한 대안을 민주주의에 대한 잠재적인 위협 요소로 여기고 감시하기 시작했다. 그러나 어느 정부 고위직에게 들은 것처럼, "극우 세력이 5퍼센트면, 경찰에게 그들을 감시하라고 요청할 수 있다. 그러나 동독 시절처럼 극우 세력이 25퍼센트가 되면, 그들이 경찰이 된다."

20세기에 베를린만큼 스트롱맨 지도자에게 치명적인 매력을 느끼고 참혹한 결과를 얻은 도시는 없었다. 마침내 히틀러가 자신의 벙커에서 자살했을 때, 그의 수도는 폐허가 되어 있었다. 그러므로 현재 독일 엘리트 집단에 나타나고 있는 민족주의 현상은 어떤 형태로든 대단히 수상하다. 유명 지식인이자 프랑크 발터 슈타인마이어Frank-Walter Steinmeier 대통령의 외교 보좌관인 바거는 이렇게 말했다. "프랑스와 영국은 항상 국민국가에 의지할 수 있습니다. 독일은 그러기가 대단히 어렵습니다."

바거의 견해처럼, 1989년 이후 독일은 프랜시스 후쿠야마Francis Fukuyama의 '역사의 종말end of history' 사상을 받아들여, 자유민주주의와 국제주의가 승리하리라 확신했었다. 베를린장벽이 무너진 후, "우리는 이제 우리가 역사의 오른쪽에 서게 됐다고 생각했는데, 그것은 아주 기분 좋은 느낌이었다"고 바거는 말했다. 독일은 푸틴과 같은 민족주의 성향의 스트롱맨을 무시하는 태도로 대했다. 메르켈은 푸틴을 현대에 적응하려고 애쓰는 19세기 인물로 여겼다. 역사의 방향과 21세기 성공 공식을 파악했다고 확신한 독일의 지도자들은, 바거의 표현을 빌

려 말하면, 이제 정치란 "불가피한 일을 처리"하는 것에 불과하다고 느꼈다.·7

2014년부터 2017년까지 충격적인 사건들이 잇따라 일어나자, 메르켈과 독일 기득권층은 안이한 태도를 포기해야 했다. 러시아의 우크라이나 공격과 2014년 크림반도 합병은 러시아의 군사적 위협이 재개된다는 신호였다. 독일은 폴란드나 발트해 국가들처럼 러시아에 본능적 두려움까지는 느끼지 않았지만, 그렇다고 이탈리아나 프랑스처럼 우크라이나 상황에 무심할 수도 없었다. 어쨌든 베를린도 1945년에 러시아 군대에 초토화된 경험이 있기 때문이다.

충격파는 계속됐다. 2014년에 크림반도가 러시아에 합병된 이듬해에 난민 위기가 최고조에 달했으며, 2016년에는 브렉시트가 일어나고 트럼프가 당선됐다. 독일 외교정책의 기반이던 유럽연합의 미래에 의문부호가 달렸다. 전통적 안보 동맹국인 미국의 지원도 마찬가지였다. 존 F. 케네디John. F. Kennedy부터 레이건을 거쳐 오바마까지 미국의 전임 대통령들은 베를린에서 주목받는 연설을 했었지만, 트럼프는 유럽에서의 첫 연설 장소로 폴란드를 골랐다. 메르켈에 대한 트럼프의 반감은 이념적이면서 개인적이었다. 트럼프의 수석보좌관 중 하나가 이렇게 말했었다. "언젠가 그 두 사람과 같은 방에 있었는데, 분위기가 험악했습니다. 메르켈은 교수 같았고, 트럼프는 숙제를 하지 않은 어린아이 같았습니다."

트럼프가 백악관의 주인이 되고 영국이 유럽연합을 탈퇴한 상황에서, 2017년 프랑스 대선에서 마크롱이 당선되자 베를린은 환희하고 안도했다. 프랑스 신임 대통령은 당선된 날 밤에 인상적이면서 상징적인 행동을 했는데, 그가 단상에 올라갈 때 프랑스 국가인 〈라 마르세예즈the Marseillaise〉 대신 유럽연합가¹인 〈환희의 송가Ode to Joy〉가 울려 퍼지게 했다. 그것은 전 세계에 재유행하고 있는 민족주의를 거부한다는 명확한 표시였다.

마크롱의 승리는 메르켈에게 다행스러운 일이면서 도전이기도 했다. 유럽연합에 우호적인 그의 태도는 독일 입장에서 대단히 환영할 일이었지만, 그의 구체적인 계획들은 수상했다. 마크롱은 유로존 공동 채권 발행과 유럽 공동 재무부 창설에 열의를 보였으나, 독일은 그 제안이 검소한 독일인으로 하여금 낭비하는 프랑스인에게 보조금을 주게 하려는 교묘한 시도에 불과하다고 생각했다.* 또한 독일 정부는 '유럽 주권European sovereignty'을 강조하는 마크롱의 열정과 나토가 점점 "뇌사" 상태가 되어간다는 그의 주장에 염증을 일으키고 있었는데,*⁸ 그 이유는 독일 정부가 나토를 서구 안보에 기본이 되는 동맹으로 여기고 있었기 때문이다. 2019년 말 즈음 베를린을 방문했을 때 나는 독일 관료들이 프랑스 대통령의 성급한 행동을 불평하는 모습을 봤다. 심지어 어떤 이는 프랑스 관료들이 대통령의 정책 발언을 일일이 해명하느라 바쁘다며, 마크롱이 성마른 트럼프의 지적인 버전으로 변해가고 있다고 주장했다.

메르켈과 마크롱의 간헐적 냉각 관계를 풀어준 것은 코로나19였

---

* 북유럽도 같은 의심을 하고 있었다. 2018년에 나는 마르크 뤼터Mark Rutte 네덜란드 총리와 브뤼노 르메르Bruno Le Maire 프랑스 재정경제부 장관의 토론을 주재했는데, 여기에서 뤼터 총리는 프랑스가 1970년대 이후로 균형예산을 유지한 적이 없다고 반복해서 지적했다.

다. 코로나19 위기 초기에 최대 피해지는 남유럽, 특히 이탈리아와 스페인이었다. 처음에 북유럽은 남유럽에 대한 재정 지원을 망설이면서 유럽연합의 결속력을 위협했다. 이탈리아 포퓰리즘의 기수인 살비니는 이탈리아가 홀로 고통받도록 이기적인 독일이 또다시 방관자가 됐다고 분노했다. 일각에서는 코로나19가 유럽연합을 붕괴시킬 수도 있다고 예측했다.

유럽연합이 위협받자 메르켈 총리가 행동에 나섰다. 2015년 난민 위기 때처럼, 그녀는 늘 유지하던 신중한 태도를 포기하고 과감한 조치를 취했다. 2020년 3월에 유럽 공동 프로젝트 실행을 위해 유럽연합 채권을 발행하는 안(마크롱의 오랜 염원)에 찬성했다. 그것은 코로나 구제 자금을 마련하기 위한 일회성 프로젝트였다. 그러나 그런 조치를 취했다는 사실이 그 조치의 세부 내용보다 중요했다. 베를린, 파리, 브뤼셀은 루비콘강을 건넜다는 의견에 대체로 동의했다. 그것은 유로화가 공동 채권 발행으로 조달된다는 의미이기 때문이다. 장기적으로 마크롱은 전 세계 투자자들을 위한 안전 자산으로서 미국 재무성 채권시장과 경쟁할 수 있는 유럽연합 채권시장을 발전시키는 안을 구상했다. 그렇게 되면 유로는 세계 주요 준비 통화reserve currency로서 달러의 대안이 될 수 있다. 미국 달러 덕분에 미국이 강대국의 지위를 누리듯이, 유로화의 국제화는 마크롱의 목표인 '유럽 퓌상스Europe puissance(강대국으로서의 유럽)' 실현을 위한 중요한 한 걸음이 될 것이다.

2020년에 메르켈이 그런 중대한 결정을 내렸을 때, 그녀의 정치 인생은 거의 막바지 단계였다. 그녀는 2005년부터 총리를 맡았지만, 다른 스트롱맨들과 달리 영원히 그 자리에 있을 생각이 없었으므로

2021년에 사임하겠다고 발표했다. 메르켈은 자신이 선택한 시기에 떠나게 되겠지만, 사임한다고 발표하자 그녀의 지지율은 다시 한번 거의 최고치를 기록했다. 전에 메르켈은 튀르키예와 협정을 맺음으로써 난민 유입을 막아냈었다. 그것은 오르반 같은 사람들의 요구대로 이동의 자유를 통제하는 조치나 다름없는 실용적이지만 다소 비열한 거래였다. 그래도 그 거래 덕분에 독일 내 위기감은 줄어들었고, 극우 진영은 자기들끼리 싸우기 시작했다. 2020년 11월, 트럼프의 낙선은 메르켈의 정치생명이 트럼프보다 길다는 증거였다.

만약 세계 정치가 그저 도덕 교과서대로 전개된다면, 의기양양해진 메르켈은 유럽에 자유민주주의가 정착하고 전 세계적으로 스트롱맨 정치가 후퇴하는 상황에서 은퇴했을 것이다. 그러나 당연히도 현실은 훨씬 복잡하다. 메르켈이 사임한지 불과 두 달 만에, 러시아가 우크라이나를 침공했다. 메르켈의 지지자들은 만약 그녀가 계속 총리 자리를 지키면서 유럽의 대응책을 마련했다면, 감히 푸틴이 전쟁을 일으키지 못했을 것이라고 주장했다. 그녀에게 덜 관대한 사람들은 메르켈이 러시아 가스에 대한 의존도를 위험할 정도로 많이 높여놓고 떠났다고 지적했다. 특히 러시아와 독일을 연결하는 새로운 가스관인 노드스트림2Nordstream2 운영에 대한 메르켈의 약속은 순진해 보였다. 노드스트림2 사업을 중단하고, 막대한 방위비 증가를 포함해서 독일의 안보 정책에 '대변화'가 일어났다고 발표하는 역할이 메르켈의 후임자 올라프 숄츠Olaf Scholz에게 남겨졌다.

또한 서구에서 메르켈이 제압했던 포퓰리즘도 곧 부활할지 모른다. 그녀를 포함한 유럽 지도자들은 2024년 미국 대선에서 트럼프나 그와 비슷한 인물이 나타나기 전까지 바이든은 그저 막간을 채우는 대통령일지 모른다는 사실을 잘 안다. 유럽연합 내에서는 오르반과 카친스키가 각각 헝가리와 폴란드에서 사법부와 언론의 독립 같은 민주국가의 기본 조건을 위협하는 비자유주의적 포퓰리즘 정부를 세웠다.

그러나 프랑스는 2022년 5월 대선에서 마크롱이 한 번 더 르펜에게 승리함으로써 극우 포퓰리즘을 제압했다. 재선에 성공하면서 마크롱은 여러 면에서 성공적인 프랑스 대통령이라는 인정을 받게 됐다. 그의 유럽 통합 강화 방안은 마침내 베를린에서 긍정적인 반응을 얻어냈다. 비록 국내 반대파는 그를 냉담하고 거만하다고 비난하고 있지만, 마크롱의 지지율은 올랑드보다 꾸준히 높게 유지되고 있다.

또한 마크롱은 대형 정치 스캔들에 사적으로 휘말리지 않았다. 그러나 예상대로 2017년에 그가 열정적으로 내세웠던 역동적 변화와 부흥이라는 희망은 실현할(혹은 프랑스의 깊은 비관주의는 바꿀) 수 없었다. "노란 조끼" 시위와 계속되는 국내 테러(2020년에 이슬람 극단주의자들에 의해 사뮈엘 파티Samuel Paty라는 교사가 참수된 사건까지)가 국민의 불안감을 키웠다. 2021년 4월에 발표된 해리스 여론조사Harris poll 결과에 따르면, 프랑스 국민의 84퍼센트가 "프랑스에서 날마다 폭력이 심각해지고 있다"고 생각했고, 73퍼센트는 프랑스 사회가 무너지고 있다는 의견에 동의했으며, 45퍼센트는 조만간 내전이 일어날 것 같다고 믿었다.·⁹

마크롱과 그의 보좌관들은 서구 곳곳에서 우파 포퓰리즘의 득세를 부채질한 사회적·경제적 조건의 대부분이 프랑스에도 내재한다는 사실을 잘 안다. 언젠가 마크롱은 BBC와의 인터뷰에서, 영국처럼 프랑스에서도 유럽연합 탈퇴를 묻는 국민투표가 치러지면 '아마도' 찬성 표가 많이 나올 것이라고 솔직하게 인정했다.•¹⁰ 프랑스는 높은 실업률과 탈산업화 문제가 심각하다. 수십 년간 이민자가 꾸준히 늘어 프랑스의 인구구성이 바뀐 탓에, 지금 프랑스는 유럽연합 회원국 중에서 무슬림 인구가 가장 많은 나라가 됐다. 글로벌리스트 엘리트 집단이 비백인 이민자가 서구로 몰려들도록 계획을 세웠다는 음모론이 프랑스에서도 널리 유행하고 있다. 그 음모론을 자세히 다룬 카뮈의 《대전환》은 서구 곳곳에서 백인 민족주의자들의 기초 교재로 사용된다. 프랑스에서도 반민주 정서가 표면화되고 있다. 2021년에 르펜은 경솔하게 쿠데타를 들먹이며 편지를 보낸 퇴역 장군들을 칭찬했는데, 그 편지는 국민의 49퍼센트가 프랑스에서 법과 질서를 지키기 위해 군사개입이 필요하다는 데 동의했다는 여론조사를 언급했다.

극우 진영의 끊임없는 도발에 대응하기 위해, 마크롱은 우경화 행보를 보이며 이슬람 극단주의자들과의 전쟁에서 프랑스를 보호하는 투사를 자처했다. 외교 분야에서는 특별히 리비아 문제와 동지중해를 놓고 튀르키예와 자주 충돌하고 있다. 평소 인권 보호를 강조했던 마크롱은 심지어 이집트의 스트롱맨 지도자인 압둘팟타흐 시시Abdel Fattah al-Sisi에게 프랑스 최고 훈장인 레지옹 도뇌르Legion d'Honneur를 수여했는데, 그는 에르도안과 지속적으로 충돌할 뿐만 아니라 무슬림 형제단을 잔혹하게 억압한 인물이기도 했다.

국내에서 마크롱은 이슬람 "분리주의"와 싸우고 세속적인 공화주의 가치를 보호할 목적으로 새로운 법안들을 제안했다. 여기에는 여성에게 '순결 증명서virginity certificates'를 발행하는 것과 공공 수영장에 남녀를 분리해서 입장시키는 것을 금지하는 내용이 포함된다. 안보와 사회적 가치에 관한 이슈에서, 마크롱 정부의 일부 장관은 극우주의자나 쓸 법한 표현들을 사용했다. 강경파 내무 장관인 제랄드 다르마냉Gerald Darmanin은 이슬람교를 "우리 사회를 겨냥한 세열 폭탄fragmentation bomb (폭발시 금속 파편이 퍼지는 폭탄-옮긴이)이 들어 있는 트로이 목마"로 묘사했다.·11 2022년 대선을 앞두고 마크롱의 정책 방향이 우경화했듯이, 르펜은 2017년 대선에서 유로화 사용 반대, 프렉시트 암시 등 일부 유권자들을 겁먹게 했던 정책들을 완화함으로써 좌경화했다.

그럼에도 불구하고, 르펜과 마크롱은 여전히 큰 차이가 있다. 마크롱은 이슬람주의를 비판하되, 오르반처럼 이민과 난민에 적대감을 보이는 식으로 선을 넘지는 않는다. 또한 유럽연합을 강화하고, 세계화는 되돌리기보다 개혁해야 한다는 생각을 열렬히 지지한다.

르펜과 마크롱의 이념 간극은 '스트롱맨 시대'의 국제정치 환경에서 전형적인 현상이다. 르펜은 이렇게 말했다. "지금은 더 이상 좌파와 우파로 나뉘지 않고, 민족주의와 글로벌리즘으로 나뉜다. 이런 상황에서 우리가 내세우는 사상(이민 통제, 경제 애국주의economic patriotism, 합리적이고 타당한 보호주의 등)이 힘을 얻게 되면, 우리는 전 세계에서 동시에 권력을 잡을 수 있다."·12 르펜은 민족주의 성향의 스트롱맨 지도자들이 늘어가는 세계적 추세에 발을 맞춘다. 그녀도 불법 이민, 속물 같은 엘리트, '가짜 뉴스'를 내보내는 언론, 근본 없는 글로벌리스트 등 트럼프 같은 사람들이 이미 적으로 간주하고 희화화한 것들을 대부분 표적으로 삼는다.

이런 글로벌 사상 전쟁에는 정치인뿐만 아니라 지식인, 자선가,

그리고 자선가가 후원하는 단체 들도 참여한다. 많은 스트롱맨이 특정 인을 자신의 적인 글로벌리스트의 전형으로 지목한다. 그는 바로 억만 장자 금융인이면서 자선가인 소로스다. 르펜은 소로스가 프랑스의 적 이라며 이렇게 주장했다. "우리는 이 억만장자로부터 국가의 자유를 탈환해야 한다. […] 그는 국민국가들에 범죄를 저지르고 있다."• 13 민 족주의적 포퓰리스트들이 노골적으로 소로스를 악마화한다는 사실은 '스트롱맨 시대'에 벌어지고 있는 사상 전쟁에 관해 많은 것을 시사한 다. 여기에서 제시되는 주장들이 앞으로 10년간 프랑스와 유럽, 그리 고 세계 정치의 틀을 형성할 것이다.

13

소로스와 배넌

| 사상 전쟁

George Soros
Steve Bannon

스트롱맨 지도자는 적을 필요로 한다. 그리고 다수의 민족주의적 스트롱맨들이 같은 부기맨을 비난하기로 했다. 확고한 자유주의자이자 억만장자 유대인 자선가, 소로스는 '글로벌리즘'의 상징이 됐다. 오웰의 《1984》 속 엠마누엘 골드스타인Emmanuel Goldstein처럼, 소로스도 사람에 대한 모든 분노나 음모 뒤에 숨은 권력자라고 비난받는다.

2017년에 나는 소로스의 이름이 등장하는 다양한 범죄 혐의와 음모론에 대한 강의를 들었다. 두어 시간의 강의에서 밝혀진 내용에 따르면, 이 87세 남성은 지난 몇 달 동안 시리아의 화학무기 공격 조작, 워싱턴의 반트럼프 시위대에 자금 지원, 헝가리에 난민을 유입시킨다는 '소로스 플랜' 수립, 마케도니아 정부 교체 압력, 이스라엘 총리의 권위 훼손, 백악관 핵심 보좌관 일부 해임 압력 등을 저질렀다.

"소로스 증오는 세계의 질병이 된다_{Soros Hatred is a global sickness}"라는 제목의 칼럼을 쓰고 몇 주가 지났을 때, 뜻밖에도 나는 소로스로부터 런던 중심부에 있는 자기 집에서 저녁 식사를 함께하자는 연락을 받았다.·¹ 그날 분위기는 조금 묘했지만 즐거웠다. 무엇보다 식사를 하거나 대화를 나누는 동안 아무도 내 칼럼의 내용을 언급하지 않았다. 그 대신 그의 측근들은 소로스가 중국 민주주의의 전망을 논하고 싶어 한다고 내게 말했다. 그리고 실제로 그것이 우리 대화의 거의 유일한 주제였다. 문득 소로스가 중국공산당이 언제쯤 권력을 잃을 것 같은지 내 생각을 물었다. 나는 솔직히 잘은 모르겠지만 30년쯤 후가 되지 않겠냐며 조심스럽게 답했다. 그러자 그가 이렇게 말했다. "유감이군요. 내 생전에 보고 싶었는데요."

당연한 이야기지만, 소로스의 진짜 모습은 극우 진영의 상상과 음모론에 등장하는 〈007〉 영화 속 악당과는 사뭇 다르다. 그는 지적 능력과 활동력은 여전해 보였지만, 청력이 약해지고 몸도 노쇠해졌다. 소로스는 귀가 잘 들리지 않아서 식탁에서도 헤드폰을 착용하고 마이크에 대고 말을 해야 했다. 그런데도 다음 날 아침에 테니스를 칠 생각이라고 말했다. 대단히 인상적이게도, 그는 세계 곳곳에서 쏟아지는 비방과 위협에 무관심한 것 (심지어 약간 재미있어하는 것) 같았다.

그와 식사한 후 수년이 흘렀지만, 모든 사건에 대한 '소로스' 배후설은 확대되고 있다. 트럼프 대통령은 소로스가 미국의 불법 이민자들을 지원하고 있다고 했고, 트럼프 지지자들은 그가 트럼프 대통령 탄핵과 '도둑맞은' 2020년 대선의 배후라고 비난했다. 한편 말레이시아,

폴란드, 루마니아, 튀르키예, 브라질 등의 정치 지도자들도 소로스를 비방하고 있는데, 그들 모두 이 억만장자 자선가가 자신들을 몰아낼 음모를 꾸미고 있다고 주장했다.

1990년대에 소로스는 시대정신에 부합한 인물로, 당시 공산주의가 무너진 유럽과 다른 나라들이 민주주의 체제로 전환되는 과정에 수십억 달러를 지원했다. 그러나 지금은 세계 정치 질서가 바뀌고 있으며, 자유주의 사상은 후퇴하고 있다. 새로 등장한 민족주의자들이 보기에, 소로스는 완벽한 악당이었다. 그는 민족주의 시대에 국제주의자다. 집단이 아닌 개인의 권리를 중시한다. 2020년에 〈포브스Forbes〉가 선정한 미국 부자 순위에서, 86억 달러에 달하는 자산을 보유한 소로스는 56위를 차지했다.[2] (1984년부터 지금까지 320억 달러를 기부하지 않았더라면, 그의 재산은 더 많았을 것이다.)[3] 소로스가 유대인이라는 사실도 반유대 정서를 자극한 탓에, 한때 로스차일드 가문the Rothschilds에 그랬듯 그에게도 보이지 않는 곳에서 활동하는 교활한 국제 금융가의 모습이 자주 덧씌워졌다.

자유주의적 개인주의liberal individualism와 소수자 인권 보호를 위한 소로스의 헌신은 그의 독특한 인생사의 산물이다. 1930년에 헝가리에서 태어난 그는 나치가 침공했을 때 열세 살이었다. 그의 아버지 티바다르Tivadar는 변호사이자 저술가였고, 에스페란토로 문학잡지를 발간하기도 했는데, 이 언어는 전 세계에 신봉자를 거느리고 있는 국제 보조어다. 1944년에 나치가 침공했을 때 소로스의 아버지는 선견지명을 발휘해서, 소로스를 자신의 대자godson인 척 서류를 위조한 다음 어느 지방 공무원의 집으로 피신시켜 그의 목숨을 구했다. 이런 이중생활 중에 소로스는 그의 보호자에 이끌려 유대인의 몰수 재산을 조사하러 다니기도 했다. 훗날 소로스의 적들은 이 일화를 근거로 그에게 나치 협력자라는 오명을 씌웠다.*

　전쟁이 끝나고 나치가 물러간 자리를 소련군이 점령했을 때, 17세의 소로스는 런던으로 건너갔고, 그곳에서 웨이터를 포함한 여러 하찮은 직업을 전전하다 런던 정치경제 대학교에 입학했다. 대학에서 그는 칼 포퍼Karl Popper에 매료됐다. 오스트리아 출신 철학자 포퍼의 역작 《열린 사회와 그 적들The Open Society and Its Enemies》은 자유주의와 민주주의를 적극 옹호하는 책으로, 중부 유럽에 닥친 비극을 몸소 체험한 소로스에게 깊은 영향을 주었다. 훗날 소로스는 포퍼의 책을 처음 읽었을 때 받은 감동을 이렇게 적었다. "어떤 계시를 받은 느낌이었다. […] 나는 포퍼가 닫힌 사회라고 부른 사회를 직접 경험했으며, 그런 사회에서 일당독재 체제가 강요하는 도그마는 억압과 전체주의로 이어진다." 그와 반대로, 포퍼가 지지하는 열린 사회는 "다양한 이해관계와 생각을 가진 사람들을 평화롭게 살게 해주는 정부를 세우려 노력"한다.'4 포퍼가 주장한 관용, 합리적 회의주의, 경험주의 같은 원리들이 소로스에게 깊은 영향을 끼쳤다. 소로스는 자신의 지적 스승을 기리기 위해, 자신이 만든 자선단체에 '열린 사회 재단Open Society Foundations'이라는 이름을 붙였다.

　포퍼가 주장한 인간 지식의 오류 가능성도 소로스의 투자 철학이 형성되는 데 도움을 줬다. 런던정치경제대학교를 졸업한 후에 소로스

---

* 　그는 숨어 지내던 어린아이였으므로, 그런 비방은 터무니없고 혐오스럽다.

는 점원을 포함해서 여러 뜻밖의 직업을 전전하다 1953년에 런던의 한 투자은행인 싱어 앤 프리들랜더Singer and Friedlander에 취직했다. 1956년에는 월스트리트에서 일하기 위해 미국으로 건너갔고, 1970년에 마침내 소로스 펀드 매니지먼트Soros Fund Management를 세운다. 금융시장에 포퍼의 통찰을 적용해서, 소로스는 시장이 합리적이라는 틀에 박힌 생각에 의문을 제기했다. 그는 시장의 비합리적인 요소를 찾았으며, 대단히 영리한 투자자임을 증명했다. 1980년대에 그는 억만장자가 됐다.

50세 생일을 앞두고, 소로스는 인생의 새로운 목표를 찾기 시작했다. 그는 '정치적 자선political philanthropy'을 목표로 세웠고, 자유주의, 민주주의, 열린 사회라는 대의를 실현하는 일에 자신의 막대한 재산을 사용하기로 했다. 초기에는 남아프리카공화국의 흑인 학생들을 후원했다. 그리고 1980년대에 공산국가들이 서서히 개방되기 시작하자, 소로스는 주로 교육투자와 시민 단체 지원을 통해 동구권과 중국으로 시선을 돌렸다.

베를린 장벽이 무너졌을 때, 소로스는 신생 민주국가를 지원하는 일에 이상적인 인물(돈, 지역에 대한 지식, 기본 비전 등을 갖춘 사람)이었다. 1991년에 그는 프라하에 중부 유럽 대학교를 설립했고, 이 대학은 나중에 그의 조국인 헝가리로 옮겨간다. 또 다른 대표 사례로는 실직한 소련 과학자들에게 급여를 주고 과학 학술지를 구소련에 보급하는 일에 1억 달러를 후원한 사업이 있다. 나중에 소로스는 이렇게 말했다. "처음에는 역사가 우리 편이었다. 열린 사회를 위한 기반이 대단히 성공적으로 다져지던 시기였다."•5

소로스는 '열린 사회'를 이렇게 생각했다. 그 단어는 "1인 독재 체제의 반대인 법치가 실현되고, 국가가 개인의 권리와 자유를 보호하는 사회의 약칭이다. 개인적으로 열린 사회는 사회에서 차별이나 배척을 당하는 사람들과 스스로 방어할 수 없는 사람들에게 특별히 관심을 쏟아야 한다고 생각한다." 그와 동시에 시장에서 소로스는 기민하고 영향력 있는 행위자로 남았다. 1992년에 그는 "잉글랜드 은행Bank of England을 무너뜨린 사람"이라는 명성을 얻었는데, 그 이유는 9월 16일에 그의 헤지 펀드가 파운드화를 대량 투매해서 결국 영국으로 하여금 유럽 환율 조정 장치European Exchange Rate Mechanism, ERM(환율 급변동에 대비하기 위해 유럽공동체 회원국의 통화 가치를 일정 범위로 고정해놓은 환율 조정 장치 - 옮긴이)를 강제로 탈퇴하게 만들었기 때문이며, 이 날은 영국에서 "검은 수요일Black Wednesday"로 불린다. 소로스는 이 파운드 투기에 성공해서 10억 달러 이상을 벌었다고 한다. 존 메이저John Major 총리가 이끌던 영국 정부는 치욕을 당했고, 다시는 원래 지위를 회복하지 못했다.•6

"검은 수요일"에 소로스가 한 역할은 그를 세계적인 유명 인사로 만들었고, 그에게 신비로운 이미지를 만들어주는 데 크게 기여했다. 처음에 이것은 꽤 긍정적인 현상처럼 보였다. 새로 얻은 명성이 소로스와 그의 열린 사회 재단에 기회를 열어주었기 때문이다. "검은 수요일" 사건 후 영국에서 비난 대상이 된 쪽은 영국 정부보다 한 수 앞섰던 금융가가 아닌 메이저 정부였다. 오히려 소로스는 통찰을 갖춘 대담한 투기자로 존경을 받았다.

그러나 다른 곳에서는 자산, 세계적 영향력, 정치관, 유대인 혈통 등을 근거로 소로스를 의심의 눈초리로 바라보기 시작했다. 내가 처음

소로스에 대한 음모론을 접한 것은 1997년 아시아 금융 위기 때였는데, 그때 마하티르 모하마드Mahathir Mohamad 말레이시아 총리가 소로스가 말레이시아의 재정을 망치려 한다고 비난했다.·⁷ 당시에는 그런 비난이 세계적인 추세의 전조로 보이지는 않았다. 어쨌든 소로스는 "검은 수요일"로 유명해진 외환 딜러였고, 모하마드 총리는 유명한 반유대주의자였으니까.

그러나 2000년대 초가 되자 소로스의 이름이 미국 극우 진영의 담론에서 주기적으로 등장하기 시작했다. 2007년에 〈폭스 뉴스Fox News〉는 그를 "전 세계 좌파 재단을 대표하는 닥터 이블Dr. Evil(영화 〈오스틴 파워〉에 등장하는 악당의 이름-옮긴이)"이라고 몰아세웠다.·⁸ 미국이 소로스를 싫어하는 이유는 과거에 소로스가 이라크 전쟁에 반대했고, 2004년에는 조지 부시 대통령의 재선을 막으려 노력했기 때문이다. 소수자 대상 유권자 등록(미국은 선거 전에 유권자 등록을 해야 투표권이 생긴다-옮긴이) 운동 같은 미국 내 자유주의 활동에 소로스가 자금을 지원하자 우파 공화당원들은 분노했다. 그리고 소로스가 유엔 같은 국제 기구를 지원했을 때도 같은 반응을 보였다.

트럼프가 집권하면서, 반소로스 선전이 미국 내 주류를 형성했다. 트럼프 자신도 소로스를 겨냥한 음모론을 즐겼다. 2018년 9월에 브렛 캐버노Brett Kavanaugh 연방 대법관 인준을 두고 의회에서 격렬한 다툼이 벌어졌을 때, 트럼프 대통령은 반캐버노 시위대가 "돈 받은 전문 시위꾼들"이고 그들의 항의 팻말을 보면 "소로스를 비롯해서 여러 사람에게 돈을 받은" 것을 알 수 있다고 트위터에 남겼다.

트럼프 정부의 민족주의자들이 보기에, 소로스는 자신들이 파괴하겠다고 약속한 '글로벌리즘'의 전형이었다. 이따금 이들은 정부 안 팎에 있는 자신의 적들을 소로스와 연결시켰다. '미국 우선주의'를 내세우던 민족주의자들은 2017년과 2018년에 트럼프 대통령의 국가안보보좌관을 지낸 H. R. 맥매스터H. R. McMaster 장군이 백악관에서 자신들의 협력자를 숙청하고 있다고 걱정하면서, "맥매스터 누설McMaster leaks"이라는 웹사이트를 개설한 다음, 여기에 맥매스터가 '소로스'와 '로스차일드'라는 명찰이 붙은 꼭두각시 주인들에게 조종당하고 있는 만화를 게시했다. 트럼프의 오랜 친구이자 측근인 로저 스톤Roger Stone 은 트럼프 정부에서 국가 안보 회의 유럽 러시아 담당 고문을 지냈던 힐을 "소로스의 첩자"라고 비난했는데, 비난의 근거는 과거에 그녀가 소로스의 열린 사회 재단에서 일했다는 것이었다. 2019년 11월, 트럼프 대통령에 대한 첫 번째(트럼프 대통령은 미국 역사상 처음으로 집권 1기에 두 차례나 탄핵됐다-옮긴이) 탄핵 청문회에서, 힐은 소로스에 대한 공격을 유구히 회자되는 반유대주의 음모론인 '시온 장로 의정서The Protocols of the Elders of Zion(19세기 말 프라하에서 유대인 장로들이 모여 세계 지배를 계획했다는 내용의 위서-옮긴이)'에 비유하며, "조지 소로스에 대한 비유도 정치적 목적을 위해 만들어졌다"고 주장했다. 힐은 그 공격을 "무조건적인 분노"로 여겼다.•⁹

자연스럽게 트럼프 지지자들은 소로스가 대통령 탄핵을 계획했다고 비난했다. 트럼프의 변호사로, 우크라이나 정부에 바이든 가족을 조사하도록 압력을 넣는 데 핵심 역할을 맡았던 줄리아니는 〈뉴욕 New York〉 지에 소로스가 주 우크라이나 미국 대사를 '통제'했다고 말했는데, 이 대사는 줄리아니에게 협력을 거부했던 인물이다. 반유대의 음모론을 언급한다는 지적을 받자, 줄리아니는 소로스가 반이스라엘적이라고 비난하며 이렇게 덧붙였다. "소로스는 거의 유대인이 아닙니다. 소로스보다 제가 더 유대인에 가까워요. 시너고그synagogue(유대교 회당 – 옮긴이)에 대해서도 아마 제가 더 많이 알 겁니다. 그는 교회에도 나가지 않고, 종교 생활을 전혀 하지 않습니다."[10]

국가 전복을 꾀하는 글로벌리스트 음모론의 핵심 인물로 소로스를 간주하는 경향은 트럼프의 친구인 패라지 덕분에 영국으로도 퍼졌다. 패라지는 정치적 수사를 동원해서 소로스를 공격하고 있는데, 언젠가 소로스가 "여러 면에서 전체 서구 사회에 가장 위험한 인물"이고, 그가 "민주주의를 훼손하고 유럽 대륙 전체의 인구구성을 근본적으로 바꾸려" 한다고 주장했다.[11] 이런 반소로스 수사는 영국 내 유럽회의주의의 대부 격인 패라지로부터 집권당이자 브렉시트를 주도했던 보수당으로도 퍼졌다. 보수당은 소속 하원 의원인 샐리앤 하트Sally-Ann Hart를 조사하라는 요구를 받았는데, 그 이유는 하트 의원이 소로스가 유럽연합을 통제한다는 것을 암시하는 영상을 공유했기 때문이다. 브렉시트를 지지하는 〈데일리 텔레그래프〉는 소로스가 "브렉시트를 방해하려는 은밀한 음모"의 배후 인물이라고 고발하는 기사를 대서특필하면서,[12] 그가 자신의 런던 집에서 브렉시트 재투표 운동을 위한 후원금 모금 만찬회를 열었다고 썼다.

영국과 미국의 소로스 음모론자들은 소로스가 무신론자이고 이스라엘 비판자이기 때문에 더 이상 유대인이 아니라는 줄리아니의 주장을 이용해서, 자신들이 받고 있는 반유대주의자 혐의를 자주 부인했다. 어쩌면 보수당과 공화당의 둔감한 의원들은 자신들이 사용하는 언어에 붙어 있는 역사적 짐을 의식하지 못할지도 모르겠다. 그러나 반유대주의를 이용한 반소로스 운동이 홀로코스트가 일어났던 중부 유럽과 특히 소로스의 조국인 헝가리에서 벌어졌다면, 이것은 그냥 넘길 일이 아니다. 2017년 선거에서 오르반 헝가리 총리는 소로스가 웃고 있는 사진에 "소로스가 최후에 웃지 않게 하라"는 문구를 써넣은 포스터를 온 나라에 도배했다. 이는 소로스가 헝가리에 난민 유입을 계획했다는 주장을 암시한 것이다. 소로스는 헝가리를 파괴할 의도를 가진 근본 없는 금융가라며 악마 취급을 받았다.

전 세계 극우 진영이 같은 음모론을 채택했다는 점에서, 이들의 반소로스 운동에는 확실히 '에코 체임버echo-chamber(같은 성향이나 의견을 가진 사람들끼리만 모여서 소통함으로써 편견이 강화되는 환경 - 옮긴이)'의 요소가 있었다. 그러나 일부 스트롱맨 지도자에게는 소로스의 열린 사회 재단을 두려워할 만한 좀 더 구체적인 이유가 있었는데, 그것은 이 재단이 교육 장려, 언론의 자유, 소수자 인권 보호, 반부패 운동 등을 벌이는 시민사회 단체들에 자금을 지원하기 때문이다. 특히 러시아 정부는 2004년에 조지아에서 일어난 '장미 혁명Rose Revolution'에서 중요한 역할을 했던 민주 단체들을 소로스가 지원했다는 사실에 분노했는데, 당시 모스크바는 '장미 혁명'을 러시아의 구소련 영토 지배권에 대한 공격으로 간주했었다.[13] 2015년에 푸틴 정부가 열린 사회 재단의 러시아 활동을 금지한 이유도, 소련 시절의 테러 행위와 스탈린의 굴라크gulag(스탈린이 만든 소련의 강제 노동 수용소 - 옮긴이)를 조사하는 단체에 대한 지원을 더는 좌시할 수 없었기 때문이다.

또한 소로스는 이스라엘에서도 공격 대상이 됐는데, 네타냐후 정부는 전 세계의 반소로스 운동에 담긴 명백한 반유대주의보다 팔레스타인인의 권리, 이스라엘 내 자유주의 싱크탱크, 그리고 이스라엘 우파가 좋아하지 않는 여러 활동들에 대한 소로스의 지원을 더 골치 아픈 일로 여겼다. 네타냐후 총리의 아들인 야이르Yair는 트위터를 통해 소로스를 "세계 최고의 반이스라엘주의자 및 반유대주의자"라고 비난했다.[14] 심지어 그는 파충류 인간 앞에 세계를 매달고 있는 소로스의 만화를 올렸는데, 이것은 그의 아버지가 다른 상황에서 반유대주의자들을 비난할 때 사용하는 이미지다.

소로스에 대한 음모론은 스트롱맨 지도자들이 쉽게 이용하는 부기맨과 수사의 소재만 제공하지 않는다. 몇몇 신생 독재국가에서는 반체제 인사와 단체를 박해하는 수단으로도 소로스 음모론을 사용한다. 아마도 그중 최악의 사례는 한때 열린 사회 재단의 이사를 지냈던 자유주의 성향의 튀르키예 사업가, 오스만 카발라Osman Kavala를 투옥한 사건일 것이다. 에르도안 정부는 카발라가 튀르키예를 무너뜨리려는 소로스의 음모에 가담했다며 그를 투옥했다. 에르도안은 "그의 뒤에 누가 있는가?"라는 수사적 질문을 던졌다. "그 유명한 헝가리 출신의 유대인 조지 소로스가 있다. 이 사람은 국가들을 분열시키고 파괴하는 임무를 맡았으며, 돈이 아주 많다."[15]

서구, 러시아, 중동에 쌓이는 적들로는 만족할 수 없다는 듯 말년에 소로스는 중국에 관심을 두기 시작했는데, 그는 중국이 열린 사회의 가치를 가장 많이 위협하는 나라라고 정확히 인식했다. 2019년 1월에 런던에서 나를 만난 직후, 소로스는 다보스 포럼에서의 연설을 통해 자신이 우려하는 내용을 이렇게 언급했다. "중국이 세계 유일의 권위주의 국가는 아닙니다만, 권위주의 국가 중 중국이 가장 부유하고 강력하며 기계 학습과 인공지능 분야에서 가장 발전한 나라라는 사실은 의심의 여지가 없습니다. 그런 이유로 열린 사회의 가치를 믿는 사람들에게 가장 위험한 상대는 시진핑 주석입니다.”• 16

소로스는 오래전부터 중국에 관심이 있었다. 그는 1980년대 중반에, 개혁주의 성향의 자오쯔양Zhao Ziyang 총리 계열의 중국 경제학자 및 정책 결정자 들과 연대하며 처음으로 중국에서 자선 활동을 벌였으나, 자오쯔양 총리는 1989년에 톈안먼 학살이 일어나기 직전에 실각했다. 톈안먼 학살 이후 소로스는 중국에서 쫓겨났으며, 이는 훗날 러시아와 헝가리, 심지어 미국에서도 받게 될 그의 '정치적 자선'에 대한 반발을 예고한 것이었다.

소로스에 대한 비방은 단순히 그의 개인사나 극우 진영의 부기맨 역할만 겨냥한 것이 아니다. 불편하게도 그것은 1930년대 유럽을 떠올리게 하는 반자유주의적 현상이다. 사울 프리들랜더Saul Friedlander는 홀로코스트에 관한 중요한 역사서에서, 나치주의의 부상과 유대인을 몰살하고 싶은 욕망이 “유럽 대륙에서 자유주의가 처한 위기”에 속한다고 봤다. 그는 “유럽 전역에서 유대인을 자유주의와 동일시했고, 이따금 사회주의혁명과도 동일시했다”고 지적했다. 그 결과 우파 민족주의자들은 “유대인을 자신들이 맞서 싸우는 세계관을 대표하는 사람으로 간주하고, 흔히 유대인에게 그런 세계관을 주입하고 전달하는 사람이라는 꼬리표를 붙였다.” 히틀러에 따르면, “유대인은 인종을 널리 오염시키고 국가조직을 약화시키며 […] (그리고) 그들이 살았던 모든 나라의 핵심 부분을 무너뜨림으로써, 국가를 파괴하려 노력했다.”• 17 이런 생각은 불안하게도, 오늘날 소로스와 '글로벌리스트'로 간주되는 사람들을 향한 비방 내용과 비슷하게 들린다.

소로스는 자신에 대한 반유대주의 공격, 뉴욕 자택에 배달된 우편 폭탄 같은 살해 위협 및 시도를 대수롭게 여기지 않는다. 그래도 이따금 어떤 비난은 "크게 상처가 된다"고 인정했다.[18] 그러나 소로스의 동료인 마이클 배천Michael Vachon이 소로스는 자신이 만든 적들을 자랑스러워하기도 한다면서, "그는 적이 있다는 사실에 즐거워하지도, 시간을 낭비하지도 않는다"고 덧붙였을 때, 아마 그 말은 사실이었을 것이다.[19]

당연히 소로스는 성자가 아니므로, 마음이 변할 수 있고 그럴 자격도 있다. 순수 시장주의자들은 금융 투기가 중요한 목적을 실현한다고 믿는 반면 많은 경제학자들은 그렇게 생각하지 않으며, 심지어 소로스 자신도 세계화된 금융시장 덕분에 막대한 돈을 벌었음에도, 그런 금융 환경이 사회와 경제에 미치는 영향에 대해서는 의구심을 표현했었다. 비록 그는 20세기 전반부에 민주주의가 붕괴되고 있던 유럽에서 태어났지만, 전체주의 사회에서 벗어나 유럽과 전 세계에서 민주주의와 열린 사회가 부활하도록 적극 지원할 수 있을 정도로 충분히 운이 좋았다. 다만 인생 말년에 이르러서는 자신이 수년간 투쟁해온 민족주의적 권위주의 세력과 스트롱맨들의 분노의 대상이 됐다. 과거에는 완파됐거나 정치계 변방에만 머물렀던 사상들이 '스트롱맨 시대'에 부활하고 있다.

1930년대와 40년대에 미국은 자유민주주의와 열린 사회 가치관의 수호자였다. 그러나 21세기에 비자유주의, 민족주의, 반유대주의 사상들이 미국의 우파를 사로잡았고, 미국에서 유럽으로 흘러들어가기 시작했다. 소로스가 전 세계에 자유주의를 전파하려 애썼던 것처럼, 트럼프 후보의 선거운동 책임자였던 배넌도 2016년에 미국에서 사상 전쟁을 벌였다. 소로스처럼 배넌도 유럽에서(그리고 미국에서도) 벌어지고 있음에 틀림없는 세계적인 사상 전쟁에 자신이 참여하고 있다고 생각했다.

2019년 5월 중순, 베를린의 한 호텔 방에서 눈을 뜬 나는 휴대전화에 손을 뻗어 한가하게 이메일을 확인하기 시작했다. 첫 번째 이메일은 뜻밖에도 발신자가 배넌이었다. 내용은 이랬다. "오늘 자 신문에서 훌륭한 분석 기사를 읽었음. 서구 강경파의 관점을 더 많이 공유하고 싶어 연락 드림."

배넌이 언급한 〈파이낸셜 타임스〉 칼럼은 서방의 대對중국 정책을 논하는 것이었다. 거기에서 나는 미국과 중국이 모두 수정주의 국가라고 주장했었다. 중국은 미국 대신 세계 강대국의 자리에 앉고 싶었지만, 그러기 위해서 지금의 글로벌 경제체제를 계속 유지해야 했다. 미국은 계속해서 세계 정치에 강력한 영향력을 미칠 작정이지만, 그러기 위해서 트럼프 정부 내 강경파는 지금의 글로벌 경제체제를 포기하기로 했다. 언뜻 '글로벌리즘'을 비판하는 듯한 내용이 배넌의 관심을 끌었으리라 나는 짐작했다.[20]

인종주의자 혹은 심지어 파시스트라고 널리 비난받던 사람에게 칭찬을 듣는 일이 그렇게 기분 좋은 느낌은 아니었다. 또한 실제로 그 이메일을 배넌이 보냈는지도 불확실했다. 그래도 흥미롭기는 했다. 그래서 다음에 미국에 가면 미스터 배넌을 만나고 싶으며, 지금은 독일에 있다고 정중하게 답장을 보냈다. 그랬는데 또 답장이 왔다. 배넌 자신도 지금 독일에 있으며, '지방'에서 독일의 극우 정당인 독일을 위한 대안과 협의를 마치고 베를린으로 돌아가는 기차 안이라고 했다.

우리는 그날 저녁 늦게 아들론 호텔에서 만나기로 했다. 내가 런던에 있는 동료에게 이 약속을 알리자, 그가 못마땅해서 이렇게 문자를 보냈다. "괴벨스를 인터뷰하고 싶어?" 아들론 호텔의 로비는 그 질문을 숙고하기에 좋은 장소 같았다. 베를린 최고급 호텔인 그곳은 괴벨스를 포함해서 나치의 많은 유명 인사가 이용한 장소였다. 그러나 동료의 질문에 대한 내 답은, 언론인으로서 나는 나치 선전부 장관 혹은 심지어 히틀러라도 만나겠다는 것이었다.

몇 분 후에 배넌의 경호원(삭발한 머리에 작달막한 근육질의 영국인)이 다가오더니 호텔 3층에 있는 스위트룸으로 나를 데려갔다. 트럼프가 '허술한 스티브sloppy Steve'라고 불렀던 배넌은 청바지에 티셔츠를 걸친 채 물을 홀짝이고 있었다. 그의 태도는 사무적이었지만, 다정했다. 나는 그날 아침에 트럼프를 신랄하게 비판하고 중국을 숭배하는 제프리삭스Jeffrey Sachs 교수에게서도 축하 이메일을 받았다고 그에게 말했다. 배넌이 웃으며 말했다. "당신은 정말 다양한 이념을 다루는군요."

그의 이메일이 암시했듯이, 배넌은 문화 전쟁이나 백인 민족주의보다 중국에 관한 주제를 훨씬 좋아했다. 탁자 위에는 밑줄이 잔뜩 그어진 〈파이낸셜 타임스〉가 놓여 있었고, 그 옆에는 배넌이 내게 일독을 권한《제한 없는 전쟁: 중국의 미국 파괴 종합 계획Unrestricted Warfare: China's Master Plan to Destroy America》이라는 책이 있었다.[21] 확실히 배넌도

(소로스처럼) 떠오르는 중국의 정치적·이념적 위협에 사로잡혀 있었다.

아마도 나를 의식해서였겠지만, 배넌은 역사를 재포장해서 2016년 트럼프 당선이 주는 핵심 메시지는 이민자나 백인 민족주의라기보다 '경제적 민족주의economic nationalism'와 중국과의 불가피한 대립이었다고 주장했다. 내가 독일 극우 진영과 그의 관계를 언급하자, 그는 독일을 위한 대안 정당에 반이민 메시지를 줄이고 그 대신 경제적 민족주의 운동을 벌여보기를 권했다고 했다. 독일은 미국과 달리 막대한 무역 이익을 누리고 제조업이 번성하고 있다는 점을 고려할 때, 그의 조언은 다소 의아했다. 그러나 배넌은 독일이 중국의 위협을 이해하지 못했다고 주장했다. "독일이 아무것도 하지 않으면, 10년 후에 '미텔슈탄트Mittelstand'는 완전히 파괴될 것입니다"라고 그가 말했다.*

그럼에도 불구하고 배넌은 '문화 전쟁'을 부인하지는 않았다. 그는 트럼프가 폴란드를 이념적 동맹국으로 생각한다는 것을 의도적으로 밝히기 위해, 바르샤바에서 했던 "저번 트럼프의 흥미로운 연설문"을 트럼프의 측근인 스티븐 밀러Stephen Miller와 함께 작성했다는 사실을 자랑스럽게 이야기했다. 그 연설에서 트럼프는 서구 사상을 재정의했다. 미국과 그 동맹국을 자유와 보편적 가치의 수호자로 그리기보다, 서구의 가치관을 "문화적, 신앙적, 전통적 유대 관계에 근거한(보편적 가치로 묶인 관계와는 거리가 먼)" 사상으로 표현했다. "우리는 교향곡을 작곡한다. 우리는 혁신을 추구한다. 우리는 옛 영웅들을 기리고, 영원한 전통과 관습을 수용한다"고 트럼프는 선언했다. 그는 자신의 취임

---

*   미텔슈탄트는 흔히 독일의 경제와 수출에서 핵심을 이루는 중소기업을 말한다.

사에서처럼, 바르샤바 연설에서도 "우리 시대의 근본적인 질문은 서구에게 생존 의지가 있는가다"라고 종말론적 주장을 폈다.•[22] 내가 보기에, 유럽연합을 흔들려는 트럼프와 배넌의 노력은 향후 중국과 경쟁해야 하는 상황에서 오히려 서구 세계를 약화시킬 것이다. 그러나 배넌은 동의하지 않았다. "나는 유럽을 사랑하지만, 유럽연합은 사랑하지 않는다. 내게 영웅은 오르반, 패라지, 살비니 같은 사람들이다. 미국은 유럽이 필요하다. 보호국이 아닌 동맹국으로서."

오르반, 패라지, 살비니, 트럼프 등이 주목하는 위협 요소는 대량 이민, 특히 "우리의 영원한 전통과 관습"에 해가 된다고 간주되는 무슬림 이민자였다. 실제로 중국이 외부의 적이라면, 배넌과 밀러, 트럼프는 비백인 이민자를 내부의 적으로 간주하고 있음이 거의 확실했다. 그렇지 않다면, 이민자에 반대하는 영국의 극우 운동가 토미 로빈슨Tommy Robinson을 배넌이 왜 "국가의 중추the backbone of the country"라고 표현했겠는가?•[23] 배넌이 운영했던 '뉴스' 사이트 〈브레이트바트Breitbart〉도 이민과 인종 문제와 관련해서 선동하는 글들을 전문적으로 제공했었다.

베를린에서 배넌을 만난 후에 나는 그의 국제적 행보와 인맥에 관한 이야기들을 관심 있게 추적했다. 그로부터 몇 달 후에 그는 불쑥 파리로 가서 브리스톨 호텔에 머물면서 반체제 거리 시위인 "노란 조끼"를 옹호하는 발언을 했다. (최고급 호텔에 머무는 데 확실히 포퓰리즘은 방해가 되지 않았다.) 도쿄에서는 아베가 이끄는 여당 내 강경 민족주의자들 몇몇과 그가 어울렸다는 이야기를 들었다. 브라질에서는 그가 보우소나루의 지적 스승인 올라보 데 카르발류Olavo de Carvalho와 가까웠다는 말을 들었다. 그리고 밀라노에서는 푸틴 숭배자 살비니가 이끄는 반이민 정당, 북부동맹의 선거 승리를 축하했다고 한다.

어디선가 나는, 매년이 로마에서 푸틴이 좋아하는 알렉산더 두긴Alexander Dugin이라는 이론가를 만나 오래 대화를 나눴다는 말을 들었다.•24 두긴은 극우 사상가들 사이에서 자주 언급되는 인물이었다. 그는 내가 2019년 여름에 모스크바에서 만났던 러시아의 억만장자 민족주의자, 콘스탄틴 말로페예프와 가까웠다. 그리고 말로페예프는 살비니와 북부동맹 의원들과 친했다. 같은 해 상하이에서, 나는 내가 잘 아는 중국인 민족주의자 에릭 리가 두긴을 푸단 대학교 중국 연구소의 방문 연구원으로 초빙했다는 사실을 알게 됐다.

그 모든 관계를 추적하는 일은 대단히 흥미로우면서 음모론이 어떻게 형성되는가에 대한 통찰도 제공했다. 극우 진영과 다양한 민족주의 사상가의 국경을 초월한 친목에 내재한 불길한 무언가를 파악하는 과정은 유혹적이었다. 물론, 이것은 극우 진영이 좌파 '글로벌리스트'에게 투사한 내용과 크게 다르지 않았다. 그들은 자신들이 싫어하는 사상가들을 포함해서 여러 프로젝트에 소로스가 자금을 지원한다는 사실을 파악했다. 그런 사상가 중 일부는 블레어나 빌 클린턴 혹은 주류 언론사와 협력했을 것이다. 즉, X는 Y를 알고, 그 둘은 Z에게 자금을 지원받았다. 여기까지 생각이 미치면, 얼마 지나지 않아 대형 음모론이 등장했다.

내가 현실에서 느끼기에, 극우 진영과 좌파 글로벌리스트 모두에게 좀 더 단순하고 허술한 힘이 작용하는 것 같았다. 민족주의와 반자유주의에 관심이 있는 사람들은 서로 만나고 싶어 했다. 그들은 생각을 교환하고, 인맥을 쌓고, 심지어 서로에게 자금도 지원할지 모르겠다. 그러나 그것이 세계적으로 연대 활동을 벌이는 조직화된 네트워크를 형성한다는 의미는 아니었다. 실제로 그들 일부는 전혀 양립할 수 없는 견해를 가지고 있었다. 배넌의 주된 임무는 중국의 부상을 막고 유일한 초강대국으로서 미국의 지위를 보호하는 것이었다. 두긴은 미국을 대단히 싫어했고, 러시아와 중국을 특별한 관계로 맺어주고 싶어 했다. 리는 분명히 트럼프에 흥미를 느꼈지만, 중국의 민족주의자로서 배넌의 사상을 수용하기 어려웠다.

어쩌면 이 사람들의 영향력은 과대평가됐는지도 모른다. 어쨌든 배넌은 2017년 8월에 트럼프 정부에서 해임됐다. 많은 러시아 전문가가 두긴이 2014년에 모스크바 국립 대학교에서 해고됐다는 사실을 지적하며, 푸틴이 정말 두긴을 좋아했을까 의심했다. 또한 리는 유창한 영어 실력 덕분에 서구에서는 인지도가 높았지만, 정작 중국 내에서는 권력의 변방에 머물렀던 것으로 보인다.

그럼에도 불구하고 이 사람들이 했던(그리고 하는) 일들은 중요하다. 이들은 스트롱맨이 활동하는 데 필요한 지적 배경을 만들었는데, 즉 포퓰리즘 민족주의의 핵심 사상과 주장, 표어 등을 제공했다. 그리고 이들의 사상에 담긴 내용은 서로 달랐지만, 이들의 담론에서는 공통적으로 특정 주제가 반복된다. 결정적으로 이들은 자유주의와 글로벌리즘에 반대한다. 이들 중 상당수는 페미니즘과 성소수자의 인권 개선에 적극적으로 반대하며, 그것을 자연의 질서에 대한 "정치적 올바름"을 주장하는 사람들의 공격으로 표현한다. 자유주의와 글로벌리즘에 대한 반감도 국민국가에 대한 존중과 연결된다. 문화와 문명의 특수성을 위협하기 마련인 보편적 가치도 거부한다. 결국 이런 입장은 서서히 인종주의와 인종적 순수성에 대한 강조로 변질된다. 그들에게는 특정 문명의 보존이 가장 중요한 과업이므로, 민주주의는 그 목표를 달성하는 범위 내에서만 중요하다. 만약 민주주의가 선택된 문명과 그 가치관을 보호하지 못한다면, 버려질 수 있고 버려져야 한다. 이것이 스트롱맨 정치를 지지하는 모든 사상가의 공통된 생각은 아니지만, 다양한 대륙에서 반복적으로 등장하는 주제이긴 하다.

전 세계적인 반자유주의 현상을 이해하려 노력하던 중에, 나는 전에 배넌을 만났던 아들론 호텔에서 운터 덴 린덴Unter den Linden 거리를 따라 불과 몇백 미터 내려간 곳에서 학생들을 가르쳤던 한 남자를 떠올렸다. 카를 슈미트Carl Schmitt라는 이름을 가진 그는 나치 당원이었고, 1933년부터 1945년까지 베를린 대학교(지금의 훔볼트 대학교)에 적을 두고 있었다. 그는 "제3제국 최고 법학자"로 불렸으므로, 나치 패망 후 수십 년간 그의 사상은 널리 거부됐다. 그러나 최근 전 세계에서 슈미트의 업적에 대한 관심이 다시 일고 있다. 중국 법학자, 러시아 민족주의자, 미국과 유럽의 극우 사상가 들이 모두 나치 독일의 최고 법 이론가였던 그의 글을 인용하고 있다. 이들은 자신의 지적 에너지 대부분을 시진핑, 푸틴, 트럼프 같은 스트롱맨 지도자의 행위를 정당화하는 데 쓰고 있다.

프린스턴 대학교 교수이자 포퓰리즘 전문가이기도 한 얀 베르너 뮐러Jan-Werner Müller는 슈미트를 "(20세기) 가장 영리한 자유주의자의 적"으로 묘사한다.•25 나치에 부역했다는 이력에도 불구하고, 슈미트의 사상은 오늘날 주류 학계에 다시 진입했다. 뮐러는 이렇게 썼다.

"내가 1990년대 중반에 슈미트에 관한 글을 쓰기 시작했을 때, 그를 역사적 인물로만 다뤄야 한다고 들었다. 그가 나치 당원이었으므로 그를 진지한 사상가로 다루면 안 된다는 의미였다." 그러나 그 이후에, "여러 면에서 그의 사상은 정상적인 것으로 복원되고 있다." 2017년에 옥스퍼드 대학교 출판사에서 발간한 《카를 슈미트-옥스퍼드 핸드북 The Oxford Handbook of Carl Schmitt》의 광고 글에는 이렇게 적혀 있었다. "슈미트의 광적인 반유대주의에도 불구하고 [⋯] 무엇보다 대의 민주주의와 국제법에 관한 [⋯] 그의 예리한 비판은 [⋯] 여전히 호소력이 있다." 오늘날은 슈미트의 이름을 케임브리지 대학교, 하버드 대학교, 베이징 대학교의 정치철학 강의의 읽기 목록에서 발견할 수 있다.

의회 민주주의에 대한 적대감과 권위적 지도자가 법을 결정할 권력을 가져야 한다는 생각은 자연스럽게 나치주의로 연결됐다. 슈미트는 1933년 국회의사당 방화 사건 이후에 민주주의를 중단하고 비상권력을 장악한 히틀러의 행동을 정당화하는 법률 의견을 냈다. 그리고 그 이듬해에 나치가 일명 '장검의 밤Night of the Long Knives'에 수백 명의 정적을 살해했을 때, 슈미트는 "총통이 법을 보호한다The Führer protects the law"는 제목으로, 살인을 정당화하는 악명 높은 논문을 썼다. 그는 독일에서 유대인 학자를 내쫓아야 한다고 주장했고, 독일 법조계에 유대인의 영향력을 제거하는 문제를 처리하기 위해 회의를 소집했다.

오늘날 반자유주의자들은 슈미트의 글에 적잖이 감탄한다. 슈미트는 권력분립과 보편적 인권 같은 사상을 경멸했고, 그 대신 '친구'와 '적'을 구분하는 일이 정치의 기본이라고 주장하며, 이렇게 말했다. "당신의 적이 누구인지 말해주면, 당신이 어떤 사람인가를 내가 말해주겠다." 슈미트에게 인류의 형제애 같은 자유주의 담론은 터무니없는 소리였다. "인간애를 들먹이는 사람은 남을 속이고 싶어 하는 사람이다"는 말은 아마도 그의 가장 유명한 말일 것이다.•**26** 보편적 인권보다 국가의 이익을 중시하는 극우 사상가들에게 슈미트의 반자유주의와 반보편주의는 매력적이다.

자유주의자는 법치주의 확립에 관심을 두지만, 슈미트는 계엄령 선포로 법치가 중단되는 과정에 관심이 많았다. 그는 이렇게 썼다. "주권자는 예외 사항을 결정하는 사람이다." 이 주장은 현대 독일에서 특별한 울림을 주는데, 2015년과 2016년에 독일을 위한 대안 정당은 메르켈 총리가 난민에 관한 국제법을 지키지 말아야 하고, 100만 명 이상의 난민이 독일로 들어오는 것을 허용하면 안 된다고 주장했다. 실제로 트럼프 정부도 불법 이민자와 난민이 남부 국경에 위협이 된다고 판단해서, 한시적 계엄령을 선포하는 안을 고려했었다. 현대 튀르키예와 이집트는 계엄령 선포가 어떻게 법적 권리를 제한해서 파괴적인 결과를 낳는가를 여실히 보여준다.

그러나 놀랍게도, 부활한 슈미트의 영향력이 가장 널리 그리고 가장 강하게 미치는 지역은 아마도 중국일 것이다. 칭화 대학교 법학과 교수, 린 라이팬Lin Laifan은 2016년에 이렇게 썼다. "카를 슈미트는 오늘날 중국에서 대단히 유명하다. 많은 정치 이론가와 철학자, 법학자가 […] 그의 사상이 대단히 설득력 있고 심오하다고 생각한다."•**27**

중국에서 "저명한 슈미트 연구가"•**28**로 인정받는 사람은 베이징 대학교 법과 정치 센터의 창스궁Jiang Shigong 센터장이다. 창스궁은 홍콩에서 고위 관료로도 일했으며, 시진핑 사상을 다듬고 해석한 인물이다. 그는 슈미트의 친구와 적 구분법을 적극적으로 채택했다. 그가 쓰기를, "친구와 적 사이에는 자유에 관한 질문이 필요하지 않으며, 오직 폭력과 예속 관계만 존재한다."[29] 또한 슈미트 방식으로, "정치에서 중요한 질문은 좌냐 우냐가 아니라 복종하는가 불복종하는가다"라고 주장했다.[30]

이런 사고방식은 시진핑이 중국 정치에서 자유주의 전통을 단호하게 거부한 행위를 뒷받침한다. 시진핑이 집권했을 때, 중국의 자유주의자들은 중국이 권력분립과 사법부 독립을 포함해서, 법치주의 사회로 나아가야 한다고 압박했었다. 이때 미국의 자유주의 철학자 존 롤스John Rawls가 많이 인용됐다. 그러나 시진핑은 이 사상들을 단호히 거부했다. 2018년에 그는 이렇게 단언했다. "중국은 입헌주의, 권력분립, 사법부 독립 같은 서구의 제도를 결코 따라서는 안 된다."[31]

내가 처음, 중국을 비롯해서 전 세계 사상가들 사이에서 슈미트가 유행한다는 사실을 알게 된 것은 푸단 대학교의 리와 대화를 나눌 때였다. 리는 두긴을 설득해서 푸단 대학교 중국 연구소의 선임 연구원으로 오게 했다고 말했다. 따지기보다는 궁금하다는 투로, "두긴은 파시스트가 아닌가요?"라고 내가 물었다. 리는 이렇게 답했다. "아니오. 하지만 그는 슈미트 사상에 깊이 빠져 있습니다." "그게 무슨 말씀이세요?" 내가 다시 물었다. 그러자 리는 알쏭달쏭한 말을 했다. "모든 것은 정치적이에요." 내가 파악한 그 말의 의미는 스트롱맨의 권위적 통치를 철학적으로 정당화하려면 실질적인 독립기관 혹은 심지어 객관적 사실 같은 것은 존재할 수 없다고 생각해야 한다는 뜻이었다. 모든 것은 정치적이다. "카를 슈미트가 러시아에 주는 다섯 가지 교훈Carl

Schmitt's Five Lessons for Russia"이라는 논문에서, 두긴은 "무엇보다 중요한 정치", "항상 적이 있어야 한다" 등 슈미트의 명언들을 즐겨 인용했다. 두긴에 대한 푸틴의 태도는 상당히 모호하지만, 두긴은 푸틴을 숭배하고 찬양하는 자신을 부끄러워하지 않는다. 그는 이렇게 썼다. "푸틴은 어디에나 있다. 푸틴은 모든 것이다. 푸틴은 없으면 안 되는 절대적인 존재다."•32

광활한 유라시아 대륙이 러시아의 운명에 중요하다고 믿는 두긴은 슈미트가 중시한 "거대한 공간들", "지정학적으로는 독립국이나 유연한 초국가의 통치를 받아야 하는 큰 나라들"의 개념을 적극적으로 받아들인다. 아이러니하게도 이것은 나치가 '레벤스라움Lebensraum(본래 의미는 '생활권'이나 나치독일이 식민지 확장을 정당화하는 개념으로 오용했다-옮긴이)'을 찾겠다며 러시아를 침공했을 때 이를 정당화하기 위해 사용한 논리였다. 그러나 두긴은 슈미트의 사상에서, 거대 제국을 도덕적으로 정당화하는 논리뿐만 아니라 "유럽과 러시아와 아시아의 적인 미국과 그 동맹국인 섬나라 영국을 명확히 이해하는 방법"도 발견했다. 베이징의 창스궁도 슈미트의 "거대한 공간들"에 점점 관심을 집중하고 있다. 오늘날 중국의 엘리트 집단은 미국을 대신해서 중국이 강대국이 돼야 한다고 생각하기 때문에, 유라시아 대륙에 거대 제국을 건설해야 한다는 슈미트의 사상에 주목한다. 또한 남중국해 통제권을 두고 경쟁이 치열해짐에 따라, 영어권 국가의 해상권(소위 아전인수식 국제법 적용)에 대한 슈미트의 반감도 관심을 얻고 있다.

미국과 유럽의 극우 사상가들도 슈미트의 사상에 이끌리고 있다. "대안 우파alt-right"라는 용어를 만든 미국의 백인 우월주의자 리처드

스펜서Richard Spencer는 니체와 함께 슈미트를 영감의 원천으로 인용했다. 2016년 11월에 찍은 한 영상에서, 스펜서는 신임 대통령의 당선을 축하하며 "트럼프 만세Hail Trump!"라고 외쳤다. 러시아인인 그의 전 아내는 두긴의 글을 영어로 번역했다.

적과 친구를 구분해야 하고, 사법부와 대학처럼 '독립적'이라고 간주되는 기관들이 사실은 정치 질서의 일부라는 슈미트의 주장은 보우소나루의 지적 스승인 카르발류에게도 지대한 영향을 미쳤는데, 배넌은 카르발류를 가리켜 "세계 최고의 보수 지식인 중 하나"라고 극찬한 바 있다.[33] 카르발류는 점성가 출신으로 '문화 마르크스주의'를 맹비난하는 독학 철학자이며, 진화론 교육조차도 과학보다는 정치적 관점에서 바라봐야 한다는 주장을 정당화하기 위해 슈미트의 글을 사용하기도 했다.[34] 그가 생각하기에 정치란 무엇보다 무자비하며, 슈미트가 말한 것처럼 친구와 적 사이의 싸움이다. 그는 정치투쟁에 대해 "사상을 파괴하는 것이 아니라 사람들의 경력과 권력을 파괴하는 것이다. 정중할 필요 없이 단도직입적으로 행동해야 한다"라고 썼다.[35] 이런 사고방식 덕분에 카르발류는 2019년에 워싱턴 D.C.에 있는 브라질 대사관 주최 만찬에서 보우소나루 대통령 옆자리에 앉는 영광을 누릴 수 있었다. 보우소나루의 다른 옆자리에는 배넌이 앉았다.

배넌은 슈미트와 비슷한 이탈리아 파시스트 사상가인 율리우스 에볼라Julius Evola의 숭배자로 알려져 있다. 혹시 배넌은 슈미트의 글도 읽었을까? 2019년에 당시 주 영국 독일 대사였던 피터 위티그Peter Wittig와 워싱턴에서 조찬을 함께 하던 중 내가 그 질문을 꺼냈다. 그는 배넌이 슈미트의 사상을 접했을 거라고 확신했다. "사실 제가 배넌에게 슈미트의 책 몇 권을 읽어보라고 줬습니다. 그가 관심이 있을 거라고 생각했거든요." 위티그는 잠시 말을 멈추더니 약간 짜증이 난 표정을 지었다. "실수였던 것 같아요."

실제로 배넌은 일종의 잡지식 수집가로, 여러 사상을 주워 모아서 개인적·정치적 목적으로 이용한다. 사생활과 정치를 구분하지 않는 배넌의 태도가 명확히 드러났던 순간은 2019년에 그가 시진핑의 격렬한 비판자로서 미국으로 망명한 중국의 억만장자 귀원구이Guo Wengui(다른 이름은 마일스 퀵Miles Kwok)의 요트에서 체포됐을 때다. 밝혀지기로, 귀원구이는 배넌의 동업자이자 고액 후원자였다. 배넌이 아들론 호텔에 숙박할 수 있었던 것이나, 반중 정서를 열정적으로 지지한 것 모두 그런 배경 덕분이었다. 체포 당시 배넌은 "우리가 장벽을 세운다We Build the Wall"는 이름으로 모금 운동을 벌이고 그 모금액을 유용했다는 혐의를 받았는데, 그 운동의 목적은 미국-멕시코 국경에 트럼프 대통령이 약속한 장벽 건설을 지원하는 것이었다. 이 모든 사건이 배넌을 사기꾼(포퓰리즘을 팔아 제 주머니를 채우는 사람)에 불과한 사람으로 치부하고 싶게 했다. 그러나 그 횡령 사건의 진실이 무엇이든, 배넌 역시 트럼프를 통해 세상에 큰 영향을 미친 진짜 이데올로그ideologue(특정 계급이나 당파를 대표하는 이론적 지도자를 경멸적으로 이르는 말-옮긴이)다.

2021년 1월 6일 의사당 습격 사건으로 트럼프 대통령이 '신들의 황혼Götterdämmerung(독일 작곡가 리하르트 바그너Richard Wagner의 악극 〈니벨룽의 반지〉 4부작 중 마지막 작품-옮긴이)'을 맞게 됐을 때, 배넌은 현장으로 돌아왔다. 선거 패배에 낙심한 트럼프는 대응 방법을 마련하기 위해 자신의 보좌관이었던 배넌에게 여러 차례 자문을 구했다. 개인 팟캐스트와 언론 매체 등을 통해, 배넌은 선거를 도둑맞았으니 어서 워싱턴으로 몰려오라고 시위대를 부추겼다.

선거 결과에 불복하고 미국의 민주주의 제도를 무너뜨리려는 배넌의 시도는 슈미트의 사상과 흡사했다. 그들은 세상에서 친구와 적을 엄격하게 구분하고, 적을 이기는 것을 정치의 유일한 목적으로 삼았다. 실제로 스트롱맨 지도자로서, 트럼프는 슈미트가 권했던 도구들을 사용하려 했었다. 즉 계엄령을 선포하고 법치를 중단하려 했었다.

2021년 1월 트럼프 지지자들이 반란에 실패했을 때, 미국을 포함한 전 세계 자유민주주의자들은 깊이 안도했다. 그러나 희망과 더불어 의심도 일었다. 미국 사회는 심각하게 분열됐고, 공화당은 트럼프에게 속박됐다. 전 세계에서 미국의 영향력은 약해지고 있다. 여러 강대국 (중국, 러시아, 인도, 튀르키예, 사우디아라비아)이 스트롱맨 지도자에 의해 통치되고 있다. 과연 바이든 정부가 이 흐름을 바꿀 수 있겠는가?

스트롱맨 시대의 바이든

1961년 1월 20일, 미국 역사상 최연소 대통령이 된 케네디가 의회 의사당 계단에서 취임 연설을 했다. 그로부터 정확히 60년 후에, 미국 역사상 최고령 대통령이 된 바이든이 같은 장소에서 취임 연설을 했다.

케네디는 "햇불이 새로운 세대에게 전해졌다"고 선언하기 위해 의회라는 권위 있는 배경을 이용했다. 미국은 전 세계에서 "자유주의의 생존과 성공"을 확보하기 위해 "어떤 대가도 치를 그리고 어떤 짐도 짊어질" 준비가 되어 있었다. 바이든에게 의사당이라는 배경은 어쩐지 불길해 보였다. 그의 연설은 트럼프를 지지하는 폭도들이 대선 결과를 뒤집기 위해 의사당을 습격한 지 2주 만에 겨우 이뤄졌다. 바이든은 미국에서 자유의 햇불이 꺼져가는 모습을 목격한 구세대의 대표자였다. 그는 이렇게 선포했다. "우리는 민주주의가 소중하다는 사실을 다시 배웠습니다. 민주주의는 연약합니다. 그러나 지금 이 순간, 친구들이여, 민주주의가 승리했습니다." 새 대통령은 "국경 너머의 사람들"에게 짧게 이렇게 선포했다. "미국은 시험을 받았고, 그 덕분에 우리는 더욱 강해졌습니다. 우리는 동맹 관계를 회복하고 다시 한번 세계에 관여할 것입니다."

미국에서 민주주의가 붕괴했다면, 전 세계에 대재앙이 일어났을 것이다. 지난 15년은 1930년대 이후 전 세계적으로 정치적 자유가 가장 지속적으로 쇠퇴한 시기였다. 그러나 1930년대에는 미국과 영국이라는 두 강대국이 자유민주주의 체제를 유지하고 있었다. 만약 트럼프와 그의 지지자들이 민주주의 선거 결과를 뒤집는 데 성공했다면, '자유세계의 지도자'라는 미국의 전통적 역할도 끝났을 것이다. 오늘날 두 강대국인 미국과 중국을 모두 권위적 민족주의가 장악했을 것이다.

2020년 트럼프의 낙선은 위험이 지나갔다는 의미가 아니다. 바이든 정부는 두 전선에서 스트롱맨 정치와 싸우고 있다. 국내에서는 트럼프의 영향력이 여전한 공화당과 대치하고 있다. 해외에서는 중국과 러시아에서 점점 독재자가 되어가는 스트롱맨 지도자들을 상대해야 한다. 시진핑과 푸틴에 맞서기 위해 기댈 만했던 동맹국 중 일부(인도, 필리핀, 폴란드)는 스트롱맨 지도자를 받아들였다. 이런 상황은 냉전 시대 때처럼 자유세계와 그렇지 않은 세계를 명확히 구분하는 미국의 능력을 훼손할지 모른다.

미국이 국내외에서 받는 도전은 서로 연결돼 있다. 국내에서 민주주의를 구하지 못하면, 해외에서 자유를 옹호할 수 없다. 그러나 만약 바이든 정부가 국내 혼란을 잠재우는 데 에너지를 집중한다면, 다른 나라의 정치적 자유를 지원하는 일에 들일 시간과 자원이 줄어들 것이다. 그런데 미국을 대신해서 그런 역할을 맡을 수 있는 나라가 없다. 독일, 프랑스, 유럽연합은 정치적 자유의 수호자로서 미국을 대체해서 세계 문제에 개입할 수 있는 정치 구조, 군사력, 외교력을 갖추지 못했다. 영어를 사용하는 미국의 동맹국들, 즉 영국이나 오스트레일리아, 캐나다, 뉴질랜드 등 '영어권 국가들'은 미국이 리더십을 발휘해주기를 기대한다. 2021년 여름에 바이든 대통령이 아프가니스탄에서 미군 철수를 결정했을 때(이는 아프가니스탄 정부의 붕괴로 이어졌다) 유럽 내 미국 동맹국 일부는 경악했다. 그러나 이들은 미국의 지원이 사라지면 아프가니스탄에 주둔해 있는 자국 군대도 유지할 수 없다고 신속하게 결론 내렸다. 동맹국들은 워싱턴의 지도를 따를 수밖에 없었다.

취임 후 첫 기자회견에서, 바이든 대통령은 자신의 임무를 명확하게 정의했다. "21세기는 민주주의와 독재정치의 싸움입니다. 우리는 민주주의가 작동한다는 사실을 증명해야 합니다."[1]

바이든 정부는 민주주의의 유효성을 입증하는 싸움을 국내에서 시작해야 한다. 그것은 만만찮은 과제다. 2020년 대선에서 확실히 바이든은 승리했지만, 압도적인 승리는 아니었다. 그리고 공화당은 트럼프와 완전히 절연하지 않았다. 2020년 선거 전에도, 공화당원의 반 이상은 "미국인의 전통적인 삶의 방식이 너무 빨리 사라지고 있어서 그것을 되살리려면 무력을 사용해야 할 것이다"라는 주장에 동의했었다.[2] 선거 후에는 공화당원의 약 77퍼센트가 선거에서 "대규모 사기"가 있었다는 트럼프의 주장에 동의했다. 의회 습격 사건 후에도 공화당원 사이에서 트럼프의 지지율은 아주 조금만 감소했다. 공화당 상원 원내 대표로 바이든의 승리를 인정했던 미치 매코널Mitch McConnell의 지지율은 급락했다.[3] 이런 현상들을 보면서 조지 부시 대통령의 연설문 작성자였던 마이클 거슨Michael Gerson이 내린 결론은, 대부분의 공화당원은 "자신들이 꿈꾸던 백인 기독교의 나라 미국"이 "멸망 직전"이라고 믿었으므로 나라를 보호하기 위해 기본적으로 민주주의를 포기했다 였다.[4] 바이든 집권 후 한 달이 지났을 때, 공화당 지지자의 61퍼센트는 트럼프가 지지하는 후보에게 투표하겠다고 말했다. 그들 중 반정도는 트럼프가 "하나님의 부름을 받은 지도자"라는 데 동의했다.[5] 트럼프 숭배는 그의 가족에까지 확대됐다. 트럼프 정부에서 비서실장을 지냈던 마크 메도스Mark Meadows는 2024년 대선에서 누가 공화당 후보가 될 것인지에 대해 이렇게 예측했다. "제가 말씀드릴 수 있는 것은, 후보 목록의 맨 윗자리에 있는 사람들의 성姓이 모두 트럼프일 것이라는 점입니다."[6]

바이든 정부는 사람들이 위험한 트럼프주의에 현혹되지 않도록 강력한 대책을 시행했는데, 이것은 수백만 명의 미국인에게 직접 자금을 지원하는 1조 9,000억 달러짜리 경기 부양책이었다. 그러나 2021년 여름에 아프가니스탄에서 미군 철수로 대혼란을 야기함에 따라, 바이든 대통령의 짧은 밀월 기간은 막을 내렸다. 인플레이션 재등장, 남부 국경에서 이민자 증가, 민주당 내분 등으로 바이든의 인기는 형편없이 떨어졌다. 2021년 10월에 워싱턴을 방문했을 때, 바이든 대통령의 지지율은 40퍼센트 주변을 맴돌고 있었고, 유권자의 60퍼센트는 미국이 잘못된 길을 가고 있다고 생각했다. 광란의 트럼프 집권기가 끝나고,

다행히 백악관과 국무부는 다시 정상으로 돌아왔다. 그러나 내가 만난 관료들은 바이든이 실패할까 봐, 그리고 트럼프가 재집권했을 때 그것이 미국과 전 세계에 영향을 미칠까 봐 벌써부터 두려워하는 듯했다. 트럼프 지지층을 결집시키는 핵심 이슈(이민자와 정체성 정치)는 여전히 격렬한 논쟁 거리다. 그리고 다음 선거 때 바이든은 여든두 살이 된다. 현재 부통령은 흑인 여성 카멀라 해리스Kamala Harris다. 혹시 해리스가 대통령 후보가 된다면, 이것은 공화당 지지층의 두려움을 자극하고 그들로 하여금 행동에 나서게 할 것이다.

전 세계는 트럼프가 대표하는 세력이 미국에서 여전히 강력하다는 사실을 안다. 바이든 정부는 그들이 재집권하기 전 4년간의 막간을 책임지는 역할에 머물 가능성이 크다. 정치학자 조너선 커슈너Jonathan Kirshner는 이렇게 말했다. "세계는 트럼프의 재집권 가능성을 무시할 수 없다. […] 앞으로 다른 나라들은 미국 정치에 트럼프 정부가 재등장할 수도 있다는 사실을 이해하고, 그에 맞게 이해관계와 기대 수준을 조절해야 할 것이다."·7 그러나 바이든이 미국의 글로벌 리더십을 회복하지 못하는 이유가 도처에 드리운 트럼프의 그림자 때문만은 아니다. 세계는 미국이 하나의 국가로서 전 세계의 자유민주주의를 위해 싸울 에너지와 수단을 아직 가지고 있는지 질문해야 한다.

바이든 선거 대책 본부는 미국의 중산층을 위한 외교정책을 수립하겠다고 여러 번 말했었다.·8 바꿔 말하면, 외교정책에 관한 모든 공약은 평범한 미국인에게 혜택이 돌아가는가가 평가 기준이 될 것이다. 이것은 세계 문제에 좀 더 신중하고 소극적으로 접근하게 할 것이다.

바이든 대통령의 고문들은 미국 국민이 외국과의 전쟁에 염증을 느낀다는 사실을 알기 때문에 해외 주둔 결정에 신중하다. 탈레반이 아프가니스탄을 재점령할 것을 알면서도 미군을 철수할 수밖에 없었던 사정은 그것이 "미국이 돌아왔다America is back"는 대통령의 무수한 선언보다 훨씬 강력한 신호가 되기 때문이다. "어떤 짐도 짊어지겠다"는 케네디의 외교 방향은 미국의 경제력이 세계 최고 수준이던 시절의 산물이었다. 그러나 바이든이 집권한 지금 세계 최대 제조국이자 무역국은 중국이다. 2019년 말 기준으로, 전 세계 190개국 중 128개국은 미국보다 중국과 더 많이 거래한다. 무역 및 투자 상대로서 중국의 매력은 잠재적으로 아시아, 아프리카, 중남미 등에서 외교력과 정치력으로 작용한다. 그와 달리, 미국은 여전히 보호주의를 강화하고 있다. 민주당은 새로운 해외무역 합의안에 별로 (혹은 전혀) 서명할 생각이 없어 보이므로, 중국의 경제적 영향력에 맞서기가 더 어려워질 전망이다.

이 모든 요인이 미국의 글로벌 리더십을 회복하겠다는 바이든의 포부 실현을 방해한다. 그럼에도 불구하고, 트럼프가 패배하고 바이든이 백악관에 입성함으로써 전 세계 정치 환경에 변화가 생겼다. 그러므로 이 책에서 다룬 모든 스트롱맨 지도자는 새로운 상황에 적응해야 한다.

푸틴에게 바이든의 당선은 비보나 다름없었다. 트럼프는 푸틴을 비판하거나 그와 대립하는 것을 언제나 피해왔다. 더구나 트럼프가 미국의 동맹 체제를 공개적으로 비판했을 때 크렘린은 반색했다. 트럼프가 재선에 성공했다면 나토는 해체됐을지 모르며, 이는 지정학적 관점에서 크렘린의 승리를 의미한다. 그와 달리, 바이든은 나토에 헌신적이며, 오랫동안 러시아를 경계한 사람이다.[9] 2020년 대선 투표가 있기 일주일 전에, 그는 "지금 현재 미국에 가장 큰 위협 요소는 [···] 러시아다"라고 발언했다.•¹⁰ 취임 직후, 텔레비전에 출연한 바이든은 푸틴을 "살인자"로 생각하느냐는 질문을 받았다. 바이든은 "그렇게 생각한다"고 답했고, 이에 격분한 러시아는 주미 대사를 본국으로 임시 소환했다.

미국에 민주주의와 인권 문제로 푸틴과 대립할 대통령이 재등장하자 그와 동시에 러시아는 국내 인사에 대한 탄압이 강화됐다. 바이든이 취임한 지 한 달도 되지 않은 2021년 2월에 나발니가 투옥됐다. 이 사건으로 모스크바를 비롯한 여러 도시에서 대규모 시위가 일어났으며, 경찰은 폭력을 행사하고 수많은 사람을 체포했다. 러시아 분석가 다수는 이 사건이 푸틴의 오랜 집권기에 새로운 국면을 마련한 것 같다고 판단했다. 카네기 모스크바 센터Carnegie Moscow Center의 안드레이 콜레스니코프Andrei Kolesnikov는 이렇게 말했다. "그는 늘 잔인했지만, 지금은 마음대로, 노골적으로, 거리낌 없이 잔인해지기로 결심했다."•¹¹

러시아의 수많은 자유주의자들은 처음에 나발니의 저항에 기운과 자극을 받았다. 그들은 나발니의 용감한 부두 연설에 자신감을 얻었는데, 그때 그는 자신의 투옥이 "(푸틴의) 힘이 아니라 나약함을 보여주는 것"이라고 주장했고, 푸틴은 역사에서 "속옷 독살자, 블라디미르"로 기억될 것이라고 비웃었다. 그러나 나발니의 반항에 열광했던 자유주의자들의 흥분감은 시간이 지나면서 우울함으로 바뀌었다. 암울하게도, 나발니는 유형지로 보내졌다. 그리고 푸틴은 여전히 크렘린에 있었다. '스트롱맨 시대'에는 진실과 용기, 민중 시위가 궁극적으로 독재 통치를 무너뜨릴 것이라는 신념을 유지하기가 어렵다. 벨라루스에서 베네수엘라까지 그리고 러시아에서 홍콩까지, 오늘날은 그 신념을 반증하는 사례를 흔히 보게 된다.

나발니를 처리한 다음 푸틴은 다시 외부의 적들에 집중했다. 2021년 여름에 아프가니스탄에서 나토 동맹국들이 철수하면서 혼돈이 발생하자, 푸틴은 우크라이나를 침공해도 국내 문제에 관심을 집중하고 있는 나약한 바이든 정부가 효과적으로 대응하지 못하리라 판단했다. 또한 어쩌면 그는 우크라이나가 힘이 없고 부패했으므로 우크라이나인 다수가 러시아 군대를 해방군으로 환영할 것이라는, 선전부의 보고를 믿었는지도 모르겠다. 그의 추측 중 일부는 서구도 널리 공유하던 내용이었다. 러시아가 우크라이나를 침공한 2월 24일의 바로 전 주말에 나는 서구의 주요 정책 결정자들과 대화를 나눴는데, 그들 대부분은 키이우가 쉽게 러시아군에 무너질 것이라고 생각했다. 이미 그들은 러시아 점령군을 괴롭힐 우크라이나의 게릴라 작전을 지원해야겠다고 마음먹은 상태였다.

그런데 현실에서 우크라이나 전쟁은 모스크바나 워싱턴의 예상과 달리 푸틴에게 훨씬 불리하게 전개됐다. 러시아군은 막대한 피해를 입은 후, 2022년 4월에 키이우 외곽에서 철수했다. 침공 6개월째인 8월에 러시아에서는 20만 명이 안 되는 초기 투입 병력 중 8만 명의 사상자(미국 정부의 추정치)가 나왔다. 9월에 반격에 나선 우크라이나는 러시아군을 동부로 몰아내는 데 성공했다. 총동원령을 꺼리는 푸틴은 러시아군의 엄청난 피해를 정당화하기에는 형편없이 작은 영토들을 불안하게 점령하고 있을 뿐이다.

러시아의 강대국 지위를 확보하고 역사에 이름을 남기기 위해 푸틴이 감행한 침공은 분명히 잘못돼가고 있었다. 지금 러시아는 우크라이나에서 끔찍한 소모전을 치르고 있다. 또한 서구의 제재로 지난 30여 년간 쌓아온 경제적 이익을 잃어가고 있다. 즉, 러시아 중산층은 냉전 종식 이후 늘어난 소비재와 여행 기회가 사라지는 모습을 목도하고 있다.

입 밖에 내지는 않았지만 이제 서구의 명백한 목표는 푸틴을 권좌에서 몰아내는 것이다. 그러나 푸틴이 자발적으로 권력을 포기할 가능성은 대단히 낮다. 왜냐하면 후임자가 그의 정책들을 거부하거나 심지어 그를 재판에 회부할지도 모르기 때문이다. 2020년과 2021년에 이웃국인 벨라루스에서 그랬던 것처럼, 시위대는 폭력으로 진압하고 감옥에 보낼 것이다. 푸틴에 반대하는 친위 쿠데타palace coup(이미 권력을 가진 자가 헌법을 무력화해서 기존 권력을 강화하는 것-옮긴이)가 일어날 가능성도 매우 적다. 왜냐하면 모든 반대파는 오래전에 크렘린에서 숙청됐기 때문이다. 푸틴은 자신의 안전에 신경을 많이 쓰기 때문에, 그의 경호원 출신들은 부자가 됐다. 그동안 러시아 체제에 실망한 사람들이 적잖을 테지만, 그들의 불만이 조직적인 쿠데타로 연결되기는 대단히 어려워 보인다.

바이든 대통령의 임기 첫해에 시진핑이 이끄는 중국에서도 국내 탄압과 외부 적 공격이 동시에 진행되는 듯하다. 웡과 라이 같은 홍콩 민주화 운동의 지도자들이 투옥됐고, 민주화 운동 지도부 전체가 국가 전복 혐의로 재판을 받았다. 또한 중국은 2021년 3월에 홍콩 선거법을 개정했는데, 이에 따라 모든 후보자의 '애국'심을 조사하는 친베이징 위원회가 설치되어 민주화 운동 세력의 영향력을 차단하고 있다.[12] 2021년에는 대만 인근에서 진행하던 해군과 공군의 군사훈련 횟수와 강도를 높였다.

　바이든의 대對중국 정책도 트럼프처럼 대립 전략을 유지하고 있다. 그는 "내가 재임하는 동안에는" 중국이 "세계를 선도하는 [···] 강대국"이 되지 못하게 할 것이라고 약속했다.[13] 그러나 트럼프는 경제 분야에서만 중국과 대립했지만, 바이든은 좀 더 분명하게 이념도 추가했다. 그는 미·중 경쟁에서 핵심은 민주주의와 권위주의의 싸움이며, 이것이 21세기를 정의할 것이라고 생각한다.

　오바마 정부에서 부통령을 지냈던 바이든은 시진핑과 여러 번 만났다. 그는 시진핑이 "민주주의적인 구석이라고는 전혀 없다"고 말했었다. 토니 블링컨Tony Blinken 신임 미 국무 장관과 양제츠Yang Jiechi 중국공산당 정치국 위원이 처음 만났을 때 분위기가 순식간에 험악해졌다. 블링컨은 홍콩·신장·대만에 대한 중국의 조치, 미국에 대한 사이버 공격, 미국 동맹국들에 대한 '경제적 강압economic coercion'을 비난하면서 먼저 포문을 열었다. 그러자 양제츠는 미국이 국내 인종주의 문제가 심각한 제국이라고 비난하며, 조롱하듯 이렇게 말했다. "미국은 떳떳하게 중국과 대화하고 싶다고 말할 자격이 없다."[14] 중국이 미국의 나약함을 비웃는 근거에는 소비 시장 규모만 있지 않았다. 베이징은 2021년 겨울까지 미국에서 코로나19로 80만 명이 사망했다는 사실을 (중국의 공식 사망자 수는 5,000명 미만인 것과 비교해서) 중국 체제의 우월함과 미국 쇠퇴의 증거로 간주했다.

　아마도 바이든 정부와의 이런 껄끄러운 만남은 미국이 중국 체제를 전복하려는 의도를 가진 적국이라는 시진핑의 오랜 의심을 강화했을 것이다. 시진핑은 중국이 적대적인 외세에 둘러싸였다는 주장을 정상 임기인 10년을 넘어 장기 집권하기 위한 명분으로 삼았고, 그의 장기 집권은 2022년 겨울에 중국 공산당 전국 대표 대회에서 공식화됐다. 또한 팬데믹은 세계 무대에서 중국을 더욱 고립시켰다. 유럽과 미국 그리고 아시아 국가의 대부분이 2022년에는 일상을 거의 회복했지만, 중국은 상하이 같은 도시들에서 엄격한 '제로 코로나' 정책으로 봉쇄가 장기화되는 바람에 경제와 사회가 대단히 어려움을 겪고 있다. 그럼에도 불구하고, 스트롱맨 통치자로서 시진핑의 장기 집권 계획은 예정대로 진행되고 있다.

민주주의와 인권 보호를 다시 핵심 외교정책으로 삼으려는 바이든 정부의 노력을 시진핑과 푸틴은 환영하지 않는다. 그러나 다른 스트롱맨 지도자들의 입장은 다소 애매하다. 모디, 빈 살만, 에르도안, 보우소나루 같은 지도자들은 다시 인권을 강조하기 시작한 미국을 당연히 경계했다. 그러나 미국이 중국 및 러시아와 새롭게 냉전 구도를 형성했으므로, 미국과 동맹을 맺을 경우 워싱턴의 내정간섭을 피할 수 있을지도 모른다고 기대했다. 그럼에도 미국과 동맹을 맺기란 쉬운 선택이 아니다. 스트롱맨을 포함해서 미국의 모든 동맹국 지도자는 중국의 거침없는 부상과 러시아의 공격에 맞서 미국의 리더십을 재정립하겠다는 바이든의 약속을 어디까지 믿어야 할지 계산해야 한다.

중국의 힘을 억제하는 데 인도의 역할이 중요하므로 특별히 바이든 정부는 인도에서 민주주의가 쇠퇴하는 현상을 대충 넘길 가능성이 있다. 바이든 정부의 국방 장관 로이드 오스틴Lloyd Austin의 첫 해외 방문지에는 델리가 포함됐다. 중국을 견제하는 데 인도가 중요하다는 사실이 2021년 9월에 분명히 드러났는데, 그때 바이든 정부가 '쿼드Quad

(미국, 인도, 일본, 오스트레일리아)' 정상회담을 최초로 개최했다. 쿼드는 중국 견제가 목적인, 인도 태평양 주요국들의 비공식 동맹으로 널리 알려져 있다.

그러나 미국은 점점 권위주의 국가가 되어가는 인도를 간과하지 않았다. 2021년 10월에 바이든 정부 외교정책 팀의 핵심 관계자 하나가 자신의 관심사를 나열하면서, 자연스럽게 인도의 민주주의 쇠퇴 현상을 언급했다. 나는 놀랍다는 듯, 인도의 전략적 중요성 때문에 미국이 모르쇠 전략을 택하지 않을까 예상했다고 말했다. 그러자 그가 이렇게 답했다. "제 경험상, 한 문제를 외면하면 뜻밖의 곤란한 상황을 만나기 십상이죠."

그러나 서방의 비판과 압박이 모디 총리의 힘을 약화시킬 것 같지는 않다. 오히려 힌두 민족주의를 기반으로 그의 입지가 더욱 강화될 수 있다. 푸틴과 시진핑처럼, 모디도 장기 집권을 노리고 있다.

트럼프 낙선 후 미국의 즉각적 반격을 두려워했을 스트롱맨은 사우디아라비아의 MBS다. 예멘에서 일으킨 인도주의적 재앙과 카슈끄지 암살 사건 그리고 트럼프 정부와 MBS의 특별한 관계를 고려할 때, 바이든 정부가 MBS를 깊이 의심하는 것도 당연했다. 취임 몇 주 만에 바이든 정부는 예멘 전쟁에 대한 지지를 철회하고, CIA의 카슈끄지 암살 사건 보고서를 공개하기로 결정했다. MBS와 사우디아라비아는 신속하게 대처해야 했다. 예멘에 대한 평화 조치를 발표하고 카타르 봉쇄를 풀었다.

그러나 MBS에 대한 압박 전략은 지속적이지 않았다. 러시아와 중국을 견제하면서 중동에 대한 영향력은 유지해야 했던 바이든 정부는 사우디아라비아와 반목할 여유가 없었다. 무엇보다 우크라이나 전쟁으로 에너지 비용이 급증하자 미국은 행동에 나서야했다. 2022년 8월에 바이든은 겸손한 태도로 사우디아라비아를 방문했고, 그곳에서 MBS와 다정하게 사진도 찍었다.

2021년 6월, 네타냐후는 12년간 공백기 없이(그리고 결론이 쉽게 나지 않는 수많은 선거를 치르면서) 유지했던 통치자 자리에서 내려왔다. 그의 반대파가 연립정부 구성에 성공하고 마침내 집권 세력이 됐을 때, 권좌에서 물러나던 네타냐후의 반응은 트럼프와 흡사했다. 그는 자신이 '역대 최악의 부정선거'의 피해자이며, 자신에게 부패 혐의를 씌운 이스라엘 내 딥 스테이트의 음모론에 희생됐다고 선언했다. 그러나 6개월 전 미국처럼, 이스라엘도 국가기관들이 제대로 작동하고 있었다. 네타냐후는 실각했고, 부패 혐의에 대한 재판은 진행 중이다.

2021년에 미국과 이스라엘의 정치 위기는 새 정권이 집권한 지 6개월도 채 지나지 않아 발생했는데, 이는 스트롱맨 지도자와의 싸움에서 중요한 사실을 시사한다. 독재 본능을 가진 지도자는 전 세계 어디서나 권력을 잡을 수 있다. 장기 집권 목표를 이뤄내는 스트롱맨과, 법에 따라 강제로 권좌에서 내려오거나 필요시 책임을 지는 스트롱맨의 차이는 그 나라의 제도가 얼마나 강력한가에 흔히 좌우된다. 미국과 이스라엘에서는 국가기관들이 아직 건재했다.

네타냐후를 몰아낸 연립정부의 이념 성향은 이스라엘의 정치 스펙트럼에서 좌부터 극우까지 넓게 아우르고 있다. 심지어 거기에는 무슬림 형제단과 연계된 라암Ra'am이라는 이슬람 정당까지 포함돼 있다. 이 정당은 최초로 이스라엘 정부에 참여하는 아랍계 정당이 됐다. 연정에 참여한 정당들이 공유한 목표는 오직 하나, 네타냐후를 권좌에서 끌어내리는 것이었다. 그러나 새 정부는 겨우 의회 내 과반 의석만 확보했을 뿐이다. 비록 부패 혐의로 재판을 받고 있긴 하나 겉보기에 네타냐후는 조만간 총리 자리를 탈환할 것이라고 확신하는 듯하다. 2022년 말에 그에게 기회가 왔는데, 반네타냐후 연합이 과반 의석을 잃음으로써 다시 선거를 치러야 할 상황이 전개됐으며, 이로써 스트롱맨이 되고 싶은 네타냐후가 권좌에 복귀할 가능성이 생겼다.

이스라엘 사례는 스트롱맨이 통치하고 있어도 다행히 아직은 민주적 선거를 치를 수 있는 나라들에게 교훈과 의문을 동시에 제공한다. 반대 세력은 스트롱맨에 맞서 단결할 충분한 동기를 가질 수 있을까? 자국의 제도는 자유선거를 보장할 수 있을 만큼 여전히 강력할까? 스트롱맨은 선거에 패하면 권좌에서 내려올까? 이런 딜레마는 헝가리, 필리핀, 브라질, 튀르키예에서 다양한 모습으로 나타났다.

트럼프 패배 후, 헝가리의 오르반은 미국 내 우파 포퓰리스트로부터 더욱 견고한 지지를 받았다. 2021년 여름에, 친트럼프 성향으로 유명한 〈폭스 뉴스〉 앵커 터커 칼슨Tucker Carlson은 오르반이 이끄는 헝가리 모델을 미국에 소개하기 위해 일주일 동안 부다페스트에서 방송을 진행했다. 칼슨은 오르반과 인터뷰하면서 그의 문화 및 이민 정책에 찬사를 보냈고, 정치적 이유로 부다페스트로 이민 온 수많은 미국인을 직접 만나봤다며 "그들은 자신과 생각이 같은 사람들과 당신의 생각에 동의하는 사람들 주변에 살고 싶어서" 이민을 왔다고 주장했다.•15 미국 및 유럽연합과 협력 관계를 맺기가 어려워지자, 오르반은 모스크바와 베이징으로 눈을 돌렸다. 중부 유럽 대학교가 부다페스트에서 쫓겨나던 해에, 중국의 푸단 대학교는 부다페스트에 새로운 캠퍼스를 열었다.

2021년 말 메르켈의 사임으로, 오르반은 유럽연합 회원국 내에서 최장수 지도자가 됐다. 2022년 헝가리 총선에서 처음에는 오르반이 패할 것 같은 분위기였다. 여섯 야당이 경선을 통해 후보 단일화(소도시 시장 출신의 페테르 마르키자이Peter Marki-Zay로 단일화)에 성공했다. 이스라엘처럼 스트롱맨을 권좌에서 몰아내고 싶은 열망이 좌파 자유주의 집단과 우파 민족주의 집단을 하나로 묶어 불가능해 보이던 연합을 성공시켰다. 야당 후보 수락 연설에서, 마르키자이는 특별히 이렇게 선언했다. "우리는 유대인이나 집시를 지지하듯, 항상 동성애자 편이 돼줄 것입니다." 또한 그는 헝가리 국민이 "유럽연합의 충실한 시민"이 될 것이라고 약속했다.·16 그러나 2022년 4월 선거에서 최종 승자는 오르반이었다. 이웃 나라인 우크라이나에서 전쟁이 일어나자 불안한 야당 연합보다 기존 지도자가 더 안정적으로 보였던 모양이다. 오르반도 헝가리에서 전쟁이 일어나지 않게 하겠다고 약속했으며, 이것으로 보아 아마도 그는 유럽연합 내에서 푸틴을 적극 지지할 것으로 예상된다.

트럼프의 옛 협력자 중 2022년에 힘든 선거를 치른 사람 중에는 브라질의 보우소나루도 있었다. 룰라 전 대통령이 법원의 결정에 따라 출소함으로써, 보우소나루는 대선에서 강적을 만나게 됐다. 1년 전부터 인플레이션과 실업률이 두 자리가 되면서, 보우소나루에 대한 부정적 평가는 65퍼센트에 달했다. 그러나 브라질의 스트롱맨은 만약 자신이 낙선하면, 트럼프처럼 결과에 승복하지 않고 민주주의를 전복하겠다고 분명히 밝혔다. 투표에 앞서 그는 선거 결과의 조작 가능성을 반복해서 주장했다. 어떤 유세에서는 환호하는 지지자들에게 "제 앞에는 오직 세 가지 운명만 놓여 있습니다. 체포, 죽음, 승리가 바로 그것입니다."라고 말했다.⸱¹⁷ 이런 상황을 고려해서 브라질과 해외 언론 매체는, 혹시라도 보우소나루가 패배를 인정하지 않을 경우 군사 쿠데타나 시민 소요가 일어날 가능성을 두고 공개 토론을 벌였다.

에르도안 대통령이 통치하는 튀르키예도 2023년 예정된 대선을 앞두고 유사한 시나리오가 전개되고 있다. 그때가 되면 에르도안은 집권 20년째가 된다. 그러나 그의 무능한 경제정책과 독재 심화 현상은 반발을 불러왔다. 헝가리와 이스라엘처럼, 오직 스트롱맨을 권좌에서 몰아내기 위한 목적으로 이질적인 야당들이 연합을 형성했다. 물가 상승률이 80퍼센트까지 치솟으면서 리라화lira가 급락하자, 반대파(《파이낸셜 타임스》의 설명에 따르면 "민족주의 집단, 쿠르드계, 좌파, 우파, 세속주의 집단, 종교적 보수파 등을 아우르는 비현실적인 연합"⸱¹⁸)는 총선과 대선에서 승리할 수 있으리라 기대하고 있다. 그러나 에르도안이나 그의 정의개발당이 2023년 선거에서 패배한다고 해도, 그가 권좌에서 스스로 내려오거나 국가가 그를 강제로 끌어내릴 수 있을지는 전혀 알 수 없다.

그와 달리, 필리핀의 두테르테는 2022년 5월에 선거가 끝난 후에, 자신의 재집권을 허용하는 개헌을 하지 않겠다고 선언해서 비판가들을 놀라게 했다. 두테르테가 선호하는 안은 딸인 사라가 자신의 자리를 물려받는 것이었다. 그러나 사라는 전 필리핀 독재자 마르코스의 아들인 봉봉 마르코스(과거 마르코스 독재 시절을 발전과 안정을 이룬 황금기로 묘사하기 위해 역사를 다시 쓰고 싶어 하는 인물)를 대선 후보로 올리고 자신은 부통령 후보로 출마했다. 2022년 대선에서 마르코스-두테르테 팀의 승리는 두 권위주의 정치 가문의 결합을 보여주는 것으로, 이는 필리핀 민주주의에 대한 우려를 자아낸다.

그럼에도 불구하고, 두테르테의 은퇴는 모든 스트롱맨 통치자가 권력에 집착하는 것은 아니라는 사실을 (결과가 무엇이든) 보여줬다. 또한 몇몇 나라에서는 민주적 제도들이 스트롱맨 통치에 제동을 건다. 미국의 트럼프는 수많은 법적 다툼을 앞두고 있다. 영국에서는 존슨이 실각했다.

존슨의 사례는 지난 10년간 전 세계에서 권력을 잡은 수많은 민족주의적 포퓰리스트가 보여준 패턴과 일치한다. 에르도안, 모디, 트럼프, 보우소나루, 존슨, 두테르테 등은 국정 운영보다 선거운동을 훨씬 잘한다는 사실을 증명했다. 이들은 지지층을 결집하는 능력은 탁월했지만, 국정을 제대로 운영하는 데 필요한 기술과 인내심은 부족했다.

이런 결점들은 스트롱맨 통치 방식이 내부에 자멸의 씨앗을 품고 있다는 사실을 시사한다. 여기에서 중요한 질문 하나가 등장한다. 세계 정치에서 스트롱맨 통치는 여전히 증가 추세일까, 아니면 지금이 정점일까?

강력한 정치 현상 혹은 이념적 경향이 새롭게 등장하면, 그것이 앞으로 계속 강화될 것이라고 믿기 쉽다. 러시아혁명이 일어났을 때, 수많은 공산주의자는 전 세계 자본주의가 필연적으로 붕괴한다고 믿었다. 1930년대에는 전 세계 자유민주주의가 종말에 이르렀다고 믿는 것이 유행이었다. 그런데 냉전이 종식되자, 후쿠야마는 '역사의 종말'이라는 유명한 선언과 함께, 이념 경쟁이 마무리되고 오직 자유민주주의만 실행 가능한 체제로 남게 됐다고 주장했다.

현실에서 역사는 직선으로 진행하기보다 순환하는 경우가 많다.

정치 현상은 부침이 있다. 선례를 통해 '스트롱맨' 시대'도 어느 순간에는 막을 내릴 것을 안다. 그러나 그 시대가 30년간 지속될 수도 있다.

역사를 시대별로 구분하려는 모든 시도는 아무래도 인위적이다. 그러나 전후 정치는 두 상반된 시대로 나눌 수 있는데, 두 시대 모두 약 30년간 유지됐다. 프랑스에서 "영광의 30년les trentes glorieuses"으로 부르는 1945년부터 1975년까지는 서구 전역에서 경제가 크게 발전하고, 복지국가들이 건설됐으며, 케인스식Keynesian 수요 관리 방식이 인기를 얻었는데, 이 모든 것의 배경에는 냉전이 있었다.

1970년대 중반이 되자 이 모델은 영미권에서 여러 문제를 일으켰는데, 영국에서는 스태그플레이션stagflation(경기 불황과 물가 상승이 동시에 일어나는 현상-옮긴이)이, 미국에서는 지미 카터Jimmy Carter 대통령이 국가적 '불안감malaise'이라 진단한 현상이 말썽이었다. 새로운 시대(흔히 비판가들이 신자유주의라 부르는 시대)는 1979년 영국에서 마거릿 대처Margaret Thatcher 총리가 등장하고, 그 이듬해인 1980년에 미국에서 레이건이 대통령에 당선되면서 시작됐다. 돌이켜 생각하면, 이것 역시 전 세계적 변화의 일부였다. 1978년에 중국에서 권력을 잡은 덩샤오핑은 시장 중심의 '개혁과 개방' 정책을 폈다. 유럽의 동구권은 1980년 9월에 폴란드에서 연대Solidarity라는 이름의 자유 노조가 결성되면서 갈라지기 시작했다. 이런 식으로 글로벌 자본주의 경제의 토대가 마련되고 있었다.

'신자유주의 시대'도 2008년 글로벌 금융위기로 오명을 얻을 때까지 거의 30년간 유지됐다. 그 이후에 서구는 힘을 잃기 시작했고, 푸틴과 에르도안 같은 스트롱맨 지도자들이 서구의 권력과 정치 규범에

도전장을 내밀었다. 그리고 2012년 중국에서 시진핑이 집권하면서 본격적으로 '스트롱맨 시대'가 시작됐다.

앞선 두 시대와 달리, '스트롱맨 시대'가 비서구권에서 시작됐다는 사실은 의미심장하다. 사실 서구 지식인의 대부분은 미국이 스트롱맨 정치에 영향을 받지 않을 것이라고 자만했었다. 이에 대한 결정적인 반증이 2016년 트럼프의 당선이었다. 같은 해에 영국에서 통과된 브렉시트안은 영국도 향수를 자극하는 민족주의와 포퓰리즘의 희생자임을 증명했다. 자유민주주의의 본거지인 영미권이 혼란에 빠지자, 스트롱맨 정치를 지지하는 사람들이 전 세계에서 힘을 얻기 시작했다.

전후 두 시대는 유사한 경로를 따랐다. 새로운 이념이 등장해서 초기에 어느 정도 성공을 거두면, 명성이 높아져서 추종자들이 생긴다. 그러면 그 여세를 몰아 본래 이념을 더 멀리 더 빠르게 전파해야 한다는 요구가 일어난다. 그러나 이런 요구가 도를 넘으면, 결국 반발이 생기고 새로운 접근법을 요구하는 사람들이 생겨난다. 이런 과정은 레이건 지지자들이 요구한 감세와 행정절차 간소화가 금융 규제를 과도하게 완화했고, 이것이 결국 2008년 금융 위기로 이어졌던 사례에서 잘 확인된다. 지정학적 수준에서는 세계화에 도취된 서구 엘리트 집단이 중국을 세계경제로 신속하게 끌어들였다. 그러나 오늘날 부와 권력이 확대된 중국은 세계화에 반발하고 있다.

'스트롱맨 시대'도 유사한 과정을 거친다고 가정했을 때, 스트롱맨 통치는 모방 단계에 이미 진입한 상태다. 2016년 이후에 보우소나루, 오르반, 푸틴 그리고 심지어 네타냐후까지 트럼프의 화법과 전략을 표준 관행으로 삼고 따라 한다. 즉, '가짜 뉴스'를 고발하고, 기후

과학에 의문을 제기하며, '글로벌리스트'를 규탄한다.

그러나 이전 두 시대처럼 '스트롱맨 시대'가 30년간 유지되기 위해서는 중요한 조건이 있다. 스트롱맨이 성공하려면, 그들이 으레 지지하는 민족주의적 포퓰리즘이 그 효과성을 입증해야 한다. 확실히 중국은 이 교훈을 이해했다. 중국은 자신들의 체제(시진핑 사상)가 서구의 자유주의보다 우월하다고 주장하기 위해 코로나19 위기를 이용하고 있다. 그러나 중국 밖에 있는 몇몇 스트롱맨 통치자는 무능함에 발목을 잡혔다. 트럼프가 재선에 실패한 원인에는 코로나19에 대한 부실 대처가 있었다. 보우소나루, 암로, 에르도안 모두 팬데믹과 국내 경제 문제를 제대로 해결하지 못하고 있다.

정치적 자유주의자들은 무능함이 결국 독재자에 대한 지지를 약화시킬 것이라고 기대한다. 그러나 민주적 지도자와 달리, 스트롱맨은 상황이 불리하다고 해서 점잖게 권력을 내려놓는 사람들이 아니다. 미국은 근소한 차이였지만 어쨌든 트럼프가 선거에서 패했고, 국내 제도들도 충분히 강력했으므로 2020년 대선 결과를 뒤집으려는 트럼프의 시도를 좌절시킬 수 있었다. 그러나 오르반, 보우소나루, 에르도안 같은 스트롱맨이 통치하는 나라들에서는 체제 전환이 쉽지 않다는 사실을 증명하는 듯하다.

어떤 면에서 현대 정치는 1930년대에 자유민주주의가 마지막으로 큰 위기에 처했던 상황을 강하게 떠올린다. 지금 다시 한번 정치적 자유와 민주주의가 후퇴하고 있다. 보호주의는 다시 유행하고 있다. 그리고 자유주의자들은 자신감을 잃었다. 이웃 나라를 합병하거나 자국 영토를 확장하고 싶어 하는 독재자의 열망(1930년대에 수많은 문제의 근원)도 슬며시 되살아나고 있다. 2014년에 러시아가 크림반도를 합병한 사건은 위험한 선례를 남겼다. 중국은 국제법을 위반하면서까지 남중국해를 자신들의 영해로 만들고 싶어 한다. 또한 중국 내에서는 대만과 '통일'해야 한다는 목소리가 커지고 있다.

민족주의 성향의 스트롱맨 지도자들은 국내에 어려움이 발생하면 외부에서 적을 찾는 경향이 있다. 중국, 러시아, 튀르키예 등이 주변 나라와 갈등을 키우는 상황은 이전 시대에서 스트롱맨 정치가 전쟁과 밀접했다는 사실을 떠올린다. 1930년대에는 세계 전쟁으로 독재자 시대가 막을 내렸다. 오늘날은 미국, 러시아, 중국에서 특별히 군사 대립 가능성이 높다. 그러나 냉전 시대에는 핵 재앙에 대한 두려움이 (가까스로 어쨌든) 세계 평화를 유지했다. 이와 비슷하게, '스트롱맨 시대'에도 핵전쟁에 대한 공포가 강대국들 간의 전쟁을 억제해줄 것이다.

어쩌면 더 큰 위험은 자유주의적 국제주의의 쇠퇴가 글로벌 경제와 환경에 미칠 영향일지 모른다. 2008년에 글로벌 금융 위기가 발생했을 때, 전 세계 지도자들은 신속하게 모여서 제1차 G20 정상회담을 열었다. 공동의 적에 맞서기 위해 미국, 중국, 유럽연합, 러시아, 일본 등 세계 지도자들은 각국의 정치적 차이를 극복하고 서로 협력했다.

그러나 '스트롱맨 시대'에 국제 협력은 이제 쉽지 않은 일(코로나19에 대한 대처 방식이 나라마다 달랐던 상황으로 증명)이 됐다. 포퓰리스트 스트롱맨이 부상하면서 세계는 기후변화에 효과적으로 대응하지 못하고 있다. 기후변화 문제를 중요하게 다뤘던 2019년 유엔총회에서 보우소나루 브라질 대통령이 기조연설을 했다. 그는 아마존을 파괴하고 있는 산불에 유감이나 심지어 우려도 표명하지 않은 채, 아마존을 구한답시고 국제단체를 조직해서 감히 브라질의 주권을 침해한 글로벌리스트들을 맹렬하게 비난했다.

2020년 현재 중국은 전 세계 이산화탄소 배출량의 29퍼센트를 차지하고 있으며, 이는 미국과 유럽연합의 배출량을 합친 것보다 많은 양이다. 중국이 행동하지 않으면, 기후변화에 대한 전 세계의 대응은 효과가 없을 것이다. 그러나 미·중 갈등이 심화되면 지구온난화를 해결하기 위한 국제적 합의 도출이 어려워질 것이다. 점점 불길해지는 기후변화 현상은 중국과 미국의 협력을 유도하기보다 그들이 서로를 비난할 근거로 사용될 수 있다. '스트롱맨 시대'가 끝날 무렵이면, 이미 환경은 돌이킬 수 없는 피해를 입었을지 모른다.

미국은 트럼프 낙선을 자유민주주의를 회복할 기회처럼 느낄지 모르겠다. 그러나 중국은 2020년 대선 이후 심화된 혼란과 분열 현상을 미국 체제가 타락했다는 추가 증거로 본다. 시진핑과 그 주변에 있는 이데올로그들은 서구가 설파한 가치들보다 '중국 모델'이 더 우월하다고 주장할 준비를 하고 있다.

그러나 중국의 주된 문제는 '중국 모델'이 점점 국내외에서 시진핑 개인숭배와 연계된다는 점이다. 스트롱맨 통치가 거의 항상 개인숭배로 이어지는 이유는 지도자가 약점이 있거나 실수할 수 있다는 사실을 정치적으로 인정하지 않기 때문이다. 지도자는 잘못을 저지를 수 없는 존재이므로, 그에 대한 토론과 비판은 허용되지 않는다. 스트롱맨 통치는 궁극적으로 공포와 강압에 의존한다. 이런 통치 모델은 매력적이지도 않지만, 다른 문제를 일으키기도 한다. 공개 토론이나 권위에 도전할 안전한 방법이 없을 경우, 스트롱맨이 장악한 정부는 형편없는 정책을 채택할 가능성이 있으며, 그런 정책들은 좀 더 열린 체제로 전환되고 나서도 한참 동안 유지될 수 있다. 과거 마오쩌둥에 대한 개인숭배는 중국에 재앙을 가져왔다. 사실 지도자 숭배는 어디에서도 좋게 끝나는 법이 거의 없다.

스트롱맨 통치 방식의 결함에 비판 금지만 있지 않다. 두 가지 독특한 (그리고 서로 연결된) 문제점은 권력 승계와 지도자의 건강과 관련된다.

가장 순수한 형태의 스트롱맨 통치 체제, 즉 지도자에 대한 실질적인 견제 장치가 사라진 체제에서는 모든 일을 최고 지도자의 뜻에 따라 처리한다. 이런 체제에서 후계자를 정해야 하는 상황이 오면(혹은 심지어 지도자가 사망했을 때) 나라는 극도로 불안한 상태가 된다. 그래서 스트롱맨이 사라지고 나면, 권력 다툼과 복수가 일어나 기득권층이 위협받는다. 스트롱맨 지도자와 그 가족 및 측근들이 실권했을 때 보복을 당할까 두려워하는 것도 당연하다. 결과적으로 스트롱맨은 권력에 집착하기 마련이다.

일부 러시아 논평자들은 푸틴이 20년 이상 러시아를 통치한 후에도 사임하지 않을 것으로 예상한다. 그러나 만약 푸틴이 권좌에서 내려온다면, 그 뒤를 누가 잇든 그는 푸틴이 적들을 공격하기 위해 이용했던 러시아의 사법 체계를 통해 푸틴의 친구와 가족들을 처벌할 수 있다. 시진핑과 에르도안 같은 지도자들도 비슷한 위험을 감수해야 한다. 스트롱맨이 권력을 잃으면, 그를 중심으로 확립됐던 정치체제가 불안해진다. 이런 집권 강박은 '스트롱맨 시대'의 명확한 특징이다. 현재 푸틴과 에르도안 모두 집권한 지 20년이 되어가고 있다. 중국에서는 시진핑이 10년 더 집권할 방법을 모색하고 있다.

그러나 스트롱맨 지도자도 결국은 늙고 병든다. 시진핑, 푸틴, 에르도안 모두 현재 60대 후반이다. 에르도안이 암으로 투병 중이라는 소문은 튀르키예에서 공공연하게 퍼져 있다. 시진핑은 과체중이고, 한때 골초였다. 만약 이 지도자들이 사망하거나 병이 들어 제 역할을 할 수 없게 되면, 나라는 위기에 빠질지 모른다. 스트롱맨의 건강이 나빠지면, 대개 정부는 그 문제를 은폐하려고 한다. 스트롱맨이 집중력을 잃었을 때 측근들은 대중 앞에 보이는 그의 모습을 뒤에서 조율해야 하고 잘못된 행동을 통제할 방법을 찾아야 한다.

스트롱맨 지도자가 신체적으로는 건강하더라도, 집권한 지 수십 년이 흐르고 나면 흔히 과도한 권력욕이나 편집증에 사로잡히기도 하고, 국민과 멀어질 수도 있다. 민주주의 체제도 약점은 있지만, 거기에는 중요하고 미묘한 후계 문제를 적절하게 처리해줄 법과 제도가 있다. 지속 가능한 정치체제는 궁극적으로 개인이 아닌 제도에 의존한다. 그리고 성공적인 사회는 카리스마를 갖춘 지도자보다 법률에 근거해서 세워진다.

이 모든 이유로 스트롱맨 통치는 자체 결함을 가진 불안정한 정부 형태다. 궁극적으로 그 체제는 중국을 비롯해서 그것을 시도하는 대부분의 지역에서 무너질 것이다. 그러나 '스트롱맨 시대'가 역사의 뒤안길로 사라지기까지 수많은 혼란과 고통이 따를지 모른다.

⏐ 감사의 말 ⏐

이 책은 내가 수년간 〈파이낸셜 타임스〉 기자로 해외를 다니며 취재한 내용을 토대로 썼다. 그러므로 가장 먼저 감사하고 싶은 곳은 내게 세계 정치에 관해 고민하고 글을 쓸 기회를 준 〈파이낸셜 타임스〉다.

또한 나는 전 세계에서 활약하고 있는 〈파이낸셜 타임스〉 동료들의 지혜와 환대에 빚을 졌다. 특별히 워싱턴에 있는 에드 루스Ed Luce에게 고맙다고 말하고 싶은데, 그는 여러 자리를 마련하고 후의를 베풀어준 멋진 친구다. 모스크바에 있는 헨리 포이Henry Foy, 맥스 세돈 Max Seddon, 캐스린 힐Kathrin Hille에게도 감사한다. 캐스린은 베이징과 타이베이로 자리를 옮긴 후에도 많은 도움을 줬다. 그리고 다음 친구들에게도 고맙다. 튀르키예의 로라 피텔Laura Pitel, 베이징과 홍콩의 자밀 앤더리니Jamil Anderlini와 니콜 류Nicolle Liu와 톰 미첼Tom Mitchell, 델리의 에이미 카즈민Amy Kazmin과 빅터 말렛Victor Mallet과 지오츠나 싱Jyotsna Singh, 예루살렘의 존 리드John Reed, 두바이의 시므온 커Simeon Kerr, 바르샤바의 제임스 쇼터James Shotter, 베를린의 가이 차잔Guy Chazan과 토바이어스 벅Tobias Buck, 상파울루의 안드레스 시패니Andres Schipani와 조 레이히Joe Leahy. 런던에 있는 동료들도 도움과 아이디어를 제공해줬다. 특별히 데이비드 필링David Pilling, 마틴 울프Martin Wolf, 조나단 더비셔Jonathan Derbyshire, 피오나 사이먼Fiona Symon, 룰라 칼라프Roula Khalaf에게 고맙다고 말하고 싶다. 댄 돔비Dan Dombey는 이 책의 많은 부분을 읽고 수많은 유익한 의견을 내주었고 아낌없이 격려도 해줬다. 제러미 샤피로Jeremy Shapiro와 슈루티 카필라Shruti Kapila는 친절하게도 초안을 읽고 의견을 내줬다.

독자들도 파악했겠지만, 이 책에는 전 세계 사람들과 20년간 나눈 대화 내용이 담겨 있다. 그래서 수많은 사람의 말이 직간접으로 인용돼 있다. 그중 일부는 스트롱맨이 통치하는 나라에 살기 때문에, 그들의 실명을 밝혀서 감사 인사를 전할 수 없다. 그러나 수년에 걸쳐 내게 기꺼이 설명과 의견을 제공해준 모든 분에게 진심으로 감사드린다.

이 책의 대부분은 세계 여행을 갑자기 할 수 없게 된 코로나19가 한창일 때 쓰였다. 그러나 팬데믹은 긍정적인 부작용도 낳았다. 최근 졸업한 네 청년이 나와 함께 여러 달 동안 한 집에 갇혀 있었다. 내 아이들인 나타샤, 조, 너새니얼, 애덤이 모두 조사에 참여하고 의견을 냈다. 특별히 애덤과 나타샤는 각각 동남아시아와 아프리카에 관한 자료 조사에 도움을 많이 줬다. 내 아내 올리비아는 토론에도 참여했지만,

무엇보다 봉쇄 기간에 온 가족이 건강한 정신으로 즐거운 시간을 보낼 수 있게 도와줬다.

　마지막으로 내 저작권 대리인인 와일리 에이전시Wylie Agency의 제임스 풀런James Pullen과 새라 섈펀트Sarah Chalfant에게 감사한다. 두 사람은 언제나 유익하고 친절한 조언을, 회사의 명성대로 신속하게 제공해주었다. 다시 한번 보들리 헤드Bodley Head 출판사와, 특별히 스튜어트 윌리엄스Stuart Williams, 외르크 헨스겐Jörg Hensgen과 함께 작업할 수 있어서 정말 좋았다. 아더 출판사Other Press의 주디스 구레비치Judith Gurewich 대표와 이본느 카데나스Yvonne Cardenas 편집자 덕분에, 이 책은 미국에서도 무사히 출판됐다.

시작하며

1 이 수치들은 옥스퍼드대학교 마틴 스쿨Oxford University's Martin School의 맥스 로저Max Roser 가 '민주주의 다양성 프로젝트Varieties of Democracy project'에서 수집한 자료에 근거한다. 다음 사이트도 보라. ourworldindata.org.

2 Freedom House, 'Freedom in the World 2021: Democracy under siege'.

3 다음 글에서 인용했다. Mehdi Hasan, 'It wasn't just Trump – every US president has gotten Putin wrong', MSNBC, 16 June 2021.

4 Brian Parkin and Rainer Buergin, 'Merkel says Russia risks harm to itself with nineteenth century ways', Bloomberg, 13 March 2014.

5 'A Turkish Success Story', *New York Times*, 28 January 2004.

6 Nicholas Kristof, 'Looking for a Jump-Start in China', *New York Times*, 5 January 2013. 이 인상적인 구절은 다음 책을 통해 알게 됐다. Richard McGregor in *Xi Jinping: The Backlash* (Lowy Institute, 2019), p. 9.

7 Thomas L. Friedman, 'Letter from Saudi Arabia', *New York Times*, 25 November 2015.

8 Thomas L. Friedman, 'Saudi Arabia's Arab Spring At Last', *New York Times*, 23 No-

vember 2017.

9 Gideon Rachman, 'India needs a jolt and Modi is a risk worth taking', *Financial Times*, 28 April 2014.

10 Freedom House, 'Freedom in the World 2020: A Leaderless Struggle for Democracy'.

11 Rachel Frazin, 'Biden calls Boris Johnson a physical and emotional clone of Trump', *The Hill*, 13 December 2019.

12 다음 글을 보라. Masha Gessen, 'Autocracy Rules for Survival', *New York Review of Books*, 10 November 2016.

13 'Trump Defends Putin Killing Journalists', *Daily Beast*, 13 April 2017.

14 Rana Mitter, 'The World China Wants', *Foreign Affairs*, January 2021.

15 Ramachandra Guha, 'Modi Personality Cult Runs Contrary to BJP's Own Objections to Worship of Individuals', Scroll.in, 2 August 2020.

16 Charlotte Gao, 'Xi: China Must Never Adopt Constitutionalism', *The Diplomat*, 19 February 2019.

17 Reuters video, 14 April 2020.

18 다음 글에서 인용했다. The Economist, 'Getting off the train', 6 February 2016.

19 다음 글을 보라. Nathaniel Rachman, 'The Simpleton Manifesto', *Persuasion*, 15 October 2020.

20 John Johnston, 'Boris Johnson blasted over claims deep state is betraying Brexit', Politics Home, 14 January 2019.

21 저자가 직접 들은 이야기, Berlin, October 2019.

22 앞의 자료.

23 Fiona Hill, *There is Nothing For You Here: Finding Opportunity in the 21st Century* (Mariner Books, 2021), p. 224.

24 'No Job, no house, no welfare', *The Economist*, 30 May 1998.

25 다음 글을 보라. Roberto Foa, 'Why strongmen win in weak states', *Journal of Democracy*, January 2021.

26 'Genocide Aside', The Economist, 13 February 2021.

27 Jeffrey Goldberg, 'Why Obama Fears for our Democracy', *Atlantic*, November 2020.

28 'Can you foil the love tonight?', *The Economist*, 19 November 2020.

29 역사적으로 무솔리니, 카다피, 푸틴 같은 스트롱맨 지도자들에게 남자다움을 과시하는 것의 중요성은 다음 책의 핵심 주제다. Ruth Ben-Ghiat의 책, *Strongmen: How They Rise, Why They Succeed, How They Fall* (Profile, 2020).

30 저자가 직접 들은 이야기, Moscow, August 2019.

31 Mark Easton, 'Coronavirus: Social media spreading virus conspiracy theories', BBC, 18 June 2020.

1 푸틴 | 독재자의 원형(2000년)

1 대통령 권한 대행자 시절, 푸틴의 신년사, 31 December 1999, www.en.kremlin.ru.

2 다음 책에서 관련 내용을 논하고 있다. Ivan Krastev and Stephen Holmes, *The Light That Failed – A Reckoning* (Allen Lane, 2019), p. 108.

3 다음 글에서 인용했다. Lionel Barber and Henry Foy, 'Vladimir Putin says liberalism has become obsolete', *Financial Times*, 27 June 2019.

4 다음 글을 보라. Susan Glasser, 'Putin the Great', *Foreign Affairs*, September/October 2019.

5 다음 책에서 인용했다. Catherine Belton, *Putin's People – How the KGB took back Russia and then took on the West* (William Collins, 2020), pp. 26, 39 – 41.

6 Fiona Hill and Clifford Gaddy, *Mr Putin: Operative in the Kremlin* (Brookings Institution Press, 2013). 피오나 힐은 트럼프 정부에서 러시아 담당 수석보좌관으로 일했고, 트럼프 대통령 탄핵 청문회에서 증언한 바 있다.

7 Belton, p. 85.

8 Hill and Gaddy, p. 9.

9 다음 책에서 인용했다. Belton, p. 112.

10 앞의 책, p. 11. 또한 벨튼은 옐친 진영에서 처음에 푸틴을 어떻게 밀어줬는지, 그리고 나중에 그 결정을 얼마나 후회했는지를 흥미롭게 설명하고 있다.

11 다음 글에서 인용했다. Anton Troianovski, 'Branding Putin', *Washington Post*, 12 July 2018.

12 James Ciment, 'Life Expectancy of Russian Men Falls to 58', *BMJ*, 21 August, 1999.

13 저자가 직접 인터뷰한 내용, Moscow, September 2014.

14 'Putin's Russia', Rachman Review podcast with Fyodor Lukyanov, 9 October 2019.

15 Krastev and Holmes, p. 82.

16 저자가 직접 들은 이야기, Moscow, 2008.

17 다음 책에서 인용했다. Jan Matti Dollbaum, Morvan Lallouet and Ben Noble, *Navalny: Putin's Nemesis, Russia's Future* (Hurst, 2021), p. 152.

18 다음 글을 보라. Max Seddon, 'Lunch with the FT: Alexei Navalny', *Financial Times*, 22 November 2019.

19 Luke Harding, 'Revealed: the $2 billion offshore trail that leads to Vladimir Putin', *Guardian*, 3 April 2016.

20 'Russian billionaire Arkady Rotenberg says "Putin Palace is his"', BBC, 30 January 2021.

21 'Vlad's the boss: "World's secret richest man" Vladimir Putin guards his secret billions like a mafia godfather, expert claims', *Sun*, 22 March 2018.

22 Chris Giles, 'Russia's role in producing the tax system of the future', *Financial Times*, 29 July 2019.

23 다음 글에서 인용했다. Martin Chulov, 'Can Saudi Arabia's "great reformer" survive the death in the consulate?', *Guardian*, 13 October 2018.

24 Anne Applebaum, 'The False Romance of Russia', *Atlantic*, 12 December 2019.

25 이 내용은 다음 책에도 설명돼 있다. Belton, pp. 427-36.

26 Julian Borger, 'Russia is a regional power showing weakness over Ukraine', *Guardian*, 25 March 2014.

2 에르도안 | 자유주의 개혁가에서 권위적인 스트롱맨으로(2003년)

1 Robert Kaplan, 'At the Gates of Brussels', *Atlantic*, December 2004.

2 다음 글에서 인용했다. 'To Brussels on a wing and a prayer', *The Economist*, 9 October 2004.

3 앞의 자료.

4 다음 책을 보라. Gideon Rachman, *Easternisation* (Vintage, 2017), p. 202.

5 다음 책을 보라. Soner Cagaptay, *The New Sultan: Erdogan and the Crisis of Modern Turkey* (IB Tauris, 2020), p. 4.

6 다음 글에서 인용했다. Kaya Gene, 'Erdogan's Way', *Foreign Affairs*, September 2019, p. 29.

7 다음 글을 보라. Steven Cook, 'How Erdogan Made Turkey Authoritarian Again', *Atlantic*, 21 July 2016.

8 다음 글을 보라. Aykan Erdemir and Oren Kessler, 'A Turkish TV blockbuster reveals Erdogan's conspiratorial, anti-semitic worldview', *Washington Post*, 15 May 2017.

9 다음 글을 보라. Jenny White, 'Democracy is like a Tram', Turkey Institute, 14 July 2016.

10 Jonathan Head, 'Quiet end to Turkey's college headscarf ban', BBC, 31 December 2010.

11 Gideon Rachman, 'Don't Be Blind to Erdogan's Flaws', *Financial Times*, 10 October 2011.

12 다음 책에 쿠데타 시도에 관한 생생한 이야기가 들어 있다. Hannah Lucinda Smith, *Erdogan Rising: The Battle for the Soul of Turkey* (William Collins, 2019), pp. 203 – 21.

13 다음 글을 보라. Laura Pitel, 'Turkey: Gulenist crackdown', *Financial Times*, 11 September 2016.

14 다음 글을 보라. Gene, *Foreign Affairs*, p. 33.

15 Laura Pitel, 'Europe's top human rights court orders Turkey to release jailed Turkish politician', *Financial Times*, 22 December 2020.

16 Matthew Wills, 'The Turkish Origins of the Deep State', JSTOR Daily, 10 April 2017.

17 211쪽에 인용된 존 볼턴과 피오나 힐의 증언 내용을 보라.

18 Gideon Rachman, 'Modi and Erdogan Thrive on Divisive Identity Politics', *Financial Times*, 10 August 2020.

19 Peter Spiegel, 'José Manuel Barroso: Not everything I did was right', *Financial Times*, 4 November 2014.

20 'Turkey slams EU officials in row over Netherlands campaigning', BBC, 14 March 2017.

21 다음 글에서 인용했다. Laura Pitel, 'Erdogan's great game: soldiers, spies and Turkey's quest for power', *Financial Times*, 12 January 2021.

22 David Kirkpatrick and Carlotta Gall, 'Audio offers gruesome details of Jamal Khashoggi Killing', *New York Times*, 17 October 2018

23 Laura Pitel, 'Turkey Senses Growing National Challenge to Erdogan', *Financial Times*, 24 June 2019.

24 트위터, @SonerCagaptay on 2 June 2020.

3 시진핑 | 중국과 개인숭배 회귀(2012년)

1 Nicolas Berggruen and Nathan Gardels, 'How the world's most powerful leader thinks', WorldPost, 21 January 2014.

2 John Simpson, 'New Leader Xi Jinping Opens Door to Reform in China', *Guardian*, 10 August 2013.

3 Frank Dikötter, *How to Be a Dictator: The Cult of Personality in the Twentieth Century* (Bloomsbury, 2019), p. 105.

4 다음 글에서 인용했다. Chris Buckley, 'Xi Jinping opens China Party Congress, his hold tighter than ever', *New York Times*, 17 October 2017.

5 다음 글에서 인용했다. Tom Phillips, 'Xi Jinping heralds new era of Chinese power at Communist Party Congress', *Guardian*, 18 October 2017.

6 'China's Economy in Six Charts', *Harvard Business Review*, November 2013.

7 다음 글을 보라. Evan Osnos, 'Born Red', *New Yorker*, 30 March 2015.

8 시진핑의 젊은 시절 이야기는 다음 책에 잘 요약돼 있다. Kerry Brown, *The World According to Xi*(IB Tauris, 2018) [국역본: 케리 브라운, 《시진핑의 중국몽》(시그마북스).] 또한 위에서 인용한 에반 오스노스Evan Osnos의 훌륭한 글도 같이 보라.

9 다음 책에서 인용했다. *François Bougon, Inside the Mind of Xi Jinping* (Hurst, 2018), p. 56.

10 다음 글을 보라. Osnos, *New Yorker*.

11 Kerry Brown, *The World According to Xi*, p.16.

12 McGregor, *Xi Jinping: The Backlash*, p. 34.

13 Edward Wong, Neil Gough and Alexandra Stevenson, 'China's Response to Stock Plunge Rattles Traders', *New York Times*, 9 September 2015.

14 'Rumours swirl in China after death of top Chongqing Party official', Radio Free Asia, 4 November 2019.

15 Victor Mallet, 'Interpol "complicit" in arrest of its chief in China', *Financial Times*, 7 July 2019.

16 'Xi Jinping Millionaire Relations Reveal Fortunes of Elite', Bloomberg News, 29 June 2012.

17 다음 책을 보라. Bougon, *Inside the Mind of Xi Jinping*, p. 39.

18 앞의 책, 154쪽.

19 Yuan Yang, 'Inside China's Crackdown on Young Marxists', *Financial Times*, 14 February 2019.

20 Gideon Rachman, 'Lunch with the FT: Eric Li', Financial Times, 7 February 2020.

21 다음 글에서 인용했다. Don Weiland, 'Inside Wuhan', Financial Times, 25 April 2020.

22 다음 글에서 인용했다. Michael Collins, 'The WHO and China: Dereliction of Duty', Council on Foreign Relations, 27 February 2020.

23 서구에서는 이 수치에 다소 회의적이다. 〈이코노미스트〉는 초과 사망자 수를 분석한 후, "우한의 코로나19 사망자 수는 공식 발표된 수치보다 훨씬 많아 보인다"고 결론 내렸다(2021년 5월 30일). 중국 정부는 코로나19 발원지로 알려진 우한의 사망자 수를

3,869명으로 집계했었다. 2020년 3월 말에 〈이코노미스트〉는 이 수치를 1만 3,400명으로 수정했다. 그러나 이 수정된 수치가 정확하다 하더라도, 핵심 내용(중국 사망자가 서구보다 훨씬 적다는 사실)은 논란의 여지가 없다.

24 다음 글에서 인용했다. 'Xi confers medals for virus fight at ceremony in Great Hall of the People', Bloomberg, 8 September 2020.

25 John Sudworth, 'Wuhan marks its anniversary with triumph and denial', BBC, 23 January 2020.

26 'Unfavorable views of China reach historic highs in many countries', Pew Research Center, 6 October 2020.

27 Jonathan Kaiman, 'Islamist group claims responsibility for attack on China's Tiananmen Square', *Guardian*, 25 November 2013.

28 Stephanie Nebehay, 'UN says it has credible reports that China holds 1m Uighurs in secret camps', Reuters, 10 August 2018.

29 'China forces birth control on Uighur Muslims, other minorities: birth rates fall by 60% from 2015 to 2018 in Xinjiang', Associated Press, 29 June 2020.

30 James Landale, 'Uighurs: credible case China is carrying out genocide', BBC, 8 February 2021.

31 Zheping Huang, 'Xi Jinping Says China's authoritarian system can be a model for the world', Quartz, 9 March 2018.

32 'The View from Bogotá – an interview with President Iván Duque Márquez', Aspen Institute, 22 January 2021.

33 Hu Xijin, 'The more trouble Taiwan creates, the sooner the mainland will teach them a lesson', *Global Times*, 6 October 2020.

4 모디 | 세계 최대 민주국가의 스트롱맨 정치(2014년)

1 저자가 직접 들은 이야기, Delhi, May 2018.

2 다음 글에서 인용했다. Benjamin Parkin and Amy Kazmin, 'Narendra Modi renames cricket stadium after himself ', *Financial Times*, 24 February 2021.

3 이 사례들은 대부분 다음 글에서 가져왔다. Kapil Komireddi, 'India, the world's largest democracy, is now powered by a cult of personality', *Washington Post*, 18 March 2021.

4 Debobrat Ghose, '1,200 years of servitude: PM Modi offers food for thought', Firstpost, 13 June 2014.

5 수브라마니안 스와미 인터뷰 자료, Huffington Post, 14 April 2017

6 Ramachandra Guha, 'How the RSS detested Gandhi', *The Wire*, 30 January 2020.

7 다음 글을 보라. 'Why India's Hindu hardliners want to sideline Mahatma Gandhi', BBC, 30 January 2017.

8 모디의 초기 이력과 민족봉사단과의 관계에 대한 설명은 다음 글을 참고했다. Dexter Filkins, 'Blood and Soil in Narendra Modi's India', *New Yorker*, 2 December 2019.

9 싱 총리와 그의 개혁 정책들은 다음의 내 책에 설명돼 있다. *Zero-Sum World* (Atlantic, 2012), pp 78－83.

10 Gideon Rachman, 'India needs a jolt － and Modi is a risk worth taking', *Financial Times*, 28 April 2014.

11 앞의 자료.

12 Barack Obama, 'Narendra Modi', *Time*, 15 April 2015.

13 다음 글에서 인용했다. Gideon Rachman, 'How India's Narendra Modi will shape the world', *Financial Times*, 14 May 2018.

14 이것은 2019년 7월 9일에 런던에 있는 인도 고등 판무관실에서 주최한 오찬에서 나눈 대화다.

15 스와미 인터뷰, Huffington Post.

16 Rachman, *Financial Times*, 14 May 2018.

17 Milind Ghatwai, 'Madhya Pradesh: You vote for Lotus, you are pressing trigger to kill terrorists, says PM Modi', Indian Express, 18 May 2019.

18 'Outrage over right-wing Euro-MPs' Kashmir visit', BBC, 30 October 2019.

19 다음 글에서 인용했다. Isaac Chotiner, 'Amartya Sen's Hopes and Fears for Indian democracy', *New Yorker*, 6 October 2019.

20 Pratap Bhanu Mehta, 'Serial Authoritarianism picks out targets one by one and tires out challenges', *Indian Express*, 10 October 2019.

21 Yogita Limaye, 'Amnesty International to halt India operations', BBC, 29 September 2020.

22 다음 글을 보라. Filkins, *New Yorker*.

23 Shivshankar Menon, 'Rulers of Darkness', *India Today*, 4 October 2019.

24 다음 글을 보라. Jo Johnson, 'Narendra Modi's culture war storms India's elite universities', Financial Times, 26 January 2020.

25 Shruti Kapila, 'Nehru's idea of India is under attack from the nationalist right', *Financial Times*, 12 January 2020.

26 Jason Stanley, 'For Trump and Modi, ethnic purity is the purpose of power', *Guard-*

ian, 24 February 2020.

27 'Supreme Court judge describes Modi as "popular, vibrant and visionary leader"', *The Wire*, 6 February 2021.

28 다음 글에서 인용했다. Amy Kazmin, 'Indians maintain faith in messianic Modi', *Financial Times*, 6 July 2020.

29 다음 글에서 인용했다. Gideon Rachman, 'Narendra Modi and the perils of Covid hubris', *Financial Times*, 26 April 2021.

30 Amy Kazmin, 'Narendra Modi, the style king, puts on the guru look', *Financial Times*, 1 July2021.

5 오르반과 카친스키 | 유럽 비자유주의의 부상(2015년)

1 다음 책에서 인용했다. Paul Lendvai, *Orbán: Europe's New Strongman* (Hurst, 2017), p. 195.

2 앞의 책, 192쪽.

3 다음 책에서 인용했다. Krastev and Holmes, p. 68.

4 다음 책에서 인용했다. Lendvai, p. 201.

5 Krastev and Holmes, p. 14.

6 'Trump calls for total and complete shutdown of Muslims entering US', *Politico*, 7 December 2015.

7 다음 책에서 인용했다. Krastev and Holmes, p. 47.

8 이 구체적인 내용은 〈파이낸셜 타임스〉 동료 기자가 카친스키를 인터뷰하고 소개한 다음 글을 참고했다. Henry Foy, 'Poland's Kingmaker', Financial Times, 26 February 2016.

9 다음 글에서 인용했다. Patrick Kingsley, 'As the West Fears the Rise of Autocrats, Hungary Shows What's Possible', *New York Times*, 10 February 2018.

10 Viktor Orbán, State of the Nation speech, 19 February 2020. Remix News에 올라온 연설문.

11 다음 글을 보라. Paul Lendvai, 'The Transformer: Orbán's Evolution and Hun-gary's Demise', *Foreign Affairs*, September 2019, p. 46.

12 앞의 책, 48쪽.

13 George Soros, 'Rebuilding the asylum system', Project Syndicate, 26 September 2015.

14 다음 글에서 인용했다. Peter Conradi, 'How the billionaire George Soros became the right's favourite bogeyman', *Sunday Times*, 10 March 2019.

15 Lendvai, Foreign Affairs, p. 52.

16 'How Viktor Orbán hollowed out Hungary's democracy', *The Economist*, 29 August 2019.

17 다음 글에서 인용했다. Valerie Hopkins, 'How Orbán's decade in power changed Hungary', *Financial Times*, 21 May 2020.

18 다음 글에서 인용했다. Lendvai, *Foreign Affairs*, p. 54. Original interview in La Repubblica in 2018.

19 앞의 자료.

20 Tony Barber, 'Europe's patience with Viktor Orbán starts to wear thin', *Financial Times*, 8 March 2021.

21 Jan Cienski, 'Poland's constitutional crisis goes international', *Politico*, 24 December 2015.

22 Jan Cienski, 'New media law gives Polish government fuller control', *Politico*, 30 December 2015.

23 다음 글에서 인용했다. Marc Santora, 'After a president's shocking death, a suspicious twin reshapes a nation', *New York Times*, 16 June 2018.

24 'Half of Poles believe foreign powers deliberately spreading coronavirus', *Notes from Poland*, 20 April 2020.

25 다음 책에서 인용했다. Anne Applebaum, *Twilight of Democracy* (Allen Lane, 2020), p.

31 [국역본: 앤 애플바움, 《꺼져가는 민주주의 유혹하는 권위주의》 (빛소굴).]

26 'Playing the Family Card', *The Economist*, 20 June 2020.

27 'Poland's draconian restrictions on abortion', *Financial Times*, 8 November 2020.

6 보리스 존슨 | 영국의 브렉시트(2016년)

1 Gideon Rachman and Nick Clegg, 'Is joining the euro still too big a risk for Britain?', *Prospect*, 20 January 2002. 이 기사는 당시 유럽의회 의원이었고 나중에 영국 부총리가 되는 닉 클레그Nich Clegg와 토론한 내용을 담고 있다. 그때 클레그는 영국의 유로존 가입을 지지하는 주장을 폈다.

2 Hill, p. 71.

3 Daniel Boffey and Toby Helm, 'Vote Leave embroiled in race row over Turkey security threat claims', *Observer*, 22 May 2016.

4 Tim Shipman, *All Out War: The Full Story of Brexit* (William Collins, 2017), p. 299.

5 Roger Eatwell and Matthew Goodwin, *National Populism: The Revolt Against Liberal Democracy* (Pelican, 2018), pp. 35 – 6.

6 앞의 책, 17쪽.

7 다음 책에서 인용했다. Sonia Purnell, *Just Boris* (Aurum, 2012), p. 50

8 Boris Johnson and Nicholas Farrell, 'Forza Berlusconi', *Spectator*, 6 September 2003.

9 Gideon Rachman, 'Boris Johnson has failed the Churchill Test', *Financial Times*, 22 February 2016.

10 Rajeev Syal, 'Cameron: Johnson said Leave campaign would lose minutes before backing it', *Guardian*, 16 September 2019.

11 Rick Noak, 'Brexit needs some of Trump's madness, Boris Johnson suggests', *Washington Post*, 8 June 2018.

12 Katie Weston, 'Brexit conspiracy: Boris Johnson warns the deep state's great conspiracy will backfire', *Daily Express*, 14 January 2019.

13 Sebastian Payne, 'Downing Street glee as gang of 21 expelled from the Tory party', *Financial Times*, 4 September 2019.

14 Dominic Cummings blog, 'On the referendum – Actions have consequences', 27 March 2019.

15 Peter Walker, 'UK poised to embrace authoritarianism, warns Hansard Society', *Guardian*, 8 April 2019.

16 Allison Pearson, 'We need you, Boris – your health is the health of the nation', *Daily Telegraph*, 7 April 2020.

17 Jonathan Ames, 'Boris Johnson plans to let ministers throw out legal rulings', The Times, 6 December 2021.

18 Rush Doshi, *The Long Game: China's Grand Strategy to Displace American Order* (Oxford University Press, 2021), p. 13. [국역본: 러쉬 도시, 《롱 게임: 미국을 대체하려는 중국의 대전략》(생각의힘).]

7 도널드 트럼프 | 미국의 스트롱맨(2016년)

1 Philip Bump, 'The real story behind that viral clip of Keith Ellison predicting a Donald Trump victory', *Washington Post*, 22 February 2017.

2 Gideon Rachman, 'We deride chances of Marine Le Pen and Donald Trump at our peril', *Financial Times*, 30 November 2015.

3 앞의 자료.

4 저자가 직접 들은 이야기.

5 디턴과 케이스의 후속 연구에 따르면, 미국에서 백인과 흑인의 기대 수명은 여전히 차이가 났지만, 여기에서 가장 중요한 결정 요인은 교육 수준이었다. 대학 학위가 있는 흑인과 백인은 기대 수명이 비슷했고, 두 집단 모두 대학 학위가 없는 흑인과 백인의 기대 수명보다 높았다.

6 Gina Kolata, 'Death Rates Rising For Middle-Aged White Americans, Study Finds', *New York Times*, 2 November 2015.

7 Willam H. Frey, 'The US will become minority white in 2045, census projects', Brookings Institution, 14 March 2018.

8 Michael Anton (writing as Publius Decius Mus), 'The Flight 93 Election', *Claremont Review of Books*, 5 September 2016.

9 Alec Tyson and Shiva Maniam, 'Behind Trump's victory: Divisions by race, gender, education', Pew Research Center, 9 November 2016.

10 다음 글을 보라. John Sides, Michael Tesler and Lynn Vavreck, *Identity Crisis: The 2016 Presidential Election and The Battle for the Meaning of America* (Princeton University Press, 2018).

11 앞의 책, 71쪽.

12 앞의 책, 88쪽.

13 다음 글에서 인용했다. Thomas Edsall, 'White Riot', *New York Times*, 13 January 2021.

14 다음 글에서 인용했다. Larry M. Bartels, 'Ethnic Antagonism Erodes Republicans' Commitment to Democracy', *Proceedings of the National Academy of Sciences of the United States of America*, 15 September 2020.

15 〈플레이보이〉에 실린 트럼프 인터뷰, 1 March 1990.

16 앞의 자료.

17 Michael Schmidt, 'In a Private Dinner, Trump Demanded Loyalty: Comey demurred', *New York Times*, 11 May 2017.

18 John Wagner, 'Praise for the Chief', *Washington Post*, 12 June 2017.

19 다음 글을 보라. Jonathan Rauch, 'Trump's Firehose of Falsehood', *Persuasion*, 18 November 2020.

20 Alexander Griffing, 'Remember when Donald Trump appeared on Alex Jones's Infowars', *Haaretz*, 6 August 2018.

21 Peter Baker, 'Dishonesty Has Defined the Trump Presidency. The Consequences Could Be Lasting', *New York Times*, 1 November 2020.

22 Hill, p. 220.

23 앞의 책.

24 다음 글에서 인용했다. Franklin Foer, 'Viktor Orbán's War on Intellect', *Atlantic*, June 2019.

25 Bolton, p. 312.

26 앞의 책, 181쪽.

27 앞의 책, 63쪽

28 직접 들은 이야기.

29 Axios, 14 September 2020.

30 Bolton, p. 191.

31 Gideon Rachman, 'Lunch with the FT: Chris Ruddy', *Financial Times*, 2 March 2018.

32 Hill, pp. 220 – 1.

33 Bolton, p. 297.

34 Edward Luce, 'Beware Trump's admiration for Putin, Xi and Erdogan', *Financial Times*, 16 January 2020.

35 Hill, p. 221.

36 Aaron Blake, 'What Trump said before his supporters stormed the Capitol', *Washington Post*, 11 January 2021.

37 앞의 자료.

8 로드리고 두테르테 | 동남아시아 민주주의의 쇠퇴(2016년)

1 Louis Nelson, 'Trump praises Duterte for unbelievable job cracking down on drugs in the Philippines', *Politico*, 24 May 2017.

2 Nicola Smith, 'Trump praises Kim Jong-un as "terrific" and pledges to hold second summit', *Telegraph*, 25 September 2018.

3 'Remarks by President Trump in Press Conference', US Embassy & Consulate in Vietnam, 28 February 2019.

4 Will Worley, 'Philippines president Rodrigo Duterte tells people to go ahead and kill drug addicts', *Independent*, 3 July 2016.

5 'More than 7,000 killed in the Philippines in six months', Amnesty International, 18 May 2020.

6 앞의 자료.

7 Rambo Talabong, 'Big funds, little transparency: How Duterte's drug list works', Rappler, 16 February 2020.

8 Patrick Symmes, 'President Duterte's List', *New York Times*, 10 January 2017.

9 Jonathan Miller, *Duterte Harry: Fire and Fury in the Philippines* (Scribe, 2018), p. 86.

10 Carlos H. Conde, 'Killings in Philippines Up 50 Percent During Pandemic', Human Rights Watch, 8 September 2020.

11 Davinci Maru, 'CHR Chief: Drug war deaths could be as high as 27,000', ABS-CBN News, 5 December 2018.

12 Aurora Almendral, 'Where 518 inmates Sleep in Space for 170 and Gangs Hold It Together', *New York Times*, 7 January 2019.

13 'The Rodrigo Duterte Interview', *Esquire Philippines*, 25 August 2016.

14 'Philippines: Duterte confirms he personally killed three men', BBC News, 16 December 2016.

15 'Philippine leader says once threw man from a helicopter, would do it again', Reuters, 29 December 2016.

16 Eleanor Ross, 'Philippines President Duterte's Drug War, One Year On', *Newsweek*, 30 June 2017.

17 Sheila Coronel, 'The Vigilante President', *Foreign Affairs,* September 2019.

18 Richard Heydarian, 'A Revolution Betrayed: The Tragedy of Indonesia's Jokowi', Al Jazeera, 24 November 2019.

19 'Prevalence of drug use in the general population – national data', World Drug Report, United Nations Office on Drugs and Crime, 2018.

20 'The Dangers of Duterte Harry', *The Economist*, 19 May 2016.

21 Miller, p. 194.

22 Coronel, Foreign Affairs.

23 Miller, p. 44.

24 Maria Cepeda, 'Arroyo thanks Duterte for helping to acquit her of plunder', Rappler, 9 July 2019.

25 두테르테의 가정환경과 정치 이력은 다음 책에 잘 설명돼 있다. Jonathan Miller, *Duterte Harry: Fire and Fury in the Philippines* (Scribe, 2018). 다음 책도 보라. Michael Peel, The Fabulists (Oneworld, 2019).

26 Andrew R. C. Marshall and Manuel Mogato, 'Philippine death squads very much in business as Duterte set for presidency', Reuters, 25 May 2016.

27 다음 책을 보라. Miller, p. 2.

28 Mike Frialde, 'Murder Rate Highest in Davao City', *Philippine Star*, 1 April 2016.

29 Camille Elemia, 'Photo used by Duterte camp to hit critics taken in Brazil, not PH', Rappler, 26 August 2016.

30 Alexandra Stevenson, 'Soldiers in Facebook's War on Fake News Are Feeling Overrun', *New York Times*, 9 October 2018.

31 Dino-Ray Ramos, ' "A Thousands Cuts" Trailer: Ramona S. Diaz's Docu About Journalist Maria Ressa and Press Freedom in Duterte's Philippines Sets Theatrical Run', Deadline, 12 July 2020.

32 Rebecca Ratcliffe, 'Amal Clooney decries legal charade after journalist Maria Ressa charged again with libel', Guardian, 12 January 2021.

33 Ben Blanchard, 'Duterte Aligns Philippines with China, says US has lost', Reuters, 20 October 2016.

9 빈 살만과 네타냐후 | MBS의 부상과 네타냐후 현상(2017년)

1 Ben Hubbard, *MBS: The Rise to Power of Mohammed bin Salman* (William Collins, 2020), p. 267.

2 다음 글을 보라. Bradley Hope and Justin Scheck, *Blood and Oil: Mohammed bin Salman's Ruthless Quest for Global Power* (John Murray, 2020), p. 54.

3 Hubbard, p. 110.

4 Jodi Kantor, 'For Kushner, Israel Policy May Be Personal', *New York Times*, 11 February 2017.

5 Rachman Review podcast interview with Anshel Pfeffer, *Financial Times*, 10 September 2020.

6 Anshel Pfeffer, *Bibi: The Turbulent Life and Times of Benjamin Netanyahu* (Basic Books, 2018), p. 17.

7 앞의 책, 45쪽.

8 Yoram Hazony, *The Virtue of Nationalism* (Basic, 2018).

9 다음 글에서 인용했다. Constanze Stelzenmüller, 'America's policy on Europe takes a nationalist turn', *Financial Times*, 30 January 2019.

10 Gideon Rachman, 'Why the new nationalists love Israel', *Financial Times*, 1 April 2019.

11 'Duterte meets Netanyahu: "We share the same passion for human beings" ', Rappler, 3 September 2018.

12 William Galston, 'What's Beijing Doing in Haifa?', *Wall Street Journal*, 28 May 2019.

13 다음 글에서 인용했다. Robert Kagan, 'Israel and the decline of the liberal order', *Washington Post*, 12 September 2019.

14 Hubbard, p. xv.

15 앞의 책, 10쪽.

16 Thomas L. Friedman, 'Letter from Saudi Arabia', *New York Times*, 25 November 2015.

17 Thomas L. Friedman, 'Saudi Arabia's Arab Spring At Last', *New York Times*, 23 November 2017.

18 다음 책을 보라. Hope and Scheck, p. 59, p. 64.

19 다음 책을 보라. Hubbard, pp. 127 – 9.

20 Jamal Khashoggi, 'Saudi Arabia wasn't always this oppressive. Now it's unbearable', *Washington Post*, 18 September 2017.

21 Julien Barnes and David Sanger, 'Saudi Prince is held responsible for Khashoggi killing in US report', *New York Times*, 26 February 2021.

22 다음 책에서 인용했다. Hubbard, p. 272.

10 보우소나루와 암로 | 중남미 군사 독재자의 귀환(2018년)

1 Gideon Rachman, 'Brazil and the crisis of the liberal world order', *Financial Times*, 28 August 2017.

2 다음 책을 보라. Richard Lapper, *Beef, Bible and Bullets: Brazil in the Age of Bolsonaro* (Manchester University Press, 2021), p. 22.

3 앞의 책, 29쪽.

4 Vincent Bevins, 'Where conspiracy reigns', *Atlantic*, 16 September 2020.

5 Sam Cowie, 'Brazil's culture secretary fired after echoing words of Nazi Goebbels', Guardian, 17 January 2020.

6 그 시대의 상황을 알고 싶다면, 다음 책의 특히 2장을 읽어볼 만하다. Luiz Eduardo Soarses's *Rio de Janeiro, Extreme City* (Penguin, 2016), chapter 2, 'No Ordinary Woman'. 아르헨티나의 '더러운 전쟁' 기간에 감옥과 관련된 이야기는 다음 책에 잘 설명돼 있다. Jacobo Timerman's *Prisoner Without a Name, Cell Without a Number* (Knopf, 1981)

7 Michael Reid, *Forgotten Continent: The Battle for Latin America's Soul* (Yale University

Press, 2009), p. 123.

8 앞의 책, 12쪽.

9 다음의 책에서 인용했다. Anne Applebaum, 'Venezuela's Suffering is the Eerie End-game of Modern Politics', *Atlantic*, 27 February 2020.

10 Tom Burgis, 'Livingstone secures cheap oil from Venezuela', *Financial Times*, 20 February 2007.

11 Michael Albertus, 'Chavez's Real Legacy is Disaster', *Foreign Policy*, 6 December 2018.

12 Bello, 'The surprising similarities between AMLO and Jair Bolsonaro', *The Economist*, 7 December 2019.

13 'It's all about him', *The Economist*, 30 November 2019.

14 다음의 책에서 인용했다. Michael Stott, 'Pandemic politics: the rebound of Latin America's populists', *Financial Times*, 23 September 2020.

15 Gideon Rachman, 'Jair Bolsonaro's populism is leading Brazil to disaster', Financial Times, 25 May 2020.

16 'Brazil's Bolsonaro backs Trump fraud claims after unrest', France 24, 7 January 2021.

17 Alfonso Zarate, *El País De Un Solo Hombre* (Temas de Hoy, Mexico, 2021).

18 앞의 책.

19 Gideon Long, 'Leftist Pedro Castillo finally confirmed as Peru's next president', *Financial Times*, 20 July 2021.

11 아비 아머드 | 아프리카의 민주주의 환멸(2019년)

1 David Pilling, 'Why Abiy Ahmed is more popular in Norway than in Ethiopia', *Financial Times*, 29 February 2020.

2 세계 경제 포럼에 참석한 아비 아머드 에티오피아 총리의 대화. 25 January 2019.

3 Michela Wrong, 'Ethiopia, Eritrea and the Perils of Reform', *Survival*, September 2018.

4 Michelle Gavin, 'Ethiopian conflict erodes Abiy's credibility', Council on Foreign Relations, 30 December 2020.

5 'Will Mnangagwa go East as more sanctions come in from the West?', Africa Report, 8 February 2021.

6 무가베와 모부투를 포함해서 여기 언급한 지도자들 중 일부의 이야기는 다음 책에서

가져왔다. Paul Kenyon, *Dictatorland: The Men Who Stole Africa* (Head of Zeus, 2018).

7   'Jacob Zuma – the survivor whose nine lives ran out', BBC News, 6 April 2020.

8   'Young Africans want more democracy', *The Economist*, 5 March 2020.

9   Anjan Sundaram, 'Rwanda: The Darling Tyrant', Politico, March/ April 2020.

10 William Wallis. 'Lunch with the FT: Paul Kagame', *Financial Times*, 13 May 2011.

11 David Pilling and Lionel Barber, 'Interview: Kagame insists "Rwandans understand the greater goal"', *Financial Times*, 27 September 2020.

12 Aislinn Laing, 'Rwanda's president Paul Kagame "wishes" he had ordered death of exiled spy chief', *Daily Telegraph*, 24 January 2014.

13 Michela Wrong, *Do Not Disturb* (PublicAffairs, 2021).

14 'Uganda/Rwanda: Investigate Journalist's Murder', Human Rights Watch, 6 December2011.

15 Jason Burke, 'Rwandan government accused of abducting Paul Rusesabagina', *Guardian*, 1 September 2020.

16 Sundaram, Politico.

17 William Wallis, 'FT interview: Meles Zenawi, Ethiopian prime minister', *Financial Times*, 6 February 2007.

18 Armin Rosen, 'A Modern Dictator: Why Ethiopia's Zenawi Mattered', *Atlantic*, 21 August 2012.

19 Awol Allo, 'Ethiopia's Meles Zenawi: Legacies, memories, histories', LSE Blogs, 18 September 2014.

20 'The man who tried to make dictatorship acceptable', *The Economist*, 25 August 2012.

21 Nic Cheeseman, *Democracy in Africa* (Cambridge University Press, 2015), pp. 138 – 40.

22 앞의 자료.

23 Yun Sun, 'Political party training: China's ideological push in Africa?', Brookings Institution, 5 July 2016.

24 Lily Kuo, 'Beijing is cultivating the next generation of African elites by training them in China', Quartz, 14 December 2017.

25 Amy Hawkins, 'Beijing's Big Brother Tech Needs African Faces', *Foreign Policy*, 24 July 2018; Samuel Woodhams, 'How China Exports Repression to Africa', *The Diplomat*, 23 February 2019.

26 Jevans Nyabiage, 'How Zimbabwe's new parliament symbolises China's chequebook diplomacy approach to Africa', *South China Morning Post*, 5 January 2020.

27 Abdi Latif Dahir, 'Why these African countries are defending China's mass detention of Muslims', Quartz, 16 July 2019; 'Spotlight: Ambassadors from 37 countries issue joint letter to support China on its human rights achievements', Xinhua Net, 13 July 2019.

28 Judd Devermont, 'Russian Theater: How to Respond to Moscow's Return to the African Stage', Lawfare, 18 October 2019. 글쓴이는 전직 CIA 분석가다.

29 Robbie Gramer and Jefcoate O'Donnell, 'How Washington Got on Board with Congo's Rigged Election', *Foreign Policy*, 1 February 2019.

30 트위터, @jakejsullivan, 25 November 2020.

31 'Africa's population will double by 2050', *The Economist*, 28 March 2020.

12 메르켈과 마크롱 | 스트롱맨과 싸우는 유럽(2020년)

1 다음 책에서 인용했다. Sophie Pedder, *Revolution Française: Emmanuel Macron and the Quest to Reinvent a Nation* (Bloomsbury, 2018), p. 73.

2 앞의 책, 129쪽.

3 Sunny Hundal, 'Angela Merkel is now the leader of the free world, not Donald Trump', *Independent*, 1 February 2017.

4 'What did Angela Merkel do when the Wall came down?', BBC, 19 September 2013.

5 다음 책에서 인용했다. Lionel Barber, *The Powerful and the Damned* (WH Allen, 2020), p. 96.

6 Constanze Stelzenmüller, 'The AfD wolf is at the door in eastern Germany', *Financial Times*, 8 September 2019.

7 Rachman Review podcast, 'Germany's shifting foreign policy', *Financial Times*, 20 November 2019.

8 'Emmanuel Macron warns Europe: NATO is becoming brain-dead', *The Economist*, 7 November 2019.

9 'Réactions des Français à la tribune des militaires dans Valeurs Actuelles', Harris Interactive, 29 April 2021.

10 'President Macron on Trump, Brexit and Frexit', BBC, 21 January 2018.

11 다음 글에서 인용했다. Victor Mallet, 'Debate on Islamist extremism law exposes deep rifts in France', *Financial Times*, 11 February 2021.

12 Victor Mallet, 'Resurgent Marine Le Pen revels in Macron's woes', *Financial Times*,

30 January 2020.

13 'Scandale Soros Marine Le Pen: "Macron ne peut plus garder le silence"', *Valeurs Actuelles*, 20 February 2020.

13 소로스와 배넌 | 사상 전쟁(2019년)

1 Gideon Rachman, 'Soros hatred is a global sickness', *Financial Times*, 18 September 2017.

2 'The Forbes 400, 2020', Forbes.com.

3 숫자는 다음 책에서 인용했다. Emily Tamkin, The Influence of Soros (Harper, 2020), p. 4.

4 다음 책에 조지 소로스가 쓴 서문. Karl Popper, *The Open Society and Its Enemies* (Princeton University Press, 1994) [국역본: 칼 포퍼, 《열린 사회와 그 적들》(민음사). 국역본에는 소로스 서문이 없다.]

5 Roula Khalaf, Interview with George Soros, FT Person of the Year, *Financial Times*, 18 December 2018.

6 다음 책을 보라. Tamkin, pp. 74-5.

7 Seth Mydans, 'Malaysian premier sees Jews behind nation's money crisis', *New York Times*, 16 October 1997.

8 다음 글을 보라. Robert Mackey, 'The Plot against George Soros Didn't Start in Hungary, It started on Fox News', The Intercept, 23 January 2018.

9 'Fiona Hill Blasts Anti-Semitic Conspiracy Theories Against George Soros in Testimony', Huffington Post, 22 November 2019.

10 'A Conversation with Rudy Giuliani', *New York*, 23 December 2019.

11 Peter Walker, 'Farage criticised for using antisemitic themes to criticise Soros', *Guardian*, 12 May 2019.

12 'George Soros, the man who broke the Bank of England, backing secret plot to thwart Brexit', *Daily Telegraph*, 18 February 2018.

13 다음 책을 보라. Tamkin, p. 172.

14 트위터, @YairNetanyahu, 28 April 2019.

15 Osman Kavala, '710 Nights in a Turkish Prison', *New York Times*, 11 October 2019.

16 George Soros, 'Remarks Delivered at the World Economic Forum', 24 January 2019.

17 Saul Friedlander, *The Years of Extermination: Nazi Germany and the Jews* (Phoenix, 2007), pp. xvii, xviii.

18 다음 글에서 인용했다. Khalaf, *Financial Times*.

19 다음 글에서 인용했다. Conradi, *Sunday Times*.

20 Gideon Rachman, 'America is the revisionist power on trade', *Financial Times*, 13 May 2019.

21 Qiao Liang and Wang Xiangsui, *Unrestricted Warfare: China's Master Plan to Destroy America* (Filament Books, 2017).

22 트럼프 대통령의 바르샤바 연설 전문, CNN, 6 July 2017.

23 Sarah Marsh, 'Steve Bannon calls for Tommy Robinson to be released from prison', *Guardian*, 15 July 2018.

24 이 만남에 대한 이야기는 다음 책에서 가져왔다. Benjamin R. Teitelbaum, *War for Eternity* (Allen Lane, 2020), pp. 153 – 61.

25 Jan-Werner Müller, *A Dangerous Mind: Carl Schmitt in Post-War European Thought* (Yale University Press, 2003), p. 11.

26 이 부분의 내용은 내가 슈미트에 관해 쓴 다음 기사에서 대부분 가져왔다. Gideon Rachman, 'Liberalism's most brilliant enemy is back in vogue', *Financial Times*, 11 January 2019.

27 다음 글에서 인용했다. Ryan Mitchell, 'Chinese Receptions of Carl Schmitt since 1929', *Journal of Law and International Affairs*, May 2020.

28 *Xu Jilin, Rethinking China's Rise: A Liberal Critique* (Cambridge University Press, 2018), p. 27.

29 앞의 책.

30 앞의 책.

31 다음 글에서 인용했다. Gao, *The Diplomat*.

32 다음 책에서 인용했다. Mark Galeotti, *We Need to Talk About Putin* (Ebury, 2019), p. 68.

33 Leticia Duarte, 'Meet Olavo de Carvalho', *Atlantic*, 28 December 2019.

34 다음 글을 보라. Olavo de Carvalho, 'The Battle of the Monsters', *Diario de Comercio*, 26 June 2004.

35 다음 글에서 인용했다. Duarte, *Atlantic*.

마치며 | 스트롱맨 시대의 바이든

1 David E. Sanger, 'Biden Defines His Underlying Challenge with China: "Prove Democracy Works"', *New York Times*, 29 April 2021.

2 앞의 자료.

3 Thomas Edsall, 'Mitch McConnell Would Like Trump to Fade Away', *New York Times*, 24 February 2021.

4 Michael Gerson, 'Trump's rot has reached the GOP's roots', 15 February 2021.

5 다음 글을 보라. Edsall, *New York Times*.

6 Eliza Relman, 'Mark Meadows says all the top 2024 GOP candidates have Trump as their last name', *Business Insider*, 27 February 2021.

7 Jonathan Kirshner, 'Gone but not forgotten: Trump's long shadow and the end of American credibility', *Foreign Affairs*, March/April 2021.

8 Jake Sullivan et al., 'Making US Foreign Policy work better for the middle class', Carnegie Endowment, 23 September 2020.

9 다음 책에서 인용했다. Belton, p. 445.

10 'Kremlin accuses Joe Biden of spreading hatred', Reuters, 26 October 2020.

11 다음 글에서 인용했다. Henry Foy, 'The Brutal Third Act of Vladimir Putin', *Financial Times*, 11 March 2021.

12 Tom Mitchell, Primrose Riordan and Nicolle Liu, 'Hong Kong will sit on China's lap', *Financial Times*, 13 March 2021.

13 다음 글에서 인용했다. Sanger, *New York Times*.

14 Demetri Sevastopulo and Tom Mitchell, 'Bitter summit shows no reset in chilly US-China relations', *Financial Times*, 20 March 2021.

15 David Smith, 'How Tucker Carlson and the far right embraced Hungary's authoritarian leader', *Guardian*, 8 August 2021.

16 Martin Donai, 'Political outsider prepares to take on Orban', *Financial Times*, 19 October 2021.

17 Bryan Harris and Michael Pooler, 'Bolsonaro tests Brazilian democracy', *Financial Times*, 28 September 2021.

18 Laura Pitel and Funja Guler, 'Turkish opposition leader helps shape unlikely alliance to challenge Erdogan', *Financial Times*, 5 December 2021.

찾아보기

더 스트롱맨

초판 1쇄 인쇄일 2023년 4월 18일
초판 1쇄 발행일 2023년 4월 25일

지은이 기디언 래크먼
옮긴이 최이현

발행인 윤호권
사업총괄 정유한

편집 최안나 **디자인** 양혜민 **마케팅** 윤아림
발행처 ㈜시공사 **주소** 서울시 성동구 상원1길 22, 6-8층(우편번호 04779)
대표전화 02-3486-6877 **팩스(주문)** 02-585-1755
홈페이지 www.sigongsa.com / www.sigongjunior.com

글 ⓒ 기디언 래크먼, 2023

ISBN 979-11-6925-749-7 03340

*시공사는 시공간을 넘는 무한한 콘텐츠 세상을 만듭니다.
*시공사는 더 나은 내일을 함께 만들 여러분의 소중한 의견을 기다립니다.
*잘못 만들어진 책은 구입하신 곳에서 바꾸어 드립니다.